古代歷史文化研究輯刊

三 編

王 明 蓀 主編

第 **20** 冊

熊廷弼與遼東經略
（1569～1625）

喻 蓉 蓉 著

國家圖書館出版品預行編目資料

熊廷弼與遼東經略（1569～1625）／喻蓉蓉 著 — 初版 — 台
北縣永和市：花木蘭文化出版社，2010〔民99〕

目 2+302 面；19×26 公分

（古代歷史文化研究輯刊 三編；第20冊）

ISBN：978-986-254-104-3（精裝）

1.（明）熊廷弼 2.傳記 3.明代史

782.868 99001272

ISBN - 978-986-2541-04-3

9 789862 541043

古代歷史文化研究輯刊

三 編 第二十冊 ISBN：978-986-254-104-3

熊廷弼與遼東經略（1569～1625）

作 者	喻蓉蓉
主 編	王明蓀
總 編 輯	杜潔祥
出 版	花木蘭文化出版社
發 行 所	花木蘭文化出版社
發 行 人	高小娟
聯 絡 地 址	台北縣永和市中正路五九五號七樓之三
	電話：02-2923-1455／傳真：02-2923-1452
網 址	http://www.huamulan.tw 信箱 sut81518@ms59.hinet.net
印 刷	普羅文化出版廣告事業
初 版	2010 年 3 月
定 價	三編 30 冊（精裝）新台幣 46,000 元

熊廷弼與遼東經略（1569～1625）

喻蓉蓉　著

作者簡介

喻蓉蓉，祖籍湖北省沔陽縣，出生於臺灣屏東車城鄉，幼時就讀於鳳山誠正國民學校，初中考入省立鳳山中學，高中進入臺南女中。臺灣大學歷史系學士、政治大學歷史研究所碩士、中國文化大學史學博士 致力於婦女史與明末東北邊防研究研究 撰述《五四時期中國知識婦女》、《熊廷弼與遼東經略》碩、博士論文，現為世新大學通識教育中心副教授。

自民國78年任教世新迄今20年，深知「歷史融入生活 生活印證歷史」之切要，致力於歷史教學之研究，前後舉辦8次歷史教學觀摩展。民國85年榮獲外交部推薦，赴美芝加哥進行歷史教學成果巡迴展。民國88年應邀赴中央大學歷史研究所講授「歷史教材教法」課程，進而榮獲世新大學績優輔導教師。著有《喚起歷史的幽情——探索歷史教學新方向》一書，後經增訂充實，更名為《曲徑通幽 尋覓歷史》，書後附有學子專題報告目錄近千。開設課程包括「婦女與近代中國」、「明清生活史」、「人類與傳染病史」、「歷史探謎」、「歷史與文學」、「中國歷史與文化」等。

民國89年，曾於上年親率世新學子參與製作的臺北榮總40周年院慶特刊《歷史篇——跨越世紀 榮總40》與《醫療篇——視病猶親 追求卓越》兩書，榮獲哈佛大學燕京圖書館收藏。民國92年，與時任臺北榮總兒童感染科主任、現任兒童醫學部部主任、陽明大學小兒科教授之湯仁彬醫師攜手主編《後SARS時代身心靈重建之路》。民國94年，耗時兩年半撰述完成的國史館口述歷史《臺灣免疫學拓荒者——韓韶華先生口述訪談錄》榮獲行政院優良政府出版品獎。民國96年，策畫主編振興復健醫學中心四十周年院慶特刊——《榮譽傳承 振興40》，民國98年出任臺北榮總院史顧問與特約撰稿。

提 要

本論文以明末鎮守邊防、經略遼東而聞名於世的熊廷弼作為探討重心，除了對熊廷弼之家世、個性、與志趣加以研究之外，尤著重熊廷弼於前後兩次擔任經略時期之獨樹一幟，先後以「南顧北窺」、「三方布置策」與努爾哈赤棋逢對手，相持不下。同時又能「守中帶攻」，「穩中求進」，成為明末能與金抗衡而不可多得的傑出軍事人才。雖然其擔任「前經略」之時期，不過為一年又兩個月，卻能於極短時間之內將遼東冰消瓦解之局轉變為珠聯璧和之勢，遼東局面至此而大有起色，甚至能夠有所作為而東事可平，謂之為「明之干城」，實當之而無愧。及至袁應泰喪失遼陽、瀋陽，熊廷弼再度被起用為遼東經略之「後經略」時期，約為八個月，朝廷內部政爭、黨爭錯綜複雜、交互影響，致使熊廷弼根本無從施展其「三方布置策」，又與時任遼東巡撫的王化貞「經撫不和」，致有廣寧之失，終以「國之干城」遭遇「傳首九邊」之悲劇下場。清乾隆皇帝譽其為「明之曉軍事者，當以熊廷弼為巨擘。」推崇其折衝疆場、慷慨建議與懇切敷陳，並認為明帝若果能採用則不致敗亡，實為對熊廷弼之公允評價。

本論文計二十餘萬字，共分為九章，內容如下：第一章、緒論；第二章、明朝對遼東之經營；第三章、熊廷弼之家世及其初露頭角；第四章、江南學風之整頓及杖殺諸生之風波；第五章、首膺經略大展雄才（一）；第六章、首膺經略大展雄才（二）；第七章、東山再起與「三方布置策」；第八章、熊氏之兔死及其評價；第九章、結論；文前附圖十二幅；文內附表四份；文末附有大事紀要。

第一章　緒　論

　　近三十餘年以來，明清轉接時期已成爲國際漢學界研究的重點，由於歷史是「人性與環境的合流」，〔註1〕故而轉接時期的人物置身於激盪交錯的時空背景之下，尤其成爲探索的焦點。

　　熊廷弼以明末鎮守邊防、經略遼東而聞名於世，字飛白，號芝岡，湖北江夏人，《明史》本傳謂其：「有膽知兵，善左右射，自按遼即持守邊議，至是主守禦益堅。」〔註2〕乾隆皇帝於《御批歷代通鑑輯覽》亦對其有所評論：「明政之弊，起於重內輕外，閫帥即有幹材，而臺省齮齕之者，輒無所不至，其人或力圖銳入，則以開釁糾之其人；或意存持重，則以促戰困之。廷弼數言，實足盡在（朝）廷牢不可破之陋習。」「特其爲人，威略不無足觀。」〔註3〕近人李光濤對熊廷弼推崇備至，認爲只要明帝對其知之獨深，任之獨專，用之獨久，則遼事可平。〔註4〕韓道誠亦對其讚不絕口，認爲明末遼東之失的重要關鍵，即在於昏懦之輩朋比傾軋，致使熊廷弼這樣的濟世之才，毀於讒譖而不得久任。〔註5〕孫文良則更進一步的指出，熊廷弼作爲一代傑出的統帥、軍事家，卻被誣害致死，是明朝一大損失。〔註6〕以上各說無不顯示其在明末邊防史之重要

〔註1〕天德鬯舍毓老名言，余曾於此就學二十餘年，自民國62年起，迄今未曾間斷，其間多次親耳聽聞毓老如此提及，謂：「歷史是人性與環境的合流。」
〔註2〕清・張廷玉等，《明史》（北京：中華書局），卷二五九〈熊廷弼傳〉，頁6693。
〔註3〕清・乾隆皇帝敕修，《御批歷代通鑑輯覽》第七冊，天德鬯舍用書，丙辰九月出版，頁5185。
〔註4〕李光濤，《熊廷弼與遼東》，〈緒言〉，收於《中央研究院歷史語言研究所集刊》第68冊，民國65年8月出版。
〔註5〕韓道誠，〈熊廷弼之經略遼東〉，收於《明代邊防》（臺北：臺灣學生書局，民國57年4月出版），頁131。
〔註6〕孫文良、李治亭、邱蓬梅，《明清戰爭史略》（瀋陽：遼寧出版社，1986年出

地位，至於其在守邊方面的獨特見解，當時雖因受到朝廷內黨爭與經撫不和之限制，並未得以貫徹施行，以致功敗垂成，然而其精心籌畫的「三方布置策」以及與努爾哈齊棋逢對手的傑出能耐，卻使乾隆皇帝譽其為「明之曉軍事者，當以熊廷弼為巨擘」，〔註7〕並進而認為熊廷弼折衝疆場，慷慨建議，與愷切敷陳，十分可敬可佩，明帝若果能採用則不致敗亡。〔註8〕

晚於熊廷弼，曾經以「寧遠大捷」威震全國的薊遼督師袁崇煥，深受梁啟超所推崇。梁啟超於其《袁督師（崇煥）傳》內曾謂袁崇煥之被害為「天下第一奇冤」，而事實上遼東經略熊廷弼的被殺在袁氏被殺之前，亦是「天下第一奇冤」；有人謂明之殺袁崇煥是「自毀長城」，而明之殺熊廷弼又何嘗不是「自毀長城」？明帝之昏庸不明導致其連連自毀長城，如此是非不明，公理不彰，朝政焉得不壞？邊防焉得不壞？國家焉得不亡？熊廷弼與袁崇煥在晚明史上先後輝映，既是忠臣義士，又是愛國英雄，千古之下猶足為後人欽敬與憑悼。

有關袁崇煥之研究，自清光緒二十九年（1903）梁啟超在《新民叢報》上發表〈明季第一重要人物袁崇煥〉〔註9〕開始，迄今90餘年，其間「論著迭出」「約無間斷」「探討漸深」「屢出新見」，尤其是近10餘年以來，有關袁崇煥的研究，益發呈現活躍局面，學術成果豐碩，國際交流頻繁，並有新的突破。閻崇年在《袁崇煥研究論集》、〈袁崇煥研究十年〉一文中，提出袁崇煥研究具有下列五大特色：（一）學術論著層面深廣；（二）學術研討活動頻繁；（三）國際學術交流密切；（四）學術資料不斷開掘；（五）研究隊伍逐漸擴大。〔註10〕袁崇煥有關論著數量極多，至1993年為止，約有204篇，研究範圍甚廣，涵蓋面包括總論、傳記、政治、軍事、經濟、黨爭、斬毛、議和、死因、詩文、籍貫、家系、品格、個性、科技、對外關係、民族關係、人際關係、文物古蹟、與學術綜述等20多個領域。〔註11〕

相較於袁崇煥研究之百花齊放，百鳥齊鳴，熊廷弼研究則顯得沉寂而荒

版），頁168。
〔註7〕熊廷弼，《熊襄愍公集》，卷一〈上諭〉，清同治甲子重鐫，本祠藏版，頁4。
〔註8〕同註7。
〔註9〕梁啟超，〈袁督師傳〉，收於氏所著，《飲冰室文集》（臺北：新興書局，民國44年2月初版），卷四〈傳記類〉，頁52～73。
〔註10〕閻崇年，〈袁崇煥研究十年（1983～1993）〉，收於氏所著，《袁崇煥研究論集》（臺北：文史哲出版社，民國83年5月出版），頁5～10。
〔註11〕請參見前揭書，〈袁崇煥研究論著分類統計表〉，頁6。

涼。在臺灣，有史學前輩李光濤先生所撰述《熊廷弼與遼東》一書，內容以熊廷弼巡按遼東與前、後期經略遼東時期之疏稿爲主，著重於史料之忠實鈔錄。此外，韓道誠撰有〈熊廷弼之經略遼東〉一文，刊載於學生書局出版之《明代邊防》一書，內容對於熊廷弼巡按遼東與第一次經略遼東、第二次經略遼東扼要介紹。在大陸，湖北耆老余遂生先生撰有〈武昌縣熊廷弼公園序〉，刊於《荊楚文史》，對於熊廷弼生平概略簡明介紹；〔註12〕此外，余遂生老前輩又撰有〈熊氏源流序〉未刊稿，對熊氏源流有所追溯說明。〔註 13〕另有陳政寬撰有〈熊廷弼生平〉未刊稿，〔註 14〕均爲短篇簡略介紹。孫文良、李治亭、邱蓬梅合著《明清戰爭史略》，對於熊廷弼前後兩次經略遼東之戰略及其在邊防史之地位有所分析。〔註 15〕國外方面，則有日本學者城井隆志所撰〈明末地方生員層の活動と黨爭に關する一試論──提學御史熊廷弼の諸生杖殺をめぐつて〉，對於熊廷弼於南直隸提學御史任內發生杖殺諸生芮永縉事件，以致於受到巡按御史荊養喬以「殺人媚人」罪名彈劾，因此聽勘回籍之來龍去脈有所探討。〔註 16〕

　　熊廷弼研究目前乃是一個開端，仍然有廣大的園地等待有心人士去開闢耕耘，期待日後亦有涵蓋面甚廣之細密深入研究，包括總論、傳記、政治、軍事、經濟、黨爭、死因、詩文、籍貫、家系、品格、個性、科技、對外關係、民族關係、人際關係、文物古蹟、與學術綜述等領域，以進而探討熊廷弼傑出表現與悲劇命運之關係及其在邊防史之歷史地位，揭開歷史之謎底，追求歷史之眞相。

　　本文在撰述過程之中，深深服膺史學界前輩嚴耕望先生於《治史經驗談》之中所提出之研究方法，「單刀直入，向基本材料上下細密深入功夫」，〔註17〕

〔註12〕余遂生，〈武昌縣熊廷弼公園序〉，《荊楚文史》（湖北省文史研究，1993 年 2 月號），總第八期，頁 2。

〔註13〕湖北鄉賢余遂生老前輩親自提供其〈熊氏源流序〉未刊稿對於熊氏之源流有扼要說明。

〔註14〕陳政寬先生爲余遂生老前輩之友人，撰有簡略之〈熊廷弼生平〉，亦由余老前輩從湖北武昌轉托至臺北而送抵筆者之手。

〔註15〕孫文良、李治亭、邱蓬梅合著，《明清戰爭史略》，頁 45～168。

〔註16〕城井隆志，〈明末地方生員層の活動と黨爭に關する一試論──提學御史熊廷弼の諸生杖殺をめぐつて〉，《九州大學東洋史論集》，1982 年 3 月第 10 號，頁 75～96。

〔註17〕嚴耕望，〈論題選擇〉，收於氏所著，《治史經驗談》（臺北：臺灣商務印書館，民國 82 年 6 月初版第七次印刷），頁 88。

因此對於熊廷弼擔任南直隸提學御史任內與東林結下不解之仇的關鍵，從《顧端文公遺書附年譜》〔註18〕獲得清楚脈絡，從年譜記載中，赫然發現熊廷弼以提學御史身分而將東林派領袖顧憲成長子顧與淳歲試置於末等，致使此年譜中謂熊廷弼「肆毒東林」，〔註19〕而熊廷弼於《熊襄愍公集》亦自謂「所黜皆鄉紳津要子弟，而東林子弟居多，妄疑先生有意摧東林，至此禍不可解。」〔註20〕適足以與《顧端文公遺書附年譜》相互印證。熊廷弼與東林之關係，不僅止個人之間恩恩怨怨與黨爭而已，日後更甚至影響到經略遼東之策略貫徹與熊廷弼之被冤殺，關係極為重大。

　　本論文著重於熊廷弼於遼東前、後兩次擔任經略時期之獨樹一幟，先後以「南顧北窺」〔註21〕、「三方布置之策」，〔註22〕與努爾哈齊棋逢對手，相持不下，又能於「守中帶攻」，〔註23〕成為明末能與金相抗衡不可多得傑出軍事人才。雖然其擔任前經略之時間不過一年又兩個月（萬曆四十七年八月至萬曆四十八年九月，1619年8月～1620年9月），卻能於極短時間之內將遼東冰消瓦解之局轉變為珠聯璧和之勢，〔註24〕遼東局面至此而大有起色，甚至能夠有所作為，謂之為「明之干城」，實當之而無愧。及至袁應泰喪失遼瀋而熊廷弼再度被起用為經略，此次擔任後經略之期間將近八個月（熹宗天啟元年六月至天啟二年正月，1621年6月～1622年1月），時間更短，復以朝廷內部政爭黨爭影響所致，熊廷弼根本無從施展其「三方布置」之策，其後復以與王化貞之經撫不和，致有廣寧之失，終致以「國之干城」而遭遇「傳首九邊」之悲劇下場。〔註25〕熊廷弼個人之冤死固然使人憑吊不已，其意義尤在於遼東之局面不可一日無熊廷弼，歷史上能夠以一年兩個月時間而扭轉

〔註18〕顧憲成著，《顧端文公遺書附年譜》，共計16冊，其中前15冊均為顧憲成所著之《顧端文公遺書》，而第16冊由顧憲成次子顧與沐記略、孫顧樞初編、曾孫顧貞觀訂補，元孫顧開陸較補，五世孫顧鍾英等較錄之《顧端文公年譜》，是極為珍貴的史料。

〔註19〕《顧端文公年譜》譜下，頁33。

〔註20〕熊廷弼，〈性氣先生傳〉，收於氏所著，《熊襄愍公集》，卷八，頁17。

〔註21〕熊廷弼，〈催兵愈嚴虜應如敵故〉，《籌遼碩畫》，卷三十六。

〔註22〕清·張廷玉等修，《明史》（北京：中華書局），卷二五九〈熊廷弼傳〉，頁6696。

〔註23〕熊廷弼，〈河東諸城潰陷疏〉，《熊經略集一》，卷四八○，收於陳子龍等選輯，《明經世文編》（北京：中華書局1962年6月第一版），頁5280。

〔註24〕滕紹箴，《努爾哈齊評傳》（瀋陽：遼寧人民出版社，1985年出版），頁253。

〔註25〕清·張廷玉等修，《明史》，卷二五九〈熊廷弼傳〉，頁6693～6698。

整個形勢者，尚不多見，而熊廷弼則是其中之佼佼者。「三方布置之策」對努爾哈齊之威脅極大，雖未能眞正實施，其布局之直扼後金要害，經過努爾哈齊對廣寧之擬圖進攻，已然印證其高明中肯。韓愈在〈雜說四〉一文中曾謂，「世有伯樂，然後有千里馬，千里馬常有，而伯樂不常有。故雖有名馬，祇辱於奴隸人之手，駢死於槽櫪之間，不以千里稱也。」〔註26〕熊廷弼之未能盡展所長以挽救遼東危局於經略任上，或許只能憾恨於生不逢時，未遇明主吧！

　　另外，個人對於嚴耕望先生所提「集中心力與時間作『面』的研究，不要作孤立『點』的研究，建立自己的研究重心，不要跟風搶進」〔註27〕的經驗之談更是奉爲圭臬。「作『面』的研究，就是研究問題，目標要大些，範圍要廣些，也就是大題目裏面包括許多小的問題，如此研究，似慢實快，能產生大而且精的成績。」「爲研究這個廣闊的問題群，自然要將這個時代的重要書籍全部看一過，始能下筆。」〔註28〕例如嚴先生研究魏晉南北朝地方行政制度，裏面包括都督府建置問題、州府僚佐問題、郡縣制度問題、北魏軍鎮問題、領民酋長問題、諸部護軍問題、北周總管問題、以及其他較爲次要的問題。爲研究此一廣闊的問題群，嚴先生自然要將此一時代重要書籍全部看一過，始能下筆。事後估，連看書抄材料，到撰寫完成，一共大約費了三年至四年時間，仔細探討此一廣面所包含的各種問題，完成一部可觀的大書，並且對此一時代亦有全面認識。再者，嚴先生更提及「在一個大範圍內同時注意相關聯的問題群，則看書時到處發現材料，興趣自然濃厚，樂此不疲，而且看書時也就不會趕急了；若是每次只注意一小點，就不能隨時看到有用的材料，久而久之，就興趣低落，而且急於翻得快，書也就自然看得不仔細。」〔註29〕

　　個人雖因能力、精力有限而未能貫徹到底，然而此一研究方法卻使個人向著目標奮鬥之際而獲益罪淺，深有折節向學，進入前人內心世界探索之樂趣。此外，個人惟期「對混亂複雜、相互矛盾的史事能夠縷分寸析，能夠化混沌爲分明，並且能抓住問題的本質，其論斷紮實稱固，符合歷史的事實，

〔註26〕韓愈，〈雜說四〉，收於關勛吾等譯注，《古文觀止》（臺北：建宏出版社，民國82年12月初版二刷），頁380。
〔註27〕嚴耕望，〈原則性的治史方法〉，《治史經驗談》，頁16～20。
〔註28〕同註27。
〔註29〕同註27。

經受得起時間和科學的考驗」〔註 30〕的境界能夠早日達到，庶幾無愧於史學研究工作。

　　本論文撰述期間，吾師王家儉教授耗費心力，不憚修改，甚而字斟句酌、務求妥切，栽培後學與忠於學術之精神令人永難忘懷。論文告成之後，更以熊廷弼之鮮明個性與強烈愛憎而宜於日後改寫為影視歷史劇本相期許，個人雖以教學忙碌，迄今尚未遵師囑而付諸力行，惟念茲在茲，終當奮起實踐，以不負吾師深厚期望。

　　家母張淑梅女士之懷抱即是指引個人走向歷史殿堂之始，家父喻心安先生為協助搜集熊廷弼之一手史料，特趁返回湖北老家之行尋求叔叔喻心邦先生全力投入，或前往圖書館影印資料，或親赴武昌熊廷弼老家拜訪熊氏後人，並承熊氏後人慨贈熊廷弼《熊襄愍公全集》未刊稿，此外，湖北鄉賢余遂生前輩親自提供其〈熊氏源流序〉未刊稿，對於熊氏源流有所說明；其於《荊楚文史》撰述之〈武昌縣廷弼公園序〉與另外親筆函提及之熊廷弼所作對聯多半以口頭流傳方式習見於民間，而地方塾師則加以傳抄，以見其才情。師長栽培，鄉賢厚愛，羣策羣力，眾志成城之下，本論文始得以告成。

〔註30〕韋慶遠，〈利用明清檔案進行歷史研究的體會〉，收於鄭天挺、周谷城等所著，《學史入門》（臺北：萬卷樓圖書有限公司，民國 83 年 12 月初版三刷），頁145。

第二章　明代對遼東之經營

第一節　遼東經略與國家命脈

　　遠在先秦時代，遼東已是中國重要邊疆地區。《史記‧匈奴傳》曾經記載：「燕置上谷、漁陽、右北平、遼西、遼東郡以拒胡」，說明戰國時期位於北方的燕國爲防禦胡人入侵，已於今遼東半島與遼西走廊一帶建立最早郡級行政單位。秦統一中國以後，正式確立郡縣制，遼東、遼西二郡名稱依舊。但爲增強北方國防，則重修擴築戰國時代舊長城，西起臨洮，東迄遼東，正式設立一道歷史上的國防與文化藩籬。漢代對遼東經營，大抵仍沿秦制，卻更具規模。遼東郡轄 18 縣，55,900 餘戶，軍民 272,500 餘人，轄區西起遼河，東至鴨綠江，北至開原。遼西郡轄 14 縣，72,600 餘戶，軍民 352,300 餘人，轄區以錦州爲中心，東界遼河，西止灤河下游，北起昭陽，東至彰武。〔註1〕秦漢設立遼東建置，反映漢民族站在移墾基礎上經營東北邊疆，直至近代前期，屬於農業社會的漢民族，經常與屬於半漁獵半農業社會的南通古斯部族以及與屬於游牧社會的蒙古部族全力爭取遼東地區及沿邊所謂農業中心地帶控制權，凡控制此一農業中心地帶者，即控制整個東北地區。〔註2〕漢民族往往憑藉帝國建立後的餘威以控制此一農業中心地帶，進而延伸強大軍事實力至東西伯利亞與朝鮮半島。縱使在消極政策考量之下，亦將國防線撤回遼東

〔註1〕稻葉岩吉，〈明代以前の滿州〉，《滿州發達史》（東京：日本評論社，昭和九年出版），頁 37～39。

〔註2〕Franz Michael, "The Origin of Manchu Rule in China"，*Manchuria and its people*，頁 12～24。

中心地帶，甚至以邊牆來分隔胡漢活動空間，明代即是具體例證，足以說明遼東地區進可攻退可守的重要形勢。是故，遼東地區遠在十九世紀漢人大規模移民開發之前，已有兩千多年的漢民族經營史。趙中孚認爲應把遼東視爲早期移墾社會，〔註3〕筆者亦同意此一看法。在漫長的漢胡政治與軍事力量鬥爭之中，遼東所具有的雄厚經濟潛力，使遼東農業中心地帶在戰略意義上控制整個東北，漢民族與非漢民族雙方週期性力量之消長，爲遼東地區文化面貌帶來多元色彩，使得遼東地區成爲特殊的文化邊際社會。

　　沙學浚先生則早於趙中孚而提出所謂「摩擦地帶」理論，認爲從遼東、遼西經過內蒙而達河西走廊及迆西之地，即長城內外廣大地區，全長 3000～4000 公里，正是農業民族與游牧民族接觸地帶，彼此經常發生摩擦與衝突，故而稱爲「摩擦地帶」。〔註4〕中國需要防守的北邊前線長達三、四千公里，明朝的九邊〔註5〕從嘉裕關向東至遼河，仍有 2500 公里的距離。是故無論多少兵力散佈於此一國防線上，總是備多力分；況且馬匹產量不多，常因損失而不能於短期內補充，軍隊騎術一般又不及游牧民族。游牧民族從北方向南侵入，乃由荒寒之地進入富暖之地，處於順勢；但中國農民由溫暖南方進入寒冷北方去抵禦異族，則爲逆勢，既有生命危險，又難以適應當地水土，嚴重影響作戰士氣。此外，後方勤務運輸，實爲最大難題。從長江下游至黃河下游，尙有運河以爲交通；但從黃河下游至萬里長城的交通則十分不便，既無水道以資通航，又無陸運車駝之便，以致於運費昂貴，財務負擔沉重。中國必需在強盛而統一的時代，集中主要力量甚至全部力量，才有控制摩擦地帶的可能。縱然如此，畢竟耗費人力、物力、財力過鉅，導致府庫空虛，民生凋敝，進而造成內部分裂，使國家走向滅亡。

　　關於明代邊防與國家財政的關係，吳緝華於〈論明初建都南京與江淮財賦兼論中國史上國都遷徙與政治地理形勢的轉移〉〔註6〕一文中曾經有所探討。明代軍事重心仍在北方邊疆，過去中國幾千年來歷史發展中，外患多來

〔註3〕趙中孚，〈清代東三省北部的開發與漢化〉，《中央研究院近史所集刊》，十五期下冊，民國75年12月，頁1～16。

〔註4〕沙學浚，〈南渡時代與西邊時代〉，《地理學論文集》（臺北：商務，民國61年），頁95。

〔註5〕明代北邊，東起鴨綠，西盡酒泉，綿延數千里。歷代沿邊築塞，列陣屯兵，初設遼東、宣府、大同、延綏四鎮，繼設寧夏、甘肅、薊州三鎮，又以山西統馭固東，合稱九邊。參看包遵彭，〈導論〉，《明代邊防》，學生書局，頁1。

〔註6〕《政大歷史學報》第四期，民國75年3月，頁35～36。

自北方邊疆，外患與國家興衰往往形成連環性起伏作用。元朝以北方邊疆民族統治中原，明太祖雖驅逐蒙古統治者，對於來自北方的心腹之患卻飽嘗切膚之痛，進而對於北方軍事地位之重要體會深刻。在《皇明祖訓》中，太祖曾言：

> 四方諸夷皆限山隔海僻在一隅，得其地不足以供給，得其民不足以使令。若其自不揣量來撓我邊，則彼爲不祥，彼即不爲中國患，而我興兵輕伐，亦不祥也。吾恐後世子孫倚中國富強，貪一時戰功，無故興兵，致傷人命，切記不可。但胡戎與西北邊境互相密邇邇，累世戰爭，必選將練兵，時謹備之。〔註7〕

明自永樂時代遷都北京，促使政治重心的京師與北方軍事重心合一，甚至不惜遠離江淮財賦經濟重心。成祖因此恢復明初海運，又設陸運，史稱海陸兼運，把江淮財賦運往北方以供給需要。〔註8〕永樂十三年（1415）濬通運河，源源不斷將槽糧運至北方。〔註9〕永樂十九年（1521）成祖正式遷都至北京，以運河連繫江淮財賦地區與北方之政治、軍事中心，形成明代自永樂至崇禎兩百餘年政治及軍事重心合一，江淮成爲經濟重心的南北分立地理形勢。

遼東在明朝時代爲東北重鎮，負山枕海，爲溝通華北與東北之咽喉，周邊幾乎盡是少數民族，又與朝鮮、日本爲鄰，形勢扼要，明朝對遼東經營之經制甚詳，爲歷代所無。〔註10〕山海關外，遼河兩岸，直至鴨綠江畔的廣大地區，自古即是英雄百戰之地。〔註11〕天下安危常常繫於遼野，遼野安，則天下安；遼野擾，則天下擾。因爲平遼曠野一望千里，難以防守；棄之則胡虜長驅，天下變色。故而遼東成爲天下必爭之地，形勢之重要，不言可喻。從明初起，統治者即已認識到遼東戰略地位的重要，詔設遼東衛指揮使司，任命劉益爲指揮同知，是爲明朝統治遼東之始，後來則改各地都衛爲都指揮使司。〔註12〕洪武

〔註7〕 《皇明祖訓》，首章，明刊本，頁5後。

〔註8〕 吳緝華，〈明代的海陸兼運及運河的濬通〉，《史語所集刊》第29本，民國47年，頁721～756。

〔註9〕 吳緝華，〈明代海運及運河的研究〉，《史語所專刊》之43，民國50年出版。

〔註10〕 〈重刊遼東志書序〉，《遼海叢書》，第一冊，頁347。該序中提及遼東自帝舜時屬營州，迄明已達37,00多年，其間或爲郡縣，或爲藩鎮，因革不同，大率多歸僭據而淪入夷狄之間，若以能資以控禦者則皆不若明朝經制爲詳。

〔註11〕 顧祖禹撰，《讀史方輿紀要》第二冊，卷九〈州域形勢〉，頁199～203；卷三十七〈山東〉，桐華書屋校補，敷文閣藏板，龍萬育刊原刻本（臺北：新興書局，民國56年6月一版），頁764～784。

〔註12〕 《明太祖實錄》，卷八十三，洪武六年六月，頁398；戊成卷一○一，洪武八

十年（1377）罷遼陽府縣，僅保留都司衛所建制。遼東都指揮使司（簡稱遼東都司）下領25衛、二州，行政上屬於山東布政使司。〔註13〕除自在州、安樂州是爲招撫安置女眞等少數民族所設置者以外，所有25衛的設置均有戰略考慮，劃分爲南四衛、北四衛、遼陽各衛、廣寧及其以西各衛四個軍事防衛區。自洪武四年（1371）至宣德三年（1428），耗時半個多世紀以上所逐步建立起來的25衛已經成爲一個完整的防守體系，各衛之間的橫向關係使彼此可以就近聯絡，相互支援。弘治年間（1488～1505），董越即有所評論：

> 蓋其地雖北鄰朔漠，而遼海、三萬、瀋陽、鐵嶺四衛之統於開原者，
> 足過其沖，南枕滄溟，而金、復、海、蓋、旅順諸軍聯屬海濱者，
> 足嚴守望，東西依鴨綠、長城爲固，而廣寧遼陽各屯重兵以鎮壓之。
> 復以錦、義、寧遠、前屯五衛，西翼廣寧；增遼陽、東山諸堡，以
> 扼東建。遼東北鄰朔漠，南枕滄溟，東依鴨綠，西以長城爲固，復
> 以廣寧、遼陽各屯重兵以爲鎮壓，形勢扼要，由此可見。〔註14〕

明朝自永樂遷都北京，遼東即爲京師左臂，而南倭、北虜適爲明代邊防之主要對象。遼東西部距離京師甚爲切近，又與北虜爲鄰，故而遼東境內的防守重點在於遼西。廣寧位於遼西，遼陽位於遼東，雖然遼東都司設於遼陽，然而鎮守總兵官駐於廣寧，副總兵才常駐於遼陽，足以證明明朝統治者認爲廣寧的戰略地位高於遼陽。

年十月，頁454，中央研究院歷史語言研究所校印。黃彰健於民國51年5月18日所撰寫之〈校印國立北平圖書館藏紅格本明實錄序〉中，簡介史語所校印工作的經過與意義，史語所校勘明實錄，與整理內閣大庫舊藏明清檔案有關，內閣大庫所藏明清檔案係原始資料，可糾正官書的諱飾，而實錄係根據檔冊修成，明代檔冊多已散佚，故而《明實錄》亦成爲原始資料。歷代修正史，多取材於實錄，《明實錄》是記載明代朝章國政最重要的典籍。明十三朝實錄計三千零四十五卷，正文約二萬八千餘頁，一千六百餘萬字。

〔註13〕 明代遼東衛所建置名稱、地址，各種記載多所分歧，本註解則參考孫文良，〈明朝興亡所繫遼東之得失〉，《山根幸夫教授退休記念明代史論叢》，上卷，頁646。明代遼東二十五衛分爲：定遼中衛、定遼左衛、定遼右衛、定遼前衛、定遼後衛（以上均在今遼陽市區內）、廣寧衛、廣寧中衛、廣寧左衛、廣寧右衛（以上均在今北鎮縣城）、廣寧右屯衛、義州衛、廣寧後屯衛、廣寧中屯衛、廣寧左屯衛、寧遠衛、廣寧前屯衛、三萬衛、遼海衛、鐵嶺衛、瀋陽衛、海州衛、蓋州衛、復州衛、金州衛。二州則爲自在州（今遼陽市內）、安樂州（今開原城內）。

〔註14〕 〈重刊遼東志書序〉，《遼海叢書》第一冊（瀋陽：遼瀋書社，1985年3月第一次印刷），頁347。

明朝之敗亡始於遼東之失，遼東得失關係明朝存亡，此爲有識之士早有
所見。王之誥於嘉靖年間（1522～1566）則已論及：

> 遼，北拒諸胡，南扼朝鮮，東控夫餘、眞番之境，負山阻海，地險
> 而要。中國得之，則足以制胡；胡得之，亦足以抗中國，故其離合
> 實關乎中國之盛衰焉。〔註15〕

證諸十四至十七世紀的明朝，東北地區的歷史發展與清朝（後金）關係密切，
清興與明亡互爲消長。縱言之，從整體國家戰略而言，遼東不僅繫於明朝之
興亡，更進而掌握國家長治久安之樞紐，明朝能否長久維持此制與形勢於不
墜，實繫於此。觀乎明初與北元勢力對抗，迄乎明末努爾哈齊之崛起與壯大，
及其與明朝之衝突不斷，甚至滿洲代明而起，適足以說明遼東經略與國防命
脈關係密切，其言不虛。

第二節　明代對遼東之經營

根據陳文石〈明代前期遼東的邊防〉一文所指出，明代遼東邊防的開拓
經略及其退縮崩潰，與國家整體情勢的變化，內外相關。尤其是蒙古高原上
動靜變化的影響，關係更爲密切。〔註16〕

明朝對遼東的經營，大致可分爲三期：前期自洪武四年（1371）故元遼陽
行省平章劉益內服，設立遼東衛指揮使司，明代統治力量開始進入遼東起，後
來則改各地都衛爲都指揮使司，〔註17〕至英宗正統十四年（1449）「土木之變」，
〔註18〕北疆國防情勢整個發生變化爲止，前後約八十年間。此期又可分爲自洪

〔註15〕 王之誥，〈全遼志敘〉，《遼海叢書》第一冊（瀋陽：遼瀋書社，1985 年 3 月第
一次印刷），頁 495。

〔註16〕 陳文石著，〈明代前期遼東的邊防〉，《明清政治社會史論》上冊（臺灣學生書
局，民國 80 年 11 月初版），頁 177～265。

〔註17〕 《明太祖實錄》，卷八十三，洪武六年六月，頁 398。

〔註18〕 《明英宗實錄》，卷一八〇，頁 3243，「是日虜寇分道刻期入寇，也先寇大同，
至貓兒庄，右參將吳浩迎戰，敗死。脫脫卜花王寇遼東，阿剌知院寇宣府，
圍赤城，又別遣人寇甘州，諸守將憑城拒守，報至，遂議親征。」於七月十
六日與宦官王振率軍自北京出發，明軍出居庸關，過宣府，未至大同而軍中
已缺糧；卷一八一，頁 3245～3246：「正統十四年八月初一，車駕至大同，王
振尚欲北行，鎮守太監郭敬密告振曰，若行，正中虜計，振始懼。自出居庸
關，連日非風則雨，及臨大同，驟雨忽至，人皆驚疑，振遂議旋師。」「庚戌，
車駕東還。是夕，次雙寨兒，爲營方定，有黑雲如傘，蓋覆營上，四外晴明。
須臾，雷電風雨交作，營中驚亂，徹夜不止。初議從紫荊關入，王振，蔚州

武四年（1371）至永樂二十二年（1424）開拓經略期與自洪熙元年（1425）至正統十四年（1449）維繫守成期兩個階段。中期則自景泰元年（1450）至嘉靖末期（1566），約為一百一十餘年，此一時期由於土木之變的影響，使國家防務弱點盡行暴露，經年遭受北方敵人的進犯困擾，而河套地方失陷後，更易遭受牧放南侵，成為明代北疆國防最為危急嚴重時期，國家大量財富人命，亦多消耗於此。雖然後來雙方建立和平關係，並開設馬市、通貢貿易，但安危之機，仍甚微妙。後期自穆宗隆慶元年（1567）至崇禎十七年（1644）清兵入關為止，前後約八十年，此一時期以神宗萬曆十一年（1583）清太祖努爾哈齊起兵為界，分為兩個階段。前一階段，先是李成梁於隆慶三年（1569）出鎮遼東，時年富氣盛，銳意封拜。軍事經一番整頓後，亦大有起色，故師出多捷，所向有功，邊境一時頗安。已而位望益隆，子弟盡列崇階，冒功之事亦在所多有，邊事乃復日壞。至萬曆二十年（1592）始以被劾解任而去。〔註19〕在此期間，努爾哈齊已於萬曆十一年（1583）以復仇為名起兵向尼堪外蘭進攻，侵掠鄰近諸部，邊境情勢已然發生重大變化，遂使努爾哈齊得以趁機崛起其間。〔註20〕萬曆二十九年（1601）李成梁受命再鎮遼東，時年已七十有六，年老氣衰，無所作為，復鎮八年，多以外市恩諸酋，內賄結權貴，委曲彌縫，期無大禍為事。萬曆三十六年（1608）李成梁復被劾罷歸，〔註21〕復以是時稅監內官高淮為虐，毒害地方，招納亡命，搜刮士兵，以致軍士譟變，邊民大譁。甚至有走投夷方者，〔註22〕而天子又置萬機不理，邊臣呼籲漠然不聞。至是，努爾哈齊已統一建州，收服鴨綠江部，滅長白山部，克哈達、輝發、數敗烏拉兵，漸成不可制之勢，〔註23〕此後經年攻戰，已無復邊防可言。

人也，始欲邀駕幸其第，既而又恐損其鄉土禾稼，復轉從宣府行……辛酉，車駕次土木……至是振以軍失利，慚恚，即止於土木。地高無水，掘井二丈餘，亦不得水。其南十五里有河，已為虜所據，絕水終日，人馬饑渴，虜分道自土木旁近麻裕口入，守口都指揮郭懋拒之，終夜虜兵益增，車駕欲起行，以虜騎繞營窺伺，復止不行。虜詐退，王振矯命抬營行就水，虜見我陣動，四面衝突而來，我軍遂大潰，虜邀車駕北行。」

〔註19〕《明史》，卷二三八，列傳126〈李成梁傳〉，頁6190。
〔註20〕《大清滿洲實錄》，卷一（臺灣華文書局總發行，民國53年9月出版），頁96。
〔註21〕《明史》，卷二三八，列傳126〈李成梁傳〉，頁6190。
〔註22〕《明神宗實錄》，卷四四五，頁8449。
〔註23〕閻崇年著，《天命汗》，第三章〈壯志初展〉，第三節〈整合建州〉（吉林文史出版社，1991年初版），頁51～60。

一、明朝對遼東之前期經營

（一）太祖時期對遼東之經營

元代於遼東設有遼陽等處行中書省，統轄遼陽、廣寧府、大寧、瀋陽、開原、東寧、合蘭府水達達等七路及咸平一府，及其下所屬 12 州、10 縣。行中書省設丞相一員，統理所屬錢糧、甲兵、漕屯等一切軍國重事，下有平章、右丞、左丞、參知政事及諸司僚左。路設總管府，有達魯花赤、總管、同知、治中、判官等。另外於各衝要地區設立元帥府、萬戶府等軍事機構，統之於兵部，以驛道與各路、府相連，主要驛站並設脫脫禾孫，掌司稽察，與諸司共同維持地方治安，七路中合蘭府水達達等路爲治理水達達及女眞族群而設，其地無市井城郭，各族皆逐水草爲居，以射獵爲業，元初曾置軍民萬戶府五，令各仍舊俗，隨俗而治。〔註24〕

元末，遼東在連經數次大騷亂之後，原有的行政建置已經解體，更隨著元軍在中原戰事節節潰敗，中央政府對遼東情勢已失去控制力量，地方長吏遂各自建軍自衛，漸成獨立狀態，明洪武元年（元至正二十八年，1368）元順帝倉皇夜奔上都，中央政府終至瓦解，遼東元將劉益、納哈出等成爲各自割據爲雄的局面。自順帝北走之後，元軍在北方勢力，大致分爲三部：一是中路順帝在上都集結的部隊，亦爲政權所在，精神領導中心；一是西路盤據在甘陝一帶諸軍，以擴廓帖木兒爲統帥，爲當時元軍作戰主力；一是東路遼東諸將，由於無共同統帥，行動不一，一時不足爲患。洪武四年（1371）二月，劉益以遼東州郡地圖並藉其兵馬錢糧之數，遣右丞董遵、僉院楊賢奉表來降。明廷特於得利嬴城置遼東衛指揮使司，以劉益爲同知指揮事，命其「固保遼民，以屏衛疆圉」。〔註25〕同年七月明廷開置定遼都衛，遣軍自海道赴遼，修城繕兵，佈署防務，以馬雲、葉旺爲指揮使，吳泉、馮祥爲同知、王德爲僉事，總轄遼東諸衛軍馬，爲明軍正式進駐遼東之始。〔註26〕馬雲等初至遼東，以初附之地，又新經變亂，反側者尚多，且防務城池，急需修治，輜重補給，積儲未充，遂以守禦爲主，

〔註24〕明・宋濂等撰，《元史》，卷五十九，志第十一〈地理二〉（北京中華書局出版），頁 1400。

〔註25〕《明太祖實錄》，卷六十一，洪武四年二月壬午條，頁 324，謂「故元遼陽行省平章劉益，以遼東州郡地圖並藉其兵馬錢糧之數遣右丞董遵、僉院楊賢，奉表來降。其辭曰：聖明啓祚，實千載之遭逢，遐邇傾心，豈一夫之抗越乃改途而易轍？願效順以投誠。」

〔註26〕《明太祖實錄》，卷六十七，洪武四年七辛亥條，頁 1254。

招撫勞徠，整軍自固。明太祖此時甚爲重視者爲準備趁擴闊帖木兒新建勢力未
充實以前予以殲滅，洪武五年（1372）正月，明軍以必勝之勢，大舉進攻闊廓
帖木兒，〔註27〕三路裏面的中路與東路，兩路皆失利而還，惟西路軍全勝而歸。
經此戰後，明軍不敢輕議渡漠遠擊，乃命宿將重臣以歛兵、修防、守塞爲事。
洪武六年（1373）閏十一月癸酉，於遼陽城北設置定遼左衛，立所屬千戶所五，
調山東防衛軍馬屯守。〔註28〕洪武七年（1374）正月甲戌，置定遼右衛，以定
遼都衛右千戶所青州軍士五千人，並本衛軍七百九十四人屬之，並調中、後二
所軍兵戌守金州。〔註29〕洪武八年（1375）四月已巳，置金州衛指揮使司，隸
定遼都衛。〔註30〕同年十一月癸丑，全國在外各處所設都衛改制爲都指揮使司，
定遼都衛改遼東都指揮使司，並置定遼前衛指揮使司，以遼東衛爲定遼後衛指
揮使司。〔註31〕洪武九年（1376）十月辛亥，改定遼後衛爲蓋州衛，復置定遼
後衛於遼陽城北。〔註32〕

　　隨著歸附者日眾，明軍步步向外拓展，當其完全收復遼東半島之後，明
廷於洪武十四年（1381）設立復州衛。〔註33〕洪武十九年（1386）七月則設
置東寧衛，同年八月，置瀋陽中衛與瀋陽左衛，調山東、河南校卒分成其地，
〔註34〕至此遼東防務力量已增至 112000 餘人，遼東軍士所需的一切糧餉供
給，皆賴於海運轉輸；秋冬之時，風烈浪高，漕舟多遭覆溺漂沒。洪武十五
年（1382），太祖乃命各軍積極開置屯田，且耕且守，以減輕海運覆溺之患。
〔註35〕

〔註27〕明太祖十分推崇括擴闊帖木兒用兵之才，最初屢次致書招之，對方皆置而不
　　　答。太祖對其在元主退出中國之後，以逋逃棄盡之勢，猶轉戰千里，屢挫不
　　　屈的氣節，既敬且忌。《明史》，卷一二四〈擴闊帖木兒傳〉，頁 3713，謂太祖
　　　一日大會諸將，問曰：「天下奇男子誰也？對曰：『常遇春將不過萬人，橫行
　　　無敵，眞奇男子。』太祖笑曰：『遇春雖人傑，吾得而臣之，吾不能臣王保保
　　　（擴闊帖木兒），其人眞奇男子也。」
〔註28〕《明太祖實錄》，卷八十六，洪武六年（1373）十一月，頁 409。
〔註29〕《明太祖實錄》，卷八十七，洪武七年（1374）甲戌，頁 412～413。
〔註30〕《明太祖實錄》，卷九十九，洪武八年（1375）四月，頁 447。
〔註31〕《明太祖實錄》，卷一〇一，洪武八年（1375）十一月癸丑，頁 454。
〔註32〕《明太祖實錄》，卷一一〇，洪武九年（1376）冬十月，頁 481。
〔註33〕《明史》，卷四十一〈地理志二〉，頁 953。
〔註34〕《明太祖實錄》，卷一七九，洪武十九年八月辛丑條，頁 703。
〔註35〕《明太祖實錄》，卷一三四，洪武十三年十二月戊午條，頁 559：「登州衛指揮
　　　使司言：海運之船，經涉海道，遇秋冬之時，烈風雨雪，多致覆溺。繼今運
　　　送軍需等物及軍士家屬過海者，宜俟春月風和渡海，庶無覆溺之患，從之。」

洪武十九年（1386），女眞人楊哈剌來朝，明廷授爲三萬衛百戶，當時僅爲空名。〔註 36〕至平定納哈出以後，明廷乃開始經略此地，並置兀者野人、乞列迷、女直軍民府，以管理來歸女眞族群。洪武二十年（1387）十二月，於松花江與牡丹江會流處的依蘭偏西地方開置三萬衛。〔註 37〕洪武二十一年（1388）二月，因其與當時內地所建衛所之聯繫過於突出懸遠，糧餉難繼，乃退移開原。〔註 38〕同時，並設置鐵嶺衛，包括鴨綠江以南至朝鮮咸鏡道地。〔註 39〕從明太祖對三萬衛與鐵嶺衛開設，可知其經略規模，乃倣元朝遺制，以遼河爲直轄地區，進而以三萬衛爲北向前進基地，經略松花江、牡丹江、及迤北地方，以鐵嶺衛東向發展，經略長白山及鴨綠江流域一帶。

洪武二十年（1387），明廷令納哈出降眾散處遼西及熱河一帶，爲便於監視制馭，又於同年八月，在熱河地方設置大寧衛，九月，改爲都指揮使司，

《明太祖實錄》，卷一四五，洪武十五年五月丁丑條，頁597：「士卒饋運渡海有溺死者，上聞之，命群臣議屯田之法，諭之曰：『昔遼左之地，在元爲富庶，至朕即位之二年，元臣來歸，因時任之。其時有勸復立遼陽行省者，朕以其地早寒，土曠人稀，不欲建置勞民。但立衛以兵戍之，其糧餉歲輸海上，每聞一夫有航海之行，家人懷訣別之意。然事非穫已，憂在朕心；至其復命，士卒無虞，心乃釋然。近聞有溺死者，朕終夕不寐，爾等其議屯田之法以圖長久之利。』」《明太祖實錄》，卷二五五，洪武三十年十月戊子條，頁947：「上諭戶部臣曰：『遼東海運，連歲不絕。近聞彼處軍餉，頗有贏餘，今後不需轉運，止令本處軍人屯田自給；其三十一年海運糧米，可於太倉、鎭海、蘇州三衛倉收貯，仍令左軍都督府移文遼東都司知之。其沙嶺糧儲，發軍護守，次第運至遼東城中海州衛，倉儲之。』」

〔註36〕《朝鮮李朝太宗實錄》，卷十三，七年三月己巳條，頁202～203，收於《明代滿蒙史料》（東京大學文學部，昭和二十九年三月印刷）。

〔註37〕《明太祖實錄》，卷一八七，洪武二十年十二月庚午，頁728，謂：「置遼東三萬衛指揮使司，以千戶侯史家奴爲指揮僉事，詔凡將校自洪武四年守遼有功者，千戶陞爲指揮，百戶以下遍陞有差，凡二百七十五人。」

〔註38〕《明太祖實錄》，卷一八九，洪武二十一年三月辛丑條，頁741：「徙置三萬衛于開元。先是，詔指揮僉事劉顯等至鐵嶺立站，招撫鴨綠江以東夷民。會指揮僉事侯史家奴領步騎二千，抵斡朵里立衛，以糧餉難繼，奏請退師，還至開原。野人劉憐哈等集眾屯于溪塔子口，邀擊官軍，顯等督軍奮殺百餘人，敗之，撫安其餘眾，遂置衛于開原。」《明史》，卷四十一〈地理志二〉，頁957：「三萬衛，元開元路。洪武初廢，二十年十二月置三萬衛於故城西，兼置兀者也人、乞例迷、女直軍民府，二十一年府罷，徙衛於開元城。」

〔註39〕《明太祖實錄》，卷一八九，洪武二十一年三月辛丑條，頁741，謂：「置鐵嶺衛指揮使司。先是元將校拔金完哥率其部屬金千吉等來赴至是遣指揮僉事李文……置衛於奉集縣，以撫安其眾。」

治大寧，次年（1388）七月，更名爲北平行都司。〔註40〕洪武二十四年（1391），太祖並封第十六子寧王朱權藩國於此。於是北平行都司東與遼陽、西與宣大聯依相望，成爲國防前線的重要據點。

洪武二十一年（1388）八月，明廷開置義州衛。〔註41〕洪武二十三年（1390）五月開置廣寧衛。〔註42〕洪武二十四年（1391）九月，置廣寧左屯、中屯二衛。〔註43〕洪武二十六年（1393）正月，又置廣寧中、左、右、前、後五衛，以及右屯、前屯、後屯三衛，〔註44〕遼西與熱河防務，至此始構成一氣。

明太祖爲防止中央權臣纂逆與邊臣割據，並爲鞏固邊防、維護國家安全起見，乃廣封諸子，分藩建國，形勝之地，非親勿居，星羅棋布，以爲屏藩翼衛，而扼邊諸王，兵力尤爲雄厚。親王成爲地方守軍與中央軍令機關的聯繫人，亦是皇帝在地方的軍權代表。平時以護衛軍監視地方，可獨自應變，遇事則可以指揮地方軍與中央軍以抵抗外來侵襲。〔註45〕太祖所封諸子二十

〔註40〕《明太祖實錄》，卷一八四，洪武二十年八月辛未條，頁719：「置大寧衛指揮使司，以將士有罪者往戍焉。」卷一八五，九月癸未條，頁721：「置大寧都指揮使司及大寧中、左、右三衛，會州、木榆、新城等衛悉隸之，以周興爲都指揮使，調各衛兵二萬一千七百八十餘人守其城。」《明史》，卷四十〈地理志一〉，北平行都指揮使司條，頁905～906，謂：「本大寧都指揮使司，洪武二十年九月置。二十一年七月更名，領衛十。永樂元年三月復故名，僑置保定府，而其地遂虛。景泰四年，泰寧等三衛乞居大寧廢城，不許，令去塞二百里外居住。天順後，遂入於三衛，西南距北平布政司八百里。」
〔註41〕《明太祖實錄》，卷一九三，洪武二十一年八月戊申，頁750，謂：「置遼東義州衛指揮使司。初，大軍討納哈出，詔指揮同知何浩等，統金、復、蓋三衛軍馬，往遼河西十三山屯種守禦，至是。始置衛及五千戶所。」
〔註42〕《明太祖實錄》，卷二○二，洪武二十三年五月庚申條，頁783，謂：「置遼東衛指揮使司，以王雄爲指揮僉事。」
〔註43〕《明太祖實錄》，卷二一二，洪武二十四年九月癸卯條，頁812，謂：「癸卯，置廣寧左屯、中屯二衛。先是，舳艫侯朱壽督餉遼東，領新編士卒至牛莊、馬頭屯守。至是，於遼河西置左屯衛，錦州置中屯衛，命鐵嶺衛指揮僉事，任典、俞機，往左屯衛，海州衛指揮僉事陳鍾往中屯衛，分統士卒戍守。」
〔註44〕《明太祖實錄》，卷二二四，洪武二十六年春正月丁巳條，頁845，謂：「置廣寧中、左、右、前、後五衛，及右屯、後屯、前屯三衛，命指揮僉事姚文、王確領兵屯守。」
〔註45〕《明太祖實錄》，卷二二一，洪武二十五年九月戊申條，頁835，謂：「上諭右軍都督府臣曰：『近聞陝西都司遣兵常隨秦王出入，蓋王府置護衛，又設都司，正爲彼此防閑。都司乃朝廷方面，凡奉敕調兵，不啓王知，不得輒行；有王令旨而無朝命，亦不擅發，如有密旨，不令王知，亦須詳審覆而行，此國家

四王之中，於北疆國防要地自甘肅至遼東共十二人。北疆十二王之中，封於
遼東者有三：分別爲遼王朱植，洪武十一年（1378）初封衛王，二十五年
（1392）改封遼王，二十六年（1393）就藩廣寧；瀋王朱模，封於洪武二十
四年（1391），原封國瀋陽，洪武時未就藩，永樂六年（1408）始令就藩潞州；
韓王朱松，封於洪武二十四年（1391），藩地開原，未就藩而卒。〔註46〕

　　遼東都司諸衛與諸王國建置，爲明太祖對整個北疆佈署上的主要一環，
亦即後來所謂九邊重鎭之一。《明史》，卷九十一〈兵志〉三邊防條有所說
明：

> 元人北歸，屢謀興復。永樂遷都北京，三面近塞，正統以後，敵患
> 日多，故終明之世，邊防甚重。東起鴨綠，西抵嘉裕，綿互萬里，
> 分地守禦。初設遼東、宣府、大同、延綏四鎭，繼設寧夏、甘肅、
> 薊州三鎭，而太原總兵治偏頭，三邊制府駐固原亦稱二鎭，是爲九
> 邊。〔註47〕

遼東在明朝時代爲東北重鎭，負山枕海，爲溝通華北與東北之咽喉，周邊幾
乎盡是少數民族，又與朝鮮、日本爲鄰，形勢扼要，明朝對遼東經營之經制
甚詳，爲歷代所無。〔註48〕

（二）成宣時代對遼東之經營

　　成祖時代對東北之經略活動與太祖時代不同，太祖時期主要成就爲清除
故元殘餘勢力，以建立防務，鞏固統治力量的基礎。成祖時期則積極向外經
略，招徠女眞各部，羈縻制馭，使其保塞而不成爲邊患，故而明代對東北各
族的經營，以成祖時期最爲輝煌耀眼。〔註49〕

　　凡各族群受撫來歸者，成祖皆就其所居地區、族群強弱大小，按照國家
衛所組織，分別授其酋豪都指揮、指揮、千戶、百戶、鎭撫等官，賞以財物，
令自相統屬，約束所部，以時朝貢而羈縻。但這些衛所如同唐代的羈縻州，

　　　體統如此。今秦府未給護衛，但令以兵五百暫爲護從，而都司迺敢擅增兵至
　　　千人，其罪不可赦。
〔註46〕《明太祖實錄》，卷二一七，洪武二十五年五月丁酉條，頁826，謂：「置韓、
　　　瀋、安，三王府護衛：瀋府爲瀋陽中護衛，安府爲平涼中護衛，韓府爲開原
　　　中護衛。兵部言：『開元乃肅愼、渤海、東夷之地』，遂改爲安東中護衛。」
〔註47〕《明史》，卷九十一〈兵志三〉，頁2235。
〔註48〕〈重刊遼東志書序〉，《遼海叢書》，第一冊，頁347。
〔註49〕明成祖曾計劃將遼東都指揮使司由遼陽移至開原，以便於向外經略。

均爲羈縻性質，所授官階，皆爲榮譽職銜而並無俸祿，頒給印記敕書，以便鈐束所部，及作爲朝貢往來之憑證。成祖對東北女眞各族群採積極招撫的政策，其所以廣置衛所城站，令各統所部而不相轄屬，乃爲使其各自雄長，相峙而不相結，使其得以從中羈縻駕馭。〔註50〕《明太宗實錄》有云：

> 朕非欲併其土地，蓋以此輩貪殘，自昔數爲邊患，勞動中國，至宋歲賂金幣，剝及下人膏血，卒爲大患。今既畏服來朝，則恩遇之，從所欲授一官，量給賜賚，捐小費以弭重患，亦不得不然。〔註51〕

永樂元年（1403），成祖派遣保定侯孟善代劉貞出鎭遼東之際，即派遣使臣遠出向東北女眞各族群進行招撫工作，最先受撫來歸者爲泰寧、福餘、朵顏三衛（即所謂兀良哈三衛）。〔註52〕同年十一月，女眞族豪酋阿哈出率部來朝，成祖特於鳳州（即輝發河上游山城子一帶）開設建州衛，以阿哈出爲指揮使。〔註53〕建州衛的設立，是明代自洪武以來，首先設立的女眞族羈縻衛，〔註54〕亦爲日後

〔註50〕 明陳子龍等選輯，《皇明經世文編》，卷四五三〈楊宗伯（道賓）疏〉；卷一〈論海建夷情〉（北京中華書局影印），頁4983，謂：「成祖文皇帝以分女直爲三，又析衛所地站爲二百六十二，而使之各自雄長，不相歸一者，謂中國之于夷狄，必離其黨而分之，護其群而存之，未有縱其蠶食、任其漁獵、以養其成，而付之無可奈何者也。」《皇明經世文編》是一部總結明朝兩百多年統治經驗，企圖從中得出教訓，用以改變當前現實之經世實用之書。主編人物爲陳子龍、徐孚遠、宋徵璧三人，皆爲江蘇松江人，爲幾社成員，於崇禎十一年（1638）二月開始編輯，至當年十一月便告完成，時間極爲短促，選文有三大原則：明治亂、存異同、詳軍事，史料價值極高。

〔註51〕 《明太宗實錄》，卷一一三，永樂九年二月甲辰條，頁1333。

〔註52〕 《明太宗實錄》，卷二十下，永樂元年五月己未條，頁1065：成祖敕諭兀良哈官軍人等曰：「朕嗣位之初，已嘗詔諭爾眾，復遼東守臣言，爾等俱欲來朝，今遣指揮蕭尚都鎭撫劉忽魯禿百戶和尙往諭，朕意但來朝者悉授以官，俾仍居本地，歲時貢獻，經商市易，一從所使。」卷二十五，永樂元年十一月丙子條，頁1085：「兀良哈頭目哈兒兀，反遣其部屬脫忽思等二百三十人來朝貢，命禮部賜鈔幣、襲衣並償其焉。上焉每匹鈔五十錠，中焉四十錠，下焉三十錠，每疋仍與綵幣表裏一。」《明太宗實錄》，卷二十五，永樂元年十一月辛卯條，頁1086，謂：「朕承天眷，君臨天下，嘗遣使賫詔諭爾，爾等聞命，即遣人來朝，其誠可嘉。今仍舊制，設泰寧、福餘、朵顏三衛，俾爾等統屬軍民，鎭守邊境，舊嘗授官者列名以聞，咸復之。若頭目人等前未授官，於今當授者，亦第其名來聞，朕即授之，俾世居本土，安其生業。」

〔註53〕 《明太宗實錄》，卷二十五，永樂元年十一月辛丑條，頁1087，謂：「女直野人頭目阿哈出等來朝，設建州衛軍民指揮使司，阿哈出爲指揮使，餘爲千百戶、所、鎭撫，賜誥印、冠帶、襲衣、及鈔幣有差。設建州衛經歷司署經歷一員。」

〔註54〕 《明太祖實錄》，卷一四二，洪武十五年二月壬戌條，頁585，謂：「故元鯨海

所謂「建州三衛」的濫觴。明人對遼東邊地以北以東各族群，皆以女眞人統稱之，並區分爲建州女眞、海西女眞、野人女眞三大集團。此三大集團早期活動範圍如下：建州女眞大約在長白山以北，牡丹江與松花江的合流處到綏芬河流域，及烏蘇里江支流穆稜河地方的毛憐衛，都屬於建州女眞的活動範圍；海西女眞在松花江大曲折後的南北兩岸，自扶餘至哈爾濱以東阿仕河，以及呼蘭河流域一帶；野人女眞大約在今樺川，同江至黑龍江一帶地方。此爲大致的活動範圍，並沒有明確的疆界。〔註55〕永樂元年（1403）十二月，成祖於今哈爾濱北方呼蘭河流域一帶設兀者諸衛，〔註56〕後兀者諸衛由於野人女眞的侵暴騷擾，遂南下移動入吉林南部至開原以北一帶地方，明人後稱之爲海西女眞。明代所稱海西大致在今開原以北，吉林、松花江以西地方。〔註57〕

　　兀者諸衛的開設，不但招服此等地方諸族群，更進而開拓由此前進經略的道路，沿松花江繼續前進。永樂二年（1404）二月，當野人女眞來朝時，明廷設立奴兒干衛，〔註58〕爲明政府在黑龍江下游建置之始，亦爲奴兒干都指揮使司奠定基礎。永樂三年（1405）〔註59〕、四年（1406）〔註60〕兩度朝貢於明，至永樂七年（1409）四月，奴兒干韃靼頭目忽剌多奴等65人至，

千户速哥帖木兒，木答哈千户完者帖木兒，牙蘭千户皂化，自女眞來歸，言：『遼陽至佛出渾之地3400里，自佛出渾至斡朵憐1000里，斡朵憐至託溫萬户府180里，託溫至佛思木隘口180里，佛思木至胡里改190里，胡里改至樂浪古隘口170里，樂浪古隘口至乞列憐190里，自佛出渾至乞列憐，皆舊所部之地，願往諭其民，使之來歸。』詔許之，賜以織金文綺。」

〔註55〕陳文石著，《明清政治社會史論》，上冊〈明代前期遼東的邊防〉（臺灣學生書局，民國80年月11月初版），頁204。

〔註56〕《明太宗實錄》，卷二十六，永樂元年十二月辛巳條，頁1092，謂：「忽剌溫等處女直野人頭目西陽哈、鎖失哈等來朝貢馬130匹，置兀者衛，以西陽哈爲指揮使，鎖失哈爲指揮同知，吉里納等六人爲指揮僉事，餘爲衛鎭撫、千户、百户所鎭撫，賜誥印、冠帶、襲衣、及鈔幣，有差。」

〔註57〕陳文石著，《明清政治社會史論》，上冊〈明代前期遼東的邊防〉，頁205。

〔註58〕《明太宗實錄》，卷二十八，永樂二年二月癸酉條，頁1098，謂：「忽剌溫等處女直野人頭目把剌答哈來朝，置奴兒干衛，以把剌答哈等四人爲指揮同知，古驢等爲千户所鎭撫，賜誥印、冠帶、襲衣、及鈔幣有差。」

〔註59〕《明太宗實錄》，卷四十，永樂三年三月己亥條，謂：「奴兒干衛指揮同知把剌答哈，及兀者左衛頭目木答忽等九十七人來朝，賜之鈔幣。」卷四十，永樂三年三月癸亥條，謂：「賜女直、及奴兒干黑龍江忽剌溫之地也人，女直把剌答、琉球、西洋、暹羅使臣三吾良疊等於會同館。」

〔註60〕《明太宗實錄》，卷四十四，永樂四年二月丙子條，謂：「奴兒干衛頭目察罕等遣人朝貢，賜之綵幣。」

明廷又置伏里奇、乞勒尼二衛、敷答河千戶所，命忽剌多奴等爲指揮、千百戶。〔註61〕旋以其地位居衝要，可作爲招撫附近各部族之中心基地，乃於是年閏四月設奴兒干都指揮使司，任命內地官員康旺爲都指揮同知，王肇舟爲都指揮僉事。〔註62〕此一都指揮使司之設立，乃倣元代設立東征元帥府之遺意，欲以此作爲經營黑龍江下游一帶的指揮中心。奴兒干都司治所設在黑龍江下游東岸、亨滾河口附近的特林，由危崖絕壁的地形而得名。明朝在特林江邊，修建一座供奉觀音的永寧寺，寺旁矗立兩座記事石碑：一座由內官亦失哈於永樂十一年（1413）所立，名爲永寧寺碑，又稱永樂碑；另一座石碑，立於宣德八年（1433），亦爲亦失哈委官重建，又名宣德碑。〔註63〕楊暘在《明代東北史綱》〈明永樂宣德朝對東北統治的加強與續置〉提及，光緒十一年東北著名歷史地理學家曹廷傑，考察黑龍江下游奴兒干地方，對兩塊巨碑做過深入詳盡研究，明確指出兩塊巨碑的地理位置，並披駁明代東北邊塞盡於鐵嶺、開原之說，爲我國明代東北邊疆歷史地理的研究提供第一手史料。〔註64〕

　　明代於奴兒干都司轄境內，並未設立州、府、縣制，是軍政合一，相當於「省」一級的地方政權機關，所以不隸屬於明代五軍都督府，而屬於明王朝的職方清吏司管理，〔註65〕直屬於明朝中央政府，地位十分重要。

　　明代自永樂元年（1403）開始向外經略活動，其所設羈縻衛所甚多。根據《大明一統志》，卷八十九〈外夷女直條〉所云，合計設衛一百八十四，所20，其中成祖時（1403～1424）設立者計一七九衛，正統年間（1436～1449）設立者五衛，除衛所以外，尚有地面城站口和等名目凡五十八，〔註66〕除就

〔註61〕《明太宗實錄》，卷九十，永樂七年四月癸巳條，頁1270。
〔註62〕《明太宗實錄》，卷九十一，永樂七年閏四月己酉條，頁1271。
〔註63〕楊暘著，《明代東北史綱》，第四章〈明永樂、宣德朝對東北統治的加強與續置〉，頁113。
〔註64〕前揭書，頁115。
〔註65〕《大明會典》，第三冊，卷一二四〈兵部七〉，頁1773～1774，謂：「國初，設太平諸郡翼元帥府，以統諸道兵，設總制親兵都指揮使司、及都鎮撫，以總禁衛，續改諸翼爲親軍，立大都督府，設內外衛所、及各都指揮使司，後又分大都督府爲五府，隸外衛於都司，而都司及內衛，各以其方隸五府，惟親軍不屬，遂爲定制，其都司衛所，自永樂以後，添革改調不一，亦有以各處土官衙門屬之統轄者。」
〔註66〕明・李賢等奉敕撰，《大明一統志》，卷八十九〈外夷女直〉條，收於《景印文淵閣四庫全書》，第四七三冊，史部二三一〈地理類〉（臺北：臺灣商務印書館），頁472～474。

其居地設置衛所城站地面等外，其有願居中國者則設安樂、自在二州以處之，亦量授官職，任其耕牧自便。〔註67〕

　　至於成祖內徙大寧都司之事，明人多謂「靖難師起」，成祖爲補充兵力，並免後顧之憂，乃誘奪寧王兵，並攜三衛兵從征，後以事定而償其前勞，乃以大寧都司地之。《明史》，卷九十一〈兵制三〉，邊防條，即持此一看法：

> 建文元年，文帝（成祖）起兵襲陷大寧，以寧王權及諸軍歸，及即位，封寧王於江西，而改北平行都司爲大寧都司，徙之保定……以大寧地畀兀良哈，自是遼東與宣大，聲援阻隔。〔註68〕

然此處以與本文無關，不擬論述。成祖對於大寧防務重要性並未忽略，〔註69〕但擬圖恢復大寧諸衛的計劃，卻並未成功。永樂元年（1403）三月，乃命將大寧都司移於保定，但並未將此等地方給予三衛。直至景帝景泰初年（1450）大寧猶爲空城。〔註70〕根據陳文石的推斷，大寧防務的空虛，或許是成祖以「進攻是最佳防禦」爲戰略考量之下，先致力徹底擊潰漠北蒙古，等解除大患之後，然後再計議設防佈署。但以一度企圖恢復大寧防務而遭到餉饋艱阻之困難，復以忙於策劃北征軍事及限於其他因素，遂因此擱置下來，未再進行復防工作。〔註71〕無論如何，大寧防務的空虛，致使北疆防線中斷，整個防務體系遭受破壞，影響極鉅。寧王府與大寧都司位於熱河丘陵，控扼蒙古高原與松遼平原通道，或由今錫林郭勒盟南下，或由多倫東行，均須經過遼河上游的林西，沿西遼河谷地入遼西。〔註72〕寧王府與大寧都司的設立，形

〔註67〕《明太宗實錄》，卷七十九，永樂六年五月甲寅條，頁1238，謂：「命於遼東自在、快活二城，設自在、安樂二州，每州置知州一員、吏目一員。」

〔註68〕《明史》，卷九十一，志第六十七〈兵制三〉，頁2236。

〔註69〕《明太宗實錄》，卷十四，洪武三十五年十一月甲申條，頁1035，謂：「上謂掌後軍都督府事雲陽伯陳旭等曰：『東北胡虜數入邊境窺覘虛實，或徑至鵝剝掠，其令武安侯（鄭亨）于千戶寨、灰嶺、慶州、神樹、西馬山、七渡河，皆設煙墩候望，有警即放炮，使屯守知備。仍令新昌伯以所領軍自小興州至大興州，東接牛嶺、會州、塔山、龍山諸處屯種，北勿出會州，西勿過千戶寨。』」

〔註70〕清・和珅、梁國治等奉敕撰，《欽定熱河通志》，卷六十三〈建置沿革九〉，《景印文淵閣四庫全書》，第四九六冊，史部二五四〈地理類〉（臺北：臺灣商務印書館發），頁70～75。

〔註71〕陳文石著，《明清政治社會史論》，上冊〈明代前期遼東的邊防〉，頁238。

〔註72〕按今哲里木盟、卓索克圖盟、昭烏達盟、與察哈爾的錫林郭勒盟，本稱「東四盟」，除哲里木盟蒙旗散布在遼北、嫩江、吉林三省境內外，其餘兩盟旗，今皆分布在熱河境內，此處爲東四盟分布上的中間地區，足徵熱河丘陵與蒙

勢上西翼宣府，東屏遼左，不但隔絕蒙古與遼東各部，而且監控三衛，更為燕、薊外線屏障，古北口、喜峰口，皆為熱、冀間長城要隘，清代時通往海拉爾的官道大路，均經由承德再由多倫北上。大寧防務空廢之後，明廷便不得不倚薊州為重鎮，使得原來的內線防務，變為外線前哨，因而失去東西聯屬、南北控扼的作用。〔註73〕

　　大寧空廢之後，兀良哈三衛得踰西剌木倫河南下，遂自由進出於老哈河以南、長城以北地區，直接威脅遼東西側防務。大寧西側的開平衛，亦因大寧之放棄，致使其過於突出孤立，不能自存；宣德五年（1430），不得不後移至獨石堡。〔註74〕三衛在成祖年間，由於大寧撤退後，明廷失去對其監控力量而導致其屢次犯邊，英宗正統六（1441）〔註75〕、七年（1442），〔註76〕並

古高原及松遼平原間關係的密切。

〔註73〕《圖書編》，〈遼西區畫〉條，謂：「古遼西郡，即舊設大寧都司，內轄金川、全寧、及大寧，和眾富庶，金源、惠和、武平、龍山等縣是也。契丹號為中原，是故大同在西，燕在南，遼陽在東，大寧則在其中，其東南四十里為松林，松林水出，是為廣河，大山深谷，幅員千里，馬迂崇隆，迤委互京師之西、、我太祖驅逐胡元，于古會州之地設大寧都司，及所屬營州等衛，以為外藩籬。復命魏國公修山海關、喜峰口、古北口、黃花鎮、潮河川一帶，以為內藩籬。永樂中搬回大寧，以地委朵顏三衛，而以內藩籬為界，大寧既棄，則開元、興和不容不失，宣德中移守獨石、龍門，勢固然也。土木之變，獨石八城俱陷，所恃者一長安嶺橫艮虜衝耳。」

〔註74〕《明宣宗實錄》，卷六十一，宣德五年正月庚戌條，謂：「宣府總兵官都督譚廣奏：『赤城屯堡垣墉早狹，比賊屢入劫掠，今屯守官軍慮其復至，欲暫徙長安嶺南，候春暖擇利便地，修築城堡，增兵守備，半年一更為便。』時開平衛餘丁唐子英等，亦告欲移入長安嶺南耕種，每歲候大軍入糧之時，隨往開平，供送正軍為守禦之計，遂敕廣等曰：『朕以邊務付爾事，有便宜從爾斟酌，但宜審度務保十全。』」《明英宗實錄》，卷八十一，正統六年七月辛亥條，頁2764～2765，謂：「敕宣府總兵官都督譚廣、左參將都督僉事黃眞、右參將都督僉事楊洪，往因備邊及操習神銃軍士，常令爾等就彼造演箭用，今聞爾廣於宣府立神銃演箭局，爾眞爾洪於獨石等處亦圖局造火槍神銃等器，此器舊無在外承造之例，慮日久傳習者多，必有漏洩之弊。敕至，爾等即便停止，將已造完者會同鎮守內官趙琮、僉都御史羅亨，盤點貯庫具數奏聞，遇有警，急酌量取用。」

〔註75〕《明英宗實錄》，卷八十三，正統六年九月丁酉條，頁2773，謂：「敕宣府總兵官左都督譚廣等曰：『今得福餘衛都指揮安出奏：本衛野人頭目脫脫罕也等三百餘人往西捕獵，然其舊嘗入寇，恐假此故欲來擾邊，或聞瓦剌使臣來朝，欲肆劫掠，爾等宜嚴為之備，賊至相機剿殺，賊去不可窮追，恐墮賊計。愼之！愼之！』」

〔註76〕《明英宗實錄》，卷九十七，正統七年冬十月癸丑條，頁2847，謂：「遼東總

東合建州兵入犯山海關至錦州通道上之要地──前屯地方，至此明廷感到問題嚴重，乃議建立邊牆以爲防阻。

　　以整體戰略而言，明太祖原先自遼東至大寧、開平防務的佈署，乃以此作爲防務之外線，而以山海關、居庸關爲內線，而大寧都司之空廢，致使西剌木倫河與老哈河喪失，連帶影響到朝陽一帶之喪失，進而導致遼河以西難以自保。由於大寧的放棄使得原來的內線變成國防前哨，以致於明廷不得不增強防禦設施，遂有遼東邊牆之建立。遼東邊牆的建立，最初爲遼西及遼河流域，純爲防禦三衛而設。此一計劃起於巡撫王翱，正統七年（1442）冬，其以右僉都御史，提督遼東軍務，〔註77〕擢用畢恭（時爲遼陽百戶）爲都指揮僉事，負責自山海關至開原之間設防工作，〔註78〕而於正統八年（1443）夏構築邊牆，其位置西起山海關，經寧遠、錦州、義州西方，橫斷醫巫閭山，至廣寧北白土廠附近，再由此東南走至遼河及三岔河，因阻於遼河，邊牆至此中斷，此爲遼西邊牆。然後由三岔河，沿渾河左岸，繞遼陽西境北行，過渾河，經瀋陽，由石佛寺越遼河，經鐵嶺之西，由中固出遼河右岸，過開原西方抵昌圖，此爲遼東邊牆。〔註79〕東西邊牆之間，因限於遼河，遂形成一 V 字型。王翱與畢恭所築邊牆成此形式，而未從廣寧直接與瀋陽相連接，V 字中間一大塊地區，明人稱之爲「遼河套」，此一地帶置於邊牆之外後，無異視爲棄地，此處水草豐美，適爲良好游牧活動場所，遂爲三衛伺機侵入。〔註80〕

　　　　兵官都督僉事曹義等奏：『本年十月初五日，兀良哈達賊糾合野人女直，共千餘人，自壇帽山入犯廣寧、前屯等衛界，殺虜男婦一百八十人，守備都指揮等官失機，乞正其罪。』上降敕切責義等，且命其亟出兵勦捕，失機官姑記其罪，俾之當先殺賊立功，再犯不宥。」

〔註77〕《明英宗實錄》，卷九十八，正統七年十一月乙丑條，頁 2581，謂：「命都察院右僉都御史王翱往遼東提督軍務，以遼東邊備廢弛，胡虜數入爲寇，故也。」「敕遼東總兵官都督僉事曹義等曰：『近者兀良哈要結女直野人，入境剽掠，此賊多有受我官職及賞賚者，朝廷以其向化聽於近邊牧攬，而彼乃因以爲非，爾等人皆姑息偷安，致彼縱橫出沒，如蹈無人之境，失機損威，如國計何？論爾等罪皆不可宥，今姑曲法貸之，命僉都御史王翱往取爾等死罪招狀，就令提督，整飭邊務。此賊孤恩悖德，神人共怒，尚其同心協謀，設法挨捕，以寧邊境，勿以私廢公，勿以小妨大，勿縱目前，以貽後患期於成功以贖前罪。』」

〔註78〕《全遼志》，卷二〈邊防志〉，謂：「國初，畢恭守遼東，始踐山因河，編木爲垣，久之，乃易以版築，而墩臺城堡，稍稍添置。」

〔註79〕稻葉岩吉，〈明代遼東邊牆〉，《滿蒙歷史地理研究》，第二卷第七篇。

〔註80〕《明英宗實錄》對於三衛入侵「遼河套」之地，多次有所記載，請參見：《明

遼河套既陷於敵，原來所設總兵官駐節於河西廣寧，已不足以統攝河東，故而不得不於遼陽開設副總兵府。〔註81〕

　　明廷對遼東之開拓，大多沿遼河沿岸佈防築城，由於邊牆不能將遼河套包含在內，致使遼東與遼西在防務上之聯絡發生許多困難，甚至連整個遼河運路亦暴露於敵前，影響遼東全局。憲宗成化十二年（1476），兵部侍郎馬文升受命整飭邊備時，建議於三岔河地方建立強大浮橋，使東西聯爲一體，互爲應援，〔註82〕此一消極性的彌補建議未獲實施。成化二十三年（1487），遼東都指揮使鄧鈺則提出將遼河套凹入部分向前移動的建議，以廣寧東抵開原700餘里，若就遼河迆西徑抵廣寧，則不過400里，以700里邊墩堡塞移守400里，虜若入寇，彼此易於應援，同時並請降敕責諭朵顏三衛，遠離邊牆三、五百里駐牧，不如約者，聽邊將出兵剿伐。然兵部以邊牆築久，未可輕動；又勒令三衛遠離邊牆，恐引起邊釁，故而所議未行。〔註83〕後李善又復建議自廣寧畫一直線至開原西北，開復舊日通路，將邊牆向西方拓展，將可使防務縮短四百餘里，邊牆縮短九萬餘丈，墩台堡減少115座，瞭守官軍往來糧餉補給道里減三分之二，可以節省大量兵力以集中防守，〔註84〕然而卻仍未付

英宗實錄》，卷九十七，正統七年冬十月癸丑條，頁2847；《明英宗實錄》，卷九十八，正統七年十一月乙丑條，頁2851；正統七年十一月辛未條，頁2852；《明英宗實錄》，卷九十九，正統七年十二月甲辰條，頁2858；正統七年十二月戊申條，頁2859。

〔註81〕　《全遼志》，卷五，藝文上，呼爲卿〈遼陽副總兵題名記〉，謂：「我成祖建都於北京，遼東遂爲東北巨鎮，總兵建節廣寧，遙制一方，景泰多事，遼陽始據河爲邊，至天順設分守參將，尋改副總兵充任，開府於此。」

〔註82〕　《明憲宗實錄》，卷一六〇，成化十二年十二月甲午條，頁4917，謂：「整飭邊備兵部右侍郎馬文升奏：『遼東地方，三面受敵，故兵分三路，以備外侮。廣寧爲中路，開原、遼陽爲東路，前屯、寧遠、錦、義爲西路，遇有警急，彼此應援。切見遼陽迆西一百六十里，廣寧以東200里，有遼河一道，分界遼之東西，冰結則人馬可以通行，易于應援，或遇冰開，賊先據之，我兵雖有渡船，不能猝濟，彼此勢孤，誤事非小。正統十四年（1449）虜犯廣寧，遣兵據此，已有明驗。今請造大船十數，橫列河中，下聯鐵索，上加木板，以爲浮橋，兩岸豎大木爲柱，總繫其纜，遣兵護守，以便往來，設或有警，則東西聲勢相連，不致誤事。』」

〔註83〕　《明憲宗實錄》，卷二九二，成化二十三年七月丁未條，頁5417，謂：「兵部議上遼東都指揮使鄧鈺所奏備邊事宜言：『自永樂中罷海運後，築邊牆於遼河之內，自廣寧東抵開原七百餘里，若就遼河迆西徑抵廣寧，不過四百里，以七矮里邊墩堡塞移守四百里，虜若入寇，彼此易於應援』。」

〔註84〕　《明孝宗實錄》，卷七十二，弘治六年（1493）二月辛亥條，頁5778，謂：「巡

諸實施。

　　從上述遼東邊牆修築情形，則可以看出大寧防務廢棄之後所帶來的後果是何等嚴重，萬斯同於《明史樂府》有云：

　　　　虜入潰牆如平地，縱橫飽掠無所忌，虜退復興版築功，朝築暮築竟

　　　　何利？〔註85〕

大寧防務廢棄之後，使得夷虜得以東西交通勾結，狼狽爲患，實爲影響遼東全局的重大因素。明軍既困於遼東西邊之防守，則東邊之外敵，自易趁機而起，至「土木之變」以後，問題則更爲嚴重，後來建州統一各部，興兵內犯，亦取道遼西，經由大寧故地迂迴而入。

二、明朝對遼東之中期經營

　　自明代宗景泰元年（1450）至世宗嘉靖末年（1566）爲明代對遼東之中期經營，約110十餘年左右，此一時期由於「土木之變」影響，使得國家防務弱點盡行暴露於敵前，經年遭受北方敵人之進犯與騷擾，而「遼河套」失陷之後，北方敵人更得自由放牧南侵，成爲明代北疆國防最爲危急嚴重時期。國家大量財富、人命，亦多消耗於此，雖然後來雙方建立和平關係，並開設馬市，通貢貿易，但是彼此之間仍然存在著微妙的關係。〔註86〕

　　元朝自從退出中國而遁入漠北之後，外部屢受明軍攻擊，內部亦因而發生變化，漸形成東西兩股勢力。東蒙古即所謂韃靼部，西蒙古即所謂瓦刺部，雙方對峙，互爭霸權，時相攻殺。成祖即位之後，一方面利用其分裂爭戰弱點，從中離間扶抑，使其互相抗衡；另一方面乘機用兵，以進行個別攻擊。

　　按山東監察御史李善奏：『臣見遼東邊牆正統二年（1437）始立，自後三衛夷
人假以放牧，潛入河套，間行剽掠，且邊牆阻遼河爲固，瀕河之地，延亙八
百餘里，土脈鹹鹵，秋修春頹，動費巨萬。夏旱，水淺不及馬腹，冬寒冰凍
如履平地，所在城堡，畏賊深入，遂將良田數千萬頃，棄而不佃。況道路低
窪，每遇雨水，泥濘不通，倘開原有警，則錦、義、廣寧之兵，不過遙望浩
嘆而已。臣詢之，故老云，有陸行舊路，自廣寧抵開原約三百餘里，兼程不
二日可到，地形高阜，土脈滋潤，有古顯州城池遺址猶存。爲今之計莫若開
舊路，展築邊牆，起廣寧棋盤山，直抵開原平頂山，移分守八百里之兵，聚
守三百里之地，以錦、義爲西路，廣寧爲中路，遼陽爲東路，開原爲北路，
四路聲勢相接，一路有警，則三路之兵分投應援。如常山之蛇，首尾相應，
如是則暫勞永逸，而九重無東顧之憂矣。』

〔註85〕萬斯同，《明史樂府》。

〔註86〕陳文石著，〈明代前期遼東的邊防〉，《明清政治社會史論》上策，頁178。

當成祖征伐阿魯台，則使瓦剌猖獗；反之，若征伐瓦剌，又造成阿魯台勢力的復興與驕蹇不遜。〔註87〕成祖死後，北方整個情勢發生變化，一方面是阿魯台東侵兀良哈三衛，使遼西局勢動盪不安；另一方面則是瓦剌襲殺阿魯台以後，成為獨霸之勢，並結合兀良哈三衛及女真入犯明境，英宗因而親征，以致於造成「土木之變」，使北疆防務，急轉直下。〔註88〕

明英宗正統十四年（1449）七月十一日，瓦剌之也先突然派遣軍隊分為大同、遼東、宣府、甘州四路向明朝大舉入寇，〔註89〕《遼東志》，卷五〈王翱傳〉有所記載：

> 十四年（1449）八月內，北虜大舉犯京師，部落數萬寇廣寧，時翱聚兵教場，虜騎卒至，我軍遂潰。翱收散卒，堅壁固守，虜遂遁去。〔註90〕

《明英宗實錄》正統十四年（1449）九月，乙酉條則對於當時遼東損失有所說明：

> 遼東提督軍務左都御史王翱、總兵官都督曹義、鎮守太監亦失哈等奏報，達賊三萬餘人入境，攻破驛堡屯莊八十處，擄去官員、旗軍、男婦，一萬三千二百八十餘口，馬六千餘匹，牛羊二萬餘隻、盔甲二千餘副。〔註91〕

當時整個遼東局勢已陷入混亂狀態之中，女真各部乘機起而搶掠，〔註92〕亦

〔註87〕《明太宗實錄》，卷二三三，永樂十九年正月己巳條，頁1534，謂：「和寧王阿魯台遣都督脫脫木兒等貢馬，脫脫木兒等至邊境，要劫行旅，邊將以聞，請禁止之，上遣使齎敕諭阿魯台戒戢之，蓋虜自是驕蹇，朝貢不至。」永樂二十年、二十一年、二十二年，成祖連續親征阿魯台，參見《明史》，卷三二七〈韃靼傳〉，頁8468～8469。
〔註88〕《明史》，卷三二八，列傳二一六〈瓦剌〉，頁8500～8501。
〔註89〕《明英宗實錄》，卷一八〇，正統十四年七月己丑條，頁3243。
〔註90〕《遼東志》，卷五〈王翱傳〉，頁405。
〔註91〕《明英宗實錄》，卷一八三，正統十四年九月乙酉條，頁3263。
〔註92〕《明英宗實錄》，卷一九二，景泰元年五月癸丑條，頁3371，謂：「近得鎮守遼東總兵等官奏報，開原、瀋陽等處達賊入境，搶掠人畜，及攻圍撫順千戶所城池。審知各賊乃建州、海西野人女直頭目李滿住、凡察、董山、剌塔，為北虜迫脅，領一萬五千餘人來寇。」《明英宗實錄》，卷二〇九，景泰二年十月乙酉條，頁3496，謂：「建州等衛女直都督李滿住、董山等，自正統十四年以來，乘間竊掠邊境，遼東苦之困敝。」《明英宗實錄》，卷二二五，景泰四年正月壬午條，頁3600，謂：「餙弗提等衛都督常安奴并大小頭目人等，正統十四年，爾等誘引北虜，犯我遼東邊境，掠去人口。景泰元年，爾等又來開原等處犯邊，將山東一帶直抵遼陽等處男婦擄去。」

有受瓦剌恐嚇煽誘，協同為亂者，數年之後始告平定。〔註93〕海西由於遭受瓦剌嚴重打擊，遂致日漸衰微，建州女真乃趁勢而起，形成天順年間（1457～1464）董山之驕橫難制。

由於「土木之變」是明代北疆國防邊警日急，困惑日增之始，亦是遼東女真各族強弱相併，原來所屬平衡局面破壞的關鍵。明朝的分化羈縻政策已經不能操之在己而隨心運用，明廷對建州左衛董山的處理，便是明顯例證。董山的父親猛哥帖木兒本為建州左衛都指揮使，於宣德八年（1433）十月住在朝鮮北部會寧附近的阿木河地方時，〔註94〕遭受兀迪哈楊木答兀攻擊，猛哥帖木兒被害，董山亦被俘，遂由猛哥帖木兒異父同母弟凡察收集殘部，領左衛事。當戰爭之時，衛印失落，凡察奏請頒給新印，後董山自敵中逃回，所失衛印亦復出現，於是發生一衛兩印現象，叔姪因而相爭，各不相下。明英宗正統五年（1440），叔姪二人同由朝鮮逃回遼東，依李滿柱住於蘇子河上游，益發形成對立之勢。正統七年（1442），明廷不得已，乃分設右衛，命董山收掌舊印，掌左衛事；凡察給予新印，掌右衛事，俱陞為都督同知，所屬頭目人民，各從所願，分別管領，至此，問題始告解決。〔註95〕

董山自掌領左衛之後，遂以雄傑之姿，雄長三衛，建州之勢頓形強大。「土木之變」時，建州衛與諸衛協同劫掠，並趁機擴充勢力，後雖受撫，卻更為驕蹇，屢事勒索，得利則朝，失利則寇。英宗天順二年（1458），明廷特別陞其為右都督，並開市撫順以為撫慰。時董山頗為囂張，每強行入貢通市，來則數百，或成千而至，宴賞勞費，供億耗繁，明廷不得已，乃加以限制。天順八年（1464），規定每衛只許百人，驗放入關，但事實上並不能認真執行。〔註96〕成化元年（1465），董山入貢，除如例宴賞之外，復索給玉帶、蟒龍衣、金頂帽、銀器等物，然陽為恭順，陰縱抄掠，且貢且寇。成化二年

〔註93〕 嚴從簡，《殊域周咨錄》，卷二十四〈女直條〉，頁1050。
〔註94〕 《明宣宗實錄》，卷一○八，頁2299。
〔註95〕 《明英宗實錄》，卷八十九，頁2806。
〔註96〕 《明憲宗實錄》，卷十，天順八年十月乙未條，頁4239，謂：「會昌侯孫繼宗、吏部尚書王翱等議奏：自古撫馭外夷，來則嘉其慕義，固不厭其多而拒之，亦不病其少而招之。今野人女直僻在東荒，永樂間相率歸附，時月有期，名數有限，近年絡繹不絕，動以千計，彼所貪得者，宴賞之優厚，而豺狼之心，亦何饜之有哉？若不限其來數，中國勞費實多，限之太狹，則失其向化之心。合酌量事體，建州、毛憐等衛許百人，海西、兀者等衛許三、五人，不得重覆冒名審驗，然後入關從之。」

（1466），大舉入犯，三年（1467），又入朝來貢，宴賞之際，桀驁無禮，明朝臣多請誅之，並趁機興兵征剿。當時虜酋毛里孩擁眾數萬東行，邊警甚急，明廷恐董山歸後與之結合，乃命遼東總兵官趙輔拘留董山於廣寧城中，諭令董山先遣家屬還告部落送回所掠人口，勿再犯邊，董山刺傷通事，明廷旋誅董山。〔註97〕

　　造成強酋趁機而起之原因，除原先各自雄長而不相統屬的形勢被破壞之外，另一原因即是敕書的爭奪。明廷以所頒敕書作為承認其在本族身分地位之憑證，並以此獲得朝貢互市之優待權利，故而各豪酋對此均甚為重視。但自「土木之變」以後，由於朵顏三衛及海西、建州等參與為亂，敕書已經有所混亂，〔註98〕明廷雖屢次加以糾正禁止，但以邊防武力既衰而無法徹底整治，以致諸酋入貢互市之際，對於邊關之稍加嚴查即往往言出不遜，復以邊吏為避禍省事，遂含混放入，造成敕書搶奪日烈，至明武宗正德年間（1506～1521），其混亂情形已不可究詰。於是大部分敕書皆入於少數強酋之手，用以外索諸夷，內要厚賞，朝廷既不能控制，乃多方遷就包容，以圖苟安，日久之後，則轉而利用強酋以威鎮諸夷，如海西南關之興起即由於此。起初是邊將為圖苟安免事，以夷制夷，市恩放縱，聽其兼併；後則轉為國家政策，忽而抑此，忽而扶彼，曲意籠絡，賴以維繫，尤其最值得重視者，則為明廷聽憑其兼併以支配一方，實無異為諸夷「勢統於一」而開拓基礎，自此種下禍根，一旦有雄才大略者出現，能夠對農業文化與草原文化之長短優劣瞭然於心，則整個形勢發生逆轉乃是無可避免之命運。

　　遼東馬市，最初設於永樂三年（1405），為開原、廣寧兩處，〔註99〕蓋為臨

〔註97〕《明憲宗實錄》，卷四十二，成化三年五月癸巳條，頁4399；《明憲宗實錄》，卷四十四，成化三年七月甲子條，頁4407，謂：「禮部主事高岡陳備邊討賊事宜，一曰攻取女直，世受朝廷爵賞，今乃背恩義，恃強為惡。自開原以及遼陽六百餘里，數萬餘家率被殘破，近遣都督武忠往彼招撫以及數月，而虜之來朝者略無忌憚，在邊者，寇無虛日，其情偽可知；若又待其既去復叛而後征之，則失機會矣。今董山見來朝貢，宜命總兵官趙輔等拘留於遼東，遣譯者詣虜營，省令還我所掠以贖之，因以觀虜勢之虛實，察地形之險易，而又遣使朝鮮以伐其交。計畫既定，即將董山等明正典刑以徇諸夷，使大義昭明，人心奮發，然後舉全勝之策而征勦之。」

〔註98〕葉向高，《四夷考》，卷二〈女直考〉，《筆記小說大觀》，第四編（臺北：新興書局，民國70年12月出版），頁3939～3950。

〔註99〕《明太宗實錄》，卷四十，永樂三年三月癸卯條，頁1138，謂：「福餘衛紙揮使喃不花等奏其部屬欲來貨馬，計兩月始達京師。今天氣向熱，虜人畏夏，

時性質，後以來市者日多，乃於次年（1406），正式設立馬市，〔註100〕以熟悉馬匹優劣、言語疏通之韃官主持，使其評定等第高下之時可減少爭執，馬市地點以後有所變動與有所增設。馬市的開設，一方面使各部得以多餘之馬匹換取生活上的必要物資，便於明廷從中安撫羈縻；〔註101〕另一方面亦可由此購買軍馬以充實自己的戰力，並相對削弱對方叛亂力量。〔註102〕明代初年，戰馬甚為缺乏，又準備對蒙古用兵，故而明太祖於中原甫定之後，即亟亟籌畫馬政，於江淮地區設立牧監群，令官民積極養馬，並且遣人四出購買馬匹。〔註103〕成祖即位之後，以準備對蒙古大舉用兵，而更為注意馬政措施，甚至將所飼養的馬匹數目，列為國防最高機密，不使外洩。〔註104〕由於當時需馬甚急，故而凡來市者，皆償價甚厚。永樂三年（1405）十一月，兵部議定馬價，計上上馬每匹米五石，絹布各五疋；上馬米四石，絹布各四疋；中馬米三石，絹布各三疋；下馬米二石，絹布各二疋；駒米一石，布二疋。〔註105〕

　　馬市最初開設之意本為官市，政府以絹布糧米預貯廣寧等倉庫，以備與各部族相易馬匹，〔註106〕後來亦允許各部族持他物入市，以與中國商民交易。〔註107〕永樂二十二年（1424）官馬已達 1,736,618 匹，〔註108〕由於馬匹畜

可遣人往遼東諭保定侯孟善，令就廣寧、開原擇水草便處立市，俟馬至，官給其值，即遣歸。」

〔註100〕《明太宗實錄》，卷五十二，永樂四年三月甲午條，頁1166，謂：「設遼東開原、廣寧馬市二所。初外夷以馬鬻於邊，命有司善價易之，至是來者眾，故設二市，命千戶答納失里等主之。」

〔註101〕《明史》，卷八十一〈食貨志〉，市舶司條，頁1980，謂：「明初，東有馬市，西有茶市，皆以馭邊省戍守費。」《明宣宗實錄》，卷八十四，宣德六年十一月乙亥條，頁2181，謂：「遼東總兵官都督僉事巫凱上廣寧馬市所市福餘衛韃官馬牛之數。上謂侍臣曰：『朝廷非無馬牛而與之為市，蓋以其服用之物，皆賴中國，若絕之，彼必有怨心，皇祖許其互市，亦是懷柔之仁。』」

〔註102〕陳文石，〈明代前期遼東的邊防〉，《明清政治社會史論》上冊，頁221。

〔註103〕《明太祖實錄》，卷二五三，洪武三十年五月己巳條，頁939；六月庚寅條，頁940。

〔註104〕《明英宗實錄》，卷十六，正統元年四月壬戌條，頁2438。

〔註105〕《明太宗實錄》，卷一九三，永樂十五年十一月乙卯條，頁1482。

〔註106〕《明英宗實錄》，卷一二八，正統十年四月庚戌條，頁3010，謂：「命發遼東廣寧等庫收貯故衣，就於彼易米上倉，以足軍用。先是永樂、宣德間，工部及山東布政司造運青、紅、藍、綠、布絹、絲衣於廣寧等庫收貯，市易馬駝及賞賜野人，至是年久支用不盡，至有溢爛損壞者。」

〔註107〕《明宣宗實錄》，卷一一三，宣德九年十月丁巳條，頁2330，謂：「行在兵部：朝廷於廣寧、開原等處立馬市，置官主之，以便外夷交易，無敢侵擾之者。

養已多，故而准許私人購買，已漸由官市馬匹轉變爲一般市場，不過仍在規定的日期及官軍警戒之下予以進行。開市之日，官軍佈防警戒，然後商民與夷人持貨入市互易，由於商民可入市交易，互市貨物品目擴大，故有抽分。《全遼志》，卷二〈賦役志〉馬市抽分條對此有所說明：

> 按馬市開原、撫順、廣寧三城俱有市，稅俱同，但市期無定額，故稅銀無定數，各因其買賣多寡，而爲抽分數目。〔註109〕

另一方面，各族由於長期的發展活動，及通貢互市所獲重大經濟力量資助，已漸形成勢力強大之集團，此時只要遇有強悍而具有組織能力的酋豪出現，便會趁時而起，原先所謂「離其黨而分之，使其相峙而不相結」的分化羈縻政策已經產生失控的現象。至於通貢互市，本用以維護邊疆安定、約束各部的策略，而今反成爲彼等要脅市賞的手段，得利則朝，失利則寇，對於邊防與財政上都造成重大負擔；雖亦數次出兵征討，欲改變勦撫兩難之局勢，但以受到對「南倭北虜」長期用兵之影響，均未能使軍事行動收到預期效果，復以後之爲邊將者，轉而利用強酋，以夷制夷，更加刺激諸部間侵伐兼併與擴張勢力的野心。

明英宗正統（1436～1449）以後，明廷已不能遵守愼重授予各族群職位之原則，漸至有加封都督、將軍等名號者，此時東北邊防情勢，亦已發生變化，因此官職濫授，曲意市恩，而夷人對通貢互市亦不再視爲朝廷恩惠，反而成爲勒索要脅的手段。由於使各族群酋長聽命受撫，各統所屬，互相雄長，而不致糾合爲邊害，同時藉通貢互市經濟利益的引誘作爲政策，原本即是消極遷就難以久恃的政策，此一政策的有效運用，又必須有堅強的邊防武力作爲後盾。對於違命擾邊的情形予以懲處打擊，能竦之以威，而後示之以惠，德威相繼爲用，始得駕馭自如；否則僅以恩惠相結，國家財力將不勝負擔，終必發生所求不遂而背恩相犯之情形。

如成祖（1403～1424）時由於國家武力正盛，邊備謹嚴，以致於各部族不但聽命看邊，且有所征調，聞命即從。成祖征伐蒙古，女眞人受命從征者不少，皆有戰功；〔註110〕但至宣宗宣德後期（1433～1435），情形不同，邊境

凡馬到市，官買之餘，聽諸人爲市。近聞小人或以酒食衣服等物，邀於中途，或詐張事勢，巧爲誘脅，甚沮遠人向化之心，請揭榜禁約。從之。」
〔註108〕《明仁宗實錄》，卷五下，永樂二十二年十二月乙丑條，頁1647。
〔註109〕《全遼志》，卷二〈賦役制〉，馬市抽分條，頁382。
〔註110〕《明太宗實錄》，卷一〇七，永樂八年八月乙卯條，頁1319，謂：「陞建州衛

上已呈現蠢蠢欲動的不安態勢。自此之後，原先操之在我的羈縻策略，漸入於曲意市恩的被動情況，主要關鍵即在於邊防武力衰落，從根本上失去執行此一政策的實力所致。

造成邊防武力衰落的因素涉及整體國家政治、經濟、社會，及當地特殊地理條件等因素，其中最為嚴重的則是軍士的大量逃亡，與屯田制度的破壞。宣德後期（1433～1435），軍士大量逃亡的情形已經相當嚴重，至正統年間（1436～1449）則愈為嚴重，甚至有一個百戶所只存有一人者的情況出現。《明英宗實錄》，卷四十七，正統三年（1438）十月辛未條即有所記載：

> 遼東軍士往往攜家屬，潛從登州府運船，越海道，逃還原籍。而守
> 把官軍受私故縱，乞嚴加禁約，一並邊衛所軍士逃亡者多，甚至一
> 百戶所原設旗軍 112 人者，今止存一人。〔註111〕

正統十四年（1449），瓦剌也先大舉入寇，侵犯遼東，遼東之軍備廢弛情形已完全暴露，〔註112〕而軍士逃亡最為嚴重者為逃入虜方，引敵內犯。〔註113〕由於待遇微薄而無以自存，〔註114〕差役過重而不堪負擔；軍官暴刻貪虐，不但不能善為撫恤，且有意逼使逃亡以貪取財物；復以遼東地方冬季氣候嚴寒，夏日溽暑難當，土多未闢，地蕪穀貴，軍士饑寒切身而不能堪；又與諸夷相接，時有被掠殺性命之虞，種種因素相互交錯，遂導致遼東軍士相率逃亡的

　　　　指揮使釋家奴為都指揮僉事，賜姓名李顯忠。……釋家奴者，指揮阿哈出之
　　　　子，皆以從征有功也。」《明太宗實錄》，卷一七一，永樂十三年十二月辛卯
　　　　條，頁 1449；《明太宗實錄》，卷二三八，永樂十九年六月庚申條，頁 1542。
〔註111〕《明英宗實錄》，卷四十七，正統三年十月辛未條，頁 2588。
〔註112〕《明英宗實錄》，卷一八三，正統十四年九月乙酉條，頁 3273。
〔註113〕《明宣宗實錄》，卷九十，宣德七年五月丙寅條，頁 2207，謂：「遼東總兵官
　　　　都督巫凱奏：『有軍卒二人，逃往海西二十餘年，誘引女直野人入寇，今皆就
　　　　獲，請斬以徇。』」《明英宗實錄》，卷一○三，正統八年四月庚戌條，頁 2881，
　　　　謂：「錦衣衛指揮僉事吳良奏：『臣奉命使海西，見女直野人家多中國人，驅
　　　　使耕作。詢之，有為擄去者，有避差操罪犯逃竄者，久陷胡地，無不懷鄉。
　　　　為其關防嚴密不得出，或畏罪責不敢還，情深可憫。』」
〔註114〕《明史》，卷八十二〈食貨志六〉，頁 2004，俸餉條云：「天下衛所軍士月糧，
　　　　洪武中令京外衛馬軍月支米二石，步軍總旗一石五斗，小旗一石二斗，軍一
　　　　石，城守者如數給，屯田者半之，民匠充軍者八斗，牧馬千戶所一石，民丁
　　　　編軍操練者一名。」《明憲宗實錄》，卷一六一，成化十三年丁未條，頁 4919，
　　　　謂：「戶部議覆整飭邊備兵部右侍郎馬文升所奏事宜，一、足衣食以恤官軍：
　　　　謂近年遼東衛所官軍折色俸鈔不足，間有關支，大半軟爛，千貫僅值銀一兩
　　　　餘，若以月米計之，每石不過值銀一錢以上，不足養贍又軍士歲例有冬衣布
　　　　花之給，而海運不繼，妻子不免啼饑號寒。」

嚴重後果。

屯田制度的破壞，一方面由於勢家官豪侵佔，造成屯軍逃亡；另一方面由於自宣德（1426）以來邊境多事，無法屯種，以致日漸廢弛。永樂十七年（1419）時，遼東二十五衛原額屯田共 21171 頃 50 畝，歲得糧六十三萬五千一百四十五石，當時常操軍士十九萬，以屯田軍士四萬兩千供應，供者又得自耕邊外地，邊餉因而足用。〔註115〕景泰（1450～1456）時，每年所得屯糧不過 18 萬石，為永樂時之 26 %；至成化（1465～1487）時，幾乎已是名存實亡。〔註116〕遼東軍糧，在宣德末年（1435）已經開始招商納糧中鹽辦法，〔註117〕初因所定糧額與鹽引之折兌比例過重，商人利薄，驅之者少。後雖量減鹽引應納糧之數，多招中納，而鹽商納米之際，又多賄賂有司，官商勾結，濫惡兼收，將陳腐入倉充數，以致邊餉虧損，軍士受害無以自存，遂而逃匿。明朝對遼東之中期經營，已經面臨邊防武力衰落之嚴苛挑戰，進而導致原先操之在我的羈縻策略漸入曲意市恩的被動局面。

三、明朝對遼東之後期經營

自明穆宗隆慶元年（1567）至崇禎十七年（1644）清兵入關為止，為明朝經營遼東之後期，前後約為八十年。此一時期以萬曆十一年（1583）清太祖努爾哈齊起兵為界而分為兩個階段，第一階段為李成梁於隆慶三年（1569）出鎮遼東之時期，第二階段為努爾哈齊興兵崛起之時期。茲說明如下：

李成梁，字汝契，其高祖李英自朝鮮內附，授世職鐵嶺衛指揮僉事。李成梁英毅驍健而有將才，因家貧不能襲職，年 40 猶為諸生，由於受到巡按御史器重，資助其進京城，乃得襲位，積功為遼東險山參將。〔註118〕穆宗隆慶元年（1567），土蠻大入永平，李成梁赴援有功，進職副總兵，仍守險山，不久則協守遼陽。隆慶三年（1569）四月，張擺失等屯寨下，李成梁迎擊痛斬，

〔註115〕《明武宗實錄》，卷三十九，正德三年六月己卯條，頁 6749。

〔註116〕《明憲宗實錄》，卷二四四，成化十九年九月戊申條，頁 5217。

〔註117〕《明英宗實錄》，卷十一，宣德十年十一月庚午條，頁 2409，謂：「各處城堡軍士月糧，於他處開支，動輒百里，乞令屯軍每於秋成之後，運赴本處城堡以便支給。一自山海關至寧遠衛一路，山木陰翳，賊人或時藏伏，乞將遼東罪囚量其輕重以伐其木；一行在戶部，招商納米中鹽，因其額重超之者，少乞量減升斗，多招中納以廣儲蓄；一鹽商納米，多賄所司，濫惡兼收，軍人不蒙實惠。」

〔註118〕《明史》，卷二三八，列傳一二六〈李成梁〉，頁 6183。

殲其卒 160 多人，餘眾因而遠徙，遂空其地，錄功，進秩一等。隆慶四年（1570）
九月，辛愛大入遼東，總兵官王治道戰死，朝廷拔擢李成梁署都督僉事代替。
隆慶五年（1571）五月，復以立功進署都督同知，世蔭千戶。隆慶六年（1572）
十月，擊走眾集大舉之土蠻。

　　萬曆元年（1573），復擊走土蠻至前屯，旋破走至鐵嶺鎮西諸堡，增秩二
等。〔註 119〕萬曆二年（1574）十月，建州都指揮王杲繼先一年誘殺撫順備禦
裴承祖之後，又大舉侵入，李成梁檄副將楊騰、遊擊王惟屏分屯要害，此役
獲勝，進左都督，世廕都指揮同知，王杲大創，敗走南關，為都督王臺所執
獻，換來斬首的下場。〔註 120〕萬曆三年（1575）冬，炒花大會黃台吉、拱兔
等二萬餘騎，從平虜堡南掠，後轉掠瀋陽，李成梁以火器擊潰敵人，加太子
太保，世廕錦衣千戶。萬曆六年（1578）正月，速把亥糾合土蠻大入，李成
梁夜出塞 200 里，搗破劈山營，功加太保，世廕本衛指揮使。〔註 121〕同年十
二月，速把亥、炒花等會土蠻黃台吉等三萬餘騎壁遼河攻東昌堡，深入至耀
州。李成梁遣諸將分屯要害以阻遏敵勢，並親提銳卒，出塞 200 餘里，直搗
寰山，斬首 840 及其長九人，獲馬一千兩百匹。敵人皆倉皇出塞，朝廷論功，
封為寧遠伯，歲祿 800 石。〔註 122〕萬曆八年（1580）三月，迤東都督王兀堂
以六百騎進犯靉陽及黃岡嶺，指揮王宗義戰死，王兀堂復以千餘騎從永奠入，
為李成梁所擊走，追出塞 200 里。萬曆九年（1581）十月，李成梁擊退土蠻
與速把亥等十萬餘眾攻圍廣寧。次年（1582）三月，速把亥率弟炒花、子卜
言兔入犯義州，李成梁於鎮夷堡設伏等待，速把亥入，參將李平胡射中其脅，
速把亥因而墜馬，被斬，為患遼左二十年的速把亥至是而死，神宗詔賜甲第
京師，世廕錦衣指揮使。〔註 123〕及至萬曆十七年（1589）九月，腦毛大合白
洪大、長昂三萬騎復犯平虜堡，備禦李有年、把總馮文昇皆戰死，敵人大掠
瀋陽、蒲河、榆林，八日始去。次年（1590）二月，卜言台周、黃台吉等率
五萬餘騎復深入遼、瀋、海、蓋，李成梁潛遣士兵出塞襲擊，遇伏，死者千
人，而李成梁卻以首功 280 人相報，得增祿廕。〔註 124〕萬曆十九年（1591）

〔註 119〕前揭書，頁 6184。
〔註 120〕同註 119。
〔註 121〕前揭書，頁 6185。
〔註 122〕前揭書，頁 6185～6186。
〔註 123〕前揭書，頁 6186。
〔註 124〕前揭書，頁 6188。

閏三月，李成梁派副將李寧等出鎮夷堡潛襲板升，殺 280 人，師還遇敵，死者數千人，李成梁及總督蹇達不以聞，巡按御史胡克儉盡發其先後欺罔狀，疏雖不行，李成梁卻從此不安於位。同年（1591）十一月，神宗採納御史張鶴鳴所言而解除李成梁職務，以寧遠伯奉朝請。〔註 125〕

　　李成梁鎮遼二十二年（穆宗隆慶三年至神宗萬曆十九年，1569～1591），先後奏大捷者十，神宗輒祭告郊廟，受廷臣道賀，蟒衣金繒，歲賜稠疊，邊帥武功之盛，爲二百年來所未有。其初銳意封拜，師出多捷，威振絕域，邊境安然。已而位望益隆，貴極而驕，奢侈無度，軍貨、馬價、鹽課、市賞，歲乾沒不貲，全遼商民之利盡籠入己，以是灌輸權門，結納朝士，中外要人無不飽其重賄，爲之左右，邊事遂日壞一日，〔註 126〕至萬曆十九年（1591），被劾解任而去。在此段期間，努爾哈齊已於萬曆十一年（1583）以爲祖、父復仇爲名起兵向尼堪外蘭進攻，〔註 127〕侵掠鄰境諸部。由於李成梁已喪失早年心志銳氣，邊境情勢亦已發生重大變化，〔註 128〕遂使努爾哈齊得以趁機崛起其間。李成梁去職後，繼任者更不得人，十年之間，更易八帥，至萬曆二十九年（1601），李成梁受命再鎮遼東，時年已七十有六，未有表現。復鎮八年，多以外市恩諸酋，內賄結權貴，委曲彌縫，期無大禍爲事。萬曆三十六

〔註 125〕前揭書，頁 6190。

〔註 126〕同註 125。

〔註 127〕蕭一山著，《清代通史》，第一冊第三章〈金初建國與文化述略〉（臺灣商務印書館發行），提及努爾哈齊之建國經過，頁 45～48；滕紹箴著，《努爾哈齊評傳》（遼寧人民出版社，1985 年 10 月第一版），第一至第三章，對於努爾哈齊崛起經過介紹詳盡，頁 1～142；閻崇年著，清帝列傳《天命汗》，第二章至第三章（吉林文史出版社，1991 年 12 月出版），頁 20～69。

〔註 128〕閻崇年於《天命汗》一書，第二章〈早年生涯〉，頁 20，探討努爾哈齊後來之所以能夠統一女眞各部之外在因素，明嘉靖朝統治腐敗爲關鍵所繫。因爲建州女眞畢竟是當時明朝全國政治棋盤上的一枚棋子，其進退受到明朝總政治形勢的制約與影響，當中央王朝強固之時，少數民族領袖不可能起而稱雄，董山被殺即是顯例。當中央王朝衰落之際，少數民族領袖則有可能起兵稱雄。努爾哈齊生於世宗嘉靖三十八年（1559），此時的明王朝已經像一座柱斜樑傾的大廈，岌岌乎將要倒塌，嘉靖朝的敗落主要表現於外部的「南倭」、「北虜」，與內部的「廷衰」、「邊弛」。明朝中葉以後，遼東軍備日弛，內臣貪黷，邊將驕縱，牧地侵占，苑馬倒失，屯制破壞，軍伍逃亡，軍屯制逐漸破壞，遼東邊備廢弛，官兵掩敗爲勝，濫殺冒功，種種倒行逆施，既使遼東明軍愈加兵衰勢弱，亦使遼東邊民愈加離心背明。適逢此時女眞社會的部族矛盾與民族矛盾紛繁複雜，交互盤錯，部落間鬥爭日趨尖銳，部族間戰爭愈演愈烈，整個邊境情勢已經發生重大變化。

年（1608），李成梁復被劾罷歸，〔註129〕加以是時稅監內官高淮爲虐，毒害地方，招納亡命，誣陷長吏，笞辱官兵，致軍士譟變，邊民大譁，甚至有走投夷方者；〔註130〕而神宗又置萬機於不理，對於邊臣呼籲，漠然不聞，至是努爾哈齊已統一建州，收服鴨綠江部，滅長白山部，克哈達、輝發，數敗烏拉兵，漸成不可制之勢。〔註131〕

　　閻崇年於《天命汗》一書〈前言〉之中分析努爾哈齊之所以能夠成爲傑出人物之條件，乃是因爲他依托於由地理條件、歷史條件、社會條件、民族條件、家庭條件，與自身條件等諸多條件所編織而成的網絡，此一網絡的集結點使其獲得成功。〔註132〕努爾哈齊生於明世宗嘉靖皇帝三十八年（1559），其後經過隆慶、萬曆、泰昌、天啓、崇禎五朝，明朝進入後期，政治腐敗，財政枯竭，邊備廢弛，民不聊生。明朝後期的腐敗，爲努爾哈齊的崛興提供歷史的機緣；在其之前，建州女眞首領董山、李滿住、王杲、王兀堂，與阿台，皆因未逢歷史機緣而相繼敗死。明朝中期，建州女眞先後遭受朝鮮軍隊兩次侵襲，明軍三次征勦，建州女眞面對強盛的明帝國則無法崛興。努爾哈齊乃是借明末衰微之機以凝聚女眞部民之力，始於崛起之後完成統一大業。

　　萬曆十五年（1587）六月，努爾哈齊於佛阿拉宣布定國政而建立「女眞國」，〔註133〕至萬曆四十四年（1616，天命元年）於赫圖阿拉稱汗〔註134〕的三十年之間，女眞各部已在努爾哈齊勵精圖治之下呈現統一。萬曆四十六年（1618，天命三年）正月，努爾哈齊對諸貝勒大臣宣布：「今歲必征大明」。〔註135〕自此其軍事戰略眼光從北邊轉向南邊，隨後發布「七大恨」祭告於天，〔註136〕誓師伐明，進攻撫順，大獲全勝。撫順之役是其把戰略重點由北方轉向南方的標誌，亦是其兵鋒由統一女眞諸部轉移至公然指向明朝的里程碑，明朝遂遭遇到兩個

〔註129〕《明史》，卷二三八，頁6191。
〔註130〕有關高淮爲非作歹之情形，《明神宗實錄》多所記載，朝中大臣及言官均曾上
　　　　疏，如卷四四五，頁8449；卷四四七，頁8480。
〔註131〕同註127。
〔註132〕閻崇年著，《天命汗》，〈前言〉，頁1～16。
〔註133〕《清太祖高皇帝實錄》，卷二，華聯出版社出版，臺灣華文書局總發行，民國
　　　　53年9月，頁6。
〔註134〕《清太祖高皇帝實錄》，卷二，頁6。
〔註135〕《清太祖武皇帝實錄》，卷二，頁10。
〔註136〕《清太祖高皇帝實錄》，第五卷，頁12～13。

半世紀以來最沉重的打擊，明末有所謂「遼事」問題，即自努爾哈齊攻陷撫順開始。〔註137〕明朝遼左失陷撫順，隕將喪師，損辱國威，舉朝震駭，群臣陷入極度緊張之狀況中，主戰聲浪壓倒一切，因而爆發萬曆四十七年（1619，天命四年）三月的「薩爾滸之役」。〔註138〕此役以努爾哈齊大勝與明軍的大敗而宣告結束，從此導致遼東形勢的逆轉。戰前的兩百多年之間，明廷對女眞各部設立衛所以進行統治，並任命各部首領爲都督、都指揮、指揮使等官職以進行管理。萬曆三十六年（1608），努爾哈齊與明朝邊臣訂立邊界盟誓，承認明廷爲中國之中央王朝，他則爲明廷守衛 950 里的邊疆。〔註139〕萬曆四十七年（1619）正月，明朝遼東經略楊鎬派遣使臣李繼學至後金和談，努爾哈齊所提和解條件，除經濟要求之外，也只求封王而已。自後金建國（萬曆四十四年，1616，天命元年）至薩爾滸大戰（萬曆四十七年，1619，天命四年）之間，努爾哈齊從未公開使用「後金」國號，對外仍以「建州國」或「女眞國」自稱。〔註140〕然而，薩爾滸之役後，努爾哈齊對明軍已無所畏懼，敢於公開揭露「後金國」的國號，正式表明在政治上割據一方，稱明廷爲「南朝」。〔註141〕雖然此舉激起明廷滿朝文武之氣憤，但是畢竟無法改變既定之事實，薩爾滸之役是明金政局轉捩之關鍵性一戰，努爾哈齊已衝破兩百多年朱明政權的舊格局，進而開創出新的政治局面，大清帝國的王業從此底定。〔註142〕反之，薩爾滸之役卻震憾了明朝200 多年的統治基礎，京城內外人心動搖，朱明政權在人民的心目中已發生嚴重的信任危機；遼河東西的明金軍事形勢亦發生根本變化，努爾哈齊已取得高度主動權，明軍卻淪爲守勢。戰前的後金形勢，東有朝鮮、北有葉赫、西南有開原重鎮的包圍，僅有東北一角可以暢通無阻，戰後朝鮮王朝與北關葉赫皆懾於努爾哈齊的軍事壓力，置身於明與後金之間，保持觀望的態度。因此之故，努爾哈齊摸清楚明軍實力之後，益發用兵頻繁，出入無常，行動自如，使明軍

〔註137〕王在晉《三朝遼事實錄》，卷一，收於《中國野史集成》，第二十四冊，中國野史集成編委會，四川學圖書館編，頁 45。

〔註138〕傅國，《遼廣實錄》，丁丑叢編，卷上，收於嚴一萍選輯，選刻景印，《叢書集成三編》，藝文印書館印行，頁 18。

〔註139〕中國第一歷史檔案館、中國社會科學院歷史研究所譯註，《滿文老檔》，卷一（北京：中華書局，1987 年出版），頁 6。

〔註140〕《朝鮮李朝實錄·光海君日記》，卷一四二，光海君己未七月，頁 448～450。

〔註141〕同註 140。

〔註142〕《清高宗文皇帝實錄》，第九九六卷，華聯出版社出版，臺灣華文書局總發行，民國 53 年 9 月，頁 318～324。

難以招架。〔註143〕

　　開原與鐵嶺，爲明朝遼東防禦後金軍隊西進的屏蔽，〔註144〕此兩城分別於萬曆四十七年（1619）六月、七月陷入努爾哈齊之手。〔註145〕明人曾有評論：「鐵嶺、開原爲遼重蔽，既并陷賊，則河東已在賊握中。」〔註146〕

　　正當努爾哈齊勢如破竹，連連得志之際，明兵部侍郎兼右僉都御史、遼東經略的熊廷弼，〔註147〕兼程趕赴遼陽。熊廷弼的到來，使遼東形勢發生急遽變化，努爾哈齊進取遼陽、瀋陽的計畫受到阻擋，因而重新布署，以北取葉赫、西撫蒙古爲主，在等待時機中再攻取遼陽、瀋陽。〔註148〕總之，自努爾哈齊襲破撫順至奪占鐵嶺，只有一年零三個月的時間，明朝遼東形勢已急轉直下，身爲遼東經略的熊廷弼在《東事問答》中對遼東局勢之頹敗有所概述：

> 始下清（河）、撫（順），警火始燃；三路覆師，厥攸灼矣；開鐵去
> 而游騎縱橫，火燎於原；今且并窺遼瀋，遂成不可響邇之勢。〔註149〕

〔註143〕談遷，《國榷》，卷八十三，鼎文書局，頁5115。

〔註144〕李毅纂修《開原縣志・形勝》，上卷，頁5；中國方志叢書，東北地方，第27號，民國19年鉛印本影印，成文出版社有限公司印行，民國63年台一版；黃世芳修，陳德懿纂，《鐵嶺縣志》，上卷，頁1，中國方志叢書，東北地方，第五號，民國20年鉛印本影印，成文出版社有限公司，民國63年台一版。

〔註145〕《清太祖武皇帝實錄》，卷三，頁15；王在晉，《三朝遼事實錄》，卷一，頁24。

〔註146〕茅瑞徵（苕上愚公）撰，《東夷考略》，〈女直通考〉（臺北：廣文書局，民國66年12月初版），頁1～32。

〔註147〕明朝於薩爾滸之役三路喪師，遼東告警。明廷在群臣促議之下，終於起用原任御史熊廷弼爲大理寺丞兼河南道御史，以宣慰遼東，不久即任命爲遼東經略。熊廷弼，字飛白，江夏人，出生於明穆宗隆慶三年，萬曆二十六年進士。身高七尺，能左右射，有膽知兵，剛直不阿。萬曆三十六年巡按遼東，時巡撫趙楫、總兵李成梁，以800里棄地予建州，並將六萬民戶焚舍內徙；熊廷弼不畏權勢而疏劾二人罪狀，後爲南直隸提學御史，以杖殺諸生芮永縉事件爲巡按御史荊養喬所彈劾，遂以聽勘回籍，直至薩爾滸之役後始大放異彩。參見《明史》，卷二五九〈熊廷弼傳〉，頁6702。

〔註148〕努爾哈齊召集諸貝勒大臣及李永芳等，商議進取方略。熊廷弼曾俘獲歸降後金的明朝生員賈朝輔，據其所稱：「本月（八月）初十日，降主會集諸部各頭目及李永芳等，問此番攻取何先？或曰當先遼陽，傾其根本；或曰當先瀋陽：潰其藩籬；或曰熊經略已到，彼必有備，當先北關，去其內患。降主曰：『遼已敗壞至此，熊一人雖好，如何急忙整頓兵馬得來？』李永芳曰：『凡事只在一人，如憑一人好，事事都好。』降主曰：『說得是！我意亦欲先取北關，免我內顧，將來好用全力去攻遼、瀋』。」《熊襄愍公集》，卷三，頁33。

〔註149〕《熊襄愍公集》，卷八，頁1。

熊廷弼卓然獨立，力挽狂瀾，鎮遼一年，勇於任事，躬親檄巡，號令嚴肅，雷厲風行；既整頓瀕於潰散的軍隊，又穩定陷於混亂的前線，遂使守備大為增強，局面煥然一新。正當明朝遼東形勢初步好轉，後金揮戈南進屢受挫折之際，明統治集團內部發生重大變化。萬曆四十八年（1620）七月，明神宗萬曆皇帝駕崩，其長子朱常洛於八月初即帝位，是為光宗泰昌皇帝，但於九月初以吞食紅丸死於乾清宮，朱常洛長子朱由校即位，是為熹宗天啓皇帝。當時「三案構爭，黨禍益熾」，〔註150〕熊廷弼因受到牽連而被迫聽勘回籍。明廷命巡撫袁應泰為兵部右侍郎兼都察院右僉都御史，以代熊廷弼經略遼東。袁應泰曾經出任臨漳知縣，河南參政等職，接任後矢心赴遼，視死如歸深以廷臣責備熊廷備未收復遼東一城一地為鑒，略為改變熊廷弼「以守為主漸逼漸進」之策略，而以收復撫順為目標，〔註151〕然而實際上卻陷入攻守舉棋不定的局面之中，其兵力部署乃調用已出關及尚未出關計18萬軍卒分駐遼東各城，而將60%的兵力置於撫順、清河方向，40%的兵力坐鎮遼瀋腹地，意圖伺機與後金決戰，〔註152〕努爾哈齊面對袁應泰之佈局，積極調兵遣將，終於在雙方激戰之下，於天啓元年（三月），攻陷瀋陽、遼陽與遼河以東大小70餘城堡，袁應泰以身殉國。〔註153〕

遼陽為遼東重鎮，明朝遼東經略一向駐於此地以鎮守遼東，後金佔領遼陽不久定都於此遼陽為遼東古城與重鎮亦為遼東首府人口眾多財貨豐厚，為明代遼東政治經濟文化與商業中心亦為遼東都司與自在州所在地努爾哈齊深以得遼東彷若如魚得水以此控制遼東樞鈕，掌握蒙古朝鮮與明朝之間的陸上

〔註150〕《挺擊》一案指萬曆四十三年五月初四日，有一男子名為張差，突然闖入東宮，傷守門內侍一人，實際則是內廷紛爭，謀殺東宮太子的案件「紅丸」一案，乃指明光宗常洛，於萬曆四十八年八月初一日，繼承其父神宗萬曆皇帝之位，八月二十九日服用紅丸藥，次日即死，僅僅擔任一個月皇帝而已；「移宮案」則指光宗寵妃李選侍，住於天子乾清宮之中，欲謀封皇后，以垂簾稱制。都御史楊漣、御史左光斗，以李妃素來無德，又非天啓皇帝之生母，惟恐其有武則天之禍，必要李選侍遷出乾清宮。以上三案，參見劉心學撰，《四朝大政錄》，卷上，收於沈雲龍選輯，《明清史料彙編》，第三集，文海出版社，頁21～36。

〔註151〕傅國撰，《遼廣實錄》，丁丑叢編，卷上，原刻景印，叢書集成三編，藝文印書館印行，頁12。

〔註152〕管葛山人，《山中聞見錄》，〈建州〉，收於《中國野史集成》，第31冊，頁1，總頁224。

〔註153〕談遷，《國榷》，卷八十四，頁5188。

交通要道，有利於爭取朝鮮，進一步與明廷對抗。〔註154〕遼瀋地區瀋陽，遼陽兩大重鎮相繼易手明朝遼河以東14衛廣大地區均為後金所有，遼河以西人心惶惶，從塔山（今遼寧省錦西縣塔山）到閭陽（今遼寧省北鎮縣南閭陽）200多里的廣大地區人煙斷絕，遼西人民或蜂擁入關，或向朝鮮王國境內奔去或渡海向山東的登州萊州逃去。〔註155〕廷臣在失敗之中再度推薦熊廷弼，明廷詔起熊廷弼，冀其支撐遼西殘局。

熊廷弼入朝，針對努爾哈齊短於攻堅，缺乏水師，後方不穩，兵力不足等弱點，建立「三方布置策」：陸上以廣寧為中心，集中主要兵力，堅城固守，沿遼河西岸列築堡壘，以步騎防守，從正面牽制後金的主力；海上各置舟師於天津、登、萊，襲擾遼東半島沿海地區，從南面乘虛擊其側背，並且利用各種力量擾亂其後方，動搖其人心，待金回師內顧，即乘勢反攻，可復遼陽；略則坐鎮山海關，節制三方，以一事權。〔註156〕朝廷遂命熊廷弼為兵部尚書兼右副都御史，駐山海關以經略遼東軍務，命素不知兵的王化貞為廣寧巡撫，駐廣寧，受經略節制。然王化貞以輕視大敵，好謾語，文武將史進諫悉不入，尤其與熊廷弼相牴牾，遂導致兩人所謂「經撫不和」，經臣主和，撫臣主戰。王化貞則以內閣大學士葉向高為座主，以兵部尚書張鶴鳴為奧援，而張鶴鳴又投靠閹黨，正當朝中九卿科道爭議經撫去留之際，努爾哈齊探知遼東經撫不和，戰守舉棋不定，決定西渡遼河，兵指廣寧。廣寧背靠醫巫閭山，南臨大海，西界錦州，東隔遼河與遼陽對峙，成為遼陽通山海之咽喉要地，亦為明朝失陷遼陽之後遼東巡撫駐地。廣寧兵敗，京師大震，閹黨以熊廷弼等作為代罪羔羊，熊廷弼先是聽勘回籍，尋自詣詔獄，於天啟五年（天命十年，1625）八月，慷慨赴市，銜冤而死，明廷暴屍不葬，傳首九邊。熊廷弼之死，使得明朝失去一位優秀的邊防人才，從此遼東形勢更為惡化。〔註157〕

廣寧兵潰消息傳至明廷，京師戒嚴，舉朝淘淘，廷臣以日講官孫承宗知兵，且留意邊事，故而大力推薦，朝廷以其為兵部尚書兼內閣大學士，參預機要。〔註158〕孫承宗器重雄沉而傑出的青年將領袁崇煥，明廷授其為兵部職

〔註154〕《滿文老檔》，太祖，卷二十一，頁192。
〔註155〕《明史》，卷二四八〈方震儒傳〉，〈陶中丞傳〉，頁6428～6429。
〔註156〕《明史》，卷二五九〈熊廷弼傳〉，頁6704。
〔註157〕《明史》，卷二五九〈熊廷弼傳〉，頁6704。
〔註158〕《明史》，卷二五〇〈孫承宗傳〉，頁6465。

方司主事，旋升爲山東按察司僉事山海監軍。受職之後，一掃文臣武將普遍存在的悲觀氣氛，力請練兵選將，整械造船，固守山海，遠圖恢復。〔註 159〕時兵部尚書王在晉代熊廷弼爲遼東經略，並無遠略，謀用蒙古騎兵襲擊廣寧，此計不成，又擬在山海關外八里鋪築重關，乃爲一苟安消極的防禦方略。〔註 160〕袁崇煥卻力主積極防禦，堅守關外，屏障關內，營逐寧遠，以圖大舉。孫承宗支持袁崇煥，熹宗天啓帝將王在晉改調爲南京兵部尚書，孫承宗自請督師，一度荒涼凋敝的寧遠，經過袁崇煥親率軍民經營，已經變成明朝抵禦後金南犯的關外重鎮。〔註 161〕

在「以遼人守遼土，以遼土養遼人」的戰略思想之下，孫承宗督師以來，定軍制，建營壘，備火器，治軍儲，繕甲仗，築炮臺，買馬匹，採木石，練騎卒，汰逃將，層層布置，節節安排，分合具備，水陸兼施，遼東形勢爲之一變。〔註 162〕然而明朝統治集團內部的黨爭，卻使剛直的孫承宗受到排擠而爲兵部尚書閹黨分子高第代爲經略。高第素不知兵，採取不謀進取，只圖守關的消極防禦策略，致使遼東形勢又因而急遽逆轉。〔註 163〕努爾哈齊探知遼東經略換人，於天啓六年（1626）親率六萬大軍，號稱 20 萬，進攻寧遠。〔註 164〕高第命撤退錦州、右屯、大凌河、寧前諸城守軍，將器械、槍炮、糧秣、彈藥移至關內，而致放棄關外 400 里之地。錦州、右屯、大凌河三城，爲明軍遼東之前鋒要塞，若倉卒撤防，不戰而退，對民心士氣影響極大；尤有甚者，高第更傳檄撤防寧前，袁崇煥以獨臥孤城拒虜明示決心。〔註 165〕在種種不利情勢之下，袁崇煥只率領一萬餘名軍隊孤守寧遠，以抵禦努爾哈齊的進犯。面臨強敵，後無援師，臨危不懼，指揮若定，〔註 166〕設置砲身長、管壁厚、射程遠、威力大的西洋大砲，〔註 167〕努爾哈齊遂兵敗寧

〔註 159〕《明史》，卷二五四〈袁崇煥傳〉，頁 6707。
〔註 160〕《明史》，卷二五七〈王洽傳附王在晉傳〉，頁 6626。
〔註 161〕《明史》，卷二五四〈袁崇煥傳〉，頁 6708。
〔註 162〕孫承宗，《高陽集》，卷十九，頁 21。
〔註 163〕《明史》，卷二五七〈王洽傳附高第傳〉，頁 6626。
〔註 164〕《清太祖武皇帝實錄》，卷四，頁 8。
〔註 165〕王在晉，《三朝遼事實錄》，卷十五，頁 11。
〔註 166〕《明史》，卷二五九〈袁崇煥傳〉，頁 6709。
〔註 167〕《明熹宗實錄》，卷六十八，頁 13960；馬楚堅，〈西洋大砲對明金態勢的改變〉，《明清邊政與治亂》，天津人民出版社，1994 年 8 月出版，頁 163～187，提及袁崇煥運用西洋大砲之來龍去脈：廣寧兵敗之後，舉朝洶洶，孫承宗、袁崇煥致力軍器改革。徐光啓爲明末經世濟民之代表性人物之一，素來究心

遠。寧遠之捷為明朝自有遼事以來（撫順失陷於萬曆四十六年，1618）的第一次勝仗，亦是「自遼左發難，各城望風奔潰，八年來賊始一挫」的一仗。〔註168〕熹宗天啟帝稱：「此七、八年來所絕無，深足為封疆吐氣。」〔註169〕尤其重要者，此役之勝，使明朝得以維持大凌河以西錦寧防線，使遼東局勢猶有可為。反之，努爾哈齊卻在寧遠遭遇到用兵 40 餘年來最嚴重的慘敗，於攻城時身負重傷，退至靉陽堡，病逝。〔註170〕由皇太極繼承汗位，並於即汗位後十年（崇禎九年，1636）稱帝，改國號為「清」。〔註171〕

　　袁崇煥於寧遠戰勝努爾哈齊的奇勳，終究敵不過朝廷內部政治勢力之傾軋，誠如其所言：

　　　凡勇猛圖敵，敵必仇；振刷立功，眾必忌。況任勞之必任怨蒙罪，

　　　始可有功，怨不深，勞不厚；罪不大，功不成，謗書盈篋毀言日至，

　　　從來如此。〔註172〕

天啟七年（1627）五月，皇太極率兵侵明，衝擊明寧遠防線，渡過大凌河，圍攻錦州不克，復圍攻寧遠，然受到明紅夷砲所攻而大敗，時稱「錦寧大捷」，然而閹黨反劾袁崇煥不救錦州，使其被罷去職。〔註173〕同年八月，熹宗卒，朱由檢即位，是為明思宗。次年（崇禎元年，1628）復任袁崇煥督帥薊遼。袁崇煥計畫五年內恢復遼東，主張「以遼人守遼土，以遼土養遼人，守為正著，戰為奇著，和為旁著，法在漸不在驟，在實不在虛」。〔註174〕崇禎二年（1629）五月，袁崇煥整頓防務，殺皮島守將毛文龍，改定皮島軍制，使與

西方先進科技，對於遼事之不可治，經其分析研究，認為主因出於武器設備方面不足應敵，內府所鑄大砲質量低劣。有鑑於此，徐氏尤重西洋加農大砲，以其質優，不易爆裂，可以靈活轉動角度發射，射程遠而幅度廣，殺傷力特強。同時又鑑於傳統火器放射運作之弊，提出避敵鋒之長，以堅壁清野，整理火器。徐光啟寫信給好友李之藻等人透過教會關係及廣東政府之助，籌款向澳門政府購買四尊最新式西洋大砲，於天啟原年五月將四尊大炮運回京師。此後又經李之藻購進 26 門，計 30 門，其中留於京城 18 門，炸毀一門，解往山海關十一門，此十一門大炮架射在寧遠城上，成為袁崇煥憑炮退敵的強大武器。

〔註168〕《明熹宗實錄》，卷六十八，天啟六年二月丁亥條，頁 13949。
〔註169〕前揭書，卷六十八，天啟六年二月丙子條，頁 13950。
〔註170〕《清太祖武皇帝實錄》，卷四，頁 9。
〔註171〕《清太宗文皇帝實錄》，卷十一，頁 2。
〔註172〕《明熹宗實錄》，卷七十五，天啟六年八月丁巳條，頁 4052。
〔註173〕前揭書，卷八十四，天啟七年五月戊辰條，頁 14158。
〔註174〕《明史》，卷二五九〈袁崇煥傳〉，頁 6709。

登州、萊州、天津三鎮協同攻守，對皇太極形成巨大威脅。皇太極以反間計陷害崇煥，崇禎三年（1630）八月，思宗將袁崇煥凌遲處死，自毀長城。〔註175〕自從袁崇煥下獄後，明廷即起用孫承宗爲督師，鎮守山海關，金軍蹂躪畿輔，曾經於崇禎三年（1630）正月，破永平、遷安、灤州，連同先前攻陷的遵化，已盤據關內四城，後爲孫承宗所收復。崇禎四年（1631）八月，金兵陷大凌河城，十一月，孫承宗罷去，金兵毀大凌河城。〔註176〕

崇禎六年（1633）據守登州的孔有德〔註177〕、耿仲明〔註178〕浮海投降於後金，並引導金兵進攻旅順。次年（崇禎七年，1634），明廣鹿島副將尙可喜亦投降於金，〔註179〕此三人皆爲毛文龍皮島舊部，既皆降金明朝海上防線近乎瓦解，尤其紅夷大炮亦因孔有德而傳入滿州，使金軍增強攻堅與野戰重要武器，明末降將的歸附成爲皇太極侵明的嚮導與先鋒。〔註180〕

崇禎十二年（1639），明以洪承疇爲薊遼總督。〔註181〕皇太極連年用兵，深知不破山海關，無以取中原，而錦寧不破，則無以取山海關，故而屢次入塞侵擾，逼迫明朝與其議和，終未能成，遂於崇禎十四年（1641）三月，屢增重兵，圍攻錦州，築壕列屯，爲持久之計。〔註182〕七月，洪承疇親率八總步兵騎13萬往援錦州，集兵力於寧遠，議以兵護糧餉輜重，從杏山進松山，從松山進錦州，步步爲營，以守爲戰，當時寧遠糧餉足夠一年之用。但兵部尙書陳新甲恐持久戰導遠、杏山及塔山之外之筆架岡（錦州城西南60里），而以六萬軍隊先進，諸軍繼後，步驟兵環集於松山與錦州城附近。八月，皇太極急統兵增援錦州，清駐兵於松山、杏山之間，橫斷大路，更另派軍隊奪取明軍塔山糧草。明軍既失糧道，又不敢野戰，只得撤步兵，背松山列陣，屢衝清軍營壘均被擊退，明軍糧盡，洪承疇被困於松山。崇禎十五年（1642）二月，松山被圍已達

<hr>

〔註175〕前揭書，〈袁崇煥傳〉，頁6710。
〔註176〕《明史》，卷二五〇〈孫承宗傳〉，頁6466。
〔註177〕《清史列傳》，卷七十八（臺北：臺灣中華書局，民國51年3月臺一版），頁2～5。
〔註178〕《清史列傳》，卷七十八，頁44～45。
〔註179〕《清史列傳》，卷七十八，頁17～20。
〔註180〕葉高樹撰，《降清明將研究》，第二章〈明末降清的遼東邊將〉，國立臺灣師範大學歷史研究所碩士論文，民國81年6月，頁31～73。
〔註181〕清·國史館原編，《清史列傳》，卷七十八，貳臣傳甲〈洪承疇傳〉，收於周駿富輯，《清代傳記叢刊》，第一〇五號，明文書局印行，頁20～27，總頁567～582。
〔註182〕《清太宗文皇帝實錄》，卷十一，頁3。

半年之久，城中食盡，洪承疇被俘至瀋陽而降於清，〔註183〕不久，錦州亦失守，松山之戰造成明朝錦寧防線崩潰，明朝僅有關外寧遠孤城，清軍已逼近山海關。

崇禎十五年（1642）十月，皇太極發大兵毀邊入塞，會師薊州；又分道南侵，河間以南多告失守，計凡攻破三府、18 州、67，共 88 城。〔註184〕明廷急設關外二督、關內四督、天津等處六巡撫、保定等處八總兵，終以事權不一，擁兵觀望，以致於崇禎十六年（1643）四月從山東至近畿，清軍所掠，車駝互 30 餘里，渡蘆溝橋十日猶未畢。〔註185〕大學士周延儒自請督師，駐於通州，惟知日與幕客飲酒作樂，卻騰章奏捷，聽任清軍滿載出塞而去，後以事發而被賜死。〔註186〕皇太極於飽掠歸去之後，於崇禎十六年（1643）八月病逝，侵明軍事行動暫時告一段落，然而明帝國的崩潰已經迫在眉睫，至崇禎十七年（1644）清兵進入山海關為止，明朝對於遼東之經營已完全瓦解。

綜論明朝對於遼東經營的三時期，從前期自洪武四年（1371）故元遼陽行省平章劉益內服，設立遼東衛指揮使司，明朝統治力量開始進入遼東起；直至後期崇禎十七年（1644）清兵入關結束明朝對遼東之經營為止，其間共經歷 270 餘年之久。其間成祖於永樂元年（1403）三月將大寧都司移於保定之舉，致使北疆防線中斷，明廷不得不倚薊州為重鎮，使得原來的內線防務變得外線前哨，失去東西聯屬，南北控扼的作用，致使夷虜得以東西交通勾結，狼狽為患，實為影響遼東全局的重大因素，整個防務系遭受破壞，影響極鉅。明軍既困於遼東西邊之防守，則東邊之外敵自趁機而起，後來建州統一各部，興兵內犯，亦取道遼西，經由大寧故地迂迴而入。

至明英宗正統時期土木之變以後，問題則更為嚴重，使得國家防務弱點盡行暴露於敵前，經年不斷遭受北方敵人之進犯與騷擾，而「遼河套」失陷之後，北方敵人更得自由放牧南侵，成為明代北疆國防最為危急嚴重時期。明英宗正統十四年（1449）土木之變，則為明朝北疆國防邊警日急，困惑日增之始，遼東女真各族強弱相併，已打破原來所屬之平衡局面，明朝的分化羈縻政策已經無法隨心運用，明廷已不能遵守慎重授予各族群職位的原則，此時東北邊防情勢已發生變化。明朝對遼東之中期經營，已經面臨邊防武力衰落之嚴苛挑戰。

〔註183〕同註 181。
〔註184〕《清太宗文皇帝實錄》，卷十一，頁 4。
〔註185〕同註 184。
〔註186〕《明史》，列傳 196〈奸臣・周延儒傳〉，頁 7930～7931。

　　努爾哈齊之崛起，適逢隆慶、萬曆、泰昌、天啓、崇禎五朝之統治時期，明朝進入後期，政治腐敗，財政枯竭，邊備廢弛，民不聊生，爲努爾哈齊的崛興提供歷史的機緣。萬曆十五年（1587）六月，努爾哈齊於佛阿拉宣布定國政建立女眞國，至萬曆四十四年（1616）於赫圖阿拉稱汗的 30 年之間，女眞各部已在其勵精圖治之下呈現統一。萬曆四十六年（1618）撫順之役，大獲全勝，是役爲其把戰略重點從北方轉向南方之始，明朝遭遇到兩個半世紀以來最沉重的打擊，亦爲明末「遼事」之始，明朝遭遇到兩個半世紀以來最沉重的打擊，亦爲明末「遼事」之始。萬曆四十七年（1619）三月，「薩爾滸之役」更以努爾哈齊大勝，明軍大敗而宣告結束，此役爲明金政局關鍵一戰，努爾哈齊已衝破 200 餘年以來朱明政權舊格局，進而開創出新的政治局面，大清帝國的王業從此底定。遼河東西的明金軍事形勢亦發生根本變化，努爾哈齊已取得高度主動權，明軍卻是不折不扣淪爲守勢。正當努爾哈齊勢如破竹，連連得志之際，明兵部侍郎兼右僉都御史、遼東經略熊廷弼，兼程趕赴遼陽，使遼東形勢發生急遽變化，阻擋努爾哈齊進取遼陽、瀋陽的計畫。熊廷弼卓然獨立，力挽狂瀾，鎮遼一年，勇於任事，遂使局面煥然一新，然而終究敵不過朝廷內複雜糾結的政治鬥爭而不得不聽勘回籍。繼起之袁應泰不諳軍事，導致遼、瀋失陷，熊廷弼提出「三方布置」之策，巡撫王化貞雖不知兵卻浪言作戰，經撫不和，又捲入朝廷內部政治鬥爭，廣寧失守，熊廷弼冤死，傳首九邊。及至孫承宗繼任遼東經略而提拔袁崇煥，袁崇煥創下寧遠大捷，努爾哈齊遭重創病逝，明廷內部卻仍以政治鬥爭進一步自毀長城，思宗中了皇太極反間計，將袁崇煥處死。及至洪承疇兵敗山，大明江山已近崩潰，及至吳三桂開山海關城門讓清軍入關，大明江山已拱手讓人。

　　呂坤於《呻吟語》一書中，曾經提及「人情之所易忽者莫如漸，天下之大可畏者，莫如漸。」此一段話用來爲明朝對遼東之經營下一斷語，實爲中肯：

> 漸之始也，雖君子不以爲意。有謂其當防者，雖君子亦以爲迂。不知其積重不返之勢，天地聖人亦無如之奈何，其所由來者漸也。周鄭交質，若出於驟然，天子雖屛懦甚，亦必有恚心，諸侯雖豪橫極，豈敢生此念？迨積漸所成，其流不覺至是，故步視千里爲遠，前步視後步爲近。千里者，步步之積也，是以驟者，舉世所驚；漸者，聖人獨懼。明以燭之，堅以守之，毫髮不以假借，此慎漸之道

也。〔註187〕

明成祖於永樂三年（1405）將大寧都司內徙之舉，並未忽略大寧防務之重要性，但以種種因素而未能成功恢復大寧諸衛，終致後世積重不返，成祖對於明朝遼東邊防之影響實不能不予以高度重視。

第三節　女眞民族之南遷及其與明代邊防之衝突

明代遼東地區高麗族居民一向不少，洪武二十六年（1393）李成桂所建李氏王朝恢復朝鮮國名，朝鮮半島上的高麗族也改稱爲朝鮮族，居住在中國境內的高麗族則未改名稱。明英宗正統八年（1443）所纂修之《遼東志》，卷一記載，整個遼東地區「華人居十七，高麗人土著附女直野人十三。」〔註188〕漢族佔十分之七，高麗、女眞族佔十分之三。女眞人，始見於五代，楊暘認爲女眞民族早在唐太宗李世民統一遼東時即活動於今鴨綠江流域與長白山地區。〔註189〕先秦古籍中所記的肅愼人，即是女眞人的最早先人。漢代以後，不同朝代古籍中分別記載的挹婁（漢、三國）、勿吉（北朝）、靺鞨（隋、唐）、女眞（遼、宋、兀、明），是肅愼的後裔，也是女眞族的先人。〔註190〕元末明初，女眞民族出現一次大遷徙，其遷徙方向由北往南，由東向西，分化出先進者即建州、海西諸部。十六世紀下半期，在努爾哈齊領導之下，建州女眞統一女眞各部，並以此爲核心而吸收其他族人形成滿族。然而亦有處在邊遠地區的部落如鄂溫克（埃文基）、鄂倫春（鄂羅奇）、赫哲（那乃）等族先人並未完全納入滿族生命共同體。〔註191〕這些部族乃是居住於今蘇聯境內各該族的同族異稱。是故，肅愼的歷代後裔與滿族既有關聯又不能等同，不宜把

〔註187〕呂坤，《呻吟語》（北京學苑出版社，1999年2月第一次印刷），頁276。
〔註188〕《遼東誌》，卷一，頁347。
〔註189〕楊暘著，《明代東北史綱》，第10章〈明代東北民族及民俗特點〉（臺灣學生書局，民國82年1月出版），頁292。本書係研究有明一代東北的疆域、經濟、文化、流人、民族諸多內容方面的學術專著。明朝東北地區的歷史與清朝（本應稱爲「金」國，爲避免與金兀朮之「金」相混淆，故而學者往往以「後金」稱之）有著直接關係，此一歷史時期，神州震盪，風雲驟變，值得認眞思考與研究。本書所搜集史料豐富，對明代遼東、奴兒干二都司建置與經濟發展、謫戍東北的流人、東北民族的起源、民族文化的演變等等進行縝密考察，頗具新意，爲學術價值甚高的著作。
〔註190〕楊暘著，《明代東北史綱》，第10章〈明代東北民族及民俗特點〉，頁293。
〔註191〕楊暘著，《明代東北史綱》，第10章〈明代東北民族及民俗特點〉，頁293。

肅愼、挹婁、勿吉、靺鞨、女眞的發展過程作爲滿族本身的直接發展過程。但是若在滿族史中把肅愼以迄明代女眞的世代相承聯繫與滿族割裂開來，亦不能正確反映滿族優久的歷史淵源。〔註 192〕總之，明代東北地區的居民，其民族成分極爲複雜，漢族固然是多數，女眞族、高麗族亦不少。明代後期女眞族更聯合蒙古族而佔領遼東地區一些地段，安營紮寨，與明朝中央派出的軍隊相互對峙。

建州女眞於元朝時，已在松花江下游地區設立斡朵憐、胡里改、桃溫、脫斡憐、孛苦江等五個萬戶府，均歸遼陽等處行中書省所屬的合蘭府水達達路。土地曠闊，人民散居，無市井城郭，逐水草爲居，以射獵爲業，故而元朝設官牧民，隨俗而治。〔註 193〕《李朝實錄》太祖六年（洪武三十年，1397）正月丁

〔註 192〕滿族簡史編寫組，《滿族簡史》，中華書局出版，1979 年。

〔註 193〕明・宋濂等撰，《元史》，卷五十九，志第 11〈地理二〉（北京中華書局出版），頁 1400。《元史》計二一〇卷，是一部比較系統記載我國歷史上元代興亡過程的史書。洪武元年（1368）明太祖朱元璋即下令編修《元史》，第二年以李善長爲監修，宋濂、王禕爲總裁，開局編寫，僅用 188 天的時間，便修成除元順帝一朝以外的本紀、志、表、列傳共一五九卷。接著又讓歐陽佑等 12 人四出蒐集元順帝一朝的史料，於洪武三年（1370）重開史局，仍以宋濂、王禕爲總裁，由朱右等 15 人參加編寫，用 143 天續修本紀、志、表、列傳共五十三卷，然後合前後二書，釐分附麗，共成二一〇卷，全部編纂工作，歷時只 331 天，刻印工作亦進展甚快，據宋濂，〈目錄後記〉，洪武三年七月書成，十月便已「鏤板訖功」。《元史》的編修，主要是照抄元代各朝實錄等官修典籍，除刪節以外，並未下多少功夫，無意中保存許多元代史料原貌，使得《元史》成爲研究元朝歷史不可少的重要基本資料。但由於倉促成書，且出於眾手，以致於在編纂方面有不少謬誤，不少重修之作卻無法取代《元史》這部比較原始的基本資料。元史最早的版本是洪武三年刻本（1370），嘉靖初年（1522），南京國子監編刊《二十一史》，嘉靖十一年（1532）完成，其中《元史》用的是洪武舊板，對損壞的板頁加以補刊，一般板心刻有嘉靖八、九、十年補刊字樣，此爲「南監本」，其遞修補刊一直延續至清初。萬曆二十四年（1596）至三十四年（1606），北京國子監重刻《二十一史》，《元史》亦在其中，此爲「北監本」。至清代乾隆四年（1739）武英殿又仿北監本重刻《元史》，稱爲殿本。乾隆四十六年（1781），對遼、金、元三史譯名進行謬誤百出的妄改，挖改殿本的木板，重新刷印。道光四年（1824），又對元史作進一步改動，重新刊刻，即是道光本。道光本對元史的任意改動狠大，但對史文亦做不少有根據的校訂。後來又有各種翻刻重印的版本，其中較佳者爲民國 24 年（1935）商務印書館影印的百衲本，百衲本是以九十九卷殘洪武本與南監本合配在一起影印，在通行各本中最接近於洪武本的面貌，而北京中華書局對《元史》的點校，即以百衲本爲底本。

丑紀事，謂都里童猛哥帖木兒爲東北面之藩籬，〔註194〕而《明實錄》太宗永樂十一年（1413）始見建州等衛都指揮使猛哥帖木兒等來朝貢馬及方物之紀事。〔註195〕建州衛乃明永樂時所置，分爲建州三衛。建州衛爲元代胡里改萬戶府管轄的女眞人胡里改部，由萬戶阿哈出統領向南遷，於永樂元年（1403）在琿春以東設立，〔註196〕亦即圖們江以北之地。成祖永樂二十一年（1423），李滿住率建州衛族人管下指揮等1000餘戶西遷至婆豬江一帶，婆豬江即爲鴨綠江的支流佟家江，其地點爲「到鴨綠江相距一日程甕村等處」，「然無口糧、種子、鹽、醬，切欲乞焉過活」。〔註197〕李滿住遷徙至此乃是從事農耕生產，由山幕向農牧轉化，與內地的經濟聯繫主要通過向明朝「朝貢」的形式進行。一方面向明廷輸出土產特產，另一方面明廷則以賞賜爲名，輸送內地的生產工具與生活必需品。建州衛部人於此居住十四年，其間屢與朝鮮發生戰爭，朝鮮曾經兩次大舉入犯，李滿住多次向明廷請求內遷，遂於英宗正統三年（1438）遷居至今遼寧省蘇子河上游舊老城居住，成爲建州衛最後衛址。〔註198〕

　　建州左衛從建州衛所析置，但《明實錄》未載明時間，而《明史》則記爲成祖永樂十年（1412）所建置。與建州衛同一先世的建州左衛，於元末明初的戰亂中，從牡丹江下游依蘭地區開始向牡丹江上游遷徙，由萬戶猛哥帖木兒遷徙至圖們江下游會寧地方建立建州左衛。〔註199〕由於獲得朝鮮的資助，使農業

〔註194〕《李朝實錄》，卷十一，太祖六年正月，頁76。

〔註195〕《明太宗實錄》，卷一四四，中央研究院歷史語言研究所校印，頁1400。

〔註196〕建州衛的設立，根據《明太宗實錄》，卷二十四，頁1087記載，是爲永樂元年十一月辛丑設立。這是明初經營東北地區建立較早、影響較大的一個「衛」。有關於建州衛最初設置地點，據楊暘於《明代東北史綱》、〈明永樂、宣德朝對東北統治的加強與續置〉一文中所提出的主張，謂舊開原在朝鮮境外東北部，《明太宗實錄》，卷八十三，頁1250記載：「李顯忠塔溫新附人民缺食，乞賑貸之」，塔溫即圖們江南朝鮮穩城的古名，故而建州衛距塔溫地方一定不會太遠。永樂八年（1410）春，建州衛與毛憐衛擅自出兵進擊慶源，後來朝鮮派軍復攻毛憐衛地。據孟森考訂，「其時毛憐衛地在圖們江北」（孟森，《明元清系通紀》正編，卷一，頁39）池內宏於〈鮮初之東北境和女眞的關係〉，《滿鮮地理歷史研究報告》，第二冊，頁238～239，亦指出圖們江北此一地區距離建州衛地不會太遠。上述種種，皆可說明建州衛地在圖們江北，亦即朝鮮東北部。

〔註197〕吳晗輯，《朝鮮李朝實錄中的中國史料》，第二冊（中華書局出版，1980年），頁314。

〔註198〕楊暘著，《明代東北史綱》，頁166。

〔註199〕《明宣宗實錄》，卷一〇八，頁2299。

迅速發展。明成祖朱棣十分重視對猛哥帖木兒統屬下的斡朵里部招撫，早在永樂元年（1403）即著手派人招撫猛哥帖木兒而取得成功，猛哥帖木兒隨同王教化赴南京入朝，明廷受命其爲建州左衛頭人。但朝鮮怨恨女眞人受明朝招撫，便對女眞人用兵，並關閉市集，使女眞人生活發生困難。斡朵里部聯合兀良哈等人對抗朝鮮而取得勝利。爲懼怕報復，猛哥帖木兒於永樂九年（1411）率部族遷回波江，即今輝發河。永樂二十一年（1423）猛哥帖木兒參加明成祖朱棣親征韃靼，進軍闊兒海（今黑龍江省呼倫貝爾盟的呼倫池）以擊敗兀良哈，爲擔心遭受報復，請求遷回阿木河居住，遂於該年四月至六月由波江遷回阿木河，積極從事農耕生產，並成爲建州左衛第一任指揮官吏。然而明宣宗宣德八年（1433）卻因爲遭到具州嫌眞兀狄哈人的襲擊，猛哥帖木兒因此遇害。〔註200〕斡朵里部族不得不離開阿木河地區，猛哥帖木兒之弟凡察、兒子董山奏請明廷移居婆豬江（渾江）與胡里改部李滿住同住，卻受到朝鮮阻撓，多次發生衝突，後來衝破朝鮮的阻撓而從會寧遷逃婆豬江。〔註201〕後來發生董山與叔父凡察爭奪建州左衛印之事端，明朝則於英宗正統七年（1442）二月，再從建州左衛分出建州右衛，〔註202〕置於三土河一帶，即今吉林省輝南與柳河縣境內的三統河一帶，另賜建州右衛印於凡察，董山仍掌建州左衛印。從此形成建州衛、建州左衛與建州右衛，是爲「建州三衛」。

明代女眞族與漢族互相移居的現象屢見不鮮，奴兒干都司轄境內女眞人與漢人則時常互相移居。成祖永樂六年（1408）四月，曾諭令兵部大臣，謂其即位以來，建州等衛女眞人等「來朝者多願居京師，以南方炎熱，特命於開原置快樂、自在二城居之」。〔註203〕同年五月，「命遼東自在、快樂二城設自在、快樂二州，每州知州一員，吏目一員」，六月，又「添設遼東自在、安樂二州同知、判定各一員」，〔註204〕其後，移自在州於遼陽。由於明廷實行積極安置奴兒干都司轄境內女眞人政策，女眞人遂紛紛南遷。如永樂九年九月（1411），建州衛千戶囊哈那等來京奏稱「願居遼東快樂城」，明成祖從其請，「賜與如例」。〔註205〕至於奴兒干都司轄境內各衛所遷居遼東東寧衛

〔註200〕《明代滿蒙史料、李朝實錄抄》第二冊，頁 567～568。
〔註201〕《明英宗實錄》，卷三十六，頁 2533。
〔註202〕前揭書，卷八十九，頁 2806。
〔註203〕《明太宗實錄》，卷七十八，頁 1236。
〔註204〕前揭書，卷五十六，頁 1179。
〔註205〕前揭書，卷七十八，頁 1236。

人數更多，日本學者河內良弘在《明代遼陽的東寧衛》一文中對此有所探討。
東寧衛的建立，「初，遼東都司指揮使以遼陽高麗、女直來歸」，明朝便置「東
寧、南京、海洋、草河、女直五千戶所」。洪武十九年（1386）「改置東寧衛，
立左、右、中、前、後五千戶所，〔註206〕衛址「在司北」，〔註207〕即今遼
陽城北。東寧衛居住的高麗人與女眞人甚多，洪武年間人口已達三萬餘人，
由於族政策處理較爲妥當，故而奴兒干都司轄境內女眞人紛紛遷入遼東都司
轄境內的東寧衛，僅僅宣德朝一朝奴兒干都司轄境內各衛所即有七次遷入遼
東東寧衛居住。〔註208〕由於東寧衛安置女眞人較多，清太祖努爾哈齊曾說：
「東寧衛，我之部也」。〔註209〕這些女眞人長期與漢族雜居共處，對於漢文
化已經「煦濡浹深，禮樂文物彬彬然」，〔註210〕可見逐漸漢化之中，民俗習
慣亦彼此相通。

　　茲將成祖永樂、宣宗宣德兩朝，奴兒干都司轄境女眞人遷徙遼東都司東
寧衛製成下列簡表，以見當時女眞民族之南遷情況。本表參考楊暘所著《明
代東北史綱》之奴兒干都司轄境女眞人遷徙遼東都司東寧衛簡表，〔註211〕並
由著者一一查出史料之出處而後告成。

表一：奴兒干都司轄境女眞人遷徙遼東都司東寧衛簡表

遷徙時間	遷出衛所及人員	衛所今地址	出　　處
永樂七年六月（1409）	敷答千戶所鎭撫弗里出	今黑龍江下游左岸弗答河口附近	《明太宗實錄》，卷六十四，頁1200
永樂七年六月（1409）	忽兒海衛所鎭撫火羅孫	今黑龍江省依蘭縣舊城	《明太宗實錄》，卷六十四，頁1200
永樂十年十一月（1412）	肥河衛指揮僉事木答哈	今黑龍江省賓江縣西蜚克圖河流域	《明太宗實錄》，卷八十六，頁1258

〔註206〕《明太祖實錄》，卷一七八，頁700。
〔註207〕顧祖禹，《讀史方輿紀要》第一冊，卷九〈州域形勢〉，光緒己卯蜀南桐華書
　　　　屋校補，敷文閣藏版萬育刊原刻本影印（臺北：新興書局，民國56年6月一
　　　　版），頁22，總頁203。
〔註208〕河內良弘，〈明代遼陽の東寧衛〉，載於《東洋史研究》，第四十四卷第四號。
〔註209〕中國第一歷史檔案館、中國社會科學院歷史研究所譯註，《滿文老檔》，第三
　　　　函，第20冊（北京中華書局，1987年出版），頁187。努爾哈齊曾謂：「住此
　　　　遼東地方之東寧衛國人，本爲我所屬。今乃收復我國我地……」。
〔註210〕《遼東誌》，卷一，《遼海叢書》。
〔註211〕楊暘著，《明代東北史綱》，頁29。

| 永樂十三年十月（1415） | 古里河衛指揮僉事牙失答 | 今精奇里江上源支流吉柳仰河流域 | 《明太宗實錄》，卷九十八，頁 1297 |
| 宣德元年三月（1426） | 亦馬山衛試百戶委刺 | 今伊通縣東遼河上游東側小孤山附近 | 《明宣宗實錄》，卷十五，頁 1796 |

　　明代對東北的統治，經過洪武、永樂、洪熙、宣德四期近七十年之久，社會穩定，使得經濟得以發展，尤其在洪武、永樂時期，東北社會經濟獲得重大發展，並擊敗蒙古餘部勢力。洪熙、宣德兩朝已在日趨保守之局面中孕育各種矛盾，成爲走向衰落的起點。明英宗正統皇帝（1457～1464）既不勤政，復以天災頻仍，乃使邊患日益嚴重。「野人女眞」南下掠擾，當也先圍明軍於土木堡而英宗朱祁鎮被俘，以致於「土木之變」發生以後，明代在東北統治力量嚴重削弱，東北出現大動盪、大混亂的局面。除兀良哈三衛與女眞人南遷以外，海西四部（即扈倫四部）紛紛南遷，至明世宗嘉靖初期，形成較強大的四個集團：葉赫、哈達、輝發、烏拉四部。明朝採取挑撥離間各部並「分而治之」的政策，使扈倫四部長期陷於分裂。爲控制各少數民族，明於另一方面則繼續設置衛所，如塔山左衛，〔註212〕該衛於英宗正統十一年（1446）十一月丁巳設立，與海西四部的形成與發展有關，而海西四部與清初之歷史有密切關係。塔山左衛初治於依蘭西之地，其後遷至松花江流域，即今吉林扶餘、前郭縣等地。〔註213〕明代後期，因部族遷徙，塔山左衛受到野人女眞侵擾，遂進行第二次遷徙而南移近開原一帶，成爲女眞哈達部，亦即明朝所謂的「南關」。〔註214〕

　　明代一向在東北建置大量衛所，以加強對少數民族的控制，此外更修築邊牆以加強對少數民族的防禦。明代邊牆修築是在秦漢古長城基礎上進行，但亦開闢不少新地段。遼東邊牆亦稱遼東長城，約在今綏中縣加碑鄉神廟村東向經永安堡鄉西溝、錐子山至河口村。此段長城以錐子山爲中心，向西即出遼東界進入河北界，通北京八達嶺居庸關；向東經過石匣口至河口村、長城至於其東的山谷中。〔註215〕遼東邊牆修築最早，約起於永樂年間，主要則在明中葉之後，爲解決各少數民族如蒙古兀良哈、女眞部之入侵、騷擾而修

〔註212〕《明英宗實錄》，卷一四六，頁 3091。
〔註213〕《明世宗實錄》，卷一二三，頁 8196。
〔註214〕同註 213。
〔註215〕楊暘著，《明代東北史綱》，〈海西女眞南遷及衛所續置和邊牆修築〉，頁 222～223。

建。

　　明代中葉以後，皇帝昏庸無能，朝臣結黨營私，宦官專權，邊官貪污，對少數民族實行額外徵稅，強買強賣，壓低市價，甚至採取屠殺手段與軍事行動圍勦，使遼東邊事日益陷入混亂，因此引起少數民族的怨恨與反抗。明代對遼東所實施的軍屯生產一方面促進遼東的經濟發展，另一方面亦因各種賦稅、傜役與遼東都司大小官員壓榨而發生廣大軍丁潛奔虜營或逃亡海西的情形，而逃亡者往往加入少數民族的騷擾行列。

　　明英宗正統年間，蒙古瓦剌部勢力強大，不斷南下威脅明王朝統治，而在東北蒙古的兀良哈三衛等部亦經常騷擾明邊，明廷為應付瓦剌與韃靼騷擾，採納遼東都司指揮使畢恭的建議以修築遼東邊牆。從正統七年（1442）開始，修築遼西、遼河套一帶邊牆以防止兀良哈三衛等部的南襲稱為「西牆」。憲宗成化三年（1467），女眞族勢力發展於遼東北境，而經常騷擾遼東地區。明為防止女眞勢力入侵，再修築遼東一段邊牆，稱為「東牆」。是故，遼東邊牆起因於「遼西及遼河流域兩面為防禦兀良哈及蒙古人之侵擾，遼東一面為防禦女眞人內犯」。〔註216〕反之，亦為防禦遼東境內軍卒逃奔而建。

　　陳文石於〈明代前期遼東的邊防〉一文中提及明代邊防政策的本身即存在難以經遠持久的弱點，〔註217〕此一弱點對於日後遼東邊境多事與形勢之逆轉具有重大關係。雖然明朝以遼東負山枕海為東北重鎮而對遼東經營之經制甚詳，為歷代所無，〔註218〕然而自從洪武四年（1371）太祖經略遼東起，明廷對此富庶而廣大的地區始終視為軍區，除建立衛所等軍事設施以外，並未建立如內地一般的行政規制，而是將遼東地區有關行政事務隸屬於山東布政使司之下。此外，亦未曾移民實邊以積極開發遼東地區，以致於造成其政教設施推行上的粗疏簡略，中央政府對邊地居民特殊生活環境所發生的特殊問題、特殊需要、以及心理意識上缺乏眞正瞭解，進而造成邊民與中央政府感情上的隔閡疏遠，與中原文化在邊境傳播上的阻抑與影響拘束力的薄弱，甚至導致忠誠意識的減退。〔註219〕是故，一旦危機來臨，當邊民認為中央政府對他們冷漠而不能給予確切保護時，就會發生民心向背的問題。如薩爾滸之

〔註216〕潘承彬，〈明代之遼東邊牆〉，《禹貢》，卷六，第三～四期，頁86。
〔註217〕陳文石，〈明代前期遼東的邊防〉，《明清政治社會史論》，上策（臺灣學生書局，民國80年11月出版），頁264。
〔註218〕〈重刊遼東志書序〉，《遼海叢書》，第一冊，頁347。
〔註219〕同註217。

役前，努爾哈齊充分利用漢人有利條件，由撫順之役的降將李永芳參與謀畫，派出間諜刺探明軍情報，有人混入明朝軍隊中，有人販運貨物與糧食，並刺探各城兵馬數目，甚至將北京、天津等地要塞、關隘都描繪下來。如此一來，努爾哈齊因為掌握情報而敢於大膽規畫，攻防均能得心應手。〔註220〕然而，亦從此處可見邊民民心之向背。

所謂衛所軍屯制度，本身即並非可以經久制遠的辦法，只可於某一特定時間的特定條件之下，行之於一個相當的時期，可以收到一時之效。但行之日久，則軍不成軍，民不成民，原來已有的條件發生轉變，則無不日趨崩潰，對士氣戰力更足以發生消磨減弱的影響。〔註221〕通貢互市的羈縻策略亦屬遷就維持的消極辦法，只不過在原有構成羈縻條件保持不變情形之下，可以發生有效控馭而已。明英宗正統以後的貢市，各族每年前來者不下數千人，已經形成明廷被勒索的沉重負擔。反之，各族勢力反而獲得經濟上重大利益，更為壯大難制。遼東馬市，初以示惠而結好，國家需馬孔亟而高價相市，後來則以國家已建立育馬規制軍馬充足，有感於買馬負擔過重而收買漸少，乃許商民與其互市，遂有私市發生，各族無法再得前此之厚價恩賞，復以商民騙勒撥弄，遂常發生藉口寇掠行動，邊境因此更為多事。

〔註220〕熊廷弼，〈請發軍器疏〉，《籌遼碩畫》，卷二十八，叢書集成續編，第二四二
　　　　冊，新文豐出版公司印行，頁986。
〔註221〕同註217。

第三章　熊廷弼之家世及其初露頭角

第一節　家世背景與早期事蹟

一、家世背景

　　江夏故邑，武昌新縣，周稱夏汭，漢置沙羨。背長江而面梁湖，控粵漢而引金水。帝制推翻，辛亥號稱首義之區。昔爲吳楚所必爭之地，又爲「鄂國三公」之封地，忠武垂名。〔註1〕山川形勝，此處即是熊廷弼的故居。

　　熊氏向居江南吳縣（蘇州）的西鄉，自明憲宗成化年間（1465～1487），始有名天寰公者因仕宦而率同子姪遷居楚地（湖北）。天寰公致仕以後，初時寄居於省垣武昌之新南門外，至孝宗弘治年間（1488～1505），復又遷至江夏之南鄉，卜屋於恩武里紙坊街，以忠孝傳家而成爲江夏熊氏第一代祖。〔註2〕其後熊氏生齒日繁，其族人乃分居於鐵嶺大灣、楓樹灣、十里灣、太平里、黃伏獅嶺、田家嘴及武昌省城、漢陽偕載埠等處，成爲一地之巨宗。

　　天寰公傳子道興公，再傳高峰公，是即爲其遷楚後之三世祖，亦即熊廷弼之祖父。高峰公兄弟三人，仲弟少峰，三弟愛峰，皆有所立。少峰公長子敬所公有子廷立，號大生，以進士而授平江訓導，春風化雨，士盡歡顏。繼遷江西安仁知縣，愛民如子，人稱「杜母」，而仕至工部主事，始掛冠歸里。

〔註1〕　余遂生，〈武昌縣熊廷弼公園序〉，《荊楚文史》，總第八期（湖北省文史研究館，1993 年 2 月號），頁 2。

〔註2〕　湖北鄉賢余遂生老先生親自提供其〈熊氏源流序〉未刊稿，上面對於熊氏源流有所說明。

崇禎十六年（1643），張獻忠陷漢陽，餓死於修賢里鐵嶺山莊。少峰公次子明所公，積學未售，以孝友聞。三子忠所公孝悌力田，以勤儉持家。愛峰公天良純篤，福澤攸綿，世居修賢里之擔坵灣，惜其子嗣不昌，僅有單傳。〔註3〕

　　高峰公為人忠厚正直，時適值武昌宗藩即楚王朱楨（明太祖之六子，封於楚地，號稱為楚昭王）之後朱顯榕之子英燿淫惡不法，肆意侵佔民田；因鄉人張姓之故，索逮入獄，歷時三、四年，在嘉靖二十四年（1545）始以英燿弒父有罪被誅而得以擺脫。〔註4〕素以孝行聞於鄉里，被稱為「佛子先生」。〔註5〕

　　高峰公之子西莊即為廷弼之父，忠厚篤實。廷弼則以遼事重任關係國家存亡，整頓風厲，不稍寬貸，遂以雖有曲突徙薪之識與焦頭爛額之勞，然而卻以直道不容於朝廷，一時遭受群奸陷害，終致遭受傳首「九邊」的悲劇下

〔註3〕同註2。

〔註4〕《明史》列傳第四，諸王一，頁3570～3572。楚昭王朱楨，為明太祖第六子，封於楚地，號稱楚昭王，於洪武十四年（1381）就藩武昌。其後人朱顯榕之子英燿，性行淫惡，嘗烝顯榕宮人。後於嘉靖二十四年（1545）正月十八日，張燈置酒饗顯榕，酒半茄卒劉金從座後出，以銅瓜擊顯榕腦，立斃。通山王英炊直奏英燿弒逆，詔逮入京。是年九月，告太廟，伏誅，焚屍揚灰，悉誅其黨。

〔註5〕高峰公嫡母見背早，撫於繼室。大盜入室，獲繼母財物急，高峰公自外闖入，附身繼母背上，被大盜斧捶十數下，卻始終不肯起身，遂感動賊人得以釋去。縣官聞此事，深以為孝，遣召前來，將以慰勞。高峰公卻深以為畏，不敢前往縣官之處，反而藏匿於深山中數日，一鄉皆笑其為癡人。其仲兄名橫，與其同居，動輒對其加以詈毆，任意打罵而習以為常。高峰公並無絲毫怨恨，反倒怡然接受，仍然具備酒食以待，恆然如此。人們稱其為「佛子先生」。有關此段事蹟，請參見《熊襄愍公集》，卷八〈性氣先生集〉，頁3。《熊襄愍公集》為清同治甲子重鐫，本祠藏版。乾隆命皇子等編輯《明臣奏議》，以前代（明）危言讜論關係得失者為法戒，並謂神宗以後，諸臣奏疏內有因邊藩用兵而涉及本（清）朝處，違礙之處略為節潤而不刪改。然而由明人陳子龍、徐孚遠、宋徵璧等人所主編的《明經世文編》，其所收入之歷史文獻，正為清代先世與明朝之關係，乾隆皇帝多次頒布禁毀書目，主要就是欲粉飾建州部族受過明代冊封之史實。雖然如此，乾隆對於熊廷弼折衝疆場、慷慨建議、剴切敷陳，仍然十分讚許，認為明朝皇帝若果能採用則不致敗亡。以實情而論，熊廷弼是清開創者努爾哈齊的敵人，乾隆卻以人各為其主，理當盡心竭力而不以為忤，詔起熊廷弼五世孫熊泗先任襄陽訓導，又為其修建江夏修賢鄉享堂，修祠墓於紙坊廣坊嶺，詔令編《熊襄愍公集》十卷，刊於乾隆四十八年（1783）。然自壬子以來，數遭兵災，祠宇一焚，《熊襄愍公集》亦燬於戰火之中。同治五年（1866），地方諸賢收集各卷，遵照徐署華舊刻，略加校訂，重鐫以傳，是為重鐫本。《熊襄愍公集》，卷一〈上諭〉，頁4。

場。〔註6〕

　　廷弼長子兆珪，字元敬，江夏廩膳諸生，少有文名，相貌魁偉。因見廷弼性情剛急而不能下人，每每婉轉切諫，廷弼輒大聲斥責，元敬惟有退而流涕。天啓三年（1623），廷弼因廣寧失守以棄守疆土罪名而下獄，元敬至京城侍廷弼獄中三年，為其張羅料理一切。至廷弼於天啓五年（1625）被宦官魏忠賢論殺於西市之後，元敬亦遭受到被搜索的遭遇，幸而司農李邦華相救，使其裝扮成輿夫而帶其郊行十餘里。拾父部分骸骨，晝伏夜行，例如伍子胥匿跡江上，歸家之時，腳底皮肉皆裂。不久，御史梁夢環以疏追贓十七萬，復疏參廷弼侵餉 200 萬。元敬就逮下獄，引刀自裁獄中，時為天啓七年（1627）正月十八日。〔註7〕孫女熊宜，適江夏諸生李博雅孝節兼盡。長房至此而絕。〔註8〕

　　次子兆璧，字仲敬，以歲進士任廣西梧縣令，自粵西解任歸，奔走數千里，於崇禎二年（1629）陳情允許其攜父首與骸骨並運父柩歸葬。輾轉患難間，以純孝著。〔註9〕後進兵部職方司，為廷弼三子中獨得傳後者，承嗣遷修賢里享堂灣，即今金水鄉貓子山下。

　　三子兆琮，字叔敬，當廷弼以遼事被議，甫成童，迄事平，已弱冠。始志學，補博士弟子員，名列庠序，性慷直，好讀書，喜詩酒，醉後或歌或泣，人莫測其意。常痛先人以忠勤蒙冤，遂自奮激讀書，期以光顯前人之志。為文雄偉博大，試輒前茅。自崇禎六年（1633）至十五年（1642）屢困棘圍，益閉戶攻苦，不涉外事。崇禎十六年（1643），張獻忠攻陷武昌，叔敬端坐堂上，賊爭執縛其至張獻忠面前，逆賊知其為名臣之子，欲使其作官以收眾望。叔敬唾罵不已，且以二祖、13 宗之靈欲喚起逆賊君臣之份，因而激怒逆賊致被探其舌，並殺戮其二子，閤室盡為所殲，全家殉難。〔註10〕父親廷弼之死，

〔註6〕 明代為防止北方外患入侵，特別設立九個邊防區：遼東、薊州、宣府、大同、山西、延綏、寧夏、固原、甘肅。

〔註7〕 鄒漪，〈熊孝烈傳〉，《熊襄愍公集》，卷末附，頁 71～72；魏廷謨，〈孝子傳〉，《熊襄愍公集》，卷末附，頁 73～74。

〔註8〕 《武昌縣志》，〈熊母李節孝傳〉，收於《熊襄愍公集》，卷末附，頁 82；佟國器，〈熊大家節孝序〉，《熊襄愍公集》，卷末附，頁 82～84。

〔註9〕 清・王庭楨修，彭崧毓纂，《江夏縣志》，中國方志叢書，華中地方，第 341 號，清同治八年、清光緒七年重刊本影印（成文出版社有限公司，民國 63 年台一版），頁 675。

〔註10〕 李正倩，〈熊叔敬先生殉難本末〉，《熊襄愍公集》，卷末，頁 76～77；陳國祝，〈叔敬先生傳〉，《熊襄愍公集》，卷末，頁 78。

繫天下之安危；叔敬之死，尤繫天下之綱常，寧願放棄倖生而甘為玉碎，此為其宿志，亦熊氏之家學而有所本也。

表二：熊廷弼世系簡表

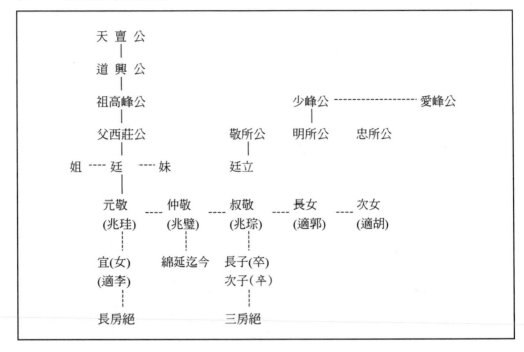

二、熊廷弼之幼年及青少年時代

　　熊廷弼出生於明穆宗隆慶三年（1569），卒於明熹宗天啓五年（1625），享年 57 歲（1569～1625）。字飛白，號芝岡，因其老家位於距離紙坊不遠的芝麻山之岡處，故而得名「芝岡」，「飛白」則甚為少用。〔註11〕

　　廷弼幼時即聰穎強記，自從六歲就讀鄉塾，家境益為貧廢每況愈下。八歲學作對子，表現優異。10 歲以後迫於生計，不得離開鄉塾，從事樵牧與撿拾野穀來貼補家用。白日把列國、秦漢、三國、唐、宋、等各朝演義及水滸傳掛於牛角之上，邊放牛邊讀書。由於每日與農夫、漁人一起幹活，或上山拾取粟橡，或下水收成菱角，工最之中時常有人出對子要廷弼作答，廷弼不假思索，往往應答如流。例如，他以「竹籃提筍母懷兒」來應對「稻草束秧父繫子」的上聯；又以「風吹荷葉背朝天」來應對「雪壓竹枝頭點地」的上

〔註11〕余遂生，〈熊氏源流序〉，未刊稿。

聯，才思的確敏捷。〔註12〕夜晚則借著月光或燃香之微明，以逐行照看書籍，往往至夜分不寐。西莊公眼見廷弼如此力求上進，充滿歡喜與期待地告訴老伴，謂：「此兒必光大吾家，我即貧，尚不至如我父遭邸難時，且我二人止一兒，不能教其竭力耒耜。」〔註13〕遂做針線活掙錢以供養廷弼讀書。爲示慎重起見，夫妻二人特別請示於高峰公。高峰公在30年前曾經有夢，謂其後人必有光大門楣者，爲此還多次急切訓示諸孫，企盼對其所夢有所應驗。然而多年期待卻從未有所驗證，始終都在等待之中。直到此時，高峰公始有所悟：「是其應在牧兒乎？」〔註14〕

當廷弼15歲時，其堂兄熊廷立已考中秀才，設塾授徒。一日，父親呼喚廷弼至廷立之書屋，請其驗證廷弼是否有厚望。廷立書屋之甕牖乃是以紙障者，他就問廷弼曰：

> 聞汝七、八歲時能屬對，今出一對曰：「紙糊窗眼，餘光照我甚玲瓏。」

而廷弼並不瞭解此上聯之意思，卻漫然應之曰：

> 絲作竹弦，遺韻入人眞雅妙。〔註15〕

果然證明他日乃朱絲廟弦可薦之才。熊廷立則對西莊公表示，若讓廷弼跟著他讀儒書並學作八股文，日後定會考上秀才。西莊公夫婦遂即日起爲廷弼沐浴，盡脫身上牧兒衣，換上新衣，跟隨從伯兄廷立受業。久之。伯兄廷立因爲迭次遭遇大變故，無法再繼續教導廷弼，廷弼只得另外拜師，終因家境貧寒，不能具備束脩而不得不中斷。然而，廷弼並未氣餒，反而更加精進自立，奮勉不已。

爲謀生活，廷弼知悉五里界財主羅良福在錦繡山建造新屋，乃前往擔任解鋸匠。清晨八、九點，羅家仍未開出早飯，解鋸消耗體力甚鉅，廷弼已饑

〔註12〕 著者得自1994年6月6日，大陸鄉賢余送生老前輩親筆函云，謂熊廷弼所作之對聯，多半以口頭流傳方式習見於民間，而地方熟師則加以傳抄，茲列舉於下，以窺其才情：（一）應答船夫之對聯：紅樹橋，橋邊蕎，風吹橋動蕎不動；白沙洲，沙外舟，浪打舟移洲未移；（二）應答南湖板橋飯店主人對聯：春雨滑泥，腳踏板橋橋不板；秋霜染葉，眼望紅山山更紅。此外，紙坊松竹園有廷弼之題字：岩上蒼松，伸出龍頭望月；園中嫩竹，擺開鳳尾朝天。紙坊白雲洞無梁殿亦有其題字：雷炸天開白雲洞四通八達；水流石在無梁殿萬古千秋。

〔註13〕 熊廷弼，《熊襄愍公集》，冊八〈性氣先生傳〉，頁3。

〔註14〕 同註13。

〔註15〕 同註13。

腸轆轆，便問其故。僕役則告訴原因，原來是羅財主請來秀才欲以新對聯應景，左思右想難以下筆，遂耽誤進食時間。廷弼當下即要僕役備妥紙筆，揮筆而就：

錦繡山高，閃閃跌跌，脈脈結成龍虎地；

梁湖水遠，彎彎曲曲，滔滔流入鳳凰池。

橫批則爲「錦繡華堂」四字。這幅對聯以錦繡山爲臥虎藏龍之地，而湖水則可流入中央翰院之鳳凰池。如此絕妙對聯，使羅財主異常高興，遂慷慨奉送其赴往縣學的盤纏。〔註16〕其時祖父高峰公已經春秋 90，自知來日無多，卻仍然多次對西莊公表示：「汝勿憂，貧而定驗吾夢，惜吾不及見耳。」高峰公卒後數月，廷弼入學爲生員，每次考試輒爲諸生之首。19 歲時，果然考中秀才。

廷弼 18 歲時，與時年 12 歲之江夏孫鵬舉（孫何知）定交，二人頗以氣義相傾許。〔註17〕廷弼身長八尺，圓目巨吻，只要吐氣出辭，眾人皆害怕退避；而孫鵬舉一向好對人嘲謔，眾人亦感到害怕退避。由於廷弼聰穎非常，同儕之間若遇事而議論紛出之際，他則立辦而無留行，眾人耳目皆不及反應。〔註18〕神宗萬曆十五年（1587），廷弼以 19 歲之齡考上縣內第一名秀才，而萬曆十六年（1588）、十七年（1589）、十八年（1590）接連三年連歲饑荒，已至人與人相食之慘況。西莊公困甚至極，囑咐廷弼分擔家事，廷弼時年二十（1588）。晝則手一書，牽牛牧藤力作；夜則親自挑糞、踏水車，肩踝爲穿，卻終究未能救赤槁，只得鬻賣衣物，繼而田產、牛畜。此時僕輩皆已離盡，只得自己動手採菱藤、榆葛、蕨類蝦螺之屬以充腹，闔室奄奄一息，臥於家中不能出門戶。族中兄弟親戚竟然粒米不相通，幸賴姨母鄰居不時挪濟；又每至乏絕，輒遇考試以異等獲優賞補湊；好友孫鵬舉更與廷弼分享米、麥、粥、飯等食物，遂得以度過難關。〔註19〕自從廷弼補邑弟子員之後，便文譽駿起，而孫鵬舉亦接席文壇，二人讀書長春觀與雪巖寺，始終是飯共碗、誦共燈、眠共床，彼此交相砥礪，共同奮鬥。〔註20〕萬曆二十五年（1597），廷弼高中鄉試第一名舉人；萬曆二十六年（1598），廷弼以 30 歲登進士，從此

〔註16〕著者得自 1994 年 6 月 6 日自大陸寄出的余遂生老前輩親筆函云，提及此段事蹟，因其曾經參與《武昌縣志》編撰工作，故而所言頗具可靠性。

〔註17〕孫鵬舉，〈祭芝岡熊先生文〉，《熊襄愍公集》，卷末，頁 26。

〔註18〕魏廷謨，〈襄愍公論〉，《熊襄愍公集》，卷末，頁 50。

〔註19〕孫鵬舉，〈祭芝岡熊先生文〉，《熊襄愍公集》，卷末，頁 26。

〔註20〕同註 19。

置身官場。此後一別，兩人遂成星散，直至萬曆四十一年（1613），廷弼以督學南畿杖殺諸生芮永縉事件而聽勘歸里，兩人又再度頻頻過從，稍爲歡聚如曩時。〔註21〕

廷弼既不能無憤於戚族之不相濟助，又慨嘆邑中縉紳但知徒慕其名、推崇其文，卻無一人肯仗義周其急者；偏偏同儕又工爲涼薄於杯酒色笑之間，使其不堪，以致經常罵座而去，乃獨自一人，市飲於街上陶老酒肆，陶老樂與其共飲而不收一文。酒醉後，廷弼則闌入妓院以舒發胸中傲氣，妓院聞廷弼才名，皆知敬其幾分，但亦有厭其貧而不禮者，廷弼亦不以爲意。廷弼深以昂首於同儕與縉紳之前爲意，毫無妥協餘地，自有其任性傲物之一面，因而人們號其爲「長狂」。或謂，其性氣亦多激成於此，因而有「性氣先生」之稱。〔註22〕

時人魏廷謨對此「性氣」二字卻有獨到見解，深爲廷弼經天緯地之學而獨掩於性氣打抱不平：

> 余見先生者三，皆覺光風霽月，和氣迎人，並不識有性氣。厥後整頓遼東，十分風厲，群小不便，遂以性氣咎先生；一時議者不察亦以多性氣、無學問少之。嗟乎！先生而無性氣也，亦知縱逃將、容貪殘、市恩遼左矣。先生而無學問也，亦知賄貂參、貢金貝、結納長安矣。奈何以緯地經天之學問，獨掩於性氣？亦知先生之性氣，是即先生之學問乎？〔註23〕

證諸南嘉尹民興與其弟尹民昭並讀廷弼治遼奏章後之感想，謂其皎然如日月，反而竊怪當時諸人陷害不已，既逐其人，竟又殺之以爲快，令人深以爲憾。或謂廷弼平時馭下極嚴，交友又甚苛，性氣凌人，對於經手之每事都要求勝，所以才落得「傳首九邊」的死烈下場。但地方上長老卻以親眼所見而提出駁斥，謂廷弼束帶見長吏，怡怡然彷若家人，毫無任何架式，親切自在；對於廝養下卒，只要一語偶中，與其相投，廷弼則往往與其握手，請其就座。如此推誠待人，不沒人善，實在並無凌人之處。〔註24〕但於所呈諸奏章之中，多處爲反駁抨擊似是而非的「瞽說」，激昂痛切，盛氣不平，則屬事實。然而置身神宗萬曆

〔註21〕同註19。
〔註22〕熊廷弼，〈性氣先生傳〉，《熊襄愍公集》，卷八，頁4。
〔註23〕魏廷謨於《熊襄愍公集》，卷八〈性氣先生傳〉傳文前，提出自己對於「性氣」二字的見解，頗能代表熊廷弼之爲人。
〔註24〕尹民興，〈書襄愍公傳後〉，《熊襄愍公集》，卷末，頁59。

朝末期，一時賢士大夫推崇李贄含垢無爲的學說，〔註25〕上者爭爲談禪以鳴高，片策不發以爲全軀保妻子之途；卑者奔走於權豎之門而渴求富貴，貪金珠彷若犬吠而投骨即止，無復留心國是而擔當者；惟有廷弼毅然以天下爲己任，故而群吠而爭沮。偏偏當權畫策者又如醉夢，指遼東、遼西必敗乃是廷弼的責任。廷弼以一身而肩負守邊之重責大任，上要面對天子九廟，中要面對諸大夫，下要面對普天億萬蒼生的生命，成敗之間懸於一策，如何能夠未加辯解而含混以過？意切情眞，言辭針鋒相對，乃情非得已，誠有如孟子所言：予豈好辯哉？予不得已也。人們卻往往不能體會此番苦心，反而動輒責備廷弼盛氣凌人，並未去思考激烈爭辯背後憂國憂民的情懷。此情此景，實無異於火發於室，卻偏偏以鄒魯之步責成救援者姍姍而來；覆舟在水而責成拯溺者出以容恭之手，廷弼之遭人誤解，良有以也。〔註26〕廷弼長子元敬對其父親之爲人曾有所言：先人廷弼報國，心存忠赤，恃才眼空寰宇，第性氣過於剛直，落落寡合，而操守極其清白，蒼蒼可表。誠爲至論。〔註27〕

三、早期事蹟

（一）理冤雪枉，訂立〈征收則例〉

萬曆二十七年（1599），熊廷弼 31 歲，被任命爲直隸保定府推官（審判

〔註25〕請參考王家儉，〈晚明實學思潮〉，《清史研究論藪》，該文探討晚明時期學術流弊（文史哲出版社，民國 83 年 7 月出版），頁 4。李正倩，〈熊叔敬先生尋殉難本末〉，《熊襄愍公集》，卷末附，頁 76，提及神宗末年，良知之說甚爲浸淫；至光宗、熹宗間，更是變本加厲，學者束書不觀，游談無根，寖假而流爲狂禪。《明代思想史》第七章〈王門的再傳及其流派〉，頁 232～233，曾提出禮科給事中張問達上疏彈劾李贄（李贄，號卓吾，福建晉江縣人，生於世宗嘉靖六年（1527），卒於神宗萬曆三十年（1602），嘉靖三十一年（1552），中福建鄉試舉人）：「壯歲爲官，晚年削髮。近又刻藏書、焚書、卓吾大德等書，流行海內，惑亂人心。以呂不韋、李園爲智謀，以李斯爲財力，以馮道爲力隱，以卓文君爲善擇佳耦，以秦始皇爲千古一帝，以孔子之是非爲不足據。狂誕悖戾，不可不燬。尤可恨者，居麻城，肆行不簡，與無良輩游庵院，挾妓女，白晝同浴，勾引士人妻女，入庵講法，至有攜衾枕而宿者，一境如狂。又作觀音問一書，所謂觀音者，皆士人妻女也。後生小子，喜其猖狂放肆，相率煽惑；至於明劫人財，強摟人婦，同於禽獸而不之恤。邇來縉紳士大夫，亦有誦咒念佛，奉僧膜拜，手持數珠，以爲律戒，室懸妙像，以爲皈依，不知遵孔子家法，而溺意於禪教沙門者，往往出矣。」以李贄如此的狂禪作風而深受一時賢士大夫之推崇，世道人心如何得以維繫於不墜？
〔註26〕《熊襄愍公集》，卷八，頁 4。
〔註27〕熊元敬，〈獄中示縣官書〉，《熊襄愍公集》，卷十，頁 31。

官），保定府在直隸佔有重要地位。廷弼對於道、府、協、路等事，皆得過問；一應官評、吏治、軍實，皆應手而辦而有所處置，無絲毫留滯，聽訟斷獄皆以合情合理爲準，平反不少冤獄，洗雪不少枉判之案，百姓咸稱誦其神明。一年又八個月內，共計澄清、洗刷 300 餘人，〔註28〕實爲認眞爲民著想的清正之官。除此而外，北方徵耗，官府每每藉故加派名目、任意增減數目以欺騙老百姓，人民根本不知道朝廷奉停 10 餘年，而官府猶在徵收。大戶人家自收自解，又以壓收一般百姓而從中取利，幕府又下州邑以橫斂解催，種種民間疾苦都爲廷弼所一一加以釐正。同時並訂立〈征收則例〉，定出起解銷錠諸般格式，請撫臺汪應蛟通行六府，明令公佈，諸凡驛遞、屯馬，一切利病興除，均在其內。〔註29〕汪應蛟極爲讚許，原本以爲熊廷弼只不過是個文章寫得出色的文士而已，卻不料他對政事方面如此精明幹練，自嘆不如。謂廷弼曰：「吾第以公爲文章士，何政事精敏若此？吾不如也。」熊廷弼則將少時微賤吃苦歷盡艱辛之情形，詳細向汪應蛟說明，汪應蛟則對熊廷弼益加敬佩。〔註30〕

（二）折服礦權閹

萬曆二十四年（1596）秋七月，神宗開始下令在畿內地區開礦，派戶部郎中戴紹科、錦衣衛指揮張懋忠前往，以中官王虎總領。〔註31〕當初畿輔地區的奸民慫恿中官，經常開礦可以獲利，卻被內閣首撫申時行、王錫爵堅決主張不可開礦而停止。但此時卻值朝廷於寧夏、朝鮮用兵之後，國家財政空虛，以致營建宮室的費用使財政官員束手無策，神宗便於此時批准府軍前衛副千戶仲春提請開礦，從此漸普及於各地均有礦稅監使。開礦若是無所得，即強迫當地百姓按照預計數量補償。奸人往往藉開礦之名勒索民財，地方官員若稍有不同意見，即以阻撓開礦的罪名加以彈劾；對於富庶家族，即誣指其盜礦；對於良田與民房，則指其地下有礦，派卒獄圍捕，甚至趁機侮辱婦女，以致海內騷然。群臣履次諫言請求停止開礦，神宗皆不理睬。〔註32〕

〔註28〕熊廷弼，〈性氣先生傳〉，《熊襄愍公集》，卷八，頁 5～6。
〔註29〕同註 28。
〔註30〕熊廷弼，〈性氣先生傳〉，《熊襄愍公集》，卷八，頁 5～6；《明史》，卷二四一，列傳 129〈汪應蛟傳〉，頁 6267，「應蛟爲人，亮直有守，視國如家。謹出納，杜虛耗，國計賴之。」
〔註31〕《明神宗實錄》，卷二九九，頁 5606：「乙酉差承運庫太監王虎、同戶部郎中戴紹科、錦衣衛僉書張懋忠于眞保薊等處開採樣沙進覽。」
〔註32〕《明神宗實錄》，卷三三四，頁 6184。

　　熊廷弼於保定府推官任內時，礦榷閹王虎、王忠、馬堂、張華，環萃一郡，擇人而食，其中尤以王虎最爲暴虐。〔註33〕每當廷弼抓到礦稅監之爪牙，往往鞭撻至死而不稍貸。王虎以盜礦罪名誣繫山民兩百餘人，其中多有受虐而已經斃命者，而王虎之參隨十餘人亦以他事在禁，雙方相持愈益急迫，撫按以獄屬廷弼治。一日，廷弼代理閱邊，王虎宴請廷弼，在席間以威脅語氣要參逮廷弼。廷弼則毫無所畏懼，厲色責問王虎，並分析「天子一向聽憑你參逮而不干預，用意就在多得礦金，然未嘗不以被逮者爲愛民。今礦既絕，有撤意，猶參有司不置，譬管租者租不能完，徒日害佃民，告莊頭自卸，其主人必厭，厭則公必危。且吾輩得公一參疏，賢於百薦牘，即參，回家住十年，必大用，而年止四循，何官不可爲，奈何要脅我？」〔註34〕王虎上酒悚謝，廷弼請王虎釋放山民，並即刻釋其參隨，一座皆歡。歡悅之中，王虎甚至向廷弼表白：『吾輩曾不樂久於此，但不敢言撤，若兩臺連牘急請，吾輩就中斡旋，可得也。」廷弼照此話去做，不數月，果然撤去此地礦稅。

　　礦監稅使之危害地方，形成地方大患，人盡皆知，然而熊廷弼不但不向惡勢力屈服，反而以無所畏懼的精神折服如狼似虎的礦稅監，實不能不令人佩服。

（三）兩次賑災

　　廷弼對於荒政之關切，絕非泛泛虛應故事，而是感同身受，如在己身。庚子年（萬曆二十八年，1600）乾旱，民生困苦。撫臺汪應蛟勸民捐賑，爲鼓勵大家踴躍捐輸，立賞格彷若賣官鬻爵，卻並無人予以響應，有司則多半以饑荒並不嚴重、未造成重大損害爲報。廷弼卻深痛民死相望，痛哭流涕於汪撫臺，並謂：「勸民捐賑固大善，倘民亦還詰官之爾俸爾祿，則何以應？愚謂：「欲勸民捐，當先自官始，欲勸官捐，當先自上官始。若公倡於上，某雖貧，猶能易袍帶、捐百金，佐美意。」〔註35〕汪應蛟感泣，湊出四百金，發俊郡爲官民倡，一時道、府、廳、州、邑官，各捐二、三百，以及士民每邑

〔註33〕《明神宗實錄》，卷三三四，頁 6176；卷三三四，頁 6177；卷三三六，頁 6229；卷三三九，頁 6294；卷三四三，頁 6377；卷三四四，頁 6397；卷三四五，頁 6435～6436。

〔註34〕熊廷弼，〈性氣先生傳〉，頁 6；清・查繼佐撰，《罪惟錄》，列傳卷之十一下〈熊廷弼〉，收於《明代傳記叢刊》，卷八十五，頁 1770～1776，亦提及熊廷弼折服王虎等人及撤礦之事，並以能幹而擢陞監察御史。

〔註35〕汪應蛟，《撫畿奏疏》，卷之九，明刊本，日本內閣文庫 13753 號，漢學研究中心藏書，頁 67～68。

積至數千金，穀數千石者，遍地煮粥。廷弼親行查督，所全活無算。汪應蛟於《撫畿奏議》中曾對熊廷弼之賑災活動加以指示：

> 推官熊廷弼等，親詣該府各被災州縣，加意巡察。凡掌印署印官，查審貧民果否盡實？管粥約正、副弁、衙役、委官人等有無侵減冒破？本地貧民有流徙他方者，曾否設法招徠？外境流民收養本處者，是否收散得所，逐事督察，隨時體訪？倘有奉行不實，稽覈不嚴，致窮民有流徙或野有殍殣者，即指實具揭馳報，以憑不時參處。〔註36〕

由於熊廷弼全力投入，表現優異，汪應蛟特予以薦揚，以備優擢行取：

> 保定府推官熊廷弼，鑒懸物表，識洞民艱，群寮共憚風稜，萬戶咸沾露潤……當薦揚以備優擢行取者也。〔註37〕

甲辰年（萬曆三十二年，1604）六月十八日昌平發生大水，沖壞長陵、泰陵、康陵、昭陵共計四陵的石渠與陵區的牆垣。秋季七月庚戌（初一），京師連綿大雨，兩個月不停。正陽門、崇文門的城牆塌陷達 70 餘丈，許多民房毀壞。辛酉（十二日），朝廷撥出太倉所存白銀 10 萬兩以賑濟受水災的居民。永平府以及附近地區亦發生大水，被淹死的男女老少無法計算。撫臺孫瑋煮粥賑給，則是效法廷弼向汪應蛟所提之具體辦法。最初，府儲空空如也，自廷弼署篆，始積穀二萬餘石。至是他郡皆無穀，獨保定賴是以濟。時新安、安州、雄縣、高陽四邑，皆已成為沼澤。廷弼躬督諸令，坐水床，拖行泥中三月，心骨燈搖，手足龜折而不言苦。廷弼嘗自言：「理郡無他可稱，惟有救荒兩次差於素心無歉耳」，〔註38〕自萬曆二十七年至三十三年共在郡六年，推薦 30 以上，皆首剡，為天下理官第一名，貢獻甚鉅。

（四）義助郭正域

萬曆三十一年（1603），郭正域由詹事府詹事陞為禮部右侍郎，掌翰林院。〔註39〕以假邸事件忤內閣首輔沈一貫，廷弼倡言聲援郭正域，沈一貫等人對廷弼甚感不快。〔註40〕所謂假邸事件之來龍去脈如下：當初藩王楚恭王病重，

〔註36〕同註35。
〔註37〕前揭書，頁84。
〔註38〕熊廷弼，〈性氣先生傳〉，《熊襄愍公集》，頁7～8。
〔註39〕《明神宗實錄》，卷三七九，頁7139。
〔註40〕《明史》，列傳一〇六，卷二一八〈沈一貫傳〉，頁 5758；《明史》，列傳 236〈郭正域傳〉，頁 5946。

崩於穆宗隆慶五年（1571）。宮人胡氏生遺腹雙胞胎——朱華奎與朱華壁，然而謠傳之言謂朱華奎是恭王王妃之兄王如言之妾尤金梅所生，朱華壁是恭王王妃族人王如綍的女婢王玉所生，由王府內官郭綸接至王府中撫養。此事由儀賓汪若泉上奏揭發，恭王妃堅不予承認。萬曆八年（1580），朱華奎繼承恭王爵位，朱華壁亦被封為宣化王。楚王府宗人朱華趂，一向強悍不馴，此時派人揭發朱華奎是異姓子，不應混入宗室。沈一貫收受朱華奎賄賂，使通政使擱置此份奏疏，一個月以後，朱華奎彈劾朱華趂的奏疏送到，神宗將此案交付禮部處理。不久，朱華趂抵京師，控告通政司截留密封的奏章與華奎行賄之罪狀，楚王宗室簽名於奏章者達二十九人。通政司十分恐慌，急忙召朱華趂，改動奏疏上簽署之日期，然後上報神宗，神宗將兩份奏疏同時交禮部處理。此時郭正域請求「調查核實，以裁定此案」。沈一貫偏袒朱華奎，主張對親王不應公開調查，應暗中查訪。郭正域卻奏稱：「事關宗室，不經勘問，誰敢分剖？」朱華奎恐懼，致贈郭正域 100 兩黃金，要求不要追究楚王王位繼承之事，事成之後，則酬謝以萬兩黃金。郭正域嚴屬拒絕。〔註 41〕已而巡撫與巡按對此案進行調查，皆表示並無不法之證據。然而朱華趂之妻是王如言之女，堅持朱華奎是偽王的說法，朝廷大臣討論之後，下令覆查。神宗下令公卿大臣在西闕門開會討論，參加討論的人共三十七人，每人各自寫出自己的觀點，結果每人說法皆不一樣。李廷機以禮部左侍郎的身份取代郭正域為代理禮部尚書。郭正域主張將所有的意見皆抄錄上奏，而李廷機卻認為太繁瑣，先摘要上報。沈一貫唆使御史康丕揚等彈劾禮部官員，壓制群臣意見，不以實上奏，郭正域則揭發沈一貫扣押朱華趂奏疏以及接受朱華奎賄賂之事。神宗則以誣奏之罪於萬曆三十一年（1603）五月將朱華趂降為庶人，關在鳳陽高牆之內。〔註 42〕

　假邸事件之後，郭正域於萬曆三十一年（1603）八月被罷免禮部侍郎之職。當初郭正域進入翰林院之時，沈一貫為其實習教師，後來郭正域因喪親而離開翰林院，當喪期已滿，則被授予翰林院編修之職，對沈一貫卻不以弟子事師之禮相待，沈一貫懷恨在心。後來沈一貫擔任首輔，沈鯉擔任次輔，郭正域與沈鯉的關係密切而從內心輕視沈一貫。〔註 43〕楚王案件發生之後，

〔註 41〕 同註 40。
〔註 42〕 同註 40。
〔註 43〕 《明史》，卷二一七，列傳 105〈沈鯉傳〉，頁 5735。

郭正域祖護朱華趆，又再一次觸犯沈一貫。沈一貫嗾使給事中錢夢皋以「郭正域陷害親王」之罪名彈劾郭正域，郭正域請辭退官。未幾，「妖書」案件發生。

　　此一事件要從呂坤講起，當呂坤按察山西時，嘗撰寫「閨範圖說」，內侍則將此書購入禁中。鄭貴妃又添加 12 人，並為製序，屬其伯父承恩重刊之。士衡遂彈劾呂坤因承恩進書，結納宮廷，包藏禍心，呂坤持書力辯。未幾，有妄人為「閨範圖書」作跋，名為『憂危竑議』，略言：「坤撰閨範，獨取漢明德厚者，后由貴人進中宮，坤以媚鄭貴妃也。坤疏陳天下憂危，無事不言，獨不及建儲，意自可見。」〔註44〕十一月甲子（十二日）又出現「妖書」，名為「續憂危竑議」，由內閣大臣朱賡在自己家門前拾得。其內容以假托鄭福成回答問題的形式表現，「鄭福成」三個字的含義即是「鄭貴妃之子福王應當立為太子」，謂神宗封立皇長子為太子一事是出於不得已，以後一定會改立。神宗選朱賡入內閣，是因為「賡」與「更」同音，含有改換之意。此書言辭極為狡詐狂妄，當時人稱此為「妖書」。〔註45〕神宗大怒，令有關部門大肆搜索奸人。沈一貫因楚王宗室案件而忌恨郭正域，又因郭正域剛被罷免，即欲借此機會來陷害他，向神宗含沙射影說出許多徵兆，對郭正域不利。巡城御史康丕揚陸續逮捕僧人達觀、醫生沈令譽等，同知胡化，則報告「妖書」出自教官阮明卿之手；未幾，東廠與錦衣衛又捕獲一名疑犯毛尚文，而毛尚文正是郭正域家的僕人，沈令譽過去亦曾與郭正域往來，僧人達觀經常出入達官貴人的邸宅，甚至曾被郭正域驅逐出去。

　　沈一貫、康丕揚等打算從此數人口中逼問出「郭正域」的名字，錢夢皋更上書露骨攻擊郭正域：

> 妖書刊播，不先不後，適在楚王疏入之時。蓋正域乃沈鯉門徒，而沈令譽者，正域食客，胡化又其同鄉同年。群奸結為死黨，乞窮治根本，定正域亂楚首惡之罪，勒鯉閒住。〔註46〕

神宗命郭正域回籍聽勘，並加速嚴刑審問被捕之人。參與審訊者皆承受沈一貫之指令，務必要借機陷害郭正域與沈鯉，此案遂久久不能結案。萬曆三十

〔註44〕「妖書」一案，參見《明神宗實錄》，卷三九一，頁 7389～7390；《明史》，列傳第 114〈呂坤〉，頁 5943；王家儉，〈呂坤的憂患意識與經世思想〉，《國立臺灣師範大學歷史學報》，第 13 期，頁 2～6。
〔註45〕《明史》，卷二一九，列傳 107〈朱賡傳〉，頁 5780。
〔註46〕《明史》，卷二二六，列傳 114〈郭正域傳〉，頁 5948。

二年（1604）夏季四月，刑部尚書蕭大亨按照措辭嚴厲的諭旨將僧人達觀拷打致死，沈令譽亦幾乎被打死，但二人皆不承認與妖書案相關。不久，因胡化揭發阮明卿，審訊胡化時，故意誘使他供出郭正域與歸德（歸德是沈鯉原籍縣名）。但胡化大聲呼喊：

> 明卿，我仇也，故詰之。正域舉進士，二十年不通問，何由同作妖
> 書？我亦不知誰爲歸德者。〔註47〕

神宗知其冤枉，便釋放他。

都督陳汝忠拷問毛尚文（郭正域之家僕），又派士兵在楊村包圍郭正域的行船，捕捉郭家家僮、書辦、長班15人，嚴加交替審訊卻始終無所得。緹卒圍舟四面，眼看即將逮捕郭正域。置身於如此緊急之關頭，緹卒之屬崔金吾乃是熊廷弼之部屬，感念其平日待下厚恩，拷掠稍縱，得不誣服，遂使郭正域免於被逮。〔註48〕太子則數次語於近侍，「何爲殺我好講官？」後郭正域獲免。〔註49〕回鄉後，當時道路上無人敢題「江夏」兩個字（郭正域爲湖廣江夏人），親朋知友皆畏匿萬分。惟獨熊廷弼派遣僕役赴京城偵信後密報郭正域，又不時送湯酒山炭以爲郭家禦寒之用。郭正域感歎道：

> 吾交遊遍天下，提攜遍鄉邑，今無一人問，而顧得之於不獲館選者，
> 吾甚愧。聞二夫人孕，吾二夫人亦有孕，且皆將及期。俱子耶結兄
> 弟，俱女耶，結姊妹，一子一女耶結婚姻。〔註50〕

不久，郭正域得子，熊廷弼得女，兩家遂結爲兒女親家。〔註51〕掌科孫善繼，其姻親令新安高陽請托熊廷弼推荐，不得，且皆黜去。而孫善繼乃是內閣首輔沈一貫之同黨，對於熊廷弼的不肯假以辭色眞是痛恨至極。〔註52〕適逢淮陽司理與留守爭公宴禮而被斥，熊廷弼亦以公宴禮與大京兆許宏綱爭三爭、三直。孫善繼藉此爲名，與其黨徒在暗中加以把持，把廷弼設法弄到工部去，不久又補屯田司，使廷弼日管工混木屑石土中，與諸司爭錙銖。諸閣一向就忌憚廷弼之威名，所減削之浮報十恆七、八。〔註53〕及考選，已於萬曆三十四年（1606）七月癸未（十六日）退休之前內閣首輔沈一貫，卻仍於萬曆三

〔註47〕同註46。
〔註48〕熊廷弼，〈性氣先生傳〉，《熊襄愍公集》，卷八，頁9。
〔註49〕《明史》，卷二二六，列傳114，《郭正域傳》，頁5948。
〔註50〕熊廷弼，〈性氣先生傳〉，《熊襄愍公集》，卷八，頁9。
〔註51〕同註50。
〔註52〕同註50。
〔註53〕前揭書，頁10。

十六年（1608）陰嗾使其黨徒盡力壓抑熊廷弼，不使其參預意見，而使其屈居浙江道御史。然而到任才十日，即又差往遼東擔任巡按工作。

第二節　巡按遼東與籌遼弘圖

一、日益惡化之遼東形勢

　　自神宗萬曆十年（1582）張居正病逝以來，遼東形勢即日益惡化，此時外有努爾哈齊之崛起，〔註 54〕內有礦稅監使等為非作歹，〔註 55〕充分反映明朝統治階層的腐化。張居正任內閣首輔時，重用李成梁鎮守遼東，邊境晏然。〔註56〕然而萬曆十年（1582），張居正病逝，明朝之統治從此走上危機之路。神宗不理朝政，日甚一日，以致國事日非。萬曆十一年（1583）五月，努爾哈齊以二十五歲之齡在遼東境外以遺甲十三副為父、祖死於尼堪外蘭之手而起兵報仇，〔註 57〕後則勢力日漸壯大，以統一女眞各部為主要目標，隱然埋下脫離明朝的伏筆，其崛起於白山黑水之間，不僅導致今後雙方連綿不斷的戰爭，更為埋葬明皇朝而敲起喪鐘。萬曆十五年（1587），努爾哈齊統一建州三衛，初步站穩腳跟，為鞏固勝利成果，進一步招服女眞各部人民，遂築城費阿拉（fe ala）（即舊老城，位於遼寧省新賓縣永陵鎮），定國政，稱王，是

〔註54〕蕭一山著，《清代通史》，第一冊第三章〈金初建國與文化述略〉，頁 45～48，提及努爾哈齊之建國經過，臺灣商務印書館發行；滕紹箴著，《努爾哈齊評傳》，第一至第三章，對於努爾哈齊之崛起有著詳盡的介紹（遼寧人民出版社，1985 年 10 月第一版），頁 1～142。

〔註55〕有關高淮為非作歹之情形，《明神宗實錄》多所記載，朝中大臣及言官均有所上疏，如卷四四五，頁 8449，萬曆三十六年四月丁丑，大學士朱賡等言：「近得前屯各軍揭帖，知高淮在遼東剝剝敲骨吸髓，遼人率合營男婦數千人北走投虜，賴將官攔住，眾怒未平，仍歃血擺塘誓殺高淮而後已」；卷四四七，頁 8480，萬曆三十六年六月乙酉，薊遼總督蹇達再疏，請撤使高淮：「高淮擅自出巡，騷擾地方，今又扣剋軍士糧餉，且各邊軍士臥雪眠霜，勞苦萬狀，九死一生，何堪虐害？」

〔註56〕《明史》，卷二一三，列傳 101〈張居正傳〉，頁 5646：「居正喜建豎，能以智數馭下，人多樂為之盡……居正用李成梁鎮遼……成梁力戰卻敵，功多至封伯……邊境晏然。」《明史》，卷二三八，列傳 126〈李成梁傳〉，頁 6190：「成梁鎮遼二十二年，先後奏大捷者十，帝輒祭告郊廟，受廷臣賀，蟒衣金繒歲賜稠疊。邊帥武功之盛，二百年來未有也。」

〔註57〕《大清滿州實錄》，卷一（臺灣華文書局總發行，民國 53 年 9 月出版），頁 96。

爲「女眞國」，亦稱「建州國」，「女直國」，〔註 58〕跨入文明發展的新時代，但對明廷卻仍以建州領袖身份出現，並不使用「女眞國」或「建州國」的稱謂；萬曆十六年（1588），始大體完成建州本部之統一。〔註 59〕萬曆十七年（1589），明廷授以都督僉事，〔註 60〕接受明廷殊恩，從此之後，勢力迅速壯大起來，聲名傳播更廣，成爲女眞各部之中顯赫一時的風雲人物。爲實現統一女眞各部的目的，以避開明廷軍事干涉，努爾哈齊對明廷繼續採取「忠順守邊」、「稱臣納貢」的方針，先後於萬曆十八年（1590）、二十一年、二十五年入京朝貢；〔註 61〕萬曆二十一年（1593），大戰九部聯軍而大獲全勝，與葉赫、烏拉成爲鼎立之勢；〔註 62〕萬曆二十三年（1595），明廷以其忠順守邊有功而晉陞爲龍虎將軍。〔註 63〕

李成梁則以衰暮之年，鎮守遼東，期保威名以全晚節，但得夷酋效順，即保奏給官，甚且棄地以餌之。〔註 64〕此段棄地之事，則要溯及萬曆初年（1573）兵部侍郎汪道昆閱邊，李成梁獻議移建孤山堡於張其哈剌佃，移險山堡於寬佃，沿江新安四堡於長佃、長嶺諸處，仍以孤山、險山二參將戍之，可拓地七、八百里，亦收耕牧之利。萬曆三十四年（1606）十二月，總兵李成梁認爲寬甸六堡雖於築成之後，人口日益增加，已達 64000 餘戶，然而畢竟孤懸在外而難以守護，遂與巡撫趙楫共同決定放棄六堡，將該地居民全部遷往內地，以 800 里棄地給努爾哈齊，並每年給銀 800 兩以作爲年例賞。居民依戀家室，若有不服從而拒絕遷徙者，便派大軍強迫搬遷，死傷甚鉅，李成梁等反以招復逃人有功而增秩受賞。〔註 65〕給事中宋一韓力言棄地非策，

〔註 58〕 《朝鮮李朝實錄》，卷一〈宣祖〉，載爲「女眞國」，有時書爲「建州國」。
〔註 59〕 《大清滿州實錄》，頁 17。
〔註 60〕 《大清滿州實錄》，頁 18。
〔註 61〕 《明神宗實錄》，卷二二二，頁 4146：「萬曆十八年四月庚子，建州等衛女直夷人奴兒哈赤等一百八員名進貢到京」；同書，卷二六七，頁 4977：「萬曆二十一年閏十一月丁亥，建州衛女直夷人奴兒哈赤等一百員名進貢方物，賜宴賞如例」；同書，卷三一○，頁 5797：「萬曆二十五年五月甲辰，建州等衛都督指揮奴兒哈赤等一百員名，進貢方物，賜宴如例。」
〔註 62〕 茅瑞征，《東夷考略》，〈女直通考〉（臺北：廣文書局，民國 66 年 12 月初版），頁 17。
〔註 63〕 前揭書，頁 19：「然奴兒哈赤竟破卜寨，施以保寨功，二十三年得加龍虎將軍秩」。
〔註 64〕 《明史》，卷二三八，列傳 126〈李成梁傳〉，頁 6183～6191。
〔註 65〕 《明史》，卷二三八，列傳 126〈李成梁傳〉，頁 6191。

「從來割地媚虜者，何代蔑有，未有如趙楫、李成梁之巧者也。」〔註66〕

　　萬曆三十五年（1607），努爾哈齊即混用哈達部之敕書領賞，引起明朝禮部驚疑，侍郎楊道賓彈奏，〔註67〕明廷降旨嚴驗，於是朝貢遂絕，此爲努爾哈齊與明交惡之第一步。〔註68〕但此時，其規模漸備，已然隱若敵國。萬曆三十六年（1608），與明邊臣立碑畫界，從此自稱爲「國」，是努爾哈齊反守爲攻的一次勝利。〔註69〕薊遼總督蹇達上奏提及努爾哈齊的反明跡象，謂其

〔註66〕 宋一韓，〈撫鎮棄地啗虜請查勘以正欺君負國之罪疏〉，收於陳子龍等選輯，《明經世文編》，第六冊，卷四六七（中華書局，1962 年 6 月第一版），頁 5123～5126。

〔註67〕 《明神宗實錄》，卷四三三，萬曆三十五年，頁 8194。

〔註68〕 中國第一歷史檔案館、中國社會科學院歷史研究所譯註，《滿文老檔》，卷一〈太祖〉，頁 5。有關《滿文老檔》之來龍去脈如下：根據陳捷先所撰寫《舊滿洲檔述略》一文，對於所謂，《舊滿洲檔》與《滿文老檔》之區別，解説甚爲詳盡。臺北國立故宮博物院現藏清代文獻中，具有不少滿文資料，其中尤以《舊滿洲檔》更爲全世界僅有的瑰寶。此套舊檔多半使用古體滿洲文書寫，距今已有 300 多年，是滿洲文書檔案中最古老的作品，是滿洲族人入關以前所發生的大小事件等，不但提及「八旗牛泉之淵源、賞給世職之緣由」，更記載許多被後世清代君主所諱飾或刪除的重要史事。清高宗乾隆皇帝對於滿洲部族的「滿語滿俗」十分關心，當他發現能辨識《舊滿洲檔》者不多，且檔案本身亦因年久殘缺不全時，遂下令臣工整理《舊滿洲檔》。重抄本有兩種，一種是當時通行的清字本，另一種則是仿照無圈點老滿文的字體，惟有書法與紙張上的不同才與《舊滿洲檔》有所區別，乾隆朝所重抄的兩種本子，即所謂的《滿文老檔》，各自有加圈點與無圈點滿文兩種存放於盛京與北京。直至二十世紀初期，《滿文老檔》才被日本東洋史學者那珂通世的學生內藤虎次郎所發現，光緒三十一年（1905）時值日俄戰爭之後，內藤至瀋陽訪問，在盛京崇謨閣秘藏中看到《滿文老檔》的史料。七年以後，與羽田亨同至瀋陽：以晒藍圖法複印崇謨閣的《滿文老檔》一套，共 4000 多張。返日以後，撰寫一篇專文〈清朝開國期的史料〉以介紹《滿文老檔》，這批深藏於皇宮裡的史料，從此公諸於世。民國 28 年，日本學者藤岡勝二在東京出版《滿文老檔》，其後今西春秋見到藏於北京的乾隆朝重抄本，亦抄閱乾隆朝附註滿文，於民國 32 至 33 年之間，連續在大連圖書館編印的《書香雜誌》發表《滿文老檔》的譯文與羅馬註音，前後譯完清太祖朝十五卷檔冊。日本學人中對《滿文老檔》整理與研究的最大貢獻及在於二次世界大戰之後的東洋文庫，根據盛京崇謨閣有圈點藏本從事譯註，完成《滿文老檔》全部內容，於民國 44 年起，印行工做成果，爲自從內藤虎次郎發縣老檔以來，中日學界之間對於滿文老檔研究的最大成就。1987 年，中國第一歷史檔案館與中國社會科學院歷史研究所合作，成立《滿文老檔》譯註工作組，由任世鐸任組長，周遠廉任副組長，以保存於北京中國第一歷史檔案館音寫本與照寫本爲藍本，兩相對照進行翻譯，直至 1987 年才全部完成。

〔註69〕 《滿文老檔》，卷一〈太祖〉，頁 6，明萬曆三十六年（1608），努爾哈齊與明

已蓄養精兵三萬有奇，既要侵擾朝鮮，又要交通蒙古，對明朝「漸萌反側之
念」。

同年李成梁解任，時年 83 歲。萬曆三十七年（1609），內閣大學士葉向
高上疏：

> 今日邊疆之事，惟以建州夷最爲可患；其事勢必至叛亂！而今日九
> 邊空虛，惟遼左爲最盛。李化龍謂臣曰：「此酋一動，勢必不支，遼
> 陽一鎮，將拱手而授之虜；即發兵救援，亦非所及。」〔註70〕

觀此，則明廷對於建州之強，雖已慮及，然而以努爾哈齊含機籌不露，倏進
倏退，可伸可屈，遂目爲戲侮，可以苟安無事，一切處置失當，遂使之坐
大。

二、巡按遼東

（一）奉派背景

萬曆三十六年（1608），熊廷弼 40 歲，由工部主事改授爲浙江道御史，
十日後即奉命巡按遼東。這是一椿無人願意前往的苦差事，此時之遼東局勢
已經岌岌可危。面對如此混亂的形勢，如此棘手的勘疆難題，朝中皆視爲畏
途而避之唯恐不及。朝廷只得下群臣會議，推舉風力御史往勘疆界。結果九
卿科道推荐熊廷弼前往。當時即有人提醒熊廷弼，這是前任內閣首輔沈一貫
與其私黨等故意以難題相刁，最好立刻推辭此項任務。〔註71〕近人韓道誠於
其〈熊廷弼之經略遼東〉一文中亦持此一看法，甚至認爲此次勘疆之議乃是
借刀殺人之計，進而判斷其日後殺身之禍實種因於此。〔註72〕然而，熊廷弼
一向即以岳武穆深自期許，對於國家之事，但當論是非，不當計利害，惟行
其所是，求其所安而已，曾有〈祭鄂王廟記〉，〔註73〕豪情壯志，躍然紙上：

> 大孝不求諒，大忠不求信，大義不求名，惟行其所是，由其所安而

朝邊臣立碑畫界，刑白馬，以血、肉、與土酒各一碗，削骨而盟誓：「各方勿
越帝之邊界。無論漢人、諸申，若有偷越帝之邊界者，見者殺之，若見而不
殺，殃及不殺之人。明若渝盟，則明帝之廣寧都堂、總兵官、遼東道與副將
開原道、參將等六大衙門之官員，均受其殃。」遂勒碑立於沿邊諸地。

〔註70〕《明神宗實錄》，萬曆三十七年五月，卷四五八，頁 12373。
〔註71〕熊廷弼，〈性氣先生傳〉，《熊襄愍公集》，卷八，頁 7。
〔註72〕韓道誠，〈熊廷弼之經略遼東〉，《明代邊防》（臺北：臺灣學生書局，民國 57
年 4 月出版），頁 136。
〔註73〕熊廷弼，〈祭鄂王廟記〉，《熊襄愍公集》，卷九，頁 11。

已。……國家之事，但當論是非，不當計利害，君子審於義利之介，

辨之明矣。人臣事君，內蔽於奸臣，外制於強敵……然萬古綱常爲

重，百年社稷爲憂，一身貧賤富貴爲輕。致命遂志，守一心之忠，

不甘嬖倖之援引，謂剛中之德也。彼何人哉？宋之岳武穆非耶？

故而毅然決然受命前往，而不肯推辭以畏罪避禍。給事中宋一韓爲急於證實自己奏疏〈撫鎮棄地陷虜請查勘以正欺君負國之罪疏〉〔註74〕所言，謂李成梁、趙楫等棄地，遂嚴催就道。此時熊母之疴病新癒，遂立即送回江夏老家，向其泣辭東向。

（二）罷除遼東礦稅

當廷弼抵達遼東城，正巧此時稅閹高淮於萬曆三十六年（1608）六月激起遼東錦州、松山軍民譁變。〔註75〕當初中官稅使高淮在遼東征稅，以莫須有的理由抓捕學生而激起民變，被巡按御史所彈劾，但是朝廷卻始終未予追查。由於神宗偏袒高淮，並未秉公處理。從此以後，高淮更加變本加屬招募敢死之徒，時時出塞外射獵，以黃票簽發文書，用龍旗張布旗幟，至朝鮮索要冠、珠、貂、馬，又多次與邊防將領爭功，山海關內外都受到其侵害。剋扣軍餉、月糧更是家常便飯，種種劣行導致萬曆三十六年（1608）四月間駐紮於前屯之衛所官兵譁變，誓吃高淮之肉。〔註76〕六月，錦州、松山兩地駐軍又發生譁變，高淮恐懼，逃入關內，並誣告同知王邦才、參將李攫陽追殺欽差使者，劫奪御用錢糧，二人因而被逮捕審問，邊塞百姓更加不滿。〔註77〕薊遼總督蹇達再次上疏揭露高淮罪行，神宗才將高淮召回，派遣通州張家灣

〔註74〕 宋一韓，〈撫鎮棄地陷虜請查勘以正欺君負國之罪疏〉，《皇明經世文編》，第六冊，四六七卷，頁5124。

〔註75〕 文秉撰，《定陵註略》下，明季史料集珍，偉文圖書出版社有限公司印行，頁368～369。有關此次軍變，記載如下：萬曆三十六年六月，遼東巡撫趙楫揭報，礦監高淮差承舍吳守政在所散放馬三疋，要銀120兩，香袋200個要銀20兩，包頭十聯要銀14兩，發銀四兩，要豆40石，壓逼軍士舖戶，忍耐不過，守政動忍傷人，因犯眾怒，遂行自刺。

〔註76〕 前揭書，頁368，此次遼東前屯衛軍變內容如下：萬曆三十六年四月「順天巡撫劉四科疏，礦監高淮從遼東來，先差范司房、同徐江宋希、運戴行李至前屯衛地方，索應付、索乾折，鞭打凌虐，眾軍激變，俱各穿戴盔甲，齊赴教場放炮、歃血，署事李參，將隨將領到月糧銀兩，給散招撫，各軍不肯赴領，札營屯聚，聲言只要殺死高淮除害，立斃承差二人。率領合營男婦數萬人，欲北走投虜，幸李參將再四泣留，方始還營。」

〔註77〕 《明神宗實錄》，萬曆三十六年四月，卷四四五，頁8450。

稅監張燁兼領遼東稅務，以代替高淮。〔註78〕熊廷弼任職於保定府時，張燁等礦稅閹即對其又畏又敬，如今既知廷弼奉命巡按遼東，而自己又被任命取代高淮之職而前往遼東，張燁故而以書信邀約熊廷弼一起成行，〔註79〕熊廷弼本欲拒絕，但心中卻忖度此輩非理所能禁，非官所能止，惟有地方居民可以恫嚇住，故而乃聽憑張燁前往遼東，另一方面卻急遣人密授寧前道馬拯以意，使稅者騷擾之。當熊廷弼抵薊州時，張燁果自關外奔回哭訴曰：「幾不得見公矣」。熊廷弼安慰張燁，並說：「稅不能罷，則遼必反。且淮（指高淮）種禍而以遺公，公亦必難免，不如合疏以罷」，〔註80〕張燁方才接受建議而與熊廷弼合疏，罷除遼東之礦稅。〔註81〕

（三）整飭貪瀆

遼東與內地雖只一關之隔，然而山海關之外卻是一個格外貪婪的世界。撫、鎮、道、府既打成一片，巡方使者復相與勾結，凡是出巡則有巡規，代閱則加上月規，每到一路，巡規、月規兩規備送，已不下數百金。〔註82〕又撤賣羸馬數十匹，本來只不過價值三、五金而已，卻屬其部將以戰馬20金的價值買下。除此以外，潞綢、屯絹、香扇、帕囊之類，每一細物的價格皆是倍取無算，皆從軍人月糧之中剋扣而來。〔註83〕充軍至遼東的流人往往要受到大小官員的盤剝，每至所充軍之衛，「衛官必索錢財」，已為常例。明代遼東檔案《明信牌檔》記載甚詳，謫戍流人被押送至目的地遼東都司各衛所後，衛所官員公開要「見面錢」或「拜見錢」，如管隊張春「索要見面錢」，「羅中拜見錢銅壺一把」，甚至有的衛所官員行兇打人，逼人至死。如衛所官景時與小甲王英，因充軍流人沒有按時「內點」，「每名責打二十棍」，又因軍丁林秀

〔註78〕 前揭書，頁369，薊遼總督塞達疏：「礦監虐燄益張，群小兇殘更甚等事，奉旨開礦抽稅，因大工急需，權宜之計自有停止之日，況礦洞已閉，稅著有司徵收解監稽查類進。高淮何乃不遵屢旨，擅自出巡，騷擾地方？今又扣除軍士月糧，且各邊軍士披堅執銳，勞苦萬狀，九死一生，何堪虐害？高淮著該督撫鎮巡官、差官護送回京，交司禮監奏請，定奪其福陽店及遼東二項額稅准著通灣內官張燁兼管。」
〔註79〕 熊廷弼，〈性氣先生傳〉，《熊襄愍公集》；清·《罪惟錄》，列傳卷之十一下〈熊廷弼〉，頁684。
〔註80〕 同註79。
〔註81〕 前揭書，頁684。
〔註82〕 熊廷弼，〈性氣先生傳〉，《熊襄愍公集》，卷八，頁7。
〔註83〕 同註82。

「軍器不堪」，遂「用言威逼林秀」，林秀恐被責打，便懸樑自縊身死，其屍體則任由狗群「食殘無存」。其父林聚財得知此事，特地至堡探望，景時因爲林秀自縊身死，正缺人當軍，就將林聚財提拿應役，林聚財不從，景時將其責打 20 棍，連下牙都打落，〔註84〕衛所官吏的殘暴由此可見。

　　熊廷弼於初出山海關時，即私下向寧前道馬拯詢問有關訊息。馬拯則表示，正欲爲此而投劾，就以道協各中軍官卒當前實際狀況相告，謂這些人從每一個缺額可得數百金好處，完全直接從中收取，不過改以他名以巧立名目而已，根本置其於不顧。另由《皇明經世文編》，卷一三四胡世寧〈胡端敏公奏議〉「爲陳言邊務情弊疏」即早已指出「買官」流弊。胡世寧是浙江仁和人，明孝宗弘治六年（1493）進士，授湖廣德安府推官，升南京刑部主事，歷江西按察司副使。時宸濠有逆謀，要結權幸，眾所側目，莫有敢言者。胡世寧卻慷慨上書，悉發其奸狀，逮詔獄，幾死，謫戍瀋陽。宸濠伏誅，朝廷起胡世寧於刑徒之中，任命其爲都察院右僉都御史，巡撫四川。未幾，召入爲吏部右侍郎，去職後，起復補兵部左，以病乞南京，升南京工部尚書，復召入。一歲之中，歷都察院左都御史、刑部尚書，再加太子少保。尋引疾去，復召參贊南京機務，不起，於世宗嘉靖九年九月端坐而逝，謚端敏。胡世寧風格峻整，負經濟遠猷，以貞諒自持。初，橫犯逆藩，幾陷不測，海內之士想見其風采。嘉靖初年。既與大政，侃侃持論，多所建言。對於邊務買官之弊，直言不諱：

　　　　先年各衛堡備禦、及千把總等官、鎮巡官差遣，各有定價，令其借

〔註84〕遼寧省檔案館、遼寧社會科學院歷史研究所編，《明代遼東檔案匯編》，《明信牌檔》，乙類，第一一九號卷（遼瀋書社，1985 年 6 月瀋陽出版）。明代檔案文獻，至今猶存者甚少。遼寧省檔案館現藏明檔，大部分是 1949 年春，東北文物處工作人員從瀋陽故宮所藏的屏風與信牌套上所發現，稱之爲「屏風檔」、「信牌檔」。另有少量原爲北京故宮內閣大庫的零散檔案，幾經輾轉，由羅振玉將其獻給僞滿洲國的國立奉天圖書館，1949 年以後，上述全部明檔爲東北圖書館（後改名爲遼寧省圖書館）接收，1960 年 7 月，移交給東北檔案館，後來則由遼寧省檔案館收藏，共計一〇八〇卷，已整理 585 份，編輯而成《明代遼東檔案匯編》，其中〈遼東都指揮使司檔案〉的形成，乃是從洪武至萬曆末年，明代遼東都指揮使司所屬 25 衛與安樂、自在二州，以及明中期後設置的遼東經略、巡撫、巡按、總兵等官署均包含在內。這些檔案文獻具體而詳盡記錄明代遼東地區的政治、經濟、軍事、文化、交通、與民族關係等各方面情況，亦從側面反映明代由盛而衰的過程，是研究明清史及東北地方史的珍貴史料。遺憾的則是這批文件在清入關以前，被太祖、太宗兩代用作信牌套的糊紙，已剪成橢圓形狀，致使絕大部份殘缺不全。

債買求，往往蒞事不久，籌其科歛，足勾還債本利，即便取回，另
差一官；及本官使用，另差一處，皆有定價。凡客商借與銀兩，即
隨本官至彼守取，是以坐損軍士，幾不能生。〔註85〕

由於官多職少，靠著借債買來的官職，只求在任內科歛以足本利，結果受害
的便是軍士，永遠要承受不斷換任新任官的壓榨，官與軍的關係勢必更形惡
化。

熊廷弼遂即授權於寧前道馬拯命之整頓，馬拯於一天之內即拿獲數十
人，戍六人，徒20餘人，革除承差70餘人、舍人30餘人。〔註86〕又向來丁
餘營軍字識避役買閒者，動輒賄投道、府、廳、州各衙門，爲舍人官。有一
衙門收至300～500人者，朝爲舍人，暮即坐將官，陞遷的速度極爲驚人。
但到此時，皆聞風盡數革去，營衛頓實。而總兵故役大營兵三千人分四班，
爲門下下班。窮者扣餉，富者餉外倍他賦。廷弼則規定常用者爲300人，
其餘皆歸回軍伍。僅僅不過10天之間，風聲震怖，將吏解綬去職者10餘人。
〔註87〕

李成梁前後鎮遼30年，將吏皆出其門下。遼東當時風氣「武剋文貪，賄
賂公行，軍紀廢弛，亦兵亦匪；民既苦虜，又復苦軍。」〔註88〕官場陋規重
重，賣官鬻爵，肆無忌憚。「大官大吏，見夷使姁姁作兒女子語，通使宣諭，
頭搶地送款而已。」〔註89〕邊吏顢頇，邊政敗壞，實在令人難以想像。將吏
若欲有所圖謀，則奉金給李成梁，立刻可爲道；若不由此途徑，則立刻被斥
去而無法留任。每歲都得奉金給撫、道、廳，所費甚鉅，以致使得將官不得

〔註85〕明・陳子龍等選輯，《皇明經世文編》，卷一三四〈胡端敏公奏議〉，〈爲陳言
　　　　邊務情弊疏〉（北京中華書局，1962年6月出版），頁1333。有關胡世寧生平
　　　　梗概，參見李國祥主編，楊昶副主編，《明實錄類纂》，〈人物傳記卷〉（武漢
　　　　出版社，1990年6月第一版），頁994。

〔註86〕熊廷弼，〈性氣先生傳〉，《熊襄愍公集》，卷八，頁8。

〔註87〕同註86。

〔註88〕〈趙興邦疏〉，《明史鈔略顯皇帝本紀》（四），頁30。

〔註89〕熊廷弼，〈建夷反側邊吏安緩疏〉，《籌遼碩畫》，卷一《叢書集成續編》，第242
　　　　冊（臺北：新文豐出版公司印行），頁25～26，總頁62。《籌遼碩書》之凡例
　　　　有三大重點：（一）是集爲遼事鐫，故諸疏揭凡係籌遼者，概採入；（二）是
　　　　集惟取籌遼，故凡言兵餉、戰守等項，一併採錄其間，忠憤所激，不無持議
　　　　過憨、語涉攻訐者，不敢摭拾傷雅；（三）熊廷弼、張濤，一按遼，一撫遼，
　　　　其所條議設備、修守、豢奴諸策，皆奴性未發前卓有先見，故仍輯其當年奏
　　　　議，錄顧開端。

不貪污以保住原有之職位。針對此一流弊，廷弼諭軍士曰：

> 汝勿貪，但以一官交我，我酌汝年勞才勇，不時咨部陞汝，汝白手
> 得官，不受氣，且得行法於軍為戰守具，比貪所得孰多？〔註90〕

釜底抽薪之對策即是斟酌年勞才勇，使人白手得官而不必買官，又不必受氣，如此一來，則大家都不必被逼得非貪污不可，風氣頓然一新，由是諸將陞轉，不費一錢，皆感泣而不敢再貪。

　　遼左軍伍多年積弊不振，皆以將領借辭攤派官帳為名目，有時要應付稅監的勒索，有時要饋遺地方，有時又要打點衙門，有時則要應付外地官府藉口乞求財物，諸如此類。指一科十，種種花樣，剝削攘奪，已經至無所不至的地步。〔註91〕自從熊廷弼巡按遼東以來，與稅閹張燁聯名上奏，獲得神宗允許撤使停稅，使得營伍幸免於礦稅之苦厄；此外，又嚴禁一切饋送、打點、抽豐、撒放等弊端。除上述官帳名色除革已盡之外，對於那些巧為經營，窮於饕餮者，亦絕不輕易放過，定加嚴懲不赦。〔註92〕如寬奠參將李澤，為人小有才幹，議論頗有條理，作事亦甚敏捷，新包大奠、草河堡城兩座，寬奠城南關一座，靉陽城二面又拏解逃軍數百名，軍馬挑選精壯，新換衣甲千餘副，軍容稍壯，廷弼對其甚為器重，認為可於建地東南獨當一面，支撐局勢。然而不料卻有人密告李澤28款贓私狼籍，又有受害人手持睡貉皮襖、布帛等跪門告泣，謂李澤見人告發而令其先保留這些皮襖布帛，等事情過去之後再為他所有，所以他們要先在衙門立案，以便日後保有自己的衣物財產。廷弼經過查證，發現李澤確有包攬鹽糧之舉，黃豆 340 石，每石時值五錢，止與一錢；遼旱豆貴，每石五錢，止與一錢，令軍民不堪其損失；此外，又有侵匿定遼前庫馬價銀 800 兩等罪證，各種證據一一呈現。〔註93〕遼東舊套積弊之剝削與畏避，早已盤根錯節，牢不可破，廷弼深以為若不打破此一惡性循環，則遼將終無舒解之時，遼伍終無振作之理，故而廷弼一方面自愧信人太過，另一方面又決定嚴懲李澤以打破遼中舊制之法。若是只不過褫去一官，則官雖去而富厚仍然自在，即罰一罪，則今年罰而明年復用，其誰知畏？惟有盡法處治才能真正產生效果：對於剝削者則盡數將其貨產充公，對於畏避者，則必定正以軍法，而皆革除祖職，不使其承襲軍職。如此一來，才能使

〔註90〕熊廷弼，〈性氣先生傳〉，《熊襄愍公集》，卷八，頁9。
〔註91〕同註90。
〔註92〕同註90。
〔註93〕熊廷弼，〈亟處貪將疏〉，《熊襄愍公集》，卷二，頁 19～23。

遼將感到心痛而不敢再犯，才能使貪者肯安於廉潔而怯懦者肯於死戰，只要懲處一人而全遼皆知警惕。經過以上多方面考慮，熊廷弼決定革除李澤職務，遺下員缺則報請朝廷速行推補。

李成梁在遼東既已形成龐大勢力，熊廷弼若與其同流合污，財貨纍纍，滿載而歸，自是指日可待。然而熊廷弼卻不此之圖，反而深爲痛憤李成梁如此的作爲。他在「與李寧遠書」中曾經對李成梁大加指責，謂其：

> 獨於妄功冒罪一節，不能無感焉！一門子姓，盡肘圭玉，則五侯七賢之風也；九族親朋，咸纏組綬，則許史金張之屬也。守錢房而坐號冠軍，則銅山金穴之遺也；廝養兒而橫拖金紫，則爛羊灶下之額也。〔註94〕

對於妄功冒罪一事，廷弼最不以爲然。李氏一家，已極盡人間之榮華富貴，卻又濫予親戚僕役、商賈以坐享民脂民膏。

> 僕愚劣人也……惟是一點血忱，爲朝廷、爲地方，實不忍此輩歲蠹太倉數萬金，世世無極，而亟欲革之。倘得邀主之靈，藉君侯之庇，於此民窮財盡之時，去冒濫，改風俗，留世官以官英雄，存帑餉以餉戰士，了我忠君愛國一念，而本懷畢矣！〔註95〕

熊廷弼之所以肯置個人死生於度外，完全出於「一點血忱」，不忍冒功之輩在朝廷、在地方，但以歲蠹太倉數萬金度日，世世代代，沒完沒了。值此民窮財盡，邊境多事之際，軍士之餉難以籌措，倘若得以去冒濫、改風俗，則留世襲之位給眞正的英雄，並存下帑餉以餉戰士，則邊境的安寧與國家之前途大有希望。然而舉世泄泄沓沓，獨與豪門特權相搏鬥的熊廷弼，又如何抗衡得了李成梁在京師賄賂當道，而沈一貫黨羽陰持於朝廷之內？

（四）受命勘疆之經過

萬曆三十六年（1608），熊廷弼既受命巡按遼東，負責勘疆之任，遂毅然前往。當其抵達遼陽，到任不過六日，即立刻會同遼陽道謝存仁、開原道石九奏，親詣地方，逐一從實查勘明確。時方大雪，撫鎮撥發三營軍隊，各路兵將共萬人前來護持，熊廷弼曰：「我二百餘年疆界何敢占？吾不過一往視之，要人馬何用？」〔註96〕乃下令盡遣隊伍歸去，當即傳諭減少長隨驅從大

〔註94〕熊廷弼，《熊襄愍公集》，卷六，頁20～22
〔註95〕同註94。
〔註96〕熊廷弼，〈性氣先生傳〉，《熊襄愍公集》，卷八，頁9。

半，只不過書門承舍數人，遼陽道與開原道兩道傳鼓而已。當有人問曰：「此何事不商兩道而遽撤兵衛？」廷弼則反問曰：「君視此人馬爲可用耶？吾恐激而有他，即進退何據。且我等此行，自仗朝廷威福，可無事。」〔註97〕及至撫順關，檢視努爾哈齊與明廷所立新界碑，駐紮於界碑30里以外，即有女眞使臣率壯丁500人前來護衛，廷弼以200人配給兩道，300人跟隨自己，並不時分賞酒肉以慰勞其辛勞。白天則與他們圍獵馳射，夜晚則圍帳夜宿，人皆樂於爲其守衛。

等到勘疆至張其哈塔子店，初入口甚爲狹窄，僅容得下並騎而已，漸入則漸漸寬闊，周圍有數十里，中間平坦而四面皆是巉岩峭壁。〔註98〕邊界林木蔭蔽，重險阻深，過了朵兒木嶺之後，人馬難行，不得不馬去鞍，人裏毯，攢足，從冰雪滾下，迤邐十數日，始過鴨綠江，東出朝鮮義州，還渡中江，至鎭江城始歸。〔註99〕熊廷弼考察過邊疆形勢之後，爲與女眞族分清界限，主張團結南北其他少數民族來緩和邊界上矛盾，其於萬曆三十七年（1609）二月所上之〈撫鎭棄地啗虜疏〉，陳述李成梁等棄地之來龍去脈，十分詳盡：

> 夫初開墾之時，先納地價，又納科銀，又納賞銀、段價，爲撫夷之用；而夷人亦忻然相安，未聞有攘奪而蹂躪之者，胡一旦逐而棄之也？各地住民開種已久，生長子孫，蕃衍族類，選其精銳，人可爲兵；儲其糗糧，積可爲餉；簡而練之，進可以戰；墩而堡之，退可以守。得寸則寸，得尺則尺，不以鱗介易我衣裳。而今乃曰此原夷地，（俯）首下氣以與之，而又借此以爲奇功，寧不使夷人齒冷而輕我中國乎？且此開種之民，給有帖文，納其科糧，出其撫賞。何謂逃民？既非逃民，何謂招撫？自以良民爲逃兵，驅劫爲招撫，我民流涕而號，夷人掩口而笑。由是夷日驕，而立碑之說起矣。其曰：「你中國，我外國。」何其悖傲？既並稱國，又稱兩家，何其悖逆？由此稱王，由此阻貢，悉自得地之日始，而其害蓋有不可禿穎數者。〔註100〕

〔註97〕同註96。
〔註98〕《明史》，卷二五九〈熊廷弼傳〉，頁6691〜6693；熊廷弼，〈東夷歸疆起貢疏〉，「臣勘疆時，曾親至其處，乃是一山峽，起孤山堡迤東北，而插入建第中二十五里，寬不逾數十丈，窄僅十數丈，形如拗項弧，有入無出，兩旁皆高山峻壁，向屬建夷採樵。」
〔註99〕熊廷弼，〈性氣先生傳〉，《熊襄愍公集》，卷八，頁12。
〔註100〕熊廷弼，〈撫鎭棄地啗虜疏〉，《明神宗實錄》，卷四五五，頁12360。

因而遂彈劾趙楫與李成梁八大可斬之罪。然以李成梁在遼東已成「不帝制而自王」之勢，不時賄賂當朝，藉此通其奧援，竟致中格不報。萬曆三十七年（1609）十月初十日熊廷弼再上「催勘疆疏」：

> 去年遼撫鎮趙楫、李成梁，以之棄地媚邊事情，爲兵科所發，蒙旨選差御史往勘。……介身異域，衝雪冒險，按圖索冊者三閱月而始竣。於是擬楫與成梁以八可斬之罪。臣愚伏思，去年十月皇上爲何遣臣？今年十月臣且憑何復命？凜凜焉以不稱任使是。然竊異夫皇上何不即置兩臣於法，而甘以封疆爲媚人者資也？皇上如此，不惟失封疆且失法矣。〔註101〕

廷弼對於朝廷遲遲不處理以封疆媚敵的趙楫與李成梁兩人，深以爲既失封疆又失法。回顧其個人受命勘疆之行的艱險萬端，實不能不有所感慨：

> 方臣之往勘，而人人爲臣危也。謂成梁伎倆通神，觸者立碎。而臣應之曰：有皇上之威靈在。今皇上之威靈不以省勘疏，而以下辯疏，是以伎倆導也。法臣力而執諸原，皇上緩而置諸朝，而執法者懼矣！今後誰復有秉公持正，拚身命而擊權力者？而皇上何以使臣下？……、假使城郭之臣棄城郭，封疆之臣棄封疆，社稷之臣棄社稷，而皇上又何以御天下？且夫封疆者，祖宗之封疆，非皇上所自立之封疆也，而兩臣棄之，使皇上不能守法者。祖宗之法，非皇上所自立之法法，而兩臣毀之，使皇上不能正，兩臣之得罪於祖宗也亦大矣！竟晏然無恙，而皇上又何以對祖宗？前者臣於勘末諄諄焉以敬祖宗、保成業之大孝望皇上，尊朝廷、守法度之大忠勉廷臣，而惟恐一涉縱，使祖宗之法當皇上之世而失之。蓋巳早慮及此，而不虞壞法亂紀自朝廷始也，其亦可嘆之甚矣！

朝廷既以不了了之的態度處理此一棄地唅虜案，則其流弊定將不可勝數，如云：

> 今日之事，不亟處楫與成梁等，何以對祖宗在天之靈？何以馭天下生殺之重？何以堅中外守土者之心？而至於雪嫚辭之辱，謝軍民之恨，懲欺罔之奸，激將吏之氣，消邊臣之黌，皆於是乎繫之，是烏容一日而可緩者哉！朝廷之處分日緩一日，則兩臣之伎倆日多一

〔註101〕熊廷弼，《熊襄愍公集》，卷二，頁24～25。

日，國家之紀綱日壞一日，則天下之公憤日積一日。〔註102〕
觀上所訴，可見熊廷弼是何等義正詞嚴，然而無論熊廷弼如何大聲疾呼，但因神宗久不臨朝，疏章不覽不報，國法綱紀蕩然無存。故熊廷弼雖冒風雪嚴寒，深入敵境以勘察棄地，面對棄地驅民之邊臣深惡痛絕，卻無可奈何。等到東事益警（指努爾哈齊勢力坐大），朝廷對於趙楫與李成梁之所作所爲始稍有所知，而熊廷弼之遠見亦大爲使人佩服。孫文良在《明清戰爭史略》一書中即曾提出寬甸六堡事件使努爾哈齊極爲稱心，不但得到明朝丟棄的土地，還受到明廷所賞賜的銀兩，〔註103〕他從明朝的黑暗政治與失誤政策中得到巨大的物質利益與精神鼓勵。〔註104〕明廷對於此一棄地啗虜事件則毫無警覺，置廷弼之戍疆報告內容於不顧，徒然長他人志氣以滅自己威風而已。

　　宦官劉若愚於其所著《酌中志》，卷二十一〈遼左棄地〉一文中，對於「奉差往勘者熊公廷弼，據石碑全遼地勘實，題覆未結」有所說明，印證熊廷弼所言不虛，謂：

　　　　萬曆三十三年春，成梁以寧遠伯總鎮邊東，巡撫則趙公楫欲將鴉谷
　　　　關外，將其哈利佃子等處地方居民招徠內徙以邀功賞。時先將軍應
　　　　祺正任遼陽副總兵，曾且呈阻之曰，「爲之棄地乎？」〔註105〕
對於軍民被強迫遷徙的悲慘，劉若愚更是痛心疾首之至：

　　　　今王兀堂、張其店、哈喇泊……等處現有軍人屯種居住，成家樂業，
　　　　原係開墾內地，並非竄入夷巢。今一旦遷徙，別尋安插，驚擾軍民，
　　　　號天慟地，耳不忍聞，目不忍見，況邊方地土，尺寸是寶。（奴酋）
　　　　貪狼，漸不可長，我退一步，彼必進一步，邊境損耗，國威陵替勿
　　　　論，拂人情，抑且違祖制，揆理度情，大有未便。〔註106〕

〔註102〕熊廷弼，《熊襄愍公集》，卷二，頁24～25。
〔註103〕《明神宗實錄》，卷四五五，頁12360。
〔註104〕孫文良、李治亭、邱蓬梅著，《明清戰爭史略》（遼寧人民出版社，1986年）。
　　　　此書爲國內外第一部明清戰爭史專門著作，明清之間戰爭起自1618年雙方在
　　　　撫順首次交鋒，止於1662年清軍活捉永曆帝，戰爭約歷時半世紀，其間大戰、
　　　　小戰交替發生，從數十百人的武裝衝突，發展爲千萬人的激戰，再擴大到幾
　　　　十萬人的殊死搏鬥。它既有平原曠野上的往來衝殺，亦有堅城之下壁壘森嚴
　　　　的鏖戰，從運籌帷幄到決勝千里，規模之龐大，戰局之多變，皆爲曩古所少
　　　　見。該書第一章〈明與後金首次交鋒〉，頁 21，即提到努爾哈齊從明朝的政
　　　　治黑暗與政策失誤中獲得巨大的物質利益與精神鼓勵。
〔註105〕劉若愚，《酌中志》，卷二十一〈遼左棄地〉，頁525。
〔註106〕前揭書，頁526～527。

劉若愚的證言，適足以說明熊廷弼勘疆確實無誤，突顯李成梁與趙楫棄地之非。

三、籌遼弘圖

（一）以守為戰，嚴於戒備

於遼東諸多巡按之中，熊廷弼很早即看出努爾哈齊對全遼的威脅，在〈務求戰守長策疏〉之中特別提出他心中的憂慮：

> 顧臣所憂慮者，不獨在強虜（指努爾哈齊），而又在餓軍，何也？遼軍自東征騷擾以來，復遭高淮毒虐，離心離德，為日已久，今又驅饑寒之眾，置之鋒鏑之下，憤怨之極，勢且離叛。嘗密聞外間人言，向特怕虜殺我耳，今聞虜築板升以居我，推衣食以養我，歲種地不過粟一囊，草數束，別無差役以擾我，而又舊時虜去人口親戚朋友以看顧我，我與其死於饑餓作枵腹鬼，死於兵刃作斷頭鬼，而無寧隨虜去，猶可得一活命也。〔註107〕

如此不祥之語，使得廷弼極其憂慮，一旦內潰，不僅不能防守努爾哈齊，甚至將要為其前驅以為其效命，洶洶惶惶，莫保且夕。

廷弼的籌邊之策，自謂不出「戰」與「和」兩端，然而卻是以守為本，以暇為乘，乘暇以修守，所以待戰而固和。他並且認為，以守為戰是為真戰，見利則戰，不利則不戰，先為不可勝而後戰者也，並非以不測以保難勝。以守為和，是謂真和，彼服則和議成，我勝則不和，操其權在我，而後和議成。〔註108〕

遼左自萬曆三十六年（1608）冬天起，明廷議謀直搗夷虜之老巢以期一舉掃蕩其勢，但知道舊撫鎮習於款夷之過，卻並不忖度一己之力究竟如何，亦根本不審察對方之勢如何，徒逞匹夫之勇，而專以作戰來矯正前弊，以致邊境不寧。〔註109〕一方面既導致對方的怨憤而以殺戮明朝軍民、攻陷城堡、使父老兒女肝腦塗地為報復；另一方面又予建州可趁之機進而窺逼，擁兵壓境。廷弼不忍生靈慘毒，更掛慮東虜與西虜相連結，在不得已的考慮之下，

〔註107〕程開佑輯，《籌遼碩畫》，卷一，熊廷弼，〈務求戰守長策疏〉，頁78。
〔註108〕同註107。
〔註109〕韓道誠，〈熊廷弼之經略遼東〉，《明代邊防》（學生書局，民國57年4月出版），頁131。

亟亟主張款撫夷虜以爭取時間來加強戰備。〔註110〕廷弼主張以講和換來閒暇，趁閒暇之際以加緊操練士馬，精製器械，修葺城堡，修成險厄，清屯鹽以佐餉，飭馬政以資軍，收拾驛遞以無累營伍，撫恤窮民以漸培本根，而又隨宜駕馭，不失操縱之權，多方間諜，盡破其勾引之計。〔註111〕若得一年安寧，則得一年之閒暇以充實我方之戰備，兩年安寧則得兩年之閒暇以使我方防備更加周密，待我安排布置一一完備，則伸縮在我，任其所為而吾皆有以制之。廷弼日夜精算，但以此一策略有利無害，既可使城堡不致被攻破攻陷，又可使軍民不致被殺掠，供給將不致乏絕，人馬將不致受損傷，可使地方無內潰之變，使朝廷無東顧之憂。是故，熊廷弼積極主張「修備而待戰」，絕非以「忘戰而釀禍」。〔註112〕

其後熊廷弼興修屯田之議，即基於「以守為戰」的策略而來。當時戍邊軍隊既弱，偏偏將領又好搗巢啓釁，致夷虜興師相報，不斷抄掠；邊民田園荒棄，饑饉隨之而來，以致於史籍上屢有遼東大饑，朝廷撥帑金賑濟的記載。〔註113〕事實上，以遼東土地廣沃的情形而言，實為不應有的現象。熊廷弼主張以守為戰，乃是藉興屯築堡，養精蓄銳以建立民防體制，待士飽馬騰，再漸次收復失地。〔註114〕如此安定遼局以扭轉乾坤的長遠之計，卻並不易為急圖近功者所能接受，不是樞臣經常催戰，就是邊將喜好搗巢啓釁，反而使遼東局勢每況愈下。

萬曆三十八年（1610 年）八月，熊廷弼以邊將好搗巢，以致輒生事端，曾上疏痛陳搗巢受報之害，謂以守為戰，宜備邊築堡，而築堡則有 15 利：

> 虜騎不得驟決，一；零騎不敢窺邊，省境外無時之備，二；墩軍得牆為恃，覘候嚴明，不致失誤軍機，三；虜挖牆填壕，我得預知為備，使虜無所掠，四；本堡軍民自足拒守，營軍免分散帖防，五；虜入有時，軍馬免游防奔馳之苦，六；行旅無禦人大盜之懼，營軍無空壁涉遠之煩，七；士馬得間操練，養精蓄銳以待戰，八；軍不死於飢瘦，而軍伍自戰，馬不死於奔馳，而馬價自饒，九；虜憚於備嚴，不敢要挾，而款愈堅，撫賞之費各省，十；居民安心耕牧，

〔註110〕熊廷弼，〈懲前規後修舉本務疏〉，《籌遼碩畫》，卷一，頁 56～57。
〔註111〕同註 110。
〔註112〕同註 110。
〔註113〕同註 110。
〔註114〕前揭書，卷一，頁 57～58。

無人畜禾稼抄掠之虞，十一；邊民安堵，免遠寄城郭，得婦子耕之便，十二；邊人弓矢之勁，膽力之壯，過于營軍，若使據險，人戰家守，亦可助我兵威，而杜虜之覷覦，十三；民鮮畏虜，塞下之田不待軍屯而告墾者眾，漸可足食，十四；邊人骨肉無係累之患，每歲存千萬人為遼儲軍，為皇上守邊，十五。〔註115〕

上述有關建垣繕堡 15 利，正是熊廷弼治理遼東政策的藍圖，目的在足兵足食，軍民合作，一方面以軍力護養民力，另一方面又以民力培育軍力，使得民不畏虜，各安生業，一旦有警，人各為戰。千萬遼人等於千萬民軍，甚至如熊廷弼所言，「邊人弓矢之勁，膽力之壯，過于營軍」。〔註116〕此疏實是安邊保國的上策。然而怠忽朝政的神宗卻以「不報」來置之不理。

以守為戰之外，廷弼在遼東，更是嚴加戒備。每值軍情有警，他往往封劍交付門下官，使其馳快馬從將官身後曰：「中軍千把不上陣者，將官斬之，將官不上陣者，自裁。」諸將皆不敢不戰。〔註117〕長定之失，遼東守軍被殺掠者高達 2000 人，而呈報上來者僅有 100 人，如此以多報少的作風乃是過去司空見慣之舉，然而廷弼卻出其不意，冒著大雪前往查驗，真相被揭露之後，因此而參去一撫、一鎮、二道、辟一副總兵，使人不敢不以實相報。〔註118〕

朝鮮史籍曾經對熊廷弼有所記載，謂「熊廷弼清白守法，有威望，而喜殺不已，士卒多怨，亦以此不能成功。」〔註119〕事實上廷弼並非嗜殺，而是風氣積弊甚深，非以嚴峻之手法則不足以發生警惕作用，個中實有不足為外人道也的苦衷，其對於遼東地區凡是有貪、懦、欺、隱罪證者，必定置以重法而毫不寬貸，審時度勢，實有不得不然之考慮。

（二）修築牆壕

明代國勢受遼東邊牆之影響極大。吳啥於《朱元璋傳》一書中提出其看法：以軍事形勢而論，明太祖對於諸王國的建立分為第一線（前方）與第二線（後方）。〔註120〕第一線諸王的任務是防止北元入侵，憑藉天然險要，建立

〔註115〕同註 114。

〔註116〕同註 114。

〔註117〕熊廷弼，〈性氣先生傳〉，《熊襄愍公集》，卷八，頁 7。

〔註118〕同註 117。

〔註119〕《李朝實錄・光海君日記》，卷一四五，光海君十一年己未，頁 467～468。

〔註120〕吳啥，《朱元璋傳》（人民出版社，1994 年 2 月北京第三次印刷），頁 160～161。

軍事重點，有「塞王」之稱。諸塞王沿長城線立國，又可分作外線與內線：外線東渡榆關，跨遼東，南接朝鮮，北聯開原，控扼東北諸部族，以廣寧爲中心，建遼國；經漁陽（今河北薊縣）、盧龍、出喜峰口，切斷北元南侵道路，以大寧爲中心，包括今朝陽、赤峰一帶，建寧國；北京地勢險要，建燕國；出居庸，蔽雁門，以谷王駐宣府（今河北省宣化），代王駐大同；逾河而西，北保寧夏，倚賀蘭山，以慶王守寧夏；又向西控扼河西走廊，扃嘉裕，擁西域諸國，建肅國。東從開原，西到瓜、沙，聯成一氣。內線則是太原的晉國與西安的秦國。〔註 121〕諸王在其封地建立王府，設置官屬，具有統兵與指揮軍事之權，塞王的兵力尤其雄厚。如寧王所部帶甲八萬，革車六千，所屬朵顏三衛蒙古騎兵，驍勇善戰。〔註 122〕秦、晉、燕三王的護衛特別經過朝廷補充，兵力亦最強。〔註 123〕

　　蔣武雄於《明代遼東邊牆與邊防之關係》一文中則指出，明成祖撤遷大寧防務之後，雖然後來英宗於正統年間築修遼東西段邊牆，既可防守又可阻斷蒙古與女眞之聯絡，但是修築之初卻棄置遼河河套於不顧，遂爲泰寧、朵顏、福餘三衛進據，徒增邊事許多困擾。等到建州努爾哈齊興起於遼東東邊之後，明軍難以東西兼顧，致使遼事不振，節節失利，無以挽回。〔註 124〕洪武年間，明太祖對遼東防務之佈署即以大寧、開平爲外線，以山海關、居庸關爲內線；尤其於洪武二十年（1387）置都指揮司於大寧之後，更具有重大意義。因爲大寧位居遵化之北 100 里，沿著山海關直至獨石一牆之外，皆爲其地。從獨石、山海關距北京 700 里，與大寧正相等，明初曾分封谷王、寧王、與遼王，與代、朔之勢若縛雞，以屛藩東北。〔註 125〕至洪武二十二年（1389），設置泰寧、朵顏、與福餘三衛之後，大寧地勢更爲重要。成祖於永樂元年（1403）三月，竟然將大寧都司遷移至保定，並將寧王徙封至南昌。成祖如此做法究竟所爲何來？學界眾說紛紜，〔註 126〕無論如何，此一舉措造

〔註 121〕何喬遠輯，《名山藏》，卷三十六〈分藩記〉，收於周駿富輯，《明代傳記叢刊附索引》，第 74 號，明文書局印行，頁 141～465。

〔註 122〕《明史》，卷一一七，列傳第五〈諸王二〉，〈寧王傳〉，頁 3591～3598。

〔註 123〕《明史》，卷二〈太祖本紀〉，頁 24。

〔註 124〕蔣武雄，〈論明代遼東邊牆與邊防之關係〉，《中國歷史學會史學集刊》，第 12 期（中國歷史學會編印，民國 69 年 5 月），頁 83～90。

〔註 125〕顧炎武著，《天下郡國利病書》，卷二，北直一〈周洪祖燕京論〉，王雲五主編（臺北：臺灣商務印書館），頁 1。

〔註 126〕日人清水泰次，〈大寧都司の內徙〉，《東洋學報》，大正七年一月，頁 140，

成大寧防務之空虛，原本位於熱河丘陵地帶的寧王府與大寧都司，控扼蒙古高原與松遼平原之通道，在形勢上可西翼宣府，東屏遼左，隔絕蒙古與女眞各部，並得以監控朵顏三衛，成爲燕冀外線之屏障。如今大寧防務一撤，北疆防線因而中斷，整個國防體系亦遭受到破壞，不得不倚薊州爲重鎭，將原來內線之防務，變爲外線之前哨，失去東西聯屬、南北控扼之作用，而朵顏三衛亦從此常踰西喇木倫河南下，自由進出於老哈河以南與長城以北之地區。〔註 127〕不僅使遼東西側防務直接受到嚴重威脅，而且連大寧西側之開平衛，亦因爲大寧之放棄以致形勢過於突出孤立而移至獨石堡。英宗正統年間，明廷深感情勢之嚴重，一方面爲保持燕京至遼東道路之通暢，另一方面爲防禦朵顏三衛與蒙古之入寇，遂有修築遼東西段邊牆之舉。

正統七年（1442）冬天，右僉都御史王翱往督遼東軍務，擢用遼陽百戶畢恭，〔註 128〕授以方略，以經理山海關至開原之設防工作。從正統八年（1443）開始修築遼東西段之邊牆：大致起於寧遠、錦州間，稍稍東北行，至廣寧北，再延向東南，至遼河、三岔河，因受阻於遼西，故而中斷，然後再由三岔河沿渾河左岸，繞遼陽西境北行，越渾河、踰瀋陽、橫遼河，過開原西，達於昌圖北邊。此一邊牆由於受到遼河之限制，故而繞遼河而行，以致成爲凹字型。此一凹字型邊牆最爲失策之處即在於將水草豐盛之遼河套置於邊牆外而不顧，致使遼河套爲朵顏三衛所據，〔註 129〕且遼河東西之聯絡亦發生困難，使沿河城邑輩受威脅。自從遼東西段邊牆築成之後，屢次有人指出缺失，提出建言，以求解決此一困境。憲宗成化十二年（1476），兵部侍郎馬文升受命整飭邊備，建議在三岔河地帶建造大浮橋，以利通行，使遼河東西聯爲一體，互爲奧援。〔註 130〕然而此一建議不過是消極性的彌補之策，所能發揮之作用有限。成化二十三年（1487），遼東都指揮使鄧鈺提議將遼河套凹入部份向前移動，就遼河迤西逕抵廣寧，不過 400 里，較原先自廣寧東抵開原之 700 餘里，彼此易於應援得多。〔註 131〕此外，並請責諭朵顏三衛夷人

參考第二章第二節，註 12。

〔註 127〕《明史》，卷九十一，志 67，兵三〈邊防〉，頁 2236；魏煥著，《皇明九邊考》，卷一，收於《明代邊防》（臺北：臺灣學生書局，民國 57 年 4 月出版），頁 9。

〔註 128〕《明英宗實錄》，卷九十，頁 2810。

〔註 129〕嚴從簡著，《殊域周咨錄》，卷二十四〈女直條〉，頁 1050。

〔註 130〕《明憲宗實錄》，卷一六○，成化十年十二月甲午條，頁 2937～2938。

〔註 131〕《明憲宗實錄》，卷七十二，弘治六年二月辛亥條，頁 1351～1352。

遠離邊牆三、五百里駐牧，違反約定者即以邊將出兵征勦。兵部卻以邊牆修築已久，不便輕動爲理由，勒令三衛遠離邊牆恐引起邊釁，未採行其議。孝宗弘治六年（1493），巡按御史李善再度針對遼東西段邊牆而論其缺失，深以三衛夷人在此邊牆外放牧爲憂，放牧之外，更潛入河套間行剽掠。但以邊牆阻遼河爲固，瀕河之地 800 餘里，夏旱水淺不及馬腹，冬寒冰凍如履平地，道路低窪，每遇雨水則泥濘不通，若開原有警，則錦州、義州、廣寧之兵，根本無從救援，只能遙望浩歎而已。事實上，故老知悉陸行舊路，自廣寧至開原約爲 300 餘里，兼程則不到兩日即可抵達，且地形高阜，有古顯州城池遺址猶存。故李善提出建議：重開舊路以展築邊牆，從廣寧基盤山開始，直抵開原平頂山，將分守 800 里之兵轉爲聚守 300 里之地，以錦州、義州爲西路，廣寧爲中路，遼陽爲東路，開原爲北路，四路聲勢相接，若一路有警，則三路之兵分投應援，始克有濟。〔註 132〕但是此一將邊牆向西推展之建議卻未被朝廷採納，只能淪爲紙上文章而已。

　　萬曆二十七年（1599），遼東巡撫李植再度力主恢復舊疆，甚至以舊疆不復，則脈絡阻絕，邊長難守，防禦不便，根本就是遼左之心腹大患，不可不去之隱憂。〔註 133〕明廷但求苟且偷安，對李植建議亦未採行。當建州努爾哈齊興兵遼東東邊，屢次犯明，明軍每因遼河河套棄置於邊牆之外而無法兼顧東西兩邊之防務。是故，明代遼東西段邊牆之未能將遼河套包括在內，與成祖徙置大寧都司於保定二事，實爲影響遼東邊防之致命傷，所導致的後果難以收拾。

　　至於明代遼東東段之邊牆，乃爲防禦建州女眞之入犯而來。建州女眞擾邊，由來已久。至明英宗正統十四年（1449），建州衛李滿柱與左衛董山兩頭目爲也先前鋒，入侵遼東東邊，後來逐年發展，滋蕃戶口，年年入侵明境。明憲宗成化三年（1467），明廷派遣提督軍務左都御史李秉與遼東總兵官趙輔，統兵勦殺董山，然而明軍於征討董山之役中，並不如趙輔所作「平夷賦」那般大獲全勝，班師回朝時，軍士死傷於大雪酷寒膚裂者在所多有。此次征伐，明軍實在付出不少代價。〔註 134〕故董山被誅之後，建州女眞仍糾合朵顏

〔註 132〕《明孝宗實錄》，卷七十二，弘治六年二月辛亥條，頁 1351～1352。

〔註 133〕明・陳子龍等輯，《皇明經世文編》，卷四二五〈李中丞疏卷一〉，〈請留征倭將士協力勦除東虜疏〉，頁 4639～4640。

〔註 134〕蔣武雄，〈論明代遼東邊牆與邊防之關係〉，《中國歷史學會史學集刊》，第十二期，頁 86～87。

三衛屢次犯邊，明廷見征而無功，遂採取李秉建議，修築遼東東段之邊牆以防備建州女眞入侵，決定自遼陽東趨，經鳳凰山東，以抵奉集堡。經清河城北，撫順城東，設立墩臺、堡壘，後又隨時勢之演變，逐漸展延。〔註135〕

　　明代雖已修築遼東西段與東段之邊牆以防備蒙古、女眞、與朵顏三衛之入侵，但時日一久，邊牆於歲月流逝中漸形殘破不堪。歷來都有提出修補邊牆之建言者，李承勛以右副御史巡撫遼東，見邊備久弛，牆堡墩臺傾圮殆盡，將士依城塹自守，城外數百里卻都是諸游牧民族射獵之地。因而疏請修築，明世宗新立，發帑銀四十餘萬兩，李承勛則率眾修築城、塹各 91,400 餘丈，墩堡 181，邊防甚固。〔註136〕萬曆元年（1573），兵部侍郎汪道昆巡防至遼，亦派人重修邊牆，修完城堡 137 座，舖城九座，關箱四座，路台、屯堡等 1934 座，邊牆 282,373 丈 9 尺，路壕 29,941 丈。〔註137〕及至萬曆三十六年（1608）熊廷弼巡按遼東時，所見到的邊牆又已是傾圮不堪：

> 沿邊墩台，大半坍塌，雖有存者，又低矮，且泥土半砌，一掘即倒。每虜入，必戒台軍曰：『爾勿舉烽，舉則殺爾。』台軍無以自恃，而畏見殺，往往待虜搶畢，而後敢舉。開原起，慶雲堡至柴河堡三百餘里，墩台一百二、三十里，皆棄不守。其磚石，虜皆折去爲板升，而存者，虜反據之以偵我……每遇收斂，屯民畏入堡如入地獄。必泣曰：『與我入堡盡爲虜殺，曷若使我四散逃生者。』往往賄收斂官，以脫去爲幸。〔註138〕

不僅不能保護屯民之生命財產，反而對屯民之生命財產造成更大威脅。許多城垣均已成爲亂石堆垛，只要人們以腳跺幾下，石塊就纍纍自下：

> 自東州堡經馬根丹、散羊峪、清河、一堵牆、鹼場、孤山、洒馬台、靉陽、新奠、大奠、永奠、長奠一帶城垣，多係亂石堆垛，原無灰汁灌砌。年久開裂，人足一震，石則纍纍自下，所至倒塌，都成漫坡，門甕俱無，但存缺口。〔註139〕

故而熊廷弼擬將山海關至鎭北關長約 1,400 里之邊牆，坍塌之邊堡烽台，於兩、三年重加修葺。

〔註135〕《明憲宗實錄》，卷四十八，成化三年丁卯條，頁 985～986。
〔註136〕《明史》，卷一九九，列傳第 87〈李承勛傳〉，頁 5264。
〔註137〕《明神宗實錄》，卷十五，萬曆元年七月丙申條，頁 461～462。
〔註138〕程開祐輯，《籌遼碩畫》，卷一，熊廷弼，〈務求戰守長策疏〉，頁 78。
〔註139〕熊廷弼，《熊襄愍公集》，卷二〈修邊舉劾疏〉，頁 40。

熊廷弼認爲寧前錦義一帶，土多沙磧，依照舊址挑挖大濠一道，濠深闊各二丈，一直切下本質，自可賴久。累土爲塹，但取土勢自起，不宜加陡以速其圮，山石漫坡，鑿削如壁。溪澗水口用合抱之木三股錯立式如拒馬槍而少短，其上布列二三層，不宜如近日細木欄杆，有同兒戲，自大黑山東至三岔河，又踰河起海遼、開鐵至鎮北關，地平土堅濠溝水口俱如前式，惟累土爲塹，當用土筏包砌於外如土城然，以取其峻，且草長土固可以堅久。東昌以北至慶雲關以南，數河橫出，皆可引水平灌入濠，深可丈，淺可五六尺，春夏秋間邊騎難越，冬間兵結，牆土凝固，又不得挖濬而入。若西北起靖安，迤東南至鴨綠江一帶邊臨海建山林叢薄，似亦不可無濠一道，但此時疆界未定，且有西北濠牆阻擋，吾得少息，其力亦稍稍足以制其東。〔註140〕其用工不宜似舊時各修其地，零星挑濬，力孤勢分，有擾則輟，合應鳩全遼人力，并聚一處，今年完河西，明年完河東。內撥步軍兩萬人，25 衛民夫，大衛有五、六百人，小衛三、四百人，併現在邊夫，共 15,000 人，合之得三萬五千人，編成 1,400 隊，每隊日限工程一丈，一日可完七里七分，百日可完 770 里，一年止以百日工程爲止，使軍民得以休息。自山海關至鎮北關，邊長 1400 餘里，計兩年可得完報。軍夫除本等月糧外，日給鹽菜銀八釐，邊夫與軍夫同，惟民夫日給一分。計一日該銀 300 兩，100 日該銀 30,000 兩，兩年工完共計鹽菜銀該 60,000 兩。〔註141〕

西北衝要邊堡有 60 餘座，除曾經修理及未曾坍塌而尚可守禦者，著令自行修葺以待其後，有極坍塌而又極衝要者約 20 餘座。邊堡大不過 400 丈，每座撥夫 1,000 名燒造折砌，當年可完。鹽菜銀兩多者千金，少不過六、七百金。臺亟應修築者百十餘座，每座撥金六、七十人，燒造修砌，亦當年可完，鹽菜銀兩照前算給。今年湊聚贖銀，重包清河等六堡及墩臺 70 餘座，已行有一定法則可以倣照，兼以城門木植鐵斤犒賞等費共約四萬，總計三年以內，壕塹堡臺，工可俱完，而費亦不過 10 萬。〔註142〕

此項工程既然告成，無論百千小隊都不敢隨意靠近，即使一、兩萬騎，填壕掏牆，亦須延遲半日，而臺烽一傳，耕種人畜早已入堡，各營兵馬早已到邊。如果敵方未過壕，則可以督率火器對塹攻打，如其已過壕，人數少則

〔註140〕前揭書，卷一，頁 39。
〔註141〕同註 139。
〔註142〕同註 139。

予以截殺，人數多則堅壁以防守等待，對方野無所獲，勢必自行撤退。所填之口又能有多寬闊？不再如以往在平曠馳騁，但以火器驚嚇其後，對方搶出口而衝，勢必自亂，而明守軍又因而乘之，不但防守，兼可取勝。〔註143〕

壕牆修，然後臺軍始有所恃而烽火明，烽火明，然後趨避得早而屯寨固，屯寨固然後守禦有賴而人民聚，人民聚然後耕種有主而田野闢，田野闢然後收穫得利而財賦足財賦足而後軍食贍，饋餉省也。日後若地方官亦能修補，則爲數十年之利。〔註144〕

熊廷弼尤爲獨到之見解，不必逐年修補城壕而更可永賴其利者，則爲遍植榆樹。遼中榆樹甚多且繁植甚易，若於牆塹裏沿，闊植五、六丈，地面樹成，不使其太高而有礙哨望，但長至四、五尺，即當頭截斷，使其枝節橫生旁串，彼糾此連，只要十年就能成林，十年就能緊密，時間愈久樹叢愈厚，樹叢愈厚則愈堅實，連斧頭也無法砍斷，火也不得焚燒。雖有敵兵十萬填壕平槧而來，亦不能插翅飛越此片榆樹林，實爲最佳的天然屏障。尤其最爲難能可貴的即是此事可行性極高，以遼陽以東而計，邊長 160 里，該地 28,800 丈，而該協及長安、長勇、武靖三備軍兵共 6,500 餘人，計地坐派人止栽榆四丈四尺，四日尋，一日栽植，而五日可完。全遼皆可仿此。若令邊堡預收錢莢，就便種秧，一年尺許，二年移種，尤覺快便，是一日而全遼可遍。時人但知立論高奇，以取效眉睫之間，對於遍植榆樹卻根本不放在心上，賢智者更是不屑一顧，完全不知道事情有不費力而功效大者，真要爲遼東數百年長久之計，植榆實爲上上之策。〔註145〕

（三）屯　田

廷弼治遼的另一主張爲興屯築堡，以守爲戰。明代之軍屯始於洪武初年，寓兵於農，其法甚善。遼屯之興，乃因鑑於海運遼餉不濟，且時遇風險，有覆舟溺死之虞，故而提倡屯政，藉以助餉。軍屯的田地領之衛所，並以三分守城，七分屯種爲原則。洪武十五年（1382），制定科則：軍田一分，正糧十二石貯屯倉，聽本軍自行支配，餘糧爲本衛所官軍奉糧。永樂初，更定賞罰之例，又定屯守之數。宣宗時將遼東各衛屯軍分爲三等：丁牛兼有者爲上，丁牛各有一種者爲中，丁牛俱無者爲下。英宗時免軍田正糧歸倉，只徵餘糧

〔註143〕前揭書，頁 41。
〔註144〕前揭書，卷一，頁 42。
〔註145〕熊廷弼，《熊襄愍公集》，卷一〈議屯田修邊疏〉，頁 42～43。

六石，又免沿邊開田軍官子粒，並減各邊屯田子粒。此時屯政漸弛，惟軍屯之糧尚足維持軍餉。其後屯田多爲內監、軍官所佔奪，法盡敗壞。永樂初，屯田米常溢三分之一，常操軍 19 萬糧餉，以屯軍四萬供之即足。且受供者又得自耕，故邊外軍雖無月糧，而邊餉則不虞匱乏。明武宗正德時，之遼東屯田較永樂年間贏 18,000 餘頃，糧縮 46,000 餘石，時屯田軍多半逃亡，常操軍只有八萬，皆仰給於倉，由是軍屯乃廢。〔註 146〕

　　熊廷弼巡按遼東時，見軍無餉，民無食，以致人心士氣一蹶不振，無餉固不能養軍，民饑思變則更爲致亂之由，連年徒恃賑濟，實非治本之策。故而主張「先言屯田，次及邊防」：

> 食不足，則兵不得強；田不墾，則食必不得足；人不聚，則田必不得墾；屯寨不固，則人必不得聚；邊防不修，則屯寨必不得固。臣請先言屯田，次及邊防。〔註 147〕

他曾提出「存遼之計」的建議：

> 今日存遼之計，當以保人爲第一義，而保人之計，莫先於實內與固外，實內之事非一，而屯田積儲爲大；固外之事非一，而修邊倂堡爲大。〔註 148〕

廷弼見遼地多曠土可耕，認爲非興屯不足使餉足廩實，如將遼兵八萬中，以三分屯種，年可得粟 120 萬石。〔註 149〕廷弼於萬曆三十七年（1609）九月上興遼屯之議：

> 遼地可耕。遼地八萬，簡十之三歲屯，可得粟一百二十萬石，省年例銀不下二三十萬。

神宗曾優詔褒美，令將此議通行九邊，一體修復屯政。上諭：

> 自古養兵，多取給屯田。我祖宗專以屯政實邊，轉輸甚少。自屯政漸壞，軍餉日增，以致今日庫藏空虛，內外窘急。此奏于邊務有裨，該部（戶部）即詳看具奏，通行九邊一體修復。〔註 150〕

熊廷弼提倡軍屯，核軍實，然而皆行之不久，人存政舉，人去政息。

〔註 146〕《明史》，卷七十八〈食貨志六〉，頁 2007～2009。
〔註 147〕熊廷弼，《籌遼碩畫》，卷一〈修復屯田疏〉，頁 50。
〔註 148〕熊廷弼，〈懲前規後修舉本務疏〉，《籌遼碩畫》，卷一，頁 57～58。
〔註 149〕《明史》爲 130 萬，熊廷弼，《籌遼碩畫》，〈修復遼屯疏〉，則爲 130 萬石，頁 50。
〔註 150〕《明神宗實錄》，萬曆三十七年九月，卷四六二，頁 12391。

（四）設置穀倉

遼三面受敵，一面濱海，關通一線，崎嶇山路，遇旱轉輸艱難，不死則逃。廷弼贖鍰，除築邊外，餘悉發用以購買穀物。立常平法，設置倉庫 17 所，每所都有三、五十間房屋，將所有之交際禮儀全部發交五道去購買穀物，存積在倉庫之中，三年時間即已累積至 30 萬石。除上疏呈報以外，又同時責成徹底執行。以後逐年按照出息多寡，交付撫院同按院去辦理，年終時則要奏繳上來。撫院以該事並非出自己身而上疏推辭。廷弼卻笑曰：「分此等好事與人，亦不受耶？」〔註151〕廷弼以敬慎之念，處處為國家打算，面臨遼東需糧孔亟，而糧食來自關內之運送過程又是如此艱辛，遂想出此一設置穀倉的辦法，並且嚴格執行，廷弼之治遼，的確表現出色。

（五）廷弼籌邊之策的歷史意義

綜觀以上熊廷弼所擬之籌邊策略，可見其內容之充實完備與眼光之敏銳遠大，於整個明代而言，其高瞻遠矚，殊少有人可相比擬。尤其他深諳就地取材之道，以遍種榆樹於城壕之牆塹，連結成網而形成天然屏障，十年成林，十年緊密，愈久愈厚，愈厚愈堅，斧不得施，火不得焚，雖有敵兵十萬填壕平塹而來，亦不能插翅飛越。如此簡便易行而又功效鉅大的天然屏障，不但不必逐年修補，反而能為遼數百年計。古人榆關之說，概亦為此意。

熊廷弼在遼兩年七個月（萬曆三十六年十一月丙申至萬曆三十九年六月辛卯，1608～1611），劾巡撫三、總兵三、道二，萬同知挈副參遊，數人死。一時文武凜凜，大法小廉。又為遼題舉人五名定額，文教丕振，而東西二邊皆受疆索，軍民安堵。廷弼威望日益顯著，〔註152〕議者擬欲用為遼東巡撫，廷弼則力卻之。在遼數年，腳踏實地，不徇不苟；所著章疏，共 24 件，54,432字。〔註153〕興遼屯，築墩堡，核軍實，整飭風紀；興學修備，士氣大振。明史熊廷弼傳謂其「在遼數年，杜餽遺，核軍實，核劾將吏，不事姑息，風紀大振。」〔註154〕明史且附會一祈雨故事，是年荒旱，遼南四衛尤其為甚。廷弼巡視金州與復州，並親自祈雨於州城隍，與城隍相約七日為期，七日後必

〔註151〕熊廷弼，〈性氣先生傳〉，《熊襄愍公集》，頁 14。

〔註152〕《明史》，卷二五九〈熊廷弼傳〉，頁 6693。

〔註153〕李光濤著，《熊廷弼與遼東》，中央研究院歷史語言研究所專刊之 86（臺北，民國 65 年 8 月出版），頁 3。

〔註154〕同註 152。

然下雨，若不下雨，即以變置社稷之義來毀掉神身，換掉神壇。當廷弼巡視至廣寧，與城隍相約之限期已超過三天，遂大書白牌，封劍付兩指揮，前往城隍廟斬城隍。廷弼繼續巡行至三岔河，雷雨如注，連平地都積滿三尺之深。海蓋道閻鳴泰飛報大雨情形，一時皆驚，認爲是精誠所感。明史並言「遼人以爲神」，〔註155〕足見熊廷弼深得民心之一斑。

當是時，與廷弼一起同時差出者，皆歷三差，只有廷弼仍然淹留於山海關以外。初意，署院許記，對廷弼甚爲看重，顧念其辛勞，打算以北直隸提學御史之職位來酬謝。〔註156〕然而嫉妒廷弼者，卻慫恿冢宰孫丕揚，將其由北直隸提學御史改任爲南直隸提學御史，因爲他們打心坎裏不願意熊廷弼至北京入朝廷。自從戊申年神宗萬曆三十六年（1608）多天東林勢起，內閣首輔大臣葉向高與冢宰孫丕揚主其內，淮撫李三才主其外，輔之以秦晉及南臺省段然等，林下余玉立等盡去，故相黨而自築一門戶。廷弼是郭正域（明龍）之兒女親家，段然一向即爲郭正域所厭惡，一度，郭正域亟負入相望，段然感到對其不利，特請爰立淮撫。余玉立一向與郭正域交情深厚，既而終凶，亦同段然謀搆於葉向高。葉向高表面上親郭正域而內心中實在猜忌，益發信用段然，所有拔用、驅逐，無不應手如響。段然參奏兵科胡嘉棟爲劣輔，廷弼駁冢宰以救之，孫丕揚更加厭惡廷弼。〔註157〕

章太炎於《太炎文錄續編》，卷二上〈論東林誤國事〉一文中直指葉向高等東林人士誤國：

> 葉向高以東林黨首爲相，諸名士輔之，差足以制忠賢。向高去，忠賢始橫，然東林故與熊廷弼不怡，不欲專任，故使王化貞旁掣之，以加河西之挫。所挫者豈獨一隅？繫明之存亡是係，任其責這非向高則誰乎？其後論廷弼死罪者鄒元標，幾欲寘之又抗疏力爭者魏大中，此二子皆東林之著者。向高已負誤國之罪，而二子又加屬焉！其去周宗建、顧大章之風何遠哉？周顧非東林，故右廷弼，從其言，廷弼可無死；其死者，大中爲之也，獄既成而爲忠賢所借，廷弼死，大中亦與周顧偕受誣以死，事之反覆，有若此者。吾謂忠賢者爲大中任過者也，殺其身，載其入良將之罪以自予，至今人人切齒忠賢，

〔註155〕同註152。
〔註156〕熊廷弼，〈性氣先生傳〉，《熊襄愍公集》，卷八，頁16。
〔註157〕前揭書，卷八，頁15。

　　未有詬大中者，爲怨半焉，爲德亦半焉。惜哉！向高之罪，非忠賢
　　所能代也。〔註158〕
實發人之所未發，語頗中肯。

〔註158〕章太炎撰，《太炎文錄續編》，卷二上〈論東林誤國事〉，國學基本叢書（臺北：新興書局，民國45年3月初版），頁9～10。

第四章　江南學風之整頓及杖殺諸生之風波

第一節　江南學風之敗壞

一、明末江南之奢靡

　　嘉靖、隆慶、萬曆三朝遙承明代前期經濟發展之基礎，社會經濟得到進一步發展。因此之故，社會風尚從城市到鄉村，從北方到南方，全國城鄉皆發生變化；此一變化大都從經濟發達地區向邊遠廣大鄉村擴大。明代中葉，以江南蘇杭爲中心向南北傳播。傅衣凌認爲中國資本主義生產萌芽時期，當以明代嘉靖（1522～1566）前後爲一轉折點，並且首先在江南及沿海地區表現出來。〔註1〕此一時期，明代社會經濟還出現其他新變化，其中最明顯的有兩點：使用白銀〔註2〕與改革賦役。明代中葉以後正式以白銀當作貨幣，並使白銀在政府財政收支中擔當重要角色。隨著白銀流通與海外貿易發展，使中國部份地區呈現商業經濟普遍景氣。〔註3〕西方學者艾特威爾（William S. Atwell）指出，海外白銀大量輸入的結果，促使地方經濟成長，農業專業化、手工業與區間貿易亦因而擴張，商業城市如蘇州、松江、漳州與其他小城鎮

〔註1〕傅依凌，《明代江南市民經濟試探》，〈導言〉（谷風出版社，1986年9月出版），
　　　　頁1。
〔註2〕鄭永昌，〈中日有關明代白銀史研究之回顧〉，《師大歷史學報》，20期，民國
　　　　81年6月出版。
〔註3〕同註2。

快速發展。〔註4〕富商仍負擔商稅，一般工伎、傭力之人可免除傜役負擔，爲工商業發展創造必要條件；國內商品流通的頻繁，促使各地方經濟產生地域性分工而提高彼此之間的相互依存。〔註5〕法定明代官吏俸祿並不高，除了搜刮民脂民膏貪官以外，一般官吏享受並不好，反倒是經營工商業致富的商人，乘堅策肥，囊盈篋豐，生活享受超過官吏與地主。商人在流通領域中賺大錢，社會財富逐漸集中到他們手上，以致於社會貧富分化更爲明顯。

萬曆是社會風尙大變化時期，儘管重本抑末仍被奉爲傳統政策，但民間早已崇末輕本，紛紛改農業從商賈習技藝，蔚爲社會風氣。甚至連一些有身分的官紳地主或皇室成員，亦改變對商業視爲賤業的看法，紛紛參與其間以求獲利。在中國封建社會裡，科舉制度是躋身上層社會途徑之一，但當商品貨幣經濟發達時候，人們較重視經濟利益，商賈得利遠比功名要實惠得多，於是棄儒從商者時有所見。

余英時曾分析此種社會現象形成的原因有二：（一）人口自明初至十八世紀增加數倍，而舉人與進士名額卻並未相應增加，科舉考試競爭愈來愈激烈；（二）十六世紀以後，商業與城市發展對士子構成巨大誘惑。〔註6〕此外，余英時更進一步指出十六世紀士人階層與商人階層的傳統界線已經變得非常模糊，〔註7〕當時除有由士轉商的例子外，亦有由商轉士的例子。〔註8〕如顧憲成（1550～1612）、顧允成（1554～1607）兄弟即是出身商人家庭，由商轉士的著名例證。〔註9〕

萬曆時期（1573～1620）由於社會風氣影響所及，婚姻非常看重錢財，事實上以金錢買婚的情況更是在所多有，揚州就有婚姻買賣市場。原本長幼有序、尊卑分明的社會等級觀念已被打破，人倫道德出現危機。士人學子不講禮貌，師生之禮亦不復存在，許多學者著作或方志書籍都連篇累牘大聲疾呼，深爲世風之江河日下而憂慮。社會爭訟在如此的風氣之下日益增多，縱

〔註4〕同註2。
〔註5〕傅衣凌，《明代江南士民經濟試探》，〈導言〉（谷風出版社，1986年9月出版），頁1～22。
〔註6〕余英時，〈明清變遷時期社會與文化的轉變〉，《中國歷史轉型時期的知識分子》（臺北：聯經書局，民國83年10月初版第三刷），頁36。
〔註7〕同註6。
〔註8〕同註6。
〔註9〕顧憲成撰，《涇皋藏稿》，卷二十一，收於景印文淵閣《四庫全書》，集部231，別集類，冊1292（臺灣商務印書館，民國72年發行），頁225。

使親為骨肉，照樣對簿公堂。〔註10〕社會風氣趨於奢靡，並有陸楫大力倡導「奢能致富」的理論，亦即以高消費來促進高生產：「自一人言之，一人儉則一人或可免於貧；自一家言之，一家儉則一家或可免於貧，至於統論天下之勢則不然。治天下者，將使一家一人富乎？抑或欲均天下而富之乎？予每博觀天下之勢，大抵其地奢則其民必易為生，其地儉則其民必不易為生者也。何者？勢使然也。」〔註11〕「是有見於市易之利，而不知所以市易者，正起於奢。使其相率為儉，則逐末者以歸農矣，寧復以市易相高耶？」〔註12〕換言之，陸楫的經濟思想約有下列四大要點：其一、認為節儉不能使整個社會富有，奢侈則可「均天下而富之」。其二、認為風俗奢侈的地方謀生機會較多，強調「其地奢則其民必易為生，其地儉則其民不易為生。」其三、認為習尚奢侈，使從事工商「末業」者多，有促進地方經濟繁盛的作用。其四、主張風俗之儉奢，是由各地貧富不同所造成，因此為政者應「因俗而治」，不宜一律強制禁奢。

　　工商業者手中一但擁有大量貨幣，就能發揮更大作用，以貨幣的多少來衡量權力，誰手中錢多誰的勢力就大，功名、門第等封建等級觀念開始被金錢所沖淡，金錢可使人享受到當時社會最好的物質享受。商品經濟的發展亦促進城市的繁榮，居住在城市的工商業者與雇傭勞動者，在人口比例與勢力上皆佔優勢，自然而然要求一定的文化生活，話本小說因而流行，代表市民

〔註10〕何喬遠，《名山藏》，〈貨殖記〉，國立中央圖書館藏書，史部紀傳類，明之屬，明崇禎十三年福建巡撫沈猶龍等刊本，頁10～12。

〔註11〕陸楫，《蒹葭堂雜著摘抄》，沈節甫《紀錄彙編》本204冊，景印萬曆刻本，民國54年10月臺灣民智出版社壹版，頁2106～2107；林麗月，〈晚明崇奢思想隅論〉，《歷史學報》第19期，臺灣師大歷史系所，1991年6月，頁215～234；林麗月，〈陸楫崇奢思想再探——兼論近年明清經濟思想史研究的幾個問題〉，《新史學》五卷一期，1994年3月，頁131～153。林麗月於該文中提出萬曆年間沈節甫所輯《紀錄彙編》收錄的〈禁奢辨〉即摘抄自中央圖書館所藏嘉靖四十五年（1566）刊本《蒹葭堂稿》第六卷〈雜著〉。至於陸楫生平事蹟，則參見嘉靖四十五年陸氏家藏刊本，卷八，墓誌，頁2，〈明故廩太學生小山陸君墓志銘〉，內中提及陸楫生於明武宗正德十年（1515），卒於世宗嘉靖三十一年（1552），享年三十八歲，為家中獨子，嘉靖十四年入府學，十八年，朝廷因策立皇太子，詔三品以上京朝官廕子入監，當時其父陸深擔任太常卿兼翰林學士，陸楫因此應詔入國學，此年以北監生應順天鄉試，不第，始悟「士明一經不足以名世」，從此開始兼治《禮》、《易》，並博覽小說之類著作，因相關史料不足，無從得知其撰寫〈禁奢辨〉之確切年代，但其論古今人事，常不囿於俗儒之見，而能發人之所未發。

〔註12〕同註11。

意識的抬頭。〔註13〕明中葉這種新風尚、新意識的出現，與舊有社會風氣產生矛盾與衝突，一反舊時儉樸風尚。〔註14〕雖經地方行政官吏採用行政手段來禁止，如龍游知縣余杰，曾下令「土木器皿，凡前項侈靡之物，盡用變毀。……故違者定行重治以罪。」〔註15〕卻並未產生實際效果。社會上歌舞昇平對於貧富差距懸殊現實狀況並無裨益。

二、江南學風之敗壞

　　明朝法令原來禁止生員任意干預社會事務。神宗萬曆三年（1575），張居正當政時特此加以強調，並且以條文來規定生員：「若糾眾扛幫，聚至十人以上，罵詈長官，肆行無禮，為首者照例問遣。其餘不分人數多少，盡行黜退為民。」然而如此規定，事實上卻形同具文。自穆宗隆慶（1567～1572）、神宗萬曆（1573～1620）以來，士風發生極大變化。生員們不再循規蹈矩，反而積極參與各種與官府、縉紳對抗的社會運動。〔註16〕江南城市受到工商業經濟衝擊，不少市鎮逐漸脫離農業生產成為工商業根據地，擁有大量人口，不再是單純、恬靜鄉村，而是具體而微新型小工商業城市。行會組織在地方上佔有一定份量。城市經濟發達，廣大市民層居住於城鎮之中，為著經濟利益而促使彼此聯繫更加緊密。城市風氣轉變已使單純農村淳樸生活轉變為爭

〔註13〕陳學文，〈明代中葉民情風尚習俗及一些社會意識的變化〉，山根幸夫教授退休記念《明代史論叢》，下卷，頁 1222。

〔註14〕近年以來，學術界對明代社會由初期的淳樸至中葉的漸染奢華，以迄明末盛行爭奇炫麗、華侈相尚的演變，已經從社會史的角度多所論述。詳見劉志琴，〈晚明城市風尚初探〉，《中國文化研究集刊》，第一輯（江蘇人民出版社，1984 年 3 月），頁 190～208；陳茂山，〈試論明代中後期的社會風氣〉，《史學集刊》，1989 年第四期，頁 31～40；吳仁安，〈明代江南社會風氣初探〉，《社會科學家》，1989 年 3 月，頁 39～46；王興亞，〈試論明代中後期河南社會風氣的變化〉，《中州學刊》，1989 年第四期，頁 107～110；徐泓，〈明代社會風氣的變遷——以江、浙地區為例〉，《第二屆國際漢學會議論文集，明清與近代史組》（臺北：中央研究院，1989 年 6 月出版），頁 137～139；〈明代後期華北商品經濟的發展與社會風氣的變遷〉，《第二次中國近代經濟史會議文集》（臺北：中央研究院經濟研究所，1989 年），頁 107～173；暴鴻昌，〈論晚明社會的奢靡之風〉，《明史研究》第三輯（安徽：黃山書社，1993 年 7 月），頁 85～92。

〔註15〕明李東陽等奉敕撰、申時行等奉敕重修，《大明會典》，卷七十八，新文豐出版公司影印萬曆十五年（1587）刊本，計二二八卷，頁 16～17。

〔註16〕傅衣凌，〈明代後期江南城鎮下層士民的反封建運動〉，《明代江南市民經濟試探》（臺北：谷風，1986 年），頁 129～144；顧炎武，《原抄本日知錄》，卷十九（臺北：明倫出版社，民國 65 年出版），頁 486～489。

奇鬥彩奢靡生活。〔註17〕服飾打破傳統社會秩序，男子多穿色服，引起道學
先生駭異。李樂曾提及所見所聞：「厭常喜新，去樸從豔，天下第一件不好
事，此在富貴中之人家，且猶不可，況下此而賤役長年分止布衣食疏者乎。
余鄉二、三百里內，自丁酉至丁未（1597～1607），若輩皆好穿絲綢鄒紗羅湘
羅，且色染大類婦人，余每見驚心駭目，必嘆曰：此亂象也。」〔註18〕「熟
聞20年來，東南郡邑，凡生員讀書人家有力者，盡爲婦人紅紫之服，外披內
衣。」「昨日到城郭，歸來淚滿襟，遍身女衣者，盡是讀書人。」〔註19〕江南
城鎮商品經濟發達，工商業人口增長，擴大城鎮市民階層，出現與工商業有
聯繫的知識份子。知識界中一部分上層常與地主與城市中等階層發生聯繫，
構成明代後期東林黨與復社之社會基礎。知識界之基層，如一般生員、監生、
儒童等，並未參加政權活動，與城市中等階層、平民、鄉村農民、中小地主
較常連繫，是故常常站在抗爭前列。〔註20〕早在世宗嘉靖末穆宗隆慶初
（1567），即曾經發生邑令韓錦川應元以某事不能滿足眾多諸生的需要，以致
於諸生大嘩，當面唾罵。幸而韓錦川力氣大，以雙手力搏諸生，諸生70餘人
皆披靡而退。城鎮士風不端已被人提出向朝廷報告，如「邇來習竟澆漓，人
多薄惡，以童生而毆辱郡守，以生員而攻訐有司，非毀師長，連珠遍布於街
衢；報復仇嫌，歌謠遂錄於梓木。」〔註21〕尤其自張居正卒後，生員們更是
肆無忌憚。

　　顧炎武於《日知錄》〈生員額數〉一文中對於生員人數日濫，行跡惡劣，
深以爲憾：

　　　　生員猶曰官員，有定額謂之員。……國初，諸生無不廩食於學。會
　　　　典言，洪武初令在京府學60人，在外府學40人，州學30人，縣學
　　　　20人，日給廩膳，聽於民間選補，仍免其差徭二丁。其後以多才之
　　　　地許令增廣，亦不過三人、五人而已。踵而漸多，於是宣德元年定
　　　　爲之額，如廩生之數。其後又有軍民子弟俊秀，待補增廣之名，久
　　　　之乃號曰附學，無常額，而學校自此濫矣。……今人於取進士用三

〔註17〕傅衣凌，〈明代後期江南城鎮下層士民的反封建運動〉，《明代江南市民經濟試
　　　　探》，頁121～125。
〔註18〕李樂，《續見聞雜記》，卷十，明季史料集珍第二輯，中央圖書館館藏（偉文
　　　　圖書公司印行，民國66年9月），頁899～900。
〔註19〕前揭書，頁803。
〔註20〕傅衣凌，《明代江南士民經濟試探》，頁130。
〔註21〕《明穆宗實錄》，卷二十四，頁9924。

場，動言遵祖制，而於此獨不肯申明祖制，舉一世而爲姑息之政，僥倖之人，是可嘆也！……李吉甫在中唐之世疾生員太廣……天下常以勞苦之人三，奉坐待衣食之人七。而今則遐陬下邑亦有生員百人，即未至擾官害民而已爲遊手之徒，足稱五蠹之一矣。有國者苟知俊士之效賒而遊手之患切，其有不亟爲之所乎？

對於生員之中，行跡惡劣者，簡直與地方上之土豪劣紳無異，甚至開門迎賊，出賣讀書人之良知，令人痛恨切齒：

諸生即思把持上官，侵噬百姓，聚黨成群，投牒呼譟。至崇禎之末，開門迎賊者生員，縛官投僞者生員。……呼呼！養士而不精，其效乃至於此！〔註22〕

從英宗正統十四年六月丙辰對於生員犯罪加以處罰的規定看來，當時生員所作所爲的犯罪情況甚爲普遍：生員事犯黜退者輕罪充吏，免追贓米。若犯受贓姦盜，冒籍科舉，挾妓飲酒，居喪娶妻妾等罪者，南北直隸發充兩京國子監膳夫，各布政司發充鄰近儒學齋夫膳夫。滿日原籍爲民，充警。廩膳仍追廩米。〔註23〕

萬曆十五年（1587 年）由於城市市民運動蓬勃發展，江南城鎮市民參與抗爭活動已經成爲普遍現象，嚴重者甚至連縣官都敢驅逐。〔註24〕這些士民原本都是統治階層擁護者，現在卻起而反對統治階層，並在各城市中不約而同一時蜂起，顯示具有一定群眾基礎，更突顯出世道人心之一變。〔註25〕范濂在《雲間據目抄》曾經有所說明：

士風之弊，始於萬曆十五年（1587）後，跡其行事，大都意氣所激，而未嘗有窮凶惡極，存乎其間，且不獨松江爲然，即浙直亦往往有之。如蘇州則同心而仇凌尚書，嘉興則同心而訐萬通判，長洲則同心而抗江大尹，鎮江則同心而亢辱高同知，松江則同心而留李知府，皆一時蜂起，不約而同，亦人心世道之一變也。〔註26〕

關於蘇州同心而仇凌尚書之事件，文秉在《定陵註略》則詳細敍述事件之來

〔註22〕顧炎武，《原抄本日知錄》，舊題何義門披校精抄本，〈生員額數〉（明倫出版社，民國 59 年 10 月三版），頁 486～487。

〔註23〕同註 22。

〔註24〕計六奇，《明季北略》，頁 325～326。

〔註25〕傅衣凌，《明代江南士民經濟試探》，頁 131～132。

〔註26〕范濂，《雲間據目抄》，卷二〈記風俗〉，《筆記小說大觀》22 編，第五冊，民國 70 年 12 月出版，頁 2639～2640。

龍去脈：

> 萬曆十五年（1587）九月，蘇州原任兵部尚書凌雲翼殺生員章士偉、
> 張元輔。吳縣陸萬炳等疏原任兵部尚書凌雲翼於本年八月十七日逼
> 佔已故副使章美忠男——生員章士偉——房屋，毆士偉至死。三學
> 生儒不勝忿，於九月二十四日齊集雲翼家理曉，伊子凌玄應統喝男
> 婦婢僕，剝搶儒巾、藍衫、靴四十八副，諸生橫拖倒拽，恣意毒打，
> 髠須破頭，穿截耳齒者，不下數十人。又加糞穢澆灌淋漓，一時被
> 傷諸生，如張元輔、陸萬里……等，衣無寸縷，體無完膚。雲翼惡
> 死其家，令開門下一竇，驅使爬出，呼號震天，血肉遍地，庶民罷
> 市，觀者萬計。內生員張元輔不禁嘔穢，忿極投河，救歸於二十九
> 日縊死……。〔註27〕

凌雲翼與章士偉之間究竟發生何種爭執，以致於引起如此嚴重的問題？原來
凌雲翼富甲吳中，其子凌玄應憑借父親在地方上勢力，為所欲為，所求無不
如意。由於章士偉與凌家是鄰居，其父章美忠曾為副使，但已早逝，凌家百
計營謀章士偉居宅，雙方已經成交，由凌家買下章家之居宅。事有湊巧，此
時章士偉之妻病逝，章士偉多出一筆開支，想要從賣出此屋中得一點兒貼補，
才肯搬離此屋而移至別處。凌玄應怒其相抗，令僕人立刻驅逐章士偉，以致
於將其毆打致斃。諸生知悉此事，乃為章士偉申討公道，齊聚凌家以示抗議，
凌玄應則安排打手數十人，故意引誘諸生進入堂中，闔門毒毆。諸生之中陸
萬里一向負有勇力，挺身格鬥，因此所受創傷尤其嚴重，兩肋皆折，幸而未
死。但是張元輔卻因不禁嘔穢，忿極投河，救歸之後又於二十九日自縊而死。
出事之後，凌玄應連夜捲帶十萬金，馳至都門投誠。等到民疏至，外廷內廷
皆主張調停之說，凌雲翼仍然列冠裳，其子凌玄應從薄處置，不過虛應一番
而已。〔註28〕

　　萬曆二十一年（1593），松江府三縣士民所發起的「挽留李知府」運動，
〔註29〕則是生員抗爭的另一種表現方式。事件之緣起為當年二月十五日，知
府李多見以京察而去任，然而備受愛戴的他卻為合郡士民四行挽留其留任，

〔註27〕 文秉，《定陵註略》下，偉文圖書出版社有限公司，明季史料集珍，頁 457～
　　　　458。

〔註28〕 前揭書，頁 458。

〔註29〕 范濂，《雲間據目抄》，卷二〈記風俗〉，《筆記小說大觀》，22 編，第五冊（臺
　　　　北：新興書局，民國 70 年 12 月出版），頁 2639～2640。

最後事情鬧大，以致於兵道江鐸統兵前往緝拿鬧事者始為平息。李知府上任以來，有意昭雪民冤，不免有濫受訟詞之嫌，為地方上大姓所苦。然以其片言能折獄，且無成心，剖析允當，故而士民翕然稱其明；復以馭下嚴刻，自甘清苦，搜剔奸宄，峻卻饋遺，故而士民翕然稱其廉：其不吝施與，時多利澤，匠邑舖戶亦必計工給值，絕無留滯，故而士民翕然稱其惠。其治松江府，備受百姓感戴，當居民乍聞李知府以京察而不得不去職時，彷若頓失慈母，一時無所措。當時即有人刻出「保留」李知府的文榜，遍貼各處以曉傳。於是三縣市民，各出己見，寫出自己的心聲，然後張貼於府縣照壁、關門鬧市，縱使是獄人丐婦娼優，亦能看到如此的張貼。聚集在松江府前的群眾日益增加，等到李知府一出來，必定簇擁其至府堂，號呼動地，而李知府亦相對而泣，並賦棠溪吟，以示惜別，場面十分感人。

一時群赴按院、兵道去請願以挽留李知府，連縉紳亦前往請願。然而上官卻認為朝廷大計勢不可挽，故皆以婉詞以回答士民所請，致使士民心中更為焦慮不安，惶惶無策。於是有人提出塞門之說，想要以此來打動上官；有人提出投櫃之說，為其立去思碑；也有人書豎白旗，上面書寫攀留李知府；更有人願意率眾至京擊登聞鼓以表明願意挽留李知府之心聲。如此紛紛數日，鄰近府縣則流傳松江府士民似是作亂。〔註30〕

正巧通判陳九官與李知府一同去官，謠傳松江士民要詰問其征槖，此時鄉宦林景暘的家奴揭撕下百姓所張貼之民榜一紙，眾人遂懷疑他要阻撓大家的心意，林景暘竟然因此而中傷松江士民，謂其並非想要挽留李知府，而是打算抄搶而故意以挽留作幌子。兵道為懼怕地方生事，因此統兵入境，泊舟驛前，捕捉諸人，內有監生彭汝讓，生員蔡汝中等。幸而陸宗伯力救，出安民榜一道，事情才平息下來。林景暘則為眾口所鑠，隱居於鄉間暫避風頭。當李知府要離開之際，大雨傾盆，父老爭先入府痛哭，並以香燭供奉其長生之位，百姓持香泣送者不可勝計。〔註31〕

松江士民挽留李知府之舉動，實在反映出大家望治心切的心聲，生員參與其中，一方面顯示關懷地方之情意，另一方面亦顯示向朝廷政令挑戰之意味，站在朝廷的立場，終究是使人頭疼的挑戰。

江南士子除為人打抱不平而有上述抗爭活動與挽留活動之外，他們亦為

〔註30〕同註29。
〔註31〕同註29。

下列原因而參與抗爭活動：

（一）為反對考試不公而抗爭

隆慶初年（1567），為反對科舉考試不公而發生抗爭的事情已經發生。如：隆慶元年（1567）丁卯鄉試，最初，穆宗採用議者建言，兩京鄉試監生考卷各自革去皿字號，於是南監中式者僅有數人，比照舊額要減少四分之三，既經放榜揭曉之後，考試官王希烈、孫鋌等至國學謁文廟，而監生落榜下第者高達數百人，群聚喧噪於文廟門內，等候王希烈等出來時向其遮訴，語氣甚為不遜，巡城御史與江都御史各遣人喝止，久之方才散去。事情傳揚開來，穆宗下詔南京法司逮捕治罪，將為首者沈應元等數人如法發遣。祭酒呂調陽蒞任未久，可以勿論，守備衛國公徐鵬舉以聞變坐視不顧而奪祿米，司業金達以前束不嚴奪俸各二月。監生編號仍然採用舊辦法。這場鼓噪風波雖使鬧事的監生受到處分，且禍及國學教官，但抗議的結果顯然是監生獲得勝利，故而隆慶四年（1570）的兩京鄉試，又恢復「皿」字號。〔註32〕據《西園聞見錄》記載，隆慶五、六年（1571～1572）間，松江童子考不與選，辱及府官。〔註33〕萬曆三十一年（1603）七月，蘇州府知府周一梧為生員之起鬨而避門不出，朝廷允其致仕。〔註34〕此一生員抗爭事件，使得當時生員之心態表露無遺：

> 郡守周公一梧（周一梧）山西襄邑人也，其為人剛狠多欲，郡人呼
> 為周欲剛……。石世瑛者，吳江庠生也。……歲癸卯（1603），太守
> 周一梧錄考已過，石之親有為府書吏，傳言曰：今年府考甚有弊，
> 凡生員之文佳者，皆為他人損妒，反顛置後列，一時庠友信之。有
> 吳煥、顧廷植連名具呈於學，學據以呈縣，縣雖不申府，府公亦漸
> 知之，大不滿吳江。

於是在府考時，因秩序不佳，周一梧執一生員孫矩，榜責之十。如此一來，聚集在外之群生大哄，手持磚石排門亂毆，而府內之儒童輩又起而響應。〔註35〕值此緊急之際，有一人名為邵濂，大聲呼叫於門外：

> 縣令殺秀才，諸君未可退也。一呼而集者幾百人，濂乃取一紙揭院

〔註32〕張朝瑞輯，《皇明貢舉考》，卷一，頁37～38。

〔註33〕張萱，《西園聞見錄》，卷四十四〈禮部三〉，頁33～34。

〔註34〕沈璟，《近事叢談》。

〔註35〕沈璟，《近事叢談》。

門及諸通衢，曰：「青衿被殺，通學共憤，願從諸同袍擊殺青衿者。」
由是府三學諸君紛紛後先蟻集，幾數百矣。始而擊門，門者入白。
周曰：「是必告考者，聽之當自退。」未幾，抉門入，鼓噪登堂，周
尚指揮五百捍之。印吏前白曰：「蓋入避？人眾，鋒不可犯」。周始
起入後堂，群少年尾而拳毆之，賴印吏背不甚傷，止斷其腰帶，絕
其兩裙。院扯故倚城，則又從城上拋擲磚礫，亂下如雨，周匿跡混
中始得免，夜半乘昏微服歸衙。〔註36〕

此次風潮的發生地，在市民階層集中的蘇州城，一呼而集者幾數百，除在學
生童之外，還有部份市民參加於內。由於平日大家對於知府周一梧既剛且多
欲感到不滿，所以只不過是傳言「今年府考甚有弊，凡生員文佳者，皆為他
人損妒，反顚置後列」，未經查證而庠友即信之不疑，遂連名俱呈於學、縣。
府考時，秩序不佳，周一梧處罰一位生員孫矩，群生遂因此而大鬨，從包圍
在外至鼓噪登堂，甚至群毆周一梧，逼得他乘亂於夜半中逃歸衙內，景況之
狼狽不堪，僅只倖免而已。

（二）為反對苛捐勒索而抗爭

明代中葉以後，江南市民不斷爆發反對政府苛捐勒索的抗爭。萬曆六年
（1578），徽州反對絲絹加派的抗爭，即有生員參加活動。萬曆六年，刑部復
應天撫按胡執禮等題稱：婺源縣民程任卿借稱絲絹加派不堪，要欲分派休、
婺、祁、黟、績五縣，鼓煽生員汪時等15名聚黨脅迫官吏，逼求生豁，幾於
作亂。程任卿允宜擬斬，其餘或擁眾抗官，或趁機圖利，各擬編遣行枷示如
律。得旨各犯聚眾毆官，敢行稱亂，程任卿、汪時、著監候處決，餘依擬發
遣發落。〔註37〕生員汪時等15名積極參與地方上之抗爭活動，不惜公然與地
方官吏為敵，其中尤以汪時、婺源縣民程任卿下獄等候處決最為慘烈，生員
參加抗爭活動以致於犧牲生命亦時有所聞。

從上述種種生員層的抗爭活動看來，無論其原因為何，已在在說明南直
隸是個多事之地，難怪段然曾向孫丕揚建言，謂「南中人才盛，非文望莫能
鑒；士風悍，非威望不能聾（同懾）。熊科名高，有文武風裁宜以往。」〔註38〕

〔註36〕徐復祚，《花當閣叢談》，卷五〈書癸卯事〉，《筆記小說大觀》第16編，第二
　　　　冊（臺北：新興書局，民國70年12月出版），頁1098～1104。
〔註37〕《明神宗實錄》上，冊11，卷七十七，總頁10608。
〔註38〕《熊襄愍公集》，卷八，頁16。

似乎的確把一個燙手山芋丟給熊廷弼，熊廷弼日後在南直隸提學御史上的所作所為與聽勘回籍的遭遇又似乎是無法避免的悲劇命運。

第二節　熊氏對學風之整頓

一、熊氏視學江南之背景

萬曆三十九年（1611）熊廷弼以 43 歲之壯年被朝廷任命為南直隸提學御史，從遙遠的關外遼東巡按御使任上來到風光秀麗的江南，展開生命中另一段仕宦生涯。東北與江南，無論是地理環境與風土人情、經濟發展等各方面，均呈現截然不同的風貌。熊廷弼滿懷對於東北邊防的牽掛，雖有優異表現卻在被彈劾毀謗之下而不得不離開東北，內心之憤慨、無奈，可想而知。郭正域為熊廷弼之兒女親家，曾撰寫「送熊芝岡督學南畿」二首：

> 文武才名世所無，轅還五國到三吳。長城築就干戈息，化雨飛時草
> 木蘇。下里陽春推郢曲，高皇禮樂自留都。燭天曾有芙蓉鏡，照乘
> 全收滄海珠。
>
> 君是龍頭第一人，片言海內等奇珍。都亭奏章皆推轂，堂上談經妙
> 斷輪。范士肯教金躍冶，論文不使蛇為神。當場駿驥應無數，若個
> 能堪步後塵。〔註39〕

當熊廷弼於東北威望日著之際，朝廷內部亦正進行激烈的政治鬥爭。由於巡按御史職司監察，宜直道而行，自不免多仇少與，而置己身於危難之地。以廷弼如此剛直之個性，入與天子爭是非，出與大臣辯可否，甚至發人之姦，貶人之爵，奪人之官，其得罪人之處自不免在所多有。〔註40〕為酬其辛勞，朝廷本擬差其擔任遼東巡撫，遭人反對不成；後署院許記有意讓其擔任北直隸提學御史，又不成。〔註41〕嫉妒者卻慫恿吏部尚書孫丕揚將其改任為南直隸提學御史，一來不願意熊廷弼入朝而直接參與國家大政，二來亦由於江南一帶士風喧囂，經常發生生員層之抗爭活動，成為朝廷的燙手山芋。將此燙手山芋丟給熊廷弼，豈非一石二鳥？自從戊申年冬（神宗萬曆三十六年，1608）開始，東林黨勢力興起，內閣首輔葉向高暨吏部尚書孫丕揚主其內，

〔註39〕熊廷弼，《熊襄愍公集》，卷末附，頁 86。

〔註40〕巨煥武，〈明代巡按御史之點差及出巡〉，《政大學報》，第 34 期，民國 65 年12 月。

〔註41〕《熊襄愍公集》，卷八，頁 16。

淮撫李三才主其外，輔之以南台省段然等，將非東林派之余玉立等盡行斥去。熊廷弼本為郭正域之姻親，其女嫁予郭正域之子，是為兒女親家。段然素為郭正域所惡，郭正域原本亟負入相之希望，此一形勢之發展將對段然不利，故而段然特請爰立淮撫李三才。余玉立素來與郭正域交情深厚，後來卻發展為交惡，亦為段然從中破壞。葉向高表面上與郭正域甚為親近，而實際上卻非常忌妒，因此益發信任重用段然。無論段然建議拔用何人、驅逐何人，無不應聲如響，配合無間，以致引起東林與熊廷弼之矛盾，〔註42〕如段然參奏兵科胡嘉棟，謂其有劣行，熊廷弼乃即反駁孫丕揚以為胡嘉棟辯白，雙方因之益為相惡。段然與其同黨胡忻、王圖，以言語刺激孫丕揚，孫丕揚則斥責熊廷弼。但以熊廷弼方受遼人愛戴，不敢輕易有所處置。〔註43〕又知熊廷弼逢人輒提及此事，故而眾人沒法間言中傷。適逢江南地區士風囂悍，生員或包圍官府，或焚燒縉紳房屋，不時有案例呈報至朝廷。段然等人遂向孫丕揚建言：

> 南中人才盛，非文望莫能鑒；士風悍，非威望不能讋（同慴）。熊科
> 名高，有文武風，裁宜以往。〔註44〕

孫丕揚立刻採用此建議。按照以往成例，兩直隸提學御史之職位，本由吏部會同都察院、禮部，再確定人選。可是孫丕揚竟不知會相關部門，而自以為得人，卻並不知道自己已被段然等人所利用。熊廷弼遂於萬曆三十九年（1611）入關，所攜帶之物僅為衣箱一、書箱一、床箱一。而以受命後清風載道。

二、熊氏對學風之整頓

（一）嚴於考課

南直隸有 14 府、4 直隸州、17 散州、97 縣〔註45〕（應天府、鳳陽府、淮

〔註42〕《熊襄愍公集》，卷八，頁 16。

〔註43〕《明史》，冊 22，卷二五九〈熊廷弼傳〉，頁 6691～6692，謂廷弼於萬曆三十六年起至萬曆三十九年為止的巡按遼東期間，曾遇大旱，廷弼行部金州，禱於城隍神，約妥七日內要下雨，否則就要毀其廟。及至廣寧，已過三日，卻仍未下雨。廷弼大書白牌，封劍，使使者前往斬城隍；使者尚未至金州之城隍廟，已是風雷大作，雨水如注，遼人遂以為神。

〔註44〕同註43。

〔註45〕《明史》，志第 16〈地理一〉，《大明會典一》，〈兩直隸府州縣都司衛倉〉，頁375。王天友著，《明代國家機構研究》（北京大學出版社，1992 年 9 月第一版

安府、揚州府、蘇州府、松江府、常州府、鎮江府、盧州府、安慶府、池州府、太平府、寧國府、徽州府），是經濟繁榮、生活富庶之地。明代中葉以來，市鎮交通方便，信息靈通，吸引鄰近地區士大夫知識階層向其聚集，因而具備知識相對密集、文化凝聚力強的特殊優勢，故以人文蔚起、科第興旺著稱於世〔註46〕（請參考附表一：明代名人分布圖〔註47〕；附表二：明代書畫家分布圖）。〔註48〕其中尤以蘇州府、松江府二府之文化爲最，爲其餘諸府所不及。〔註49〕近年來，學者對於江南市鎮之探討，已從經濟區域的研究角度多所論述。〔註50〕

　　熊廷弼在遼東威望卓著，糾舉不法則雷厲風行，以如此的作風來到經濟繁榮、士風習於抗爭的江南，的確是一椿驚人之舉。南直隸士子聞悉熊廷弼要來，皆畏形避影，懼怖不敢出門戶，以免有任何把柄爲熊廷弼所掌握，則無人情可以開脫。〔註51〕提學官三年一任，任內要舉行兩次考試，一次是歲考，一次是科考。先以六等試諸生優劣，謂之歲考。一等前列者，視廩膳生有缺，依次補充，其次補增廣生，一、二等皆給賞，三等如常，四等撻責，五等則廩膳生、增廣生遞降一等，附學生員降爲青衣，六等黜革。科考亦按成績的優劣分爲六等，第一、二等受賞，即取得參加鄉試的資格，稱爲「科舉生員」，換言之，只有進入學校並取得科舉生員的資格，才能在科舉的道路

印刷），頁235。

〔註46〕樊樹志著，〈江南市鎮文化一瞥〉，《明清江南市鎮探微》（復旦大學出版社，1990年9月第一版），頁262。

〔註47〕張其昀監修，程光裕、徐聖謨主編，《中國歷史地圖》，下冊，中國文化大學出版部，民國73年10月出版，頁72。

〔註48〕前揭書，頁88。

〔註49〕樊樹志著，〈江南市鎮文化一瞥〉，《明清江南市鎮探微》，頁83。

〔註50〕美國著名學者 G. William Skinner，以地理學中區域經濟的概念來研究中國的商業與市場系統，1964～1965年，在《亞洲研究學刊》發表〈中國鄉村的集市和社會結構〉，結合歷史學與社會學、經濟學、人類學、地理學等各門學科，開拓新領域，提供新成果，反映西方歷史學新潮流。G. W. Skinner，〈Marketing and Social Structure in Rural China, Journal of Asian Studies〉，頁24～1、2、3，1964～1965年，後來他強調從整體上看問題，打破行政區域結構，著眼於經濟區域的研究，視一個經濟區域的各方面爲活的整體，並具體顯示整體中的局部；樊樹志，《明清江南市鎮探微》，上海復旦大學出版社，1990年9月出版；劉石吉，〈明清時代江南地區的專業市鎮〉上，《食貨》，八卷，六期，頁274～291；中，《食貨》，八卷，七期，頁326～337；下，《食貨》，八卷，八期，頁365～380。

〔註51〕熊廷弼，〈性氣先生傳〉，《熊襄愍公集》，卷八，頁16～17。

上一步一步爬上去。其充補廩、增給賞，悉如歲試。其等第仍分六，而大抵多置三等，三等則不得應鄉試，撻黜者僅百一，亦可絕無。〔註52〕明代開始，通過鄉試的舉人不僅會試下第不必「重解」，而且可以謁選授職，成為入仕資格的一種，故明清載籍盛稱「鄉舉」為「一代之新制」，可見鄉試在明代遠較宋元更具有政治、社會意義。〔註53〕諸生即是秀才，廣義而言包括廩生、增生、附生等各種生員。

下列附表為兩直隸學政體系表，明代教育體制內的權責體系，最高單位是中央的禮部，依次則為地方省級的教育實際負責人的提學副使或僉事、兩直隸的提學御史，往下為府、州、縣、衛學中職司教育的各級教官。

表三：兩直隸學政體系表

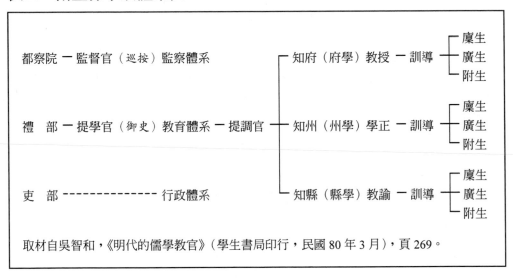

取材自吳智和，《明代的儒學教官》（學生書局印行，民國80年3月），頁269。

我國政治上用人的標準，每每借重考試制度，而考試制度又往往限於經義與文藝一途。自宋朝以來，始以經義試士。元仁宗皇慶二年（1313）詔行科舉，定條例，第一場為明經經疑二問，自四書內出題，並用朱熹章句集註。經義一道，各治一經，詩以朱熹為主，尚書以蔡沈為主，周易以程頤、朱熹為主，春秋用三傳及胡安國傳，禮記用古註。這是明代考試制度的先導，至

〔註52〕《明史》，志第45〈選舉一〉，頁1687。
〔註53〕林麗月，〈科場競爭與天下之「公」：明代科舉區域配額問題的一些考察〉，《師大歷史學報》，第20期，民國81年6月，頁44。

明太祖時，更嚴密規定經義體裁，是爲八股考試制度，以八股爲去取的標準，即是所謂「科目」，明制以「科目」爲盛，卿相皆由此出，學校則儲才以應科目。《明史》，卷七十〈選舉志二〉謂：

> 科目者，沿唐宋之舊，而稍變其試士之法，專取四子書及《易》、《書》、《詩》、《春秋》、《禮記》五經命題試士。蓋太祖與劉基所定。其文略仿宋經義，然代古人語氣爲之，體用排偶，謂之八股，通謂之制義。三年大比，以諸生試之直省，曰鄉試，中試者爲舉人。次年，以舉人試之京師，曰會試。中試者，天子親策於廷，曰廷試，亦曰殿試，分一、二、三甲以爲名第之次。一甲止三人，曰狀元、榜眼、探花，……《四書》主《朱子集註》，《易》主程傳、朱子本義，《書》主蔡氏傳及古註疏，《詩》主朱子集傳，《春秋》主左氏、公羊、穀梁三傳及胡安國張洽傳，禮記主古註疏。永樂間，頒《四書五經大全》，廢註疏不用。其後，春秋亦不用張洽傳，禮記止用陳澔集說。〔註54〕

永樂年間所敕撰的《四書五經大全》，由胡廣等主編，在經學上的價值遠比不上唐代的《五經正義》。當時胡廣又奉敕撰有《性理大全》七十卷，明朝顯然在提倡理學。〔註55〕《性理大全》一書，所採宋儒之說凡 120 家，是皇帝提倡的理學。原本國家定制採用宋儒的四書五經註解以及四書五經大全解說已經促使一般讀書人的思想與宋儒理學接近，復以敕撰《理學大全》的提倡，易導致知識界以規行矩步掩飾其空疏無學的根柢，進而以高談性命爲維持其懶惰的性根。從十四世紀中葉至十七世紀初期，由於君主的提倡與考試制度，形成明代理學時期。〔註56〕

由於科場弊竇日多，遂導致議論頻數，始終不斷。如孝宗弘治十二年（1499）會試，大學士李東陽、少詹事程敏政爲考官。給事中華昶劾程敏政鬻題與舉人唐寅、徐泰，朝廷乃命李東陽獨閱文字，而給事中林廷玉復攻程敏政可疑者六事。程敏政謫官，唐寅、徐泰皆遭受斥謫。唐寅爲江左才士，戊午南闈第一，論者多惜之。〔註57〕又如世宗嘉靖十六年（1537），禮部尚書

〔註54〕《明史》，卷七十，志第 46〈選舉二〉，頁 1693～1694。
〔註55〕《明代思想史》，第一章〈明代理學思想來源〉，齊魯大學國學研究所叢刊之一（臺灣開明書店，民國 51 年 3 月台一版），頁 2～3。
〔註56〕同註 55。
〔註57〕《明史》，卷七十，志第 46〈選舉二〉，頁 1704。

嚴嵩連摘應天、廣東試錄語，激起世宗怒氣，下令將應天主考及廣東巡按御史逮問。二十二年（1543），世宗手批山東試錄譏訕，逮御史葉經杖死闕下，布政以下皆遠謫，亦是爲嚴嵩所中傷。四十年（1561），應天主考中允無錫吳情錄取同邑 13 人，被彈劾，與副考胡杰俱謫以外，南畿翰林遂不得典應天試。〔註 58〕萬曆四年（1576），順天主考高汝愚使張居正子張嗣修、張懋修上榜，萬曆十年（1582）張居正病逝，御史丁此呂追論其弊，謂「汝愚以『舜亦以命禹』爲試題，殆以禪受阿居正。」當國者惡丁此呂，將其謫於外，而議者多不直高汝愚。〔註 59〕萬曆三十八年（1610）會試，湯賓尹爲同考官，與各房互換闈卷，共 18 人。次年（1611），御史孫居相彈劾湯賓尹偏私韓敬，其互換皆以爲包庇韓敬。當時吏部考察，尚書孫丕揚因置湯賓尹、韓敬於察典。〔註 60〕其他指摘科場事者，種種不一，有賄買鑽營、懷挾倩代、割卷傳遞、頂名冒籍，弊端百出，不可窮究，而其中以關節爲最甚。〔註 61〕

　　嘉靖間何良俊曾提及當時學風隨科舉在轉變之中，謂當時學子之讀書求學情況爲人人皆讀舊文，皆不體認經傳，則五經四書可盡廢矣。〔註 62〕此處所謂的「舊文」，即坊科時義，也就是時人所稱應試俗書的兔園冊子。謝肇淛曾指出當時學風的敗壞，號稱爲好學者，亦不過完全以取科第爲第一要義，至於立言以傳後世則百不得一，修身行己更是絕不以爲意，本末已經完全倒置，讀書不過是取科第而已。〔註 63〕

　　由於科舉考題長久以來即淪於支離破碎，根本違背聖賢立言之大旨，纖巧有餘而渾厚不足，以致流弊叢生。南京河南道御史張邦俊曾論及當時學臣命題率半割裂破碎或牽搭扭搭，其於聖賢立言大旨甚相悖戾，恐文體日纖，世風日巧，流弊不可勝言。〔註 64〕顧炎武於《日知錄》一書之中亦曾對此種流弊有所評論：

> 明初三場之制，雖有先後，而無重輕，乃士子之精力，多專於一經，
> 略於考古。主司閱卷復護初場所中之卷，而不深求其二、三場。夫

〔註 58〕同註 57。
〔註 59〕同註 57。
〔註 60〕同註 57。
〔註 61〕前揭書，頁 1705。
〔註 62〕何良俊，《四友齋叢書》，卷三，《筆記小說大觀》，15 編，第七冊，頁 24。
〔註 63〕謝肇淛《五雜俎》，卷十三〈事部一〉（臺北：偉文圖書出版社，民國 66 年 4 月初版），頁 327。
〔註 64〕熊廷弼，《性氣先生傳》，《熊襄愍公集》，卷八，頁 16～17。

昔之所謂三場，非下帷十年，讀書千卷，不易有此三場也。今則務
於捷得，不過於四書一經之中，擬題二百道，竊取他人之文記之，
入場，日鈔謄一過，便可僥倖中式；而本經之全文，有不讀者矣。
率天下而為欲速成之童子，學問由此而衰，心術由此而壞……蓋救
今日之弊，莫急乎去節鈔剽盜之人，而七等在所先去，則闇劣之徒，
無所僥倖，而至者漸少，科場亦自此而清也。〔註65〕

士子為走捷徑而不讀本經之全文，只不過從四書一經之中，擬題一、二百道，
竊取他人文章記誦，入場應試時則鈔謄完畢，交上卷之後往往可以僥倖中試。
如此一來，透過科舉選拔人才的本意則大打折扣，節鈔剽盜之人不過根據講
章節選、鈔錄一番而已，胸中如何能有經世濟民之成竹？一旦為官，不過多
半虛應故事而已。

至於「擬題」之流弊，顧炎武更是痛切指陳：

今日科場之病莫甚乎擬題。且以經文言之，初場試所習本經義四
道，而本經之中場屋可出之題不過數十。富家巨族延請名士，館於
家塾，將此數十題各撰一篇，計篇酬價，令其子弟及僮奴之俊慧者
記誦熟習，入場命題，十符八、九，即以所記之文抄謄上卷，較之
風簷結搆，難易迥殊，四書亦然。發榜之後，此曹便為貴人，年少
美貌者多得館選，天下之士靡然從風，而本經亦可不讀矣！……昔
人所須十年而成者，以一年畢之；昔人所待一年而習者，以一月畢
之，成於勦襲，得於假倩，卒而問其所未讀之經，有茫然不知為何
書者，故愚以為八股之害等於焚書，而敗壞人材，有甚於咸陽之
郊。〔註66〕

士子但知速成，而並未腳踏實地從本經著手，顧炎武甚至認為八股之害等於
焚書，實在發人深省。

近人新儒家代表人物熊十力，對於中華民族衰亡徵象繫於學子逐臭習
深，有著精闢的分析：

中國學人有一至不良的習慣，對於學術、根本沒有抉擇一己所願學
的東西。因之，於其所學，無有不顧天、不顧地而埋頭苦幹的精神；
亦無有甘受世間冷落寂寞而沛然自足於中的生趣。如此，而欲其於

〔註65〕顧炎武，《日知錄》，卷十九〈三場〉，頁 475～476。
〔註66〕顧炎武，《日知錄》，卷十九〈擬題〉，頁 476～477。

學術有所創闢，此比孟子所謂緣木求魚及挾泰山超北海之類，殆猶難之又難。吾國學人，總好追逐風氣，一時之所尚，則群起而趨其途，如海上逐臭之夫，莫明所以……此等逐臭之習有兩大病：（一）各人無牢固永久不改之業，遇事無從深入，徒養成浮動性；（二）大家共趨於世所矜尚之一途，則其餘千途萬轍、一切廢棄，無人過問……逐臭者，趨時尚，苟圖媚世，何堪恬淡？隨眾勢流轉，僥倖時名，何堪寂寞？逐臭之心，飄如飛蓬，何能專一？自無抉擇之智，唯與俗推移，無所自持，何能恆久？故一國之學子，逐臭習深者，其國無學，其民族衰亡徵象已著。學子逐臭之風盛行，讀書但以功利之觀點出發。〔註67〕

針對當時江南教育變遷種種流弊，熊廷弼提出的改革之道，乃是以強調實學來取代剽竊片段之學，故每試必要求士子書寫經論四篇，未繳交「論」作者，則無法列入一等，只能幫補而已；未繳交「經」者，文章雖然工巧，卻只能置於五等卷。〔註68〕櫃號簿不入院署，一憑數行，墨自高下。杜絕一切請託人情，使其人不得入內，每日閱200卷。妍媸一經過目，錙銖不爽。

然以其所黜退者多為名士，所提拔者多為寒微之士；兼以所黜皆為鄉紳津要子弟，且其中尤其以東林子弟居多，受其處罰的生員亦以與東林有關者為主。〔註69〕最著者則為歲試竟然將東林派領袖顧憲成的長子顧與淳置於末等，《顧端文公年譜》，萬曆四十年（1612）三月曾經提及此一事件，朱平涵寫信安慰顧憲成：

賢郎遭此一番磨煉，自是天將玉成大賢。處此如蛛絲掛，落葉飛，豈礙太虛半點？古人值此甚多，乃知今人作用未是奇特，且不如是，不見道之大也。〔註70〕

〔註67〕熊十力著，《十力語要》（廣文書局印行，民國60年4月再版），頁46～47。
〔註68〕熊廷弼，〈性氣先生傳〉，《熊襄愍公集》，卷八，頁16～17。
〔註69〕熊廷弼，〈性氣先生傳〉，《熊襄愍公集》，卷八，頁16～17；城井隆志，〈明末地方生員層の活動と黨爭に關する一試論──提學御史熊廷弼諸生杖殺をめぐつて〉，《九州大學東洋史論集》，1982年3月第10號，頁83。
〔註70〕顧憲成著，《顧端文公遺書附年譜》，第16冊，譜下，頁33，為東北大學寄存於師範大學之圖書，光緒丁丑重刊涇里宗祠藏板，現存放於師範大學國文系參考室。此一年譜由顧憲成次子顧與沐所記略，孫顧樞初編，曾孫顧貞觀訂補，元孫顧開陸較補，五世孫顧鍾英等較錄，共計16冊，第16冊為年譜，是極為珍貴之史料。國立中央圖書館雖有此書之善本書目索引，然並未收藏

《顧端文公年譜》更提及熊廷弼肆毒於東林的此一事件：

> 時學使熊廷弼方肆毒於東林。歲試置與淳（顧憲成長男）末等。公
> （憲成）絕不介意，命鼓篋遊南雍。〔註71〕

廷弼此一作法，歲試置顧與淳末等，即是將其列於黜革之列，此一舉措無異
於公然向顧憲成挑戰，在東林派之中造成鉅大迴響，遂使地方上懷疑其有意
摧殘東林，要與東林派為敵，以致於與日後的黨爭結下不可解之禍，〔註72〕
日後杖殺諸生芮永縉事件與聽勘回籍亦埋下伏筆。〔註73〕從《顧端文公年譜》
對廷弼以「肆毒」於「東林」稱之，即知彼此之間的矛盾衝突已至深不可解
之地步。

　　熊廷弼於歲試將顧與淳列為末等，此事本身的確相當使人不解，根據《顧
端文公年譜》的記載，我們可以得知顧憲成對於子姪的教育非常重視，與淳
生於萬曆二年（1574）三月二十一日，顧憲成時年 25 歲，〔註74〕萬曆二十五
年（1597）當與淳 23 歲時，顧憲成課士於同人堂，而其子弟甥姪亦一同就讀，
書聲琅琅如也，充滿濃厚的學術氣息：

> 連歲弟子雲集，鄰居梵宇寓都遍至無所容。公商之仲季，各就溪旁
> 近舍搆書室數十楹以居之，省其勤窳，資其乏絕。溪之南北，晝則
> 書聲琅琅如也，夕則膏火輝輝如也。過者停舟歎羨，即行旅皆欲出
> 於其途。涇白公乃於小心齋之東，闢同人堂，規制弘敞，萃四方學
> 者及子弟甥姪，月凡再試，涇白公臨而課之，自為程以質多士。刻
> 之曰，信心萃賞罰激勸，會規甚嚴，試畢，做糊名易書之法公親為
> 甲乙，擇其中之可以語上者，朝夕鏃礪，期於有成。〔註75〕

按照一般常理推論，顧與淳生長於如此的書香環境之中，程度當不致於列入

此套書籍，唯有國立師範大學有此藏書，但又以東北大學寄放之書而未列入
電腦資料之中，若僅從此處著手則仍然找不著此書。筆者幸蒙師大王仲孚教
授多方協助，始得一睹此套珍貴史料而於熊廷弼與東林之間相互關係有著更
深一層的體認，謹於此向王仲孚教授致以發自內心的感謝。

〔註71〕顧憲成著，《顧端文公遺書附年譜》，第 16 冊，譜下，頁 33。
〔註72〕城井隆志，〈明末地方生員層の活動と黨爭に關する一試論——提學御史熊廷
弼の諸生杖殺をぬぐつて〉，《九州大學東洋史論集》，1982 年 3 月第 10 號，
頁 84～85。
〔註73〕有關此一杖殺諸生事件，將於第三節作一詳盡探討。
〔註74〕《顧端文公年譜》，〈譜上〉，頁 8。
〔註75〕《顧端文公年譜》，〈譜上〉，頁 30～31。

末等。萬曆三十五年（1607）十二月，顧與淳與其弟顧與沐兩人以德行並舉，
尚且致書郡邑廣文懇辭當時提學御史史記事之獎勵，顧與淳更是屢試皆爲第
一，高存之馬君曾經爲其稿作序且刊刻廣爲流傳。〔註76〕萬曆三十六年（1608）
八月會東林，身爲憲成弟子的丁長孺對師母嚴課與淳、與沐兄弟的情景留下
深刻印象：

> 戊申（1608）秋，謁師於城西偏，方與版築，清談竟日無一雜語。
> 問淳之、沐之兄弟，則師母扃戶課之若嚴師。然涇皋去城四十里，
> 公月主東林之會，殊苦數數，至是始卜城寓以便攜家，涇白公亦買
> 數椽比屋居焉。〔註77〕

東林每年舉辦大會一次，或春或秋，臨期酌定；每月則舉辦小會一次，除正
月六月、七月、十二月祁寒、盛暑不舉外，二月、八月以仲丁之日爲始，餘
月以十四日爲始，各三天，願赴者則前往，而不必全到。〔註78〕此年八月爲
東林之月會，丁長孺前往參加東林之會，師母嚴督與淳、與沐兄弟的情景已
然說明其對子弟所寄予的深厚期望。以如此的家庭而遭到子弟歲試置於末等
的待遇，雖然顧憲成全然不在意，然而整個家族都能毫不在意嗎？東林中人
皆能無動於衷嗎？從《顧端文公年譜》以「學使熊廷弼方肆毒於東林」這句
話看來，即知此一事件所造成的影響極大。《東林列傳》〈姚希孟傳〉曾言及
「熊廷弼素與東林異」，〔註79〕從熊廷弼在南直隸御史任上對於顧與淳之做
法，可以證明此言不虛。

　　萬曆四十年（1612）五月二十三日寅時，顧憲成過世於涇里，享年63歲。
〔註80〕由於萬曆年間朝廷有恩詔一欵，凡是境內名賢有值得祭祀者，地方官
員不必題請即可逕行爲其立祠報部。〔註81〕同年七月，將顧憲成崇祀郡邑鄉
賢祠，《顧端文公年譜》對於熊廷弼之表現則認爲乃是「迫於公議」，而未必
出於心甘情願：

> 提學御史熊爲學政事。舊例，鄉賢俱經該道、府、縣詳請、批行。

〔註76〕《顧端文公年譜》，〈譜下〉，頁16。
〔註77〕《顧端文公年譜》，〈譜下〉，頁18。
〔註78〕《顧端文公遺書》，第五冊〈東林會約〉，頁18。
〔註79〕陳鼎編，《東林列傳》，下冊，卷二十三，中國書店，海王村古籍叢刊，1991
　　　年3月第一版，頁3。《東林列傳》收錄東林180餘人的傳記，費時二十餘年，
　　　成書二十四卷，搜輯頗詳，可補《明史》之缺。
〔註80〕《顧端文公年譜》，〈譜下〉，頁34。
〔註81〕《顧端文公年譜》，〈譜後〉，卷四，頁1。

今本官人望久孚、無俟查核，宜徑行置主崇祀，以光俎豆。隨送主
縣學鄉賢祠訖。又撫、按、學三院會同，批送府祠。廷弼此舉迫於
公議，尋因互訐聽勘，益攻東林。〔註82〕

東林人士對於廷弼之不滿並未因其會同撫、按為顧憲成建祠而有所稍減，反
倒是雙方心結愈來愈深，終於導致彼此互訐、尖銳對立的局面。八月，東林
為顧憲成舉行公奠，場面非常感人，亦可見其向心力之強：

同年同社及後學門生于孔兼、錢一本、吳達可、薛敷教、朱鳳翔、
諸壽賢、王士騏、朱國禎、徐必達、洪文衡、姜士昌、岳元聲、顧
際明、于仕廉、黃正賓、陳敏中、湯兆京、吳亮、孫慎行、于玉立、
張大受、吳正志、俞汝楫、高攀龍、劉元珍、文震孟、荊之琦、錢
謙益、郁庭芝、史孟麟、丁元薦、徐鳴皋、安希范、賀學仁、任光
祖、丁鴻明、周繼文、汴淇載、程山庚、汪萬里四十餘人至者，先
於東林會哭。及入涇拜奠，皆相向失聲，或留連浹日始去。〔註83〕

東林公奠對於廷弼日後處境終究有何影響，我們無從得知，但是卻能因此而
對其日後處境之「其來有自」有所體悟，則是毫無疑義的。

從夏允彝對於熊廷弼督學江南，有所批評與不以為然之處，可以作為參
考：

當其督學江南，行法極嚴，然嚴而不當……但知嚴處士子而已。
〔註84〕

夏允彝對熊廷弼督學江南之「行法極嚴」頗有微詞，雖然並非針對顧與淳之
事而言，然而卻是與《明史》謂其督學南畿「嚴明有聲」〔註85〕相互印證，
無論從肯定的角度與不以為然的角度，熊廷弼擔任南直隸提學御史的角色都
是「嚴峻」的。同時，此一「嚴峻」亦為其一貫作風，並非單獨針對東林人
士。

有關熊廷弼嚴於考課之情況，《定陵註略》〈荊熊分祖〉曾有下列記載：

先是熊考試江南，繩束諸生過當。常州某公子，年纔十六，以犯規
小失，熊執而撻之。某公止此一子，不勝其忿，挺身闖入院署拉其

〔註82〕同註81。
〔註83〕《顧端文公年譜》，〈譜後〉，卷四，頁1。
〔註84〕夏允彝撰，《幸存錄》，〈上〉，頁1610。
〔註85〕《明史》，〈熊廷弼傳〉，頁6693。

子以出。眾鄉紳調停其間，事雖不問而岌岌有騎虎之勢。〔註86〕
《明史》謂熊廷弼「嚴明有聲」，實乃有所本而指。熊廷弼對江南諸生的考課
十分嚴格，絲毫不予放鬆，甚至為一點小小的犯規而加以撻罰，以致於家長
難以忍受，氣憤難消，親身闖入院署去將正受處罰的兒子救出來，與熊廷弼
發生衝突。後來雖然經過地方鄉紳調停其間，使此一事件化解於無形，然而
卻造成生員家長的危機意識。

　　蘇州府崑山縣鄉紳顧天埈向熊廷弼以書信致意，婉轉寄望於熊廷弼有所
彈正，其於〈與熊芝岡學臺〉函中曾經如此表示：

> 臺下臨蒞敝邑，考試兩郡生童，稱公稱明者固眾；然憚怖威嚴而竊
> 議者亦不少，頗云與士為讎，此言不敢不以上聞。臺下業已嚴矣，
> 豈能遽寬？但得法嚴而意寬，使輿情曉然憚其法而服其意。〔註87〕

此一見解說明熊廷弼嚴於考課的自訂標準已經與士為讎，引起極大的惶恐與
不安，憚怖威嚴而竊議者不在少數，形成一股倒熊的暗流。

　　雖然熊廷弼嚴於考課之對象並不限於東林人士與其子弟，然而廷弼與東
林之間素以相異則是非常值得我們重視的問題，何以素以岳武穆深自期許的
熊廷弼會與深以天下為己任的東林人士素不親近，甚至還導致相互攻訐的地
步？

　　這要從東林本身的特色談起：明末開經世風氣者以東林派為重鎮〔註88〕
是個人經世走向團體經世的開始，意圖以結社團體的力量推動經世的事業。
所謂「東林派」乃是指萬曆中葉以後的東林書院領袖，以及熹宗天啟年間反
對權璫魏忠賢因而獲罪的東林黨人。天啟年間，魏忠賢的黨羽先後編列東林
黨人名錄，使其成為整肅異己的工具，其中最重要的則是《東林黨人榜》、《東
林點將錄》。《東林黨人榜》的頒行年代，根據《明史》〈熹宗本紀〉、〈東林列
傳〉、《酌中志》所載，皆稱在天啟五年（1625）十二月，網羅顧憲成、高攀
龍、李三才等士大夫，但榜中若干人物或為閹黨，或為復社中人，訛誤甚多。
《東林點將錄》則根據文秉《先撥志始》所載，成書於天起啟四年（1624）
冬，僅列天啟間持正忤璫的士大夫，可視為魏忠賢擅政時期東林的中心人物。

〔註86〕文秉，《定陵註略》下，〈荊熊分袒〉，明季史料集珍，偉文圖書出版社有限公
　　　　司印行，頁603。
〔註87〕顧天埈，《顧太史文集》，卷七〈與熊芝崗學臺〉。
〔註88〕余英時，〈清代學術思想史觀通釋〉，收入《史學評論》，第五期（臺北：華世，
　　　　民國72年1月出版），頁35。

但崇禎初年，魏忠賢敗後，東林當政，逆黨借點將錄以爲避罪復官之地，紛紛竄入此錄，以致眞僞相淆。〔註 89〕後世所謂東林，不盡等於天啓崇禎年間諸名錄上所列的「黨人」，故而林麗月將東林書院的領導人物及清議的支持者，加上反對魏忠賢的士大夫，稱爲「東林派」而不稱爲「東林黨」，以示與眞僞錯置的東林黨人諸名錄所指有別。無論東林派在學術思想史上之毀譽爲何，其以江南一隅之書院，於講求性命道德之餘，又議論時政，終至名震京師，聳動朝野，足以證明東林講學必不同於一般書院。〔註 90〕東林書院位於常州府無錫縣弓溪之畔，爲南宋大儒楊時（龜山）所創建，歷經長期荒廢以後，由顧憲成、高攀龍等下野官員予以重建，落成於萬曆三十二年（1604）十月，訂每月九日、十日、十一日舉行大會。集合同邑罷職歸里的錢一本、史孟麟諸人講學其中。講學之餘，則往往評議朝政、裁量人物，朝中士大夫多與之相應和。

東林早期領袖是明末「清流」士大夫的基本特質，擁護傳統的儒家原則，並根據這些原則以批判人物、檢討問題，而「裁量人物」正是東林「抱道忤時」的共同關切，故而東林雖以講學爲名，卻特別重視「救世」。這種不願離群孤立的講學宗旨，正是儒家「內聖」而「外王」的一貫理想，對於人才進退與政策之得失非常重視，時有主張，發爲「清議」。東林中人或爲現任官員，或爲退職士大夫，對於當代官僚與政治良窳始終寄以深切關注。由於東林派提倡救世，關心世道，故東林之士莫不以投身政治爲其施展知識分子抱負的第一途徑。他們認爲士人良莠混雜，而人臣之賢與不肖關係著社稷安危甚鉅，因此爲政者遴選官員不可不愼。東林特別重視士大夫中「君子」與「小人」之辨，務期「眾正盈朝」，「邪佞盡退」，以挽救明末腐敗的政治風氣。〔註 91〕

根據林麗月《明末東林運動新探》，列有東林人物省籍分佈表，該文所分析的 313 名東林人物中，以南直隸最多，爲 87 人，佔 27.8%（附表四）。〔註 92〕

〔註 89〕朱偰，〈東林點將錄考異〉，《中山大學文史學研究所月刊》二卷一期，民國 22 年；〈東林黨人榜考證〉，《燕京學報》，19 期，頁 159。

〔註 90〕林麗月，〈閣部衝突與明萬曆朝的黨爭〉，《師大歷史學報》第 10 期，師大歷史系所合編，民國 71 年 6 月，頁 123～136。

〔註 91〕同註 90。

〔註 92〕林麗月，〈東林黨人省籍分佈表〉，《明末東林運動新探》（臺北：師大歷史研究所博士論文，民國 73 年 6 月），頁 125。

而明代結社之盛，尤以江、浙一帶爲最，故而南直隸實爲東林之核心地區，常州無錫更是東林發源地之重鎭。

表四：東林黨人省籍分佈表

省　籍	人　數	百分比	省　籍	人　數	百分比	省　籍	人　數	百分比
南直隸	87	27.8	江　西	36	11.5	陝　西	33	10.5
浙　江	28	8.9	湖　廣	25	8.0	山　西	20	6.4
山　東	17	5.4	河　南	16	5.1	福　建	15	4.8
北直隸	12	3.8	廣　東	7	2.2	四　川	3	1.0
雲　南	1	0.3	不　詳	13	4.2	合　計	313	100.00

取材自林麗月，《明末東林運動新探》，師大歷史研究所博士論文，李國祁教授指導，民國73年，頁125。

　　東林的領導人物，具有強烈的道德色彩，他們認爲明代政治之敗壞，乃是由於士大夫政治道德的低落；而政治道德的沒落，則與王學末流的反對經典，與盛行放蕩無忌的個人主義有關。所以，他門一方面在學術上攻擊王學「無善無惡」的理論，提出「尊經」、「審幾」之說以救王學末流放縱恣行之弊；另一方面則要求重整政治風氣，而最理想的方法就是掃除朝中非善類的官員，以設法使所有正直的官員進政府機構，如此及可使政治上軌道，使所有國家大迎刃而解。對於人物的品評，又往往採用二分法，非黑即白，非君子即小人，因爲他們深信自己是君子，故而凡是與自己意見相左的都變成小人，此種門戶之見實造成極大的負面影響。

　　《明神宗實錄》載有京畿道御史徐兆奎，對於此一負面影響的深刻說明：

> 臣觀今日天下大勢盡趨東林，……其徒日眾，挾制有司，憑凌鄉曲，門遂如市矣。……東林所至郡縣，一喜一怒，足繫諸有司禍福。凡東林講學，所至主從百餘，該縣必先設廚，傳戒執事館穀程席之需，非二百金上下不能辦。會講中必以時事，講畢立刊，傳布遠近各邑，行事有與之左者，必速改圖，其令乃得安，今已及浙中諸郡矣。……陰所扶者必在彼，所混排者未必非今日獨行之君子，所甘附者未必非後日論定之小人矣。至東林敗壞天下，其禍更顯。蓋自假講學以結黨行私，而道德、性命、與功名利達混爲一途，而天下之學術壞；自濯足淮揚而氣節壞；自廣納贄幣庇短護貪，而天下之吏治人品並

壞；自游揚之書四出而天下之官評壞；自指摘之怨生而移書單假計
典盡剪其所忌，而天下之元氣壞。〔註93〕

雖然上述負面影響未必盡如所言，徐兆魁其後以附權閹魏忠賢而名列逆案，
但如不以人廢言，其所言亦有某種程度的參考價值。東林諸君在追求眞理的
過程之中，仍不免犯下錯誤，造成在眞理之旁隱有錯誤則是無可置疑。「所混
排者未必非今日獨行之君子，所甘附者未必非後日論定之小人」，此一說法實
有相當程度之可信之處。

《明史》〈魏允貞等傳贊〉對於朋黨一旦名盛則附之者眾的流弊亦有十分
透徹之分析：

> 朋黨之成也，始於矜名，而成於惡異。名盛則附之者眾，附者眾，
> 則不必皆賢而胥引之，樂其與己同也；名高則毀之者亦眾，毀者不
> 必不賢而怒而斥之，惡其與己異也。同異之見歧於中，而附者、毀
> 者爭勝而不已，則黨日眾，而爲禍熾矣。〔註94〕

「矜名」、「惡異」的後果則是但以與己相同而樂，不必皆賢而胥引之；只知
惡其與己相異，毀者不必不賢而怒斥之，如此一來，附者與毀者雙方爭勝不
已，其黨日眾，而其禍益熾則屬必然。

夏允彝所著作的《幸存錄》，對於此中曲折所析甚詳。夏允彝（字仲彝，
華亭人，崇禎十年（1637）進士，授長樂知縣。順治二年（1645），清兵破松
江，投水而死）曾於死後留下《幸存錄》一書，並在書前表明心跡，謂此書
有其深意在：

> 國家之興衰，賢奸之進退，虜寇之始末，兵食之源流，懼後世傳者
> 之失實也，就予所憶，質之言乎。言之或幸而存，後世得以考焉。
> 失之略者有之，失之誣者予其免夫。〔註95〕

雖然自謂「失之誣者予其免夫」，但是卻仍然引起極大爭論，黃宗羲即認爲此
書是偽作，且撰寫《汰存錄》以逐條批駁書中議論。〔註96〕夏允彝認爲東林
始而領袖者皆君子，繼而好名者、躁進者咸附之，使東林受累極大：

> 東林君子之名滿天下，尊其言爲清論，雖朝中亦每以其是非爲低昂；

〔註93〕《明神宗實錄》，卷四八三，頁9092～9095。
〔註94〕《明史》，卷二三二〈魏允貞等傳〉，頁6067。
〔註95〕夏允彝撰，《幸存錄》，臺灣銀行經濟室編，臺灣文獻叢書第235種，民國56
　　　　年9月，頁1608。
〔註96〕黃宗羲，〈汰存錄紀辨〉，收入《東林與復社》，頁118。

> 交日益廣，而求進者愈雜，始而領袖者皆君子者，繼而好名者、躁
> 進者咸附之。〔註97〕

尤有甚者，此書認為明季北都、南都之淪陷，都與東林與非東林專事內訌，不顧敵國外患，缺乏和衷共濟之量以致於遭至此禍，故而明朝之亡，凡是參與黨爭者皆脫不了責任：

> 平心論之，東林之始而領袖者為顧（憲成）、鄒（元標）之賢，繼為
> 楊（漣）、左（光斗），又繼為文震孟、姚希孟，最後輩如張溥、馬
> 世奇輩，皆文章氣節足動一時。而攻東林者，始為四明（沈一貫），
> 繼為趙（興邦），繼為魏（忠賢）、崔（呈秀），繼為溫（體仁）、周
> （延儒），又繼為馬（士英）、阮大鋮，皆公論所不與也。東林中亦
> 多敗類，攻東林者亦間有清操獨立之人；然其領袖之人，殆天淵也。
> 東林之持論高而於籌虜剿寇卒無實著，攻東林者自謂孤立任怨，然
> 未嘗為朝廷振一法紀，徒以忮刻，可謂之聚怨而不可謂之任怨也。
> 其無濟國事也則兩者同之耳。〔註98〕

黃宗羲因與東林有極深的淵源，言辭較偏袒東林。朱希祖曾為〈幸存錄〉作題跋，指該書並非偽書，且稱許其所言為「持平之論」。〔註99〕

陳鼎所編《東林列傳》，於〈凡例〉中曾指出東林書院自萬曆三十二年（1604）開始講學以來，終於崇禎朝（1644），講學甚盛，從遊者眾，主席亦非專由一人擔任。然而出於東林門下者都是些什麼人？固有節義之士與以救國救民為懷抱者，然而為一己私利打算而混雜於其中者，亦在所多有：

> 然講者、聽者，或無功業於世，或鮮少道德於身，徒事口舌講論誦
> 說，乃或偶踁東林之門，或偶聽講於東林，或出些微少貲於東林，
> 或假肄業於東林以博科第，或附影射於東林以求名高，或執役服於
> 東林以求名高，或執役服於東林以志求食，或入鄉賢名宦不可得，
> 而借足於東林；或其阿勢求榮以趨承而邀福於東林者。究之聖賢之
> 學、性命之理，茫然不知，曰，我東林也，我祖、我父，東林也，
> 居然欲附於大賢之列，國人皆曰不可諒，諸君死而有知，自亦以為

〔註97〕 夏允彝撰，〈幸存錄〉，臺灣銀行經濟室編，臺灣文獻叢書第235種，民國56
　　　　年9月，頁1614。
〔註98〕 前揭書，頁17。
〔註99〕 朱希祖，《明季史料題跋》，〈跋舊鈔本幸存錄〉、〈再跋幸存錄〉、〈三跋幸存錄〉，
　　　　頁7～13。

不可；余固以爲不可也，概不入。〔註100〕

多少投機份子根本對於聖賢之學與性命之理茫然一無所知，卻紛紛借足東林以謀個人私利，對於東林派不僅不能有所貢獻，反而敗壞東林派之風氣，徒然留下把柄而已，是以東林中亦多敗類，攻東林者亦間有清操獨立之人，並非完全一面倒而已。

吾師王家儉教授於〈呂坤的憂患意識與經世思想〉一文中，曾經提及呂坤的救時之策，〔註101〕固然出於他對於時局的認識與其豐富的從政經驗，然亦與其「中道哲學」有關。嘗言：「中是千古道脈」。又言：大中至正是「天下古今一條大路」。〔註102〕其信奉之篤，可以想見。呂坤既以中道爲其爲人處世的標準，所以他對於當時清流人物之所作所爲，自然亦難盡表贊同。故在他與顧憲成書內雖謂「東林會約是今日第一緊要事」，並盛讚其虞山會語、東林商語，精深切實，皆是卓爾之見。〔註103〕可是卻也常假歷史評論，以表示其對清流之不滿。嘗言：「清議酷於律令，清議之人酷於治獄之吏。律令所冤，賴清議以明之，雖死猶生也。清議所冤，萬古無反案矣。是以君子不輕議人，懼冤之也。」〔註104〕又論東漢黨錮之禍，言：

〔註100〕陳鼎編，《東林列傳》上，頁3。

〔註101〕呂坤（1536～1618）字叔簡，號新吾，又號抱獨學士，河南寧陵人，生於明世宗嘉靖十五年（1536），卒於明神宗萬曆四十六年（1618），享年83歲，爲晚明時期一位著名學者，也是一位開明愛民的官吏。從其生平及著述來看，無疑可以斷定，他不僅是一位忠實的儒學信徒，也是虔誠的儒學實踐者。在他長達80餘年歲月之中，無論家居或爲官，始終都對於國家的憂患、民生的疾苦，表現出高度的重視與關懷。明神宗萬曆二年（1574），呂坤以38歲之齡考中進士，從此踏仕途，曾先後出宰襄桓、大同，任朝廷中吏部主事、郎中、山東參政、山西按察使、陝西布政使，而於萬曆二十年（1592）以左都御史巡撫山西，成爲獨當一面的地方最高大員。萬曆二十三年（1594）被內召爲左僉都御史，歷官刑部左右侍郎後，曾經數度上疏，力陳時弊，剛介峭直，不惜犯君之顏，而置個人生死榮辱於不顧。萬曆二十五年（1597），呂坤上「憂危疏」，痛陳天下安危、民心不安、強調國家社會已面臨崩潰的邊緣，此疏引起神宗不快，留中不發，呂坤隨即稱疾乞休，神宗旋即批准。乞休之後，呂坤家居長達40年之久，常與後進講論學術，勤於著述，對於朝廷仍時時不忘關懷。有關呂坤之生平事蹟與憂患意識，請參考王家儉，〈呂坤的憂患意識與經世思想〉，《國立臺灣師範大學歷史學報》，第13期，頁93～103。

〔註102〕呂坤，《呻吟語》，卷四之三，頁30。

〔註103〕呂坤，《去僞齋文集》，明萬曆至康熙間刊本，卷四〈答顧涇陽〉，頁30～31。

〔註104〕呂坤，《呻吟語》，卷二之一，頁28。

> 黨錮諸君，只是褊淺無度量。身當濁世，自處清流。譬之涇渭，不
> 言自別。正當遵海濱而處，以待天下之清也。卻乃名檢自負，氣節
> 相高，志滿意得，卑視一世而踐踏之，譏謗權勢而訾之，使人畏忌
> 奉承，愈熾愈驕。積津要之怒，潰權勢之毒，一朝而成載胥之凶，
> 其死不足惜也。〔註105〕

這真不啻是對於當時清流人士的一記當頭棒喝，雖未明言其為東林，但以東
林與清流之關係至為密切，亦隱示他與東林之態度稍有不同。

熊廷弼與東林素不相近，一方面與熊廷弼本身性氣有關；另一方面與東
林本身在發展過程中為敗類所混進以致於敗壞其風氣有關。然而除此之外，
熊廷弼於南直隸提學御史任上，採取雷屬風行的嚴厲政策，亦與此時朝廷對
待生員之對策，具有極大的關係。城井隆志於〈明末地方生員層の活動と黨
爭に關する一試論——提學御史熊廷弼の諸生杖殺をぬぐつて〉一文中，分
析熊廷弼對江南生員層的高壓政策，乃是受到內閣大學士葉向高的大力支
持，〔註106〕因為東林派的所作所為已經象徵地方上鄉紳、生員層的政治發言
力份量大增，地方勢力已有動搖中央集權專制體制的趨勢。〔註107〕我們從御
史徐兆魁於萬曆三十九年（1611）五月壬寅其所上疏〔註108〕之看法，已可窺
知一、二。

常州府無錫縣是東林派的中心所在，東林派在地方上所作所為，站在中
央政府立場，自是不以為然。葉向高對於熊廷弼的肯定與支持，可分別從〈催
發兩直隸提學揭〉（萬曆三十九年六月十二日）見其端倪：

> 該南北直隸久缺提學御史官，已經推補陳宗契、熊廷弼，未蒙允
> 發。吏禮二部、都察院、及南京科道官，屢行催請皆未得。臣念直
> 隸地方最為遼闊，三年考試常苦不周，故南直隸向時曾分兩提學，
> 後復歸併。今去明歲科舉只有一年，使提學官即時奉命，亦須八、
> 九月方得到任，時日幾何？已難完此試事，況且又遲留而不發
> 哉？……萬苦千愁莫知所出，惟此提學御史二官尤目前最急而不容

〔註105〕 前揭書，卷四之四，頁7下。

〔註106〕 城井隆志，〈明末地方生員層の活動と黨爭に關する一試論——提學御史熊廷
弼の諸生杖殺をぬぐつて〉，《九州大學東洋史論集》，1982年3月第10號，
頁84～85。

〔註107〕 同註106。

〔註108〕 《明神宗實錄》，萬曆三十九年五月壬寅條，卷四八三，頁9092～9095。

不言者。〔註109〕

除此而外，從其〈請發考選揭〉（萬曆三十九年（1611）十月十四日）對熊廷弼當年巡按遼東之稱許，更可印證其對熊廷弼之肯定與讚揚：

> 蓋此官（巡按）奉天子之命，綱紀一方，以三尺從事，將吏士民皆在彈壓，使賢者爲之，其取效最速。前御史熊廷弼按遼三年，百凡振刷，貪、懦、玩、惕之習爲之一更，頃者撫臣告捷，猶歸其功。
>
> 今候命諸臣，彬彬濟濟，豈無廷弼其人者乎？〔註110〕

熊廷弼按遼三年，百凡振刷，貪、懦、玩惕之習爲之一更，葉向高對其巡按遼東的肯定乃是無可置疑的。

葉向高之所以被列名東林，乃是因爲萬曆三十七年（1609）十二月，工部屯田司郎中邵輔忠參論漕運總督鳳陽巡撫李三才，其後南北言官疏論李三才者，數月不絕。顧憲成貽書大學士葉向高與吏部尚書孫丕揚，爲李三才辯，力稱李三才廉直，御史吳亮刻之邸鈔中，致使攻李三才者大譁，因此疏攻顧憲成，〔註111〕東林書院之被視爲朋黨而捲入政爭，即自此始，〔註112〕而葉向高從此即被視爲東林人士。然以其身爲內閣大學士，對於清流一向十分支持，並未完全倒向任何一方，以其對熊廷弼在遼東巡按御史任上優異表現之肯定即爲例證。

明代鄉試競爭度〔註113〕最高的幾個地區如南直、浙江、江西同時也是當

〔註109〕葉向高撰，《綸扉奏草》，卷三，明季史料集珍第二集，偉文圖書出版社有限公司印行，頁1275～1276。

〔註110〕前揭書，卷三〈請發考選揭〉，頁1361。

〔註111〕《明史》，卷二三一〈顧憲成傳〉，頁6030～6033。

〔註112〕Charles O. Hucker, "The Tung-Lin Movementof the Late Ming Period" in J. K. Fairbank ed, Chinese Thought and Institutions, University of Chicago Press, 1957, p. 149。

〔註113〕日本學者和田正廣將鄉試之應試人數除以錄取人數所得的倍數稱爲「競爭率」，競爭率愈高，表示中式愈難。林麗月於〈科場競爭與天下之公：明代科舉區域配額問題的一些考察〉，《國立臺灣師範大學歷史學報》，第20期，頁12～13，一文中曾指出和田氏在有關明代舉人階層研究中，曾簡單述及明清鄉試的競爭率不斷提高的現象，謂15世紀前期鄉試競爭率約爲10，15世紀後半上昇至20，此後繼續增加，至16世紀後期的隆慶、萬曆年間，浙江已有63，湖廣也上昇至31，崇禎年間則爲「數十」，至清代已高達100。然而以此雖可說明明清時代考中舉人愈來愈難的整體趨勢，但因上述數字只是不同省分不同年代競爭率的舉例，很難看出各省解額與鄉試競爭程度的區域差異。由於明代鄉試錄卷首例皆有該科鄉試錄序，撰寫序文的主試官員通常會

時人口最多的省分。隨著人口的成長與學校的增加，明代各省鄉試的競爭都呈現愈來愈激烈的趨勢，因而俗諺有所謂「金舉人銀進士」之稱，以示鄉試難而會試易。〔註 114〕證諸萬曆三十四年（1606）浙江鄉試應試生儒「3,800有奇」，為解額九十名的 42 倍，萬曆三十七年江西鄉試應試人數「4,400 有奇」，為該省解額的四十六倍，〔註 115〕均遠超過萬曆三年「每舉人一名取科舉 30名」選送科舉生員的規定。明末鄉試在解額大致不變的情形下，競爭的確愈來愈激烈。有關鄉試解額的分配問題，景泰以後，除雲貴時有增額、湖廣一度特加五名以外，各省鄉試解額直至明亡將近 200 年間幾乎沒有什麼變動，所以景泰解額對明代各省舉人名額的分配，影響最為深遠。〔註 116〕南北直隸即由正統以 100 名增額為 135 名。

　　熊廷弼以提學御史身分曾致書葉向高，希望能夠增加南畿鄉試錄取名額，而葉向高則於萬曆四十年（1612）六月《蒼霞續草》〈答熊芝崗〉中提及南畿應以增加鄉試錄取名額為宜，但以礙於現實牽一髮以動全身之考量，與禮部尚書商議之後，仍以消極態度處理，故而不得不作罷：

> 南畿（應天）地廣才多，增額為宜。但今海內無處不請。說者以為增則俱增，寢則俱寢。若有增有否，勢必大鬨，而忽然遍增天下解額，人又以為不可，甚難處也。頃商之宗伯，亦不敢任，不知竟如

在序文中指出該科「就試者」多少人，試畢「得士」若干人，故可由此觀察該省是年鄉試的錄取率與「競爭率」。明代鄉試錄存世者僅 30 餘部，年代最早的一部是成化元年（1465）的山東鄉試錄，成化以前的各省鄉試錄無一得見，且存者年份極為分散，如順天鄉試錄僅存兩部，一為嘉靖十年（1531），一為萬曆三十七年（1609）；而試錄序中記錄的該科應試人數的尾數多語焉不詳，如「士之就試者二千三百餘人」等，以致無法得知嚴格精確的應考總數。縱然如此，但從現存明代鄉試錄中留下的上項資料仍可看出各省鄉試競爭程度的區域差異，既可稍濟和田正廣研究之不足，亦可考察鄉試配額辦法運用於各省考試在地方社會流動上的意義所必需。

〔註 114〕顧公燮，《消夏閑記摘抄》，收於《涵芬樓秘笈》第二集，上海商務印書館，1917 年影印本，卷中〈金舉人銀進士〉，頁 2 上：鄉試難而會試易。鄉試定額，科舉三十名中一人，不過二、三千人入場，其得于賓興者，歿後且著之行述以為榮。至於會試，進士有三百餘人其途寬矣，故俗有「金舉人銀進士」之謠。

〔註 115〕應試人數分別見《萬曆三十四年浙江鄉試錄》，蔣孟育序；《萬曆三十七年江西鄉試錄》，鄭元韶序；《大明會典》，卷七十七，頁 18～20，〈鄉試〉及《國朝典彙》，卷一二八，禮部二十六〈科目〉，頁 15～50 所載鄉試額數。

〔註 116〕林麗月，〈科場競爭與天下之「公」：明代科舉區域問題的一些考察〉，《國立臺灣師範大學歷史學報》，第二十期，頁 61。

何耳。江南北分卷之説，則勢必不行。蓋此端一開。凡各省中少之

處，皆引以爲例。其弊將安窮哉？高明當自洞然不以爲斬。〔註117〕

縱然在萬曆四十年（1612）十一月、十二月，荊養喬以「殺人媚人」上書彈劾熊廷弼之際，葉向高仍在信中謂：「督學三吳，以嚴而成其寬，士習大變」，〔註118〕對熊之業績持全面肯定的態度，最後以其一貫的調和立場而認爲「學使稍失於檢點」，但以「殺人媚人」則謬誤，對於廷弼始終持以友善的態度。是以熊廷弼督學南直隸之期間，與內閣大學士葉向高的關係維繫得十分友善則屬無疑。

（二）知人之明，杖責周延儒

夏允彝對於熊廷弼督學南畿所給予的評語是「行法極嚴」，然而卻亦有時「嚴而不當」，從熊廷弼杖責周延儒事件，其識人之明與直情徑行的一面交互參錯，便使人會對其有更進一步的瞭解。

熊廷弼於南直隸提學御史任上（萬曆三十九年六月至四十一年，1611～1613）曾經發生杖責周延儒事件，亦足以顯露其直情徑行的一面。由於所有試卷皆由熊廷弼親自批閱而不假手於人，批閱時則連長几於中堂，鱗攤諸卷於其上，左右置酒一罈，劍一口，手操不律，一憑數行，墨自高下。每得佳卷，輒痛飲大杯，以誌賞心之快；遇荒謬者則舞劍一迴以舒發胸中鬱悶之氣。〔註119〕廷弼曾主持常州考試，賞賜獎勵成績優異生員。宜興首卷生周延儒進見，廷弼對其注目甚久，並且對他說道：

　　難道爾將來官職不高，恨爾心術不正。〔註120〕

一方面肯定其才華，預見其未來之官職不低，另一方面卻有感於其心術不正，將危害國家的前途，心中憂慮，忍耐不住，遂杖責 20。杖責完畢，又再度厲聲曰：「急早回頭」，如是者再。當晚，廷弼心情鬱悶，頗爲不樂，連飲數斗以澆其胸中塊壘，意猶未足，進而拔劍起，砍斫柱壁，大呼：「宜興生惱人！宜興生惱人！」〔註121〕此處所謂宜興生，即指周延儒，因其爲宜興人之緣故。證諸周延儒日後之所爲，實不能不佩服廷弼識人之明，進而對其懊惱有所戚戚焉。

〔註117〕葉向高，《蒼霞續草》，卷十九〈答熊芝岡〉。
〔註118〕葉向高，《蒼霞續草》，卷二十〈答熊芝岡〉。
〔註119〕鈕琇，〈人觚一則〉，《熊襄愍公集》，卷末，頁65。
〔註120〕蕭芝，〈嚴齋筆談二則〉，《熊襄愍公集》，卷末，頁70。
〔註121〕同註120。

　　周延儒，《明史》將其列入〈奸臣傳〉，字玉繩，宜興人。〔註122〕萬曆四十一年（1613）會試、殿試皆第一，才學優異，授修撰，年甫20餘，美麗自喜。天啓中，遷右中允，掌司經局事，旋以少詹事掌南京翰林院。崇禎皇帝即位，召爲禮部右侍郎。延儒性警敏，善伺意旨。崇禎元年（1628）冬，錦州兵譁，督師袁崇煥請給餉。崇禎皇帝御文華殿，召問諸大臣，皆請發內帑。周延儒揣摩帝意，單獨向崇禎皇帝進言：

> 關門昔防敵，今且防兵。寧遠譁，餉之；錦州譁，復餉之，各邊且效尤。……事迫，不得不發，但當求經久之策。〔註123〕

崇禎皇帝深以爲然，降旨責群臣。數日之後，再度召問。周延儒對曰：

> 餉莫如粟，山海粟不缺，缺銀耳。何故譁？譁必有隱情，安知非驕弁構煽以脅崇煥邪？〔註124〕

崇禎皇帝從此屬意延儒。

　　夏允彝於《幸存錄》中曾提及周延儒其人其事，對其應對機敏有所肯定：

> 周延儒之承上眷也最深，其應對敏絕，凡上怒時，莫能挽回，惟周能談言微中。如黃道周之獄，人皆以爲必不可救，周自能微諷挽之，已得減戍歸矣。上偶言及岳武穆事，歎曰：「安得將如岳飛者而用之？」周進曰：「岳自是名將，然其破女眞事，史載多虛張；即如道周之爲人，傳之史冊，不免曰：『其不用也，天下惜之。』」上默然。甫還宮，即傳旨還以原官矣。此周所長，不可沒也。〔註125〕

崇禎二年（1629）十二月，京師有警，特旨拜延儒禮部尚書兼東閣大學士，參與機務。三年（1630）二月，加太子太保，改文淵閣，九月，爲首輔，尋加少保，改武英殿。四年（1631）春，後因其任用家人周文郁爲副總兵，兄長周素儒又冒錦衣籍，授千戶，益爲言者所詆。六年（1633）六月引疾乞歸，由溫體仁任首輔。十四年（1641）二月詔起至京，復爲首輔，尋加少師兼太子太師，進吏部尚書、中極殿大學士。崇禎皇帝尊禮延儒特重，嘗於歲首日東向揖之，「朕以天下聽先生。」當邊境喪師，李自成殘掠河南，張獻忠破楚、

〔註122〕《明史》，列傳196〈奸臣〉，頁7930～7931。
〔註123〕同註122。
〔註124〕同註122。
〔註125〕夏允彝，《幸存錄》，頁1638。

蜀，天下大亂之際，周延儒卻一無所謀畫，亦毫無憂色，彷若絲毫未將國家之危在旦夕放在心上。崇禎十六年（1643）四月，清兵掠山東，還至近畿，崇禎皇帝憂甚。延儒不得已，自請視師，卻駐兵通州不敢戰，惟與幕客飲酒娛樂，日日奏捷，崇禎皇帝輒送璽書褒勵。等到延儒偵知清兵撤去，乃向思宗言敵人已退，崇禎皇帝則論功行賞。居數日，太監盡揭發延儒欺君之罪，崇禎皇帝大怒，延儒遂請歸。朝中一時多人彈劾其罪，崇禎皇帝命盡削其職位，冬十二月，命勒延儒自盡，籍沒其家。〔註 126〕

李自成殘掠河南，張獻忠破楚、蜀，值天下大亂之際，周延儒卻能安於一無所謀畫，亦毫無憂色，唯知日日飲酒作樂，根本未將國家之生死存亡放在心上，辜負崇禎皇帝對其尊禮特重，甚至以天下聽其意見。熊廷弼似乎早見於此，證諸日後周延儒之所作所為，廷弼之懊惱實具有先見之明，亦是關懷國家至誠的表現。

（三）戲助馮夢龍，師生傳佳話

熊廷弼督學南畿，雖然執法嚴峻，動輒杖責諸生，彷若除此嚴峻之一面以外，即別無其它的表現。然而事實並非如此，如熊廷弼即對馮夢龍不勝賞識，視為雋才宿學而予以甄拔，從而結下深厚師生之誼，故而特於此將其師生二人之間難能可貴的交往略作介紹。

馮夢龍，字猶龍，又字公魚、子龍、別號龍子猶、墨憨齋主人、詞奴、前周柱史，又曾化名頤曲散人、香月居主人、詹詹外史、茂苑野史、綠天館主人、無礙居士、可一居士等。南直隸長洲人。生於明萬曆二年（1574）春，卒於清順治三年（1646），與其兄馮夢桂，弟馮夢熊，名滿江左，兄弟三人號稱為「吳下三馮」。〔註 127〕

馮夢龍從小即頗具才情，思想活躍，深為時人所欽佩。入學後，在生員之中聲望甚高，不僅長於章句之學，更博覽群書，超越格套；既精研經籍，又酷愛李贄離經叛道之學說，疑經非儒。然因受到衛道者之反對與攻擊，致久久無從中舉，而坐困於諸生之間。但也因科場失意，卻使其視野開闊，從學舍走向廣闊社會，以冷靜的眼光觀察世界，進而效法晉人名士放曠不羈之

〔註 126〕《明史》，列傳 196〈奸臣〉，頁 7930～7931。
〔註 127〕徐朔方著，《馮夢龍年譜（1574～1646）》，收於田漢雲、李廷先校點，《馮夢龍全集》附錄（江蘇古籍出版社，1993 年），頁 12；陸樹侖，《馮夢龍散論》，〈關於三言的纂輯者〉（上海古籍出版社，1993 年 5 月第一版），頁 4。

風度，言行每每出於名教之外，甚至一度還過著逍遙豔冶、遊戲煙花柳巷的生活。〔註128〕

萬曆三十二年（1604）至萬曆三十七年（1609）之間，馮夢龍曾經與文震孟、姚希孟、錢謙益等七人組織文社，後來再與袁于令等人結爲社友，名爲「韻社」，成員已無從一一考查。〔註129〕晚明流行結社之風，尤以吳中爲最。名義上崇尚「以文會友，以友輔仁」，實際上仍以其視爲獲得功名的途徑；多半以揣摩文章，放情詩酒爲主。馮夢龍不止一次參與結社，社友亦很複雜，既有砥礪道義、切磋文章的精神層面，亦有擴大聲譽求取功名的現實顧慮。偏偏當同社兄弟相繼通籍之際，馮夢龍卻依然一介青衿（秀才），落魄奔走，只得以坐館爲生。萬曆三十六、七年間（1608、1609），當湖北麻城陳無異擔任吳縣縣令時，即對馮夢龍推崇備至。〔註130〕萬曆三十八年（1610）前後，馮夢龍讀書嘉定侯氏西堂，與侯氏三兄弟侯氏三瞻——侯豫瞻、侯梁瞻、侯雍瞻及地方名士甚爲相得，卷帙過從，固無虛日，極一時父子、兄弟、朋友，文章之樂，此段生活使其留下深刻印象。馮夢龍在名士之中威望甚高，被推尊爲「盟主」，文從簡《馮猶龍》詩：「一時名士推盟主，千古風流引後生」。〔註131〕萬曆三十九年（1611），熊廷弼督學南畿，執法嚴峻，被罷黜者甚多，然而卻對馮夢龍賞識至極。〔註132〕次年（1612），馮夢龍以 39 歲之年紀受試於熊廷弼，〔註133〕受到熊廷弼的推薦與甄拔，其才望在楚中盛傳開來，一時華閥懿孫，官僚名士，無不瞻仰其風采。根據現有資料，馮夢龍曾經兩次去楚黃，第一次在萬曆四十年（1612）至四十五年（1617）之間，情況不詳。第二次爲萬曆四十八年，應黃州田公子約請，去爲貴介子弟講授《春秋》。治《春秋》原是楚中黃州的「世業」。梅之煥謂：

> 數十年內，如劉、如耿、如田、如李，如吾宗，科舉相望，途皆由
> 此。故四方治《春秋》者，往往問渡於敝邑，而敝邑亦居然以老馬

〔註128〕徐朔方著，《馮夢龍年譜（1574～1646）》，收於田漢雲、李廷先校點，《馮夢龍全集》附錄（江蘇古籍出版社，1993 年 9 月第一版），頁 12；陸樹侖，《馮夢龍散論》，〈馮夢龍〉，頁 75。

〔註129〕陳樹侖，《馮夢龍散論》，〈馮夢龍〉，頁 78。

〔註130〕梅之煥，〈敘《麟經指月》〉，收於馮夢龍原著，《馮夢龍全集》，冊 20，頁 1。

〔註131〕陸樹侖，《馮夢龍散論》，〈馮夢龍〉，頁 79。

〔註132〕同註131。

〔註133〕《馮夢龍年譜》，頁 22。

智自任。〔註134〕

馮夢龍至此之後，「敝邑之治《春秋者》，惴惴反問渡於馮生」，馮夢龍所編撰的《麟經指月》一書，梅之煥還特地為其作序。楚黃治《春秋》者，對馮夢龍如此折服，說明其治《春秋》確有獨到之處。此段時期之內，馮夢龍亦以大膽描述男女之情的作品《掛枝兒》備受攻擊而前往黃州以趨避糾紛，時熊廷弼以遼東經略之職位為袁應泰所取代而聽勘回籍，馮夢龍千里求援，為熊廷弼所戲助，寫下一段師生佳話。〔註135〕

　　馮夢龍雖然曾經備受熊廷弼之賞識，然而卻並未利用聲望去搏取功名，反而傾注全付精力於民間通俗文學，先後搜集、整理、與刊行數種民間盛行歌曲集。第一部民間時尚小曲集《廣之掛枝兒》刊行之後，以其內容香豔坦率且 90%以上的作品都是抒發男女私情，以致於浮薄子弟，靡然傾動；甚至有覆家破產者，其父兄群起而攻訐馮夢龍，終致於事不可解。其作品之中，如「性急」：

> 興來時，正遇我乖親過。心中喜，來得巧，這等著意哥。恨不得摟抱你在懷中坐。叫你，怕人聽見；扯你，又人眼多。看定了冤家也，性急殺了。〔註136〕

又如「問信」：

> 俏冤家，家去了，便無音信。你去後，我何曾放下心。那一日不著人在你家門前問。愁只愁你大娘子狠，怕又怕令堂與令尊。擔驚受怕的冤家也，怎麼來得這等艱難得緊。〔註137〕

即可見其動人心魂之一斑。由於群起攻訐馮夢龍者，始終不肯善罷甘休，直到廷弼出面干預，飛書當道，為馮夢龍說好話，事態才沒有進一步擴大而得以平息。〔註138〕

　　根據李廷先、田漢雲所校點之《馮夢龍全集》附錄《馮夢龍年譜》所記載，《掛枝兒》出版時間不遲於萬曆三十八年（1610），馮夢龍時年 37 歲；〔註139〕

〔註134〕梅之煥，〈敘《麟經指月》〉，收於馮夢龍原著，李廷先、田漢雲校點，《馮夢龍全集》，第 20 冊，頁 1。
〔註135〕前揭書，頁 27～28。
〔註136〕馮夢龍編，陸國斌校點，《掛枝兒》，〈私部一卷〉，〈性急〉，收於《馮夢龍全集》，第 18 冊，頁 1。
〔註137〕前揭書，頁 8。
〔註138〕鈕琇，〈人觚一則〉，《熊襄愍公全集》，卷末，頁 66。
〔註139〕《馮夢龍年譜》，馮夢龍生於萬曆二年（1574），故而萬曆三十八年時其為 37

此書出版之後約兩年，萬曆四十年（1612）馮夢龍以 39 歲之齡受試於南直隸提學御史熊廷弼；當其往訪廷弼求援，則在萬曆四十八年（1620），時年四十七歲，其時廷弼以受譖而聽勘回籍江夏。江夏與黃州同樣瀕靠長江，相去並不遠，馮夢龍從沿江順道往訪。鈕琇於〈人觚一則〉對此一經過有著生動的描述：

> 吾吳馮夢龍亦其（指熊廷弼）門下士也。夢龍文多游戲，挂枝兒小曲與葉子新鬥譜，皆其所撰。浮薄子弟，靡然傾動，至有破家傾產者，其父兄群起訐之，事不可解。適熊公在告，夢龍泛舟西江求解於熊。〔註140〕

「熊公在告」即指其自遼東經略之任上聽勘回籍，馮夢龍特地來拜望請求幫助以脫困。師生相見之際，熊廷弼忽然問馮夢龍曰：「海內盛傳馮生挂枝曲，曾攜一、二冊以惠老夫乎？」〔註141〕明明是開玩笑的語氣，然而馮夢龍心中緊張，一時體會不出乃是玩笑之語：

> 跼蹐不敢置對，唯唯引咎，因致千里求援之意。公曰：「此易事，無足慮也，我且飯子，徐為子籌之。」〔註142〕

熊廷弼一口答應下來幫忙解決此事，並招待馮夢龍用餐：

> 須臾供枯魚、焦腐二簋，粟飯一盂，馮下箸有難色。公曰：「晨選佳肴，夕謀精粲，吳下書生，大抵皆然。似此草具，當非所以待子，然丈夫處世，不應於飲食求工，能飽餐粗者，真英雄也。」公遂大恣咀啖，馮啜飯匙餘而已。〔註143〕

熊廷弼以如此粗陋的食物招待馮夢龍，自己吃得津津有味，馮夢龍卻是食不下嚥，不僅如此，還被熊廷弼教訓一頓，謂其平日朝夕講究飲食，過於求精，真正的大丈夫可並非如此。廷弼起身入內，經過一段長久的時間之後，才出來說：「我有書一緘，便道可致我故人，勿忘也。」只是交待馮夢龍為其帶信給友人，根本沒有一句話提及求援之事。此外則手挾一個大冬瓜作為贈禮，瓜重數十斤，馮夢龍傴僂著身軀只得接受，然意甚怏怏，心中十分失望，況且力不能勝任此一大冬瓜，未及舟即委瓜於地，鼓棹而去。〔註144〕

歲，頁 28。
〔註140〕鈕琇，〈人觚一則〉，《熊襄愍公全集》，卷末，頁 66。
〔註141〕同註 140。
〔註142〕同註 140。
〔註143〕同註 140。
〔註144〕同註 140。

舟行數日，至一巨鎮停泊，此地即是熊廷弼故人之居。根據梅之煥《麟經指月序》，馮夢龍黃州之行，「田公子」實爲東道主，而梅、李、田諸家與廷弼爲莫逆之交，故此一巨鎮似指黃州，而故人則指「田家」。〔註145〕書信投遞進去不久，主人即親身謁見馮夢龍，並延邀至其家中，華筵奇珍，妙技清歌，咄嗟而辦，殷勤款待。席罷，主人向馮夢龍作揖行禮曰：「先生文章霞煥，才辨珠流，天下之士莫不延頸企踵，願言覿止。今幸親臨玉趾，是天假鄙人以納履之緣也。但念吾頭楚尾，雲樹爲遙，荊柴陋宇，豈足羈長者車轍哉？敢備不腆以犒從者，先生其勿辭！」〔註146〕馮不解個中緣故，婉謝以別，則金 300 早已安置舟中。抵家後，由於廷弼書飛當路化解之故，馮夢龍被攻訐之事已然解決。

從上述經過，我們可知廷弼私下早已傾倒於馮夢龍之才學，然而卻對其露才炫名深不以爲然。是故胸中對於化解之道雖早有定見，卻故意不露聲色。當馮夢龍泛舟前來求援，所接受的招待不過是枯魚與焦腐兩菜，粟飯一碗而已。眼見馮夢龍食不下嚥，廷弼趁機以大丈夫處世之道教訓，不應於飲食處求精細，才是真英雄。當其告辭之際，又特地送他重達數十斤的多瓜作爲禮物。馮夢龍的失望與不滿幾乎達於極點，但熊師所交託的信件又不得不送達，不料卻備受禮遇，且獲贈 300 金以助盤纏之不濟，而《挂枝詞》所造成的怨謗之集，則由廷弼移書當道以潛消化解。廷弼此番對於學生的關切照顧之情，實在非比尋常，堪稱千古佳話。

第三節　杖殺諸生及其風波

顧炎武（1613～1682）曾經說過，生員的活動是「百年以來以此爲大患」。〔註147〕此處所指的活動可以歸納爲反提學御史活動、抗議鄉試舞弊活動、對

〔註145〕《馮夢龍年譜》，頁 29；根據考證，熊廷弼祖籍江西，後遷至江夏（今湖北武昌）。熊廷弼於《熊襄愍公集》〈獄中別親家書〉曾經提及：「親家行矣，南冠不能一送，悵恨何如？西陵李夢白長庚、梅長公之煥、田雙南生金，皆與弟莫逆」。此書作於天啓二年，熊廷弼以廣寧失守下獄之後，而梅之煥《敘麟經指月》曾提及馮夢龍黃州之行，「田公子」實爲東道主。梅、李、田諸家與熊廷弼向爲莫逆之交，故而判斷〈人觚〉一文所提及之「巨鎮」及「故人」，似即爲黃州田家。

〔註146〕同註139。

〔註147〕顧炎武，〈生員論〉，《顧亭林文集》，卷一〈中〉，四部叢刊集部，上海涵芬樓

地方官吏貪虐的抗議與排斥活動、反對宦官的活動、對官吏階層橫行的抗議與攻擊、減稅免役的活動等。〔註148〕生員雖然是明代學校系統（生員－監生－官吏）與科舉系統（生員－舉人－進士－官吏，或生員－舉人－官吏）第一階段的學位層。但自從洪武年間起，即從國家獲得準九品官的特權，其中最重要者為優免徭役，為生員帶來經濟上利益與社會地位上升的效果，此種特權並且是終身獲得保障。因此，生員在明初即擁有與平民不同的特權身份，在思想及實質上屬於士大夫階層。〔註149〕明代中期以後，生員層由於士大夫的自我認識或共同利益而激起的階層保護意識，使其產生利害一體的共識。

　　熊廷弼至南直隸任提學御史，所轄之14府均為江南人文薈萃之地，經濟生活的富裕促使社會風氣改變，既有之社會秩序與人倫關係更因此而受到劇烈挑戰；尤其是生員層的抗爭活動層出不窮，或至呼朋引類，毫無章法，連朝廷都視為棘手難題。李樂曾於《見聞雜記》談到此一現象：

> 余少及見邑庠先生答責諸生，無敢抗逆者。蓋自嘉靖壬子（三十一年，1552）、甲寅（三十三年，1554）以後，而此風寖衰矣！浙省學使屠坪石公持正方嚴，訪諸生行誼，不委之廣文（教官），多所詢察，務得其人以行賞罰，諸生一時皆不敢失禮踰法。自後，大都務寬，遂至肆無忌憚，分巡以代巡命考校，諸生不容唱名序坐，呼朋引類，莫敢誰何。〔註150〕

當提學御史持正方嚴時，諸生則不敢失禮踰法；然而，只要務寬，諸生往往肆無忌憚，不容唱名序坐，呼朋引類，不守禮法。

　　士風惡薄，尤以吳中為甚，囂張之程度實在令人難以相信，伍袁萃曾詳盡提及個中情況：

> 稍不得志于有司及鄉袞，輒群聚而侮辱之。或造為歌謠，或編為傳奇，或摘四書語為時義，以恣其中傷之術；而臺省撫按且採其語以入彈章，何怪乎惡薄之風日長月炎而不可止。更有卑污甚者，日伺郡縣之前，以待人有事者，而為之干謁也。其富家豪俗，嘗蓄養數人而呼號奔走之，市井閭閻相爭，動云我雇秀才打汝。噫！秀才而

　　　景印康熙刊本（臺北：臺灣商務印書館印行），頁19，總頁83～84。

〔註148〕吳金成，〈再論明、清朝的紳士層研究〉，《民國以來國史研究的回顧與展望論文集》，頁654。

〔註149〕吳唅，〈明初的學校〉，《清華學報》，第十五卷第一期，1948年。

〔註150〕李樂，《見聞雜記》，62條，頁184。

曰雇，士風至此不大可哀憐也哉？〔註151〕

諸生稍不得志，往往不知反求諸己，而是以各種方式來侮辱有司與鄉衮，更有卑污至極者則爲富豪之家雇用秀才來打人，斯文掃地已至如此。

王世貞對於當時學風之敗壞，亦曾經感歎不已：

> 近日風俗愈澆，健兒之能譁位者，青矜之能捲堂者，山人之能罵座者，則上官即畏而奉之如驕子。當世風日下，愈是囂張而不守禮法者，愈被捧爲天之驕子，猖狂之至。〔註152〕

站在朝廷立場來整頓江南學風的熊廷弼，作風嚴峻，從考課至督導，只要生員有所犯錯，多半予以杖責；有時甚至連考試績優者於獲其召見獎勵之際，廷弼感覺其心術不正，亦會當面厲聲責備，同時杖打一番，周延儒即爲其例。但是，對於學養深厚而家境貧寒者，廷弼於批閱試卷之際卻大力拔擢。而於地方上仕紳子弟中浮而不實者則多所黜置。計六奇在《明季北略》中提及明末朋黨互攻，「雖持論各有短長，大抵世所謂小人者，皆眞小人，而世所謂君子者，則未必眞君子也。」〔註153〕亦可對東林子弟有另外一番體認。

廷弼雖然站在朝廷立場，大力整頓江南學風，終究敵不過地方仕紳的強大實力；復以自身性氣剛直，平日得罪同僚猶不自知，荊養喬彈劾其「殺人媚人」，則不能排除濃厚的「公報私仇」意味。偏偏廷弼又與湯賓尹交往密切，及發生杖責諸生芮永縉致死之事件，以致於讓反對者抓住機會迫其下臺。雖然整頓江南學風之雷厲作風於其聽勘回籍之後即告煙消雲散，但是畢竟不能不承認其整頓江南學風的苦心與功效。

一、杖殺諸生事件

根據城井隆志〈明末地方生員層の活動と黨爭に關する一試論——提學御史熊廷弼の諸生杖殺をめぐつて〉一文所載，謂熊廷弼於南直隸提學御史任上爲討好湯賓尹而將舉發湯賓尹不法的生員杖殺。〔註154〕事實上，此一事

〔註151〕伍袁萃，《林居漫紀》，卷二，據中央圖書館珍藏本景印（臺北：偉文圖書公司，民國66年8月），頁3下～4上。

〔註152〕沈德符，《敝帚軒剩語》，〈山人愚妄〉（臺北：廣文書局，民國58年9月初版），頁14下。

〔註153〕計六奇，〈國運盛衰〉，《明季北略》，卷二十四（臺北：商務，民國68年出版），頁518。

〔註154〕城井隆志，〈明末地方生員層の活動と黨爭に關する一試論——提學御史熊廷弼の諸生杖殺をめぐつて〉，《九州大學東洋史論集》，1982年10月。

件並非單一事件，而與當時的時代風氣與江南地區生員勢力高張有關，熊廷弼站在朝廷立場嚴格處理生員之聚眾抗議事件，以提學御史之身份杖責諸生芮永縉，卻意外導致其死亡。同時熊廷弼又被捲入當時的東林派與非東林派之間的鬥爭，終於促使其不得不在萬曆四十年（1612）十一月被巡按應天御史荊養喬以「殺人媚人」罪名彈劾之下而去職返鄉。

　　熊廷弼之所以被應天巡按御史荊養喬以「殺人媚人」罪名彈劾，實與當時士大夫之間的「黨爭」有著密不可分的關係，而黨爭之緣起，則又與明代閣部衝突有關，故而欲瞭解熊廷弼之杖殺諸生事件，必得先從閣部衝突所造成的影響談起。林麗月於〈閣部衝突與明萬曆朝的黨爭〉一文中，曾經明確指出明季士大夫朋黨之分，肇端於明代中葉以後吏部與閣部的對立，且此對立因為雙方爭奪人事權而益形尖銳。〔註155〕由於明代內閣權位不斷提高，促成明初廢相以後官僚體系變動的重要關鍵，最明顯的趨勢則是內閣侵奪部院諸司的權力，閣權愈後愈高，部院之權則愈後愈低。各部之首的吏部，在六部直隸於君主的官僚體系之下，原是人事行政上的最高權威，不受任何上級機關的指揮，故就官僚制度賦予的權力而言，原本具有相當大的自主性，但由於內閣權力的膨脹，使吏部的人事權備受干擾，其自主性因而受到損害。尤其自嚴嵩當國之後，吏部對閣臣奉旨惟謹，張居正主政期間，官員之除授升黜，吏部必先關白首輔，形同內閣之屬部。萬曆十八年以後，陸光祖、孫鑨等人先後掌銓，皆力抑奔競，銳意澄汰，亟思擺脫閣臣操縱，以獨立行使吏部的人事權，於是與閣臣發生磨擦，閣部衝突因而時起。在歷年的閣部之爭，決定官吏黜陟的考課，包括對中央官員的「京察」與對地方官員的「外計」，常為兩者衝突的焦點，而萬曆二十一年（1593）的「癸巳京察」尤為導致明代閣部對立表面化的最大關鍵，此年大計京官之後，已經演變成內閣輔臣與吏部官員形同水火的情勢。文秉謂「門戶之禍堅固而不可拔，自此始也。」〔註156〕萬曆朝士大夫黨局之分即由此而形成，而言路勢力亦從此再創高峰，並捲入閣部衝突的朝議之中。此時，內閣、吏部、言官的勢力已成鼎足之勢。〔註157〕

〔註155〕林麗月，〈閣部衝突與明萬曆朝的黨爭〉，《師大歷史學報》，第 10 期，師範大學歷史系所合編，民國 71 年 6 月，頁 123。

〔註156〕文秉，《定陵註略》，卷三，頁 162。

〔註157〕謝國楨，〈萬曆時代之朝政及各黨之紛爭〉，《明清黨社運動考》（漢苑出版社，民國 64 年 6 月台一版），頁 30。

　　萬曆年間，內閣與吏部之所以衝突不斷，實與權力來源之法理依據有著密切關係。明自太祖廢相之後，官僚體系發生極大變動。雖然就權力的最後來源來說，官僚體系每一部門的權力都來自皇帝，但就法理而言，其職權乃是官僚制度本身所賦予。以吏部來說，明代的吏部尚書，時稱「蒙宰」或「太宰」，〔註158〕周官六卿，固以太宰居首，而古時的宰相，亦有稱「蒙宰」、「太宰」者；然而明太祖廢相之後，已隱然有以吏部尚書居前代宰輔之重的意味在內。吏部的權力除「量能授職」、「銓選內外官員」，以及「考核功過」、「定官吏之黜陟」以外，並可推用六部堂官與內閣大學士等大臣。明代吏部權力所以隆重至此，是因明祖廢相之後六部以無上司，而由皇帝直接統率，所以，負責選授與黜陟官吏的吏部，乃成為整個官僚體系中人事行政的最高權威，在法理上原不必仰承任何上級機關的意旨行事，故其職權的獨立自主性高於唐、宋、元諸代的吏部。

　　內閣的法理地位則不然。明代廢相之初，內閣大學士不過皇帝左右的顧問之官，其秩僅正五品。成祖即位，特簡胡廣、楊榮等如直文淵閣，參預機務，閣臣預政則自此開始。仁宗、宣宗兩朝，閣臣楊士奇、楊榮等特受倚重，累加至師保、尚書，參決政，內閣大學士權位因此而日漸提高。宣德三年（1428），令內外章奏先集中於內閣，由閣臣閱過後，條擬意見於小票上，連同奏疏進呈君主裁斷，是為「條旨」，內閣之掌握實際政權，即濫觴於此。〔註159〕英宗以沖齡即位之後，續「條旨」演變為「票旨」，三楊寵任愈專。「票旨」即是「票擬聖旨」，是較「條旨」更進一步的形式。「條旨」只是閣臣條擬意見，「票旨」則逕由閣臣以小票寫上批答的文字，粘於章奏的一角隨同封進，再由皇帝硃批，然後發交各衙門照旨執行，皇帝在未經內閣同意之前，多不逕行更改「閣票」。自此票旨成為定制，而昔日之宰相制度亦因此而變相復活。〔註160〕至嘉靖時，內閣權勢已凌駕六部與都察院之上。嚴嵩入閣，儼然以丞相自居，挾一人之權，侵百司之事。〔註161〕隆慶、萬曆之際，高拱、

〔註158〕《明史》，卷七十二〈職官制〉，頁1734。

〔註159〕吳緝華，〈明仁宣時內閣制度之變與宦官僭越相權之禍〉，《明代制度史論叢》（臺北：學生書局，民國60年出版）。

〔註160〕張治安，〈明代內閣的票擬〉，《國立政治大學學報》，第24期，民國60年12月出版，收錄於《明代政治制度研究》一書（臺北：聯經，民國81年出版），頁98。

〔註161〕《明史》，卷三〇八〈嚴嵩傳〉，頁7915。

張居正先後當國，事權益專，內閣權識因此達到空前鼎盛狀態。就權力而言，閣臣同於宰相，但就法制上地位而言，內閣大學士終明之世，均非正式宰相，所以閣臣依制「不得專制九卿事，九卿奏事，亦不得相關白。」〔註162〕

東林人士之中對於閣部法理關係認識與堅持之代表性人物則為顧憲成。顧憲成於萬曆八年（1580）舉進士，授戶部主事，十年（1582）十二月，調吏部主事，歷任稽勳、考功、文選諸司，十一年（1583）五月請假告歸，三年後（1586）假滿北返，補吏部驗封司主事。十五年（1587）三月，以大計京官事上疏為左都御史辛自修與高維娥等四名御史辯，謫為胡廣桂陽州判官，歷浙江處州府推官、福建泉州府推官。萬曆二十年（1592）四月，顧憲成離開吏部五年以後，以舉「公廉寡欲天下推官第一」擢任考功司主事而再度進入吏部，旋陞驗封司員外郎。萬曆二十一年（1593）七月，陞驗封司郎中，旋調文選司郎中。次年（1594）五月，因會推閣臣之事忤旨削籍民，九月，返抵故鄉無錫，從此結束了十四年的仕宦生涯。綜觀顧憲成宦海生涯，除入仕之初任戶部主事的一年半以外，與謫任外官的五年之外，其餘時間均任職於吏部，與銓政的關係最為密切，其間且親深參與萬曆十五年與二十一年兩次爭議紛然的京察，故而成為萬曆中期吏部清流的核心人物，其來有自。〔註163〕清流士大夫此後轉為反內閣首輔，故王錫爵（萬曆二十一年至二十二年首輔）、沈一貫（萬曆二十九年至三十四年首輔）、朱賡（萬曆三直四年至三十六年首輔）、方從哲（萬曆四十二年至四十八年首輔）皆先後成為清流抨擊的目標，終萬曆朝而不絕。

顧憲成對於明代閣部關係轉變的來龍去脈瞭然於心，他對於當時的官僚體係有其看法：其一、官僚體系的權力機構，分權較集權為佳。六部各守其職，獨立行權，則權力分散於六卿，可收互相制衡之效；內閣壓制六部，權力集中於「政府」，則有專權獨制之弊。因此，內閣獨攬大權，是「權臣」破壞太祖祖制的結果，並非法理上原有的權力。其二、吏部尚書不可由翰林選，否則其陞降掌握於內閣之手，吏部更無自主之力。其三、決策以斷自皇帝為是，以決於內閣為非，政治權力的根源是君主，而不應是內閣閣臣。〔註164〕

〔註162〕孫承澤，《春明夢餘錄》，卷二十三〈內閣〉，據光緒九年南海孔氏惜分陰館古香齋袖珍重刊景印（臺北：大立出版社，民國69年10月初版），頁1下。

〔註163〕林麗月，〈閣部衝突與明萬曆朝黨爭〉，《國立臺灣師範大學歷史學報》，第10期，頁130。

〔註164〕前揭文，頁136。

是故，東林人士往往把君權的絕對尊嚴與內閣的集權獨制相比，皇帝才是政治權力的根源。換言之，東林人士以強調君權的絕對尊嚴來抨擊內閣的集權，以為吏部權力的自主尋求法理上的支柱。

萬曆末期的十餘年間，參與東林講會的一些退隱士大夫，對於明末官僚體系仍然寄以高度期望予以重整，其共同理想是要使「善類」在朝，所以朝廷的人事任命成為東林領袖講學之餘最常議論的問題，其具體目標為希望取得朝廷人事上的控制權，以匡正日益腐敗的政治風氣。此一時代背景對於熊廷弼被荊養喬彈劾實有莫大關係，無可避免捲入東林派與反東林派之鬥爭中。

謝國楨於《明清之際黨社運動考》一書中，將萬曆年間黨爭分成齊、楚、浙「三黨」與「東林」兩大派：〔註165〕

> 萬曆二十～三十年（1592～1602）是東林當政時期。
> 萬曆三十～四十五年（1602～1617）是兩派互持時期。
> 萬曆四十五年（1617）是「三黨」專政時期。
> 天啓元年（1621）是東林再度得勢時期，迄黨禍大興而止。

萬曆三十八年（1610），由於大計外吏，南北言官群擊李三才，並連及里居的顧憲成，謂之東林黨。南京國子監祭酒湯賓尹、諭德顧天埈等招收朋徒，以干與時政，謂之宣黨崑黨，因為湯賓尹是宣城人，而顧天埈是崑山人的緣故。〔註166〕至萬曆四十年以後始有齊、楚、浙三黨之分：齊黨有給事中亓詩教、周永春，御史韓浚等；楚黨有給事中官應震、吳亮嗣，提學御史熊廷弼等；浙黨則有給事中姚宗文，御史劉廷元等人；此三黨之幕後領袖則是湯賓尹。〔註167〕

湯賓尹此人有才無德，早年曾經幫助表叔湯一泰奪佔生員施大德之妻──徐氏為妾，徐氏寧死不從，因而自盡。縣內多人為其打抱不平，以致激有民變。生員馮應祥等特舉徐氏殉節，建祠致祭。此事經過，《明史》、列女三、〈徐貞女〉，記載甚詳：

> 徐貞女，宣城人。少字施之濟。年15五，里豪湯一泰（湯賓尹之族叔）豔之，倚從子祭酒賓尹，強委禽焉。女父子仁不受，夜趣施舁女歸。一泰恚甚，協有司攝施婦，欲庭奪以歸。先使人之濟父子及

〔註165〕謝國楨，〈萬曆時代之朝政及各黨之紛爭〉，《明清黨社運動考》（漢苑出版社，民國64年6月台一版），頁21～33。
〔註166〕《明史》，卷二二四〈孫丕揚傳〉，頁5900～5905。
〔註167〕《明史》，卷二三六〈夏嘉遇傳〉，頁6161～6164。

媒妁數人，毆之府門，有司莫能制。徐氏被攝，候理，次城東旅
舍，思不免，夜伺人靜，投池中死，衣上下縫紉不見寸體，觀者皆
泣下，共畀古廟。盛夏鬱蒸，蠅不敢近。郡守張德明臨視，立祠城
東祀之。〔註168〕

後來事情平息下來，湯賓尹力囑當事毀掉徐氏紀念祠。〔註169〕湯賓尹之人品
則由此一樁幫助族叔奪佔人妻爲妾之例證可想而知。

　　當湯賓尹奪佔生員施大德之妻爲妾而激起地方民變之際，遁跡西湖以避
風頭，當時無人前來問候致意。韓敬是浙江歸安人，以太學生身份，備妥 50
金爲見面禮，向湯賓尹執業請正，兩人因此交好最密。〔註170〕萬曆三十七年
（1609），韓敬中順天鄉試，次年庚戌年（1610）參加會試，當時的主考官爲
吏部侍郎蕭雲舉、王圖，同考官有翰林湯賓尹、兵部徐鑾等 12 人。韓敬的試
卷原在徐鑾房中，已被塗抹。湯賓尹遍往各房搜索諸卷，從落卷中辨識韓敬
之卷，再移歸至其本房，潛行洗刷，重加圈點，拔取韓敬爲第一名。〔註171〕
萬曆三十九年（1611）京察，湯賓尹受到懲處，居家反省。諸生趁此機會揭發
湯賓尹不法，以其繼奪佔生員徐大德之妻徐氏爲妾之後，又有奪佔生員徐某
之妻賈氏爲妾之劣行，深爲士林所不恥。徐某是尙書徐元泰之姪，廩生徐日
隆之弟，昔日湯賓尹微賤之時，曾經受辱於徐元泰，所以故意要納其姪媳婦
以洗雪前恥。徐某與賈氏兄弟俱無異言，然而徐日隆卻心抱不平，上控下訴，
湯賓尹則四佈羅網，直欲得徐日隆而後甘心，逼得徐日隆只得走避燕齊，遂
引起合郡沸然。諸生列其事於上臺，復舉徐氏殉節之事，請將已被摧毀之舊
祠重新修復。〔註172〕

　　巡按應天御史荊養喬對湯賓尹之作爲甚爲不恥，而熊廷弼卻與湯賓尹交
往甚密，葉向高於《蘧編》曾經言及兩人之交情：

　　　　湯君賓尹失意家居，大與廷弼交歡，恨相知晚。〔註173〕

當萬曆三十九年（1611）京察，湯賓尹受到懲處而居家之際，與熊廷弼交往甚
歡，甚至相見恨晚。廷弼何以與湯賓尹如此交歡？實無從得知，但是其後來

〔註168〕《明史》，卷三〇三，列傳第一九一〈列女三〉，〈徐貞女傳〉，頁 7738。
〔註169〕文秉，〈荊熊分袒〉，《定陵註略》下，頁 603。
〔註170〕文秉，〈庚戌科場〉，《定陵註略》，卷九，頁 582～583。
〔註171〕同註 170。
〔註172〕文秉，〈荊熊分袒〉，《定陵註略》，頁 603。
〔註173〕葉向高，《蘧編》，頁 184～185，明代史料集珍，偉文圖書出版社有限公司，
　　　　民國 66 年 9 月出版。

之所以受到御史荊養喬以「殺人、媚人」罪名彈劾,則與湯賓尹脫不了關係,亦可謂受到湯賓尹的連累。

有關諸生芮永縉被熊廷弼杖殺事件,則要探討萬曆四十年(1612)初,安徽宣城縣童生發生之鼓噪事件。此次事件於《明實錄》萬曆四十年(1612)三月己未條有所記載:

> 南直寧國府涇縣童生張載通等,以元夕入鄉宦顏文選宅內觀劇,稱被顏宦毆死。時府方試事。次日宣、南、涇、寧、旌五縣童生圍繞文選宅、及市中無籍(賴)破屋入室,盡劫其貲去。提學御史(指熊廷弼)及撫按以聞。部覆、將首惡從重定罪,且停勒五縣童生概不進學。若人命搶財等情,應俟彼中細勘,勿至漏網株連。至於各處童生抬神鼓噪,生員侮辱有司,皆屬亂萌,均當究處、應聽學臣究問歸結。因言有司能一意奉公不徇權勢囑託,以濫取童生,不博長厚虛聲,以縱容行簡,則孤寒快心,怙惡戢志,必無有聚黨要挾者矣。

上是之,且諭:

> 近來士風薄惡,履次生事。提學官嚴行約束,有司官也,秉公正己,以服人心。〔註174〕

此一事件起因於寧國府涇縣童生張載通等人,於元宵節晚上入鄉紳顏文選宅內觀劇被毆致死之事,因而導致宣、南、涇、寧、旌五縣童生於次日包圍顏文選住宅之行動,市井無賴復趁火打劫,破屋入內盡劫其財物而去。熊廷弼將此案呈報上去,朝廷主張將首惡從重定罪,並且停勒此五縣童生使其一概不許進學,至於童生抬神鼓噪,生員侮辱有司,皆被朝廷視為亂萌,應當嚴格處置。朝廷對於近來士風之薄惡及履次生事大力主張嚴行約束。由於此一事件嚴重影響五縣童生之進學機會,與他縣相較之下即等於剝奪其科舉求仕進之前途,實不可謂影響不鉅。

換言之,南畿地廣人多,地方生員層要求增加錄取名額的呼聲已經愈來愈高。宣城縣寧國府的生員層早在萬曆二十年(1592)代即形成強大興論力量,同時經常舉行集團示威。萬曆四十年(1612)一月,鄉紳顏文選遭遇童生鼓噪事件,僅於一天之內就能聚集五縣全體童生,實在相當值得重視。蓋由於當時城市經濟發達,廣大市民居住於城鎮之中,為著經濟上利益,彼此

〔註174〕《明神宗實錄》,冊13,卷四九三,總頁12536。

之間聯繫更加緊密，印刷術已被利用爲傳佈經濟情報的工具。〔註175〕由於此
一事件的懲處將剝奪五縣童生的應考資格，並要對漏網者徹底追查，形勢緊
急如箭在弦，一觸即發；偏偏湯賓尹之強奪人婦又曾引起諸生「合郡沸然」，
而提學御史熊廷弼決定再度否定徐氏爲節婦，又嚴格執行國家對待諸生的方
針。多種因素的交錯，在湯賓尹的醜聞被揭發之後，熊廷弼以杖責來反制江
南生員，諸生芮永縉的杖責而死剛好給與東林派一個藉口，因而使熊廷弼受
到彈劾。

　　荊養喬於萬曆四十年（1612）十一月，以「媚人殺人」上疏彈劾熊廷弼，
〔註176〕由於其一向對於湯賓尹爲人甚爲不直，而提學御史熊廷弼與湯賓尹交
往密切，當熊出巡之際，諸生以公舉謁見熊，熊因與湯賓尹交情甚密，在人
情上受到湯賓尹的囑托，即刻駁回諸生要再爲徐氏建祠之擬議。此外，又發
生黜革寧國生員蘇望海與杖殺諸生芮永縉之事件。《明實錄》萬曆四十一年二
月己丑朔條，對於此次事件記載甚詳：

> 宣城縣生員梅振祚、梅宣祚等，以姦宦媳徐氏爲生員芮應元、芮永
> 縉等所舉發。前巡按御史王國禎劾奏捕治。振祚等賄匿，獄久不結。
> 巡按御史荊養喬與提學御史熊廷弼素以意見相牴牾，不能相下，及
> 治是獄，互有輕重。養喬劾廷弼不斥振祚等，而反斃縉於杖，爲殺
> 人、媚人。謂：永縉先以事與原任諭德湯賓尹有隙，賓尹中之故云。
> 拜疏投劾去。廷弼恚甚，再疏辯謂：永縉之杖，本以行劣，非以發
> 姦故，章俱下所司議。〔註177〕

左都御史孫瑋請革除荊養喬職務而勘劾熊廷弼，獲得神宗同意。時南北科道
議論正囂，給事中李成名等持勘議甚力。給事中官應震等駁之。章凡數十上，
孫瑋不自安，一再求去。而吳亮嗣、官應震攻孫瑋尤急，上俱置不問。生員
芮應元、芮永縉等舉發梅振祚、梅宣祚姦淫宦媳徐氏，此一案件卻因當事人
行賄而久久不能結獄。至荊養喬擔任巡按御史之後，其對此一案件之主張則
與擔任提學御史的熊廷弼有所出入。荊養喬對熊廷弼不以爲然，認爲其不斥
責梅振祚等，反而把芮永縉杖責致死。荊養喬咬定芮永縉是冤屈的，只因爲

〔註175〕傅衣凌，《明代江南士民經濟試探》（谷風出版社，1986 年 9 月出版），頁
　　　　126。
〔註176〕文秉，《定陵註略》，〈荊熊分袒〉，頁 604。
〔註177〕《明神宗實錄》，下，萬曆四十一年二月己丑朔條，頁 12610。

一向與湯賓尹有隙，湯賓尹故意中傷芮永縉，而熊廷弼即以此而杖殺芮永縉來討好湯賓尹。荊養喬的說法簡直使得熊廷弼憤恨不已，上疏辯解芮永縉此人之所以受杖責，根本是由於其本身行爲頑劣的緣故，並非由於其舉發姦案之緣故。兩人相互辯解，朝中亦因此而掀起風波。

熊廷弼對於荊養喬之上疏，十分不以爲然地提出辯駁：

> 荊養喬摘臣批語「施、湯故智」之句，以爲擁戴宣黨湯賓尹。臣向不識賓尹是何面孔，亦不知當日爭取始末。但卷查先年生員施大德與賓尹族叔湯一太、爭娶徐氏，因而致死。徐尚書鼓唱生員馮應祥等，以舉節爲名，建祠有年。後雲南道史御史（萬曆三十六年（1608）八月癸未條，史記事爲南直隸提學御史）〔註178〕劾論宣城縣節婦徐氏冒濫名節，應毀淫祠。而前學使史學遷〔註179〕（萬曆三十七年四月戊寅條，以雲南道御史史學遷爲南直隸提學御史）據此牌行徽寧道查明徐氏致死根因，乃批詳云，據糧里之公呈、地方之正論，則徐氏死非大義，冒節多年，奸人之爲計毒矣、險矣。當日賄賣呈詞，姑不深究，祠宇亟行折毀、基地入官。施大德聽另牌行。此繳，隨又牌行該道，將施大德黜退，此前事也。今南中士夫言及寧國士風者，莫不以爲壞於前番舉節。而今番又舉徐氏節。前番公舉出于賄買，而今番公舉又出賄買。故臣批云、「施湯故智」。而乃據此謂，臣用盡一片殺人心腸，欲效首功，爲賓尹地。信斯言也，史御史之參論，前學臣之折祠，已爲賓尹效首功，而臣且不免落爲從之後矣，庇奸者獨臣也乎哉？〔註180〕

熊廷弼之辯駁重點乃針對反對再爲徐氏建祠之事，他首先撇清與湯賓尹的關係，謂一向不識湯賓尹是何面孔，亦不知道當日湯賓尹爲其族叔而與生員施大德爭娶徐氏之事，徐氏不從而自盡，生員馮應祥等以舉節爲名而爲徐氏建祠有年，反對爲徐氏建祠者不僅是自己而已，連前幾任之南直隸提學御史如史記事、史學遷都反對，史學遷甚至以「冒節」而主張亟行拆毀祠宇。熊廷弼此番辯解，刻意淡化與湯賓尹之交歡，似乎透露出另一個訊息，縱使未必如荊養喬所謂爲受湯賓尹之囑托而替其出氣，但或多或少總是受到湯賓尹影

〔註178〕《明神宗實錄》，萬曆三十六年八月癸未條，頁12338。

〔註179〕《明神宗實錄》，卷四五七，萬曆三十七年四月戊寅條，謂：「以雲南道御史史學遷爲南直隸提學御史」，頁12370。

〔註180〕《明神宗實錄》，萬曆四十年十二月，頁12604。

響與連累，則是確定無疑的。

不久，巡按應天御史徐應登繳狀以聞，提出行勘此一事件之報告：

> 振祚姦淫，按臣訪拏，會參司府問明徒杖、招詳。廷弼批行「兄弟
> 聚，恨不手刃，其同黨梅宣祚等，破至此，勿留辯竇。」及養喬會
> 審，大都亦批「振祚等一徒，未盡厥辜，宣祚等名教難容。」其後
> 先事詞詳在別本，情僞難欺。此二臣批駁之大概也。〔註181〕

對於梅氏兄弟之姦淫案件，當事人招認詳盡，而熊廷弼對此案之批駁則與荆
養喬之批駁相近，荆養喬認為是「未盡厥辜」，「名教難容」；熊廷弼則「恨不
手刃」，足以證明梅氏兄弟行為惡劣，而熊廷弼並無任何包庇。

> 馮應祥、蘇海望等，當時遍告操、撫、屯、倉、按、江諸院，攫金
> 行私，公論見唾。未幾，郡邑有劣生之報。蘇海望、李茂先、馮應
> 祥、芮永縉四人，遂以渠魁見舉矣。應祥先逃，而蘇海望等三名遂
> 各擬徒、解院。此廷弼罪革諸犯之大概也。〔註182〕

至於馮應祥、蘇海望，原本即是公論見棄之人，品行之不端已為眾所週知；
不久，郡邑有劣生之呈報，蘇海望、李茂先、馮應祥、芮永縉四人，都被列
名「劣生」，除馮應祥逃走以外，其他三人則被解送至院署。從此處而言，廷
弼的處置似乎還算合理。

> 比入院杖治，惟蘇海望為首，杖數獨多，永縉、茂先皆次之，而永
> 縉物故。據報，死期距解審已二十日久矣，此永縉獲罪而自死之大
> 概也。〔註183〕

入院署杖責，以蘇海望為首，所受杖數最多，其次才是芮永縉與李茂先。芮
永縉的死，並非當時受杖責即死，而是距離杖責之日已有將近三週的時間，
如此一來，似乎他的死只能說是與熊廷弼的杖責有關，而未必能夠斷言一定

〔註181〕 《明神宗實錄》，卷五〇五，萬曆四十一年二月己丑朔條，頁12610，謂：「宣
城縣生員梅振祚、梅宣祚，以姦宦媳徐氏，為生員芮應元、芮永縉等所舉發。
前巡按御史王國禎劾奏捕治，振祚等賄，獄久不結。巡按御史荆養喬與提學
御史熊廷弼，素以意見相牴牾，不能相下；及治是獄，互有輕重，養喬劾廷
弼不斥振祚等而反斃永縉于杖，為殺人媚人。謂：『永縉先以事與原任諭德湯
賓尹有隙，賓尹中之，故云拜疏扶劾去。』廷弼恚甚，再疏辯，謂：『永縉之
杖，本以行劣，非以發姦故。』章俱下所司議。左都御史孫瑋請革養喬任而
勘廷弼，上是之。」

〔註182〕 《明神宗實錄》，卷五〇五，萬曆四十一年二月己丑朔條，頁12610。

〔註183〕 同註182。

是熊廷弼所致。

> 至于行媚湯賓尹一節，指亦多端。查賓尹原與姦案無干，其于芮永縉
> 生平又絕無纖芥之隙也。然則廷弼殺永縉，賓尹其任受怨乎？其一
> 時同杖若蘇海望輩，又將誰媚之乎？然廷弼則有所以取之矣。盍其
> 居，恒以力挽頹風爲己任，故斤斤三尺不少假借，期于一懲百儆，
> 而不虞其籍死標題，蜚謠造謗，大肆其反噬之毒也。養喬實耳聞其
> 說，又別因職事相左，偶乘去位，感激形諸論列。……按臣養喬溫
> 雅潔精，凡事精詳、不苟。獨言有激於風聞，故居之不能無疑。非
> 獨殺人媚人疑也，即庇姦亦疑也。總之，此一役也，事當以明白直
> 截爲斷，而牽纏曖昧者可勿論。人當以生平本末爲斷，而意氣誤者
> 可勿論，則廷弼之心跡自明，而養喬之生平亦在外，此可都無苛求
> 急需，後效以成二臣平日之品者。〔註184〕

對於荊養喬指控熊廷弼「殺人」「媚人」之部分，湯賓尹與梅氏兄弟之姦案原
本即無任何關係，雖然荊養喬認定芮永縉是冤屈的，只不過因得罪湯賓尹，
才由熊廷弼替其出氣杖責致死而已，但是同時受杖責的蘇海望又將做何解
釋？徐應登從各種角度對此一事件加以剖析，對於熊廷弼具有澄清的作用。
然而，他亦指出熊廷弼之自取之道，平日即以力挽頹風爲己任，總想一懲百
儆，以致於未曾考慮到致人於死的後果，給予對方反撲的藉口與機會。荊養
喬對於許多與熊廷弼有關的傳聞加以採信，再加上對梅氏兄弟姦案處理意見
上的不同，尤其他對於熊廷弼的氣燄不能忍受，多方面因素糾結之下，使得
一向溫雅潔精，處事不苟的他，終於做出根據傳言來對熊廷弼加以攻擊之舉
動，事實上無論是「殺人」、「媚人」也好，「庇奸」（指包庇梅氏兄弟）也好，
此一指控都值得存疑。

　　以萬曆四十四年（1616）丙辰進士授寧國府推官的東林人士黃尊素，在
《說略》中對此一事件之始末記載如下：

> 熊芝岡剛傲，人多不悅……初湯宣城欲取徐子仁之女爲妾，其女已
> 許諸生施大德，不肯從湯，投水而死。生員芮永縉等舉爲貞節建樹
> 設主。及熊督學南畿，欲爲湯洗刷。適公呈有舉節者，批爲此施湯
> 故智，以之陷害鄉紳，將前番公舉芮永縉斃之杖下。巡按荊養喬摘
> 其批語以爲擁戴，宣黨互相參劾。養喬不勝，徑去掌院。孫藍石題

〔註184〕同註182。

勘而宣黨攻孫不已，孫亦叩辭出城。〔註185〕

黃尊素亦認爲熊廷弼是要爲湯賓尹洗刷污名，才將主張要爲徐氏建祠的芮永縉杖殺致死，此一說法與荊養喬一致。黃尊素任寧國府推官之時，湯賓尹爲宣黨黨魁，聲燄懾天下，官其地者必受牽挽，但黃尊素至，湯賓尹輒自斂飭。〔註186〕由此可見黃尊素與湯賓尹素不相善，熊廷弼督學南畿時，東林人士甚至認爲其「荼毒」東林，因此熊廷弼杖殺諸生芮永縉之事件，不可避免要顧慮到雙方立場之對立。尤其值得我們重視的是黃尊素對於熊廷弼的評語，謂其「剛傲」，以致「人多不悅」，廷弼之處境受到個性的影響極大，自此又可證明。

荊養喬上疏彈劾熊廷弼「殺人媚人」之後，朝廷卻並無動靜，因此遂於上疏後擅自離任，刑科給事中郭尚賓曾上奏彈劾。〔註187〕但萬曆四十一年（1613）一月，東林派的都察院左都御史孫瑋取得對該案之調查權，因此而展開擁熊與反熊的不斷爭論，此一爭論承接萬曆三十年以來雙方之黨爭而下。都察院左都御史〔註188〕孫瑋就任之後，立刻對熊廷弼的考劾作出決定，認爲熊廷弼有嫌疑而致大失提學御史之權威性。葉向高向孫瑋進行磋商，希望能和緩處理此一案件。但孫瑋並不接受，仍然頑強進行考劾工作。〔註189〕葉向高於其《蘧編》之內對此有所說明：

> 廷弼督學南畿，操士峻急。養喬按應天與之同事，爲所陵侮，不堪其憤，拂衣去。而湯君賓尹失意家居，大與廷弼交歡，恨相知晚。諸生有芮某者（此處即指芮永縉），與其儕類持湯短長，湯爲所窘。廷弼以訪察斃芮某于杖下。養喬既去，乃具疏言廷弼殺人媚人，而又以賦役事闌及舒城諸縉紳支離汙漫，人多怨之。諸左袒廷弼者群起攻養喬，孫公謂：「二御史相爭，必行勘，乃足服其心。」余力阻之，且云：「公若勘廷弼，則攻公者四起，而公必不能安矣。」孫公

〔註185〕陳鼎編，《東林列傳》上，卷四〈黃尊素傳〉，頁9。

〔註186〕同註185。

〔註187〕《明神宗實錄》，卷五○三，總頁12601。

〔註188〕《明史》，卷七十三，志第49〈職官二〉，頁1767，都察院，設左、右都御史，均爲正二品，其職專糾劾百司。辯明冤枉，提督各道，爲天子耳目風紀之司。凡大臣姦邪，小人搆黨，作威福亂政者，劾。凡百官猥貪冒壞官紀者，劾。凡學術不正、上書陳言變亂成憲、希進用者，劾。遇朝覲、考察、同吏部司賢否陟黜。

〔註189〕葉向高，《蘧編》，卷六，萬曆四十一年六月條，頁184～185。

不聽，疏上，而楚人交章爲廷弼頌冤，力詆孫公。……孫公方以廷
弼事杜門求去。〔註190〕

按照葉向高的看法，他認爲諸生芮永縉與其同輩議論湯賓尹之短長，使湯賓尹
感到困窘，熊廷弼則以訪察杖責芮永縉致死。孫瑋以荊、熊二御史相爭，主張
要行勘以服其心，但葉向高卻勸告孫瑋不要如此做，以免受到擁熊者之攻擊，
以致使其不能安於位。孫瑋不聽其建議，上疏之後果然如葉向高所言，楚人交
章爲廷弼訟冤，力詆孫瑋，如給事中官應震上疏，參劾孫瑋六大罪；〔註191〕給
事中吳亮嗣參劾孫瑋，〔註192〕孫瑋終究因廷弼的緣故而杜門求去，東林派勢力
大大削弱，擁熊派透過攻擊孫瑋而形成齊、楚、浙三黨大張之勢。

　　身爲熊廷弼同鄉的御史徐良彥，列名於《東林黨人榜》之上，〔註193〕對
於熊廷弼的去留並不因籍貫而有所影響：

　　士人出處，自有正道，可以去，可以無去，則宜爲去。況人既以爲
　　崑山之首功，又以爲宣城之殿後，崑宣皆非吾土，超然一去，令其
　　自明。正自不可少，而又何疑於今日之一去也？廷弼亦見及此，旁
　　觀者多添此葛藤耳。臣與廷弼同鄉、同年，深喜其自去之是，而諸
　　臣懷之，臣言一出，諸臣必以臣媚臺長，鋒鏑且相及矣。總之，今
　　日黨與眾者必不容人得吐片語，然臣爲朝廷惜紀綱，爲衙門惜體紀，
　　爲世道惜紛紜，故無忌諱如此。〔註194〕

顯然徐良彥並不站在擁護熊廷弼這一邊，而是站在東林人士的立場來看待此
一事件。

　　內閣葉向高雖爲東林人物，由於一向持有調和的立場，對於熊廷弼頗爲
友善。他在寫給謝工部的書信中提出對於此一事件之看法：

　　荊、熊二直指之爭，平心而論，則荊當貶官，熊當解任。勘疏之
　　上，僕曾力阻總憲，而不見聽也。梅氏之事，學使固無成心矣，然
　　批駁文移，當就事論事耳。何爲而娓娓於他事乎？彼當日之所稱烈
　　婦者，或稍溢美，然果可與今日之淫婦而例論乎？是亦學使之稍失
　　於檢點也。但以爲殺人媚人則謬耳。年來士大夫紛爭，無全是，亦

〔註190〕葉向高，《蘧編》，頁184～185。
〔註191〕文秉，《定陵註略》，〈荊熊分袒〉，頁607。
〔註192〕前揭書，頁607～608。
〔註193〕陳鼎編，《東林列傳》，〈黨人榜〉，頁3。
〔註194〕文秉，《定陵註略》，〈荊熊分袒〉，頁606～607。

無全非，所以難處。況僕無進人退人之權，即欲分別是非，亦何所
用其分別？〔註195〕

熊廷弼批奏往日的烈婦徐氏與淫婦並列，則是熊廷弼的微過，至於「殺人媚
人」則並無此事。葉向高承認熊廷弼的小錯，其實在於為其辯護。至於自稱
並無進人退人之權力，則是採取審慎態度以避免介入黨爭之中。

綜合此一杖殺諸生之事件而言，由於熊廷弼對江南生員層一向採取高壓政
策，再加上朝廷裏黨爭不斷的糾纏不清，一時之內實難罷休。萬曆四十年（1612）
十月是荊養喬上疏的前一個月（荊養喬於該年十一月上疏），正是反東林派大量
補充科道官之際，東林派處於劣勢之中。荊養喬遂以「殺人媚人」來彈劾熊廷
弼，但此一彈劾案卻胎死腹中。孫瑋的考核則十分嚴厲，對於熊廷弼的攻擊極
其猛烈。由於葉向高反對荊養喬的考核判斷，荊養喬的後任應天巡按御史徐應
登則提出他的考核報告，此一考劾報告總結整個事件，其重點如下：

（一）死者芮永縉在受杖刑之後 20 天才死去，可證明熊廷弼並無殺害芮
永縉的意圖，杖刑並非直接的死因。湯賓尹原與梅振祚、梅宣祚姦宦媳徐氏
一案無關，其與芮永縉並無纖芥之隙，熊廷弼又並無殺死芮永縉的動機。

（二）熊廷弼居常恒以力挽頹風為己任，故而斤斤三尺，不稍假借，期
於一懲百警，故而亦有自取之處。然而「媚人殺人」的罪名終究不能成立。

（三）朝廷順著非東林派的意向而結束此案，重點倒並不在於熊廷弼個
人的陞遷進退，而是事關江南生員層的統治，朝廷對此絕不讓步。荊養喬對
熊廷弼做事之風格早已不滿，受不了熊那種咄咄逼人的才氣，但以歷史來評
論，熊廷弼心跡自明，而荊養喬為人亦非善類。行勘報告提出之後，熊廷弼
引咎辭職，使事件告一段落。三黨為使熊廷弼的繼任人選問題得以擺平，遂
不得不以熊廷弼的去職作為處置。繼任提學使呂圖南原任浙江巡按御史，三
黨的禮科給事中周永春認為呂圖南不適任，呂圖南則推出東林派御史湯兆京
來爭取，如此又引發另一場紛爭。〔註196〕

平心而論，熊廷弼杖諸生芮永縉事件，的確有過當之處，亦不能免於為
討好湯賓尹而致杖殺諸生芮永縉之嫌，至於他在為自己辯駁之際，提出一向
不識湯賓尹之說法，則更屬牽強，實有強辭奪理之處。性氣先生之「性氣」，
從此一事件中又可得一印證。

〔註195〕葉向高，《蒼霞續草》，卷二十〈答謝工部〉。
〔註196〕《明神宗實錄》，卷五〇五，萬曆四十一年二月己丑朔條，總頁 12610。

第四節　退隱後之鄉居生活與致力水利事業

　　熊廷弼在南直隸提學御史任上，因為杖殺諸生芮永縉事件而遭受御史荊養喬之彈劾後，自萬曆四十一年（1613）聽勘回籍至江夏老家起，至萬曆四十七年（1619）被朝廷任命為遼東經略為止，此段期間始終過著鄉居生活。在這段退隱的生活期間，七年之久從來不看邸報，〔註197〕暫且把國家大事置於腦後，寄情於種樹、養魚、下棋之中。熊廷弼曾有「聽勘回籍」詩一首，描述其心境：

　　　　歸來無事樂無休，手倦拋書臥小樓；

　　　　百轉黃鸝驚午夢，數聲燕語破春愁。〔註198〕

〔註197〕蘇同炳，〈明代的邸報與其相關諸問題〉，《明史偶筆》（臺灣商務印書館，1995年5月修訂版），頁57～79。唐宋以來，邸報是我國最早的政治性新聞紙，其名稱始於唐代各地藩鎮在京師設置進奏院，將京師政事動態向本處上司按時條報。宋代規定由中央官署每日編定所下詔令章奏之屬，行下都進奏院報行天下，名為「朝報」。明代邸報的實物，即為中央研究院史語所所藏《內閣大庫殘餘檔案》之中的12冊《崇禎年章奏殘冊》，負責編印這些檔案的研究員李光濤曾經懷疑此殘冊即是「邸報」，蘇同炳亦持同一看法。明承宋制，設通政使司，掌收內外章奏，謂之「通本」；由六部逕呈者，謂之「部本」，經御覽後均需先發交內閣票擬，然後再送呈皇帝認可，由司禮監批紅發出，不發出者謂之「留中」。經過如此手續兒發出的本章，謂之「紅本」，照例由六科所派的值日給事中接出，依照各科職掌分別辦理，內容有礙者則執奏，無礙者則發抄，發鈔後的抄件即是「科抄」，交由六部的值日書吏帶回呈堂處理，紅本原件則呈科彙繳，其間有不能發抄者，大都屬於軍情機密文件，照例由兵部的值日書吏帶回呈堂處理。神宗時，由於章奏皆留中不發，六科據通政司所收副本先行發抄，以避免政事之延誤。馬楚堅，〈明代塘報之創生及其編制〉，《明清邊政與治亂》，頁58～59，天津人民出版社，1994年8月提及塘報一詞之解釋，王崇古，〈條機宜〉云：「宣大虜警，將官輒有塘報往送科部督撫諸臣，嫌於飲匿。每寇入勝皇負未決，亦即塘報科部」。據此，塘報為邊防將帥急報外敵突然入侵之警報及其統兵塘禦之軍事動態的警報通訊網，故塘報具有飛報軍情的性質。關於「塘」字含意，《說文解字》無此字，《康熙字典》則謂「塘」字含意為「張」，有施弓弦以作抵拒，取勝之意。塘報之名，遍見於明季史料，尤盛用於與軍事國防相關之題本，行稿等直接史料中。然而古今涉及塘報的人，多半書寫為「塘報」，明清官方史料亦多半如此。追溯「塘」字原意，含有抵拒，抵擋，抵禦，塘禦之意，與戰鬥有關；實非築土過水曰塘的「塘」字所能概括。由此可以推見明人以「塘」字為塘報之「塘」實有深意，故而《明實錄》中應以「塘」字為「塘報」之正字。塘報之產生，在於弭補北疆防線內移所失自然障礙之缺，使主戰主防者瞭軍事動向，知己知彼以求防禦得當。

〔註198〕熊廷弼，《熊襄愍公集》，卷10附〈詩鈔〉，〈聽勘回籍〉，頁5。

更有「夜深聽蛙鳴」詩一首，流露出一語雙關之處境：

> 不緣官債與私錢，爾何曉曉向我言；
>
> 正是清明好時節，勸君井底且忘喧。〔註199〕

然而如此看似消極的態度卻並不表示其不關心國事，只是「不在其位，不謀其政」而已；事實上，以他這種具有積極入世經世思想的人，自必留心當世之務，對國計民生頗有一番抱負，根本無法置人民生活於不顧，所以一旦逢到地方上遭遇災害，便會奔走呼號，出錢出力，視爲自己份內之事。

一、地方紳士與水利工程

水利工程一向即是名目繁多、施工艱鉅之重大工程，金錢之耗費往往甚爲鉅大，動輒以千數百萬計。一般而言，範圍較大的多由中央政府負責；範圍較小的則由地方官協同紳民辦理。尤其明、清時期之水利工程，以大規模者居多，而爲自周秦漢唐各代所不及。〔註200〕蕭公權在〈調爭解紛——帝制時代中國社會的和解〉一文中對於紳士階層在地方公共工程之中所扮演角色有所看法。他認爲那些擁有皇帝授予特權者即是帝制中國的士大夫，這些士大夫在帝制後期被稱爲「紳士」，大多通過由政府舉辦的科舉考試而取得地位，進入官場，成爲紳士階層之中較爲有力的一員，若晉陞至較高的品階，則對地方之影響力將更大。紳士們通常都支持帝制政權，因爲深信如此作爲能保障或提升個人最佳利益，同時所接受的教養亦使其成爲皇帝臣民中忠誠的一員。由於他們擁有文學的修養、一般的才智，及對帝國法律與政府行事的知識，這是一般村民所沒有的資格，自然而然成爲居住地區的領袖人物，經常主動承擔鄰里地區或地方上的公共事務。通常由於對居民的需要經常有所幫助，又提供政府編制內公務員所未踐履的服務，在地方上受到尊崇，並且貢獻頗大。〔註201〕

楊聯陞則於其〈從經濟角度看帝制中國之公共工程〉一文中指出，中國的主要王朝因爲隨著中央集權化趨勢的高漲，中央政府對於地方財政亦加強緊密的控制。所以自從宋代以後，地方上府、縣的庫房就幾乎不曾有過足夠的基金來實行任何大規模的建設工程。〔註202〕早在顧炎武的《日知錄》中即

〔註199〕熊廷弼，《熊襄愍公集》，卷10附〈詩鈔〉，〈夜深廳蛙鳴〉，頁7。

〔註200〕Joseph Needham,《Science and Civilization In China》, Volume Iv, 3 (Cambridge, 1971), p. 282.

〔註201〕蕭公權，《迹園文錄》，頁96。

〔註202〕楊聯陞《國史探微》（臺北：聯經書局），頁200。

曾觀察到此一現象：

> 今日所以百事皆廢者，正緣國家取州、縣之財，纖毫盡歸之於上，
> 而吏與民交困，遂無以爲修舉之資。〔註203〕

因此，此類工程計劃的經費，多半爲地方上仕紳所提供。由於修橋舖路築堤此類公共工程通常都被公認爲義舉，大多出於自願；或當作善舉以表示爲善行的一部份，將來會得到福報。〔註204〕對於士紳階層而言，這是一種普遍的信念，亦支撐士紳勉力而爲。明初幾乎所有的水利工程皆爲官督民修，江堤等大工程由地方官監督，透過里甲制的徭役體系科派人力，其他水利設施的歲修亦利用里甲體制。里甲除正役以外，尚有許多雜役項目，如閘夫、壩夫、淺夫等等。閘夫按照水流而調節水量，以提供灌溉用水，調節船行以防止溢河之患。壩夫則是修河治水之雜役，平日要負責巡視水壩，若發現損壞，立即要加以修築；當船隻要通行時，則打開壩門讓船隻通過。淺夫屬於沿河一帶分置淺舖，專門負責運河河道的疏浚工作。〔註205〕明代中期以後，原則上還是官督民修。15 世紀以後，由於地方上土生土長住戶之沒落與流散，再加上外來客民的大量移入，使里甲體制動搖，以致於官方直接參與的修築工程增加。隨著社會的經濟發展，士紳漸漸形成一個有力的社會階層，置身於國家財政匱乏、里甲制度漸失功能的時代裏，對於社會的影響力逐漸在擴大之中。

　　「湖廣」在地理上乃是指長江中游的湖南與湖北。長江自出峽口之後，即進入江漢平原，由於地勢低窪，河道彎曲，已使河道排洪不暢，再加上支流眾多，設使同時發生洪災，在此相遇，則必然釀成水災。根據歷史資料顯示，自漢朝到清朝（約公元前 206～1911）的 2000 多年之間，長江發生的水災即有 214 次之多。而且愈到後來，愈爲頻繁。元朝以前平均每十多年一次，明朝每九年一次，清朝則每五年一次。〔註206〕

　　從湖北於水災後修復堤防的地方公共工程即可以看出紳士的推動力量：漢水在承天府有 L 字型的大彎曲以保護農田，其中心部份爲黃家灣，附近則

〔註203〕顧炎武，《日知錄集釋》，卷十二，收於王雲五主編，《國學基本叢書》（臺北：臺灣商務印書館，民國45年4月臺初版），頁17下。

〔註204〕楊聯陞，《國史探微》（臺北：聯經書局），頁202。

〔註205〕熊廷弼，〈嘉魚蒲咸寧江夏長堤記〉，《熊襄愍公集》，卷九，頁16。

〔註206〕黃錫荃、蘇法崇、梅安新合編，《我國的河流》（北京：商務印書館，1982年），頁77；王家儉，〈魏源的水利議——兼論晚清經世學家修法務實的精神〉，國立臺灣師範大學歷史學報，第18期，民國79年6月，頁196～197。

有翟家口、馬家嘴、操家口等三口，內為皇莊，外為鍾祥、京山、潛江、景陵等各縣與武昌、荊州兩衛。萬曆二十一年（1593）夏天，水災破壞了翟家口等三口，為進行修復工作，則由兵備道、府、衛來分擔此修築工程，然而進度緩慢，經過三年卻仍未完工。〔註207〕萬曆二十四年（1596）常知府則任命推官孫慕忠繼續修築堤防，孫慕忠計算出鍾祥、京山等四縣與武昌、荊州兩衛各自獲得工程受益的多寡分擔任務。只有馬家嘴工事浩繁，遂不得不讓致仕在鄉的縣丞王杜與典史王相，儒官何崇科等人各自分領工程，孫慕忠則負責三堤總工事。此時府學生員曹試在翟家口修築工程，補助工人 800 名，因為見到武昌衛所負責地方的堤工多而軍士卻較少，經費上有其困難，便捐貲以幫助築堤工程。退休在鄉的典史王相等人則捐出米穀以幫助募夫。眾人同心協力之下，三個月後終於完成工程，便在堤防上植樹以防止被水所崩壞。萬曆二十七年（1599），王相見馬家嘴堤工規模浩大，便與退休典史共同祠祀之後，按其能力捐貲並協助築堤。〔註208〕

二、推動修築老堤與新堤

屬於武昌府的大江南岸，有一條從嘉魚縣馬鞍山至江夏縣赤磯山的長堤，長一百二十里（67 公里），元皇慶元年（1312），嘉魚縣丞成宣最初由馬鞍山築堤至三角鋪，稱為成公堤。明武宗正德十一年（1516）、十二年（1517）泛濫時，副都御史吳廷舉徵集嘉魚、江夏、蒲圻、咸寧四縣的民力，修築由馬鞍山至洲艾家墩，約 80 里左右的長堤，此即為老堤。此後，由嘉魚縣負擔其歲修工費。萬曆元年（1573），嘉魚知縣楊光宇受四縣之助而得修築。萬曆三年（1575），以每年受各縣均徭銀的一部份徵集工人而歲修此老堤。萬曆三十五年（1607）、三十六年（1608），舉人游士任（三十八年為進士而為登萊監軍）與三縣的父老，齊向知府建議修築老堤，然而未能實現。萬曆三十八年（1610），發生水災，不但老堤受損，連未有堤防的老堤下，由艾家墩至江夏赤磯山一帶約 40 里之地方，亦被大水所淹沒，四縣被水所淹沒的田地、屋舍、百姓，不勝枚舉。〔註209〕

萬曆三十九年（1611），時任南直隸提學御史的熊廷弼，曾建議修築老

〔註207〕顧炎武，《天下郡國利病書》，原編第 4 冊，〈蘇州府〉，〈歷代水利〉（臺北：臺灣商務印書館印行），頁 20，總頁 9552。
〔註208〕前揭書，頁 56。
〔註209〕熊廷弼，〈嘉魚蒲咸寧江夏長堤記〉，《熊襄愍公集》，卷九，頁 16。

堤，嘉魚知縣葛中選亦詳請之，承上許可而於四縣分築之，然因蒲圻縣之所在位置關係，堤防不在縣內而對分築份量不滿，遂不得不延後其事而終致未能完成。〔註210〕萬曆四十二年（1614），太僕寺少卿李憭（萬曆十四年進士，此時家居）勸熊廷弼，謂老堤的補修尚未完成，新堤亦尚未完成，願意一起推動此事，並建議修老堤與建新堤〔註211〕（由艾家墩至江夏赤磯山的 40 里，22.4 公里）。於是熊、李二人寄書通知前中丞董漢儒與直指史記事〔註212〕、參議陳采清、知府馬人龍等有關官員。游士任接受熊、李二人的勸語而寄書通知兵備、知府、司理。嘉魚知縣葛中選亦申議救災與築堤事，此時書信來往大約十餘次。〔註213〕終於得到有關官員協助。馬知府從府庫提出 3,352 兩，依其四縣田畝受益多寡分擔工程，召募勞夫以分築。雖有此一經費補助，但仍然不夠，因而江夏徐知縣與嘉魚葛知縣再三要求諸府援助，結果得 3000 帑金，知府遂任命葛中選承修。萬曆四十三年（1615）完成老堤 80 里、新堤 40 里，共 120 里，其後每年分由四縣歲修，其比率江夏爲二，咸、嘉、蒲各縣爲一。〔註214〕

　　此後熊廷弼發揮很大的影響力，修築位於江夏縣東南，約長 9,000 丈的路堤，以供驛遞舖官吏來往的道路；同時又修築江夏縣江邊的江堤，中龍床磯以下 2,201 丈，石嘴以下 3,351 丈及後石湖堤等。此外，又修築保安門外之大閘。按照熊廷弼所言，以上老堤加新堤的長堤、江堤、路堤、後石湖堤、大閘等所需經費之中，官錢有 12,000 餘兩，其餘爲熊廷弼自身所出的一萬金，以及由殷實戶、鹽商、木商募捐而來之部份。〔註215〕募款過程之中，熊廷弼毅然以「老頭陀持一簿、敲一木魚而化出若大功德來」〔註216〕深以自勉。凡捐自官府者徑繳本縣收貯，捐自鹽商者本縣自收自貯，捐自木商及別項設處者各人自封自送，凡採辦木石給發夫匠者各殷實自領自用，本縣自支自算，熊廷弼絲毫不經手捐款。四年以來，爲此焦腸削體，鬻產傾家，備嚐窘辱。然而人情悠悠，猶不免有以小人之心度君子之腹者。〔註217〕曾有友人寫信給

〔註210〕同註 209。
〔註211〕同註 209。
〔註212〕同註 209。
〔註213〕同註 209。
〔註214〕同註 209。
〔註215〕熊廷弼，〈性氣先生傳〉，《熊襄愍公集》，卷八，頁 18。
〔註216〕同註 215。
〔註217〕熊廷弼，〈性氣先生傳〉，《熊襄愍公集》，卷九，頁 14～15。

他：

　　英雄一片苦膽，眞肝烈心火性，只合望雲啣杯，曝日搔癢，何苦與
　　人作千年調？〔註218〕

熊廷弼自己亦每每再三背誦此番話語以作爲自己多事之鍼砭，然而又轉念士
君子承受國家厚恩，享有鄉里餘蔭，無論居官居鄉皆有應做之事業。果眞出
於濟人利物，就從世人所忌諱閃躲處勉力去做一番不朽事業。縱使此番事業
受到他人的推敲而予以抹殺，亦沒有什麼不可以，似乎不可因爲一時未爲他
人所瞭解而放棄應盡之責任。〔註219〕

　　由於募自撫、按、道、府以下及鹽木商所助萬金不足，不得已，請府庫
卒業，直指彭宗孟，彭作吝色。熊廷弼憤然鬻產數千金以濟助工程，〔註220〕
工程卻仍不得完。中丞徐兆魁聽聞此事而勉勵廷弼，謂王陽明先生用地方金
作功德，無所吝惜，若要其出囊中15金則不能；而熊廷弼卻捐出恆產累積至
1000金，實在難得。〔註221〕遂同方伯熊、石門師區處3,000金而工始得竣。
此筆經費全部移交徐、葛兩位知縣，熊廷弼則分文未動。

　　廷弼修造此閘，則有三利：（一）救田；（二）收省龍元神水爲會城風水；
（三）金沙洲商鹽泊湊有所指望。山門舊有浮橋，已爲江水所吞沒，如今則
預置閘橋於保安門以作爲商賈通商要道。自從堤閘完成之後，改東湖驛站於
紙坊，便路30里栽引路松，而四縣百姓入省行旅，極感便利，無不爲廷弼念
佛以示感念。〔註222〕同一時期，熊廷弼又應允父老張廷譽、俞九樂等強求，
共同建議知府徐應簧修築李馬橋、強家橋，獲准之後，爲修築大閘，熊廷弼
又募捐300金轉給張廷譽、俞九樂，由二人督修。〔註223〕廷弼嘗曰，吾輩生
於人世之間，不論居官或居鄉，皆應努力做功德，以造福鄉里。鄉里之中一
切鹽米貴賤、徵派輕重，但有使人民感到不便者，必定倡言，爲民請命於官
府，一二再、再而三，務必獲得妥善解決，然後才算告一段落。即使因此而
獲罪於官府，亦無所退縮。

　　廷弼雖然勇於爲鄉里請命，但是對於自己切身之事，自從聽勘回老家之

〔註218〕同註217。
〔註219〕前揭書，頁15。
〔註220〕同註215。
〔註221〕同註215。
〔註222〕前揭書，頁19。
〔註223〕同註222。

後，一味忍耐咬牙度過而不再去一一追問。〔註224〕鄉人曾說，廷弼戴進賢冠極峻，獨與戴小帽子的平民相處，一點都沒有架子，彷若根本就忘記自己曾經做過官。親戚雖窮，仍然序輩份，對長輩相敬而不敢忘本。甲寅（萬曆四十二年，1614），居太夫人憂，哀慟數絕，每日親自乘騾往來鄰邑山水間卜尋葬地，既殯，從此多半過著鄉居生活，謝絕賓客，以致於官府亦無得見其面，〔註225〕廷弼就在如此的日子中悠然自得。

〔註224〕同註222。
〔註225〕同註222。

第五章　首膺經略，大展雄才（一）
（1619～1620）

第一節　薩爾滸之役後，遼東新局勢

　　自從萬曆十五年（1587）六月努爾哈齊於費阿拉宣布定國政而建立「女
眞國」以來，〔註1〕至萬曆四十四年（1616，天命元年）於赫圖阿拉稱汗的近
三十年之間，女眞各部已在努爾哈齊勵精圖治之下呈現統一。萬曆四十六年
（1618，天命三年）正月，努爾哈齊對諸貝勒大臣宣布：「今歲必征大明」。
〔註2〕從此其軍事戰略眼光從北邊轉向南邊，隨後發布「七大恨」祭告於天，
〔註3〕誓師伐明，進攻撫順，大獲全勝。〔註4〕撫順之役是其把戰略重點由北

〔註1〕根據北京社會科學院滿學研究所所長閻崇年於《天命汗》一書第三章〈壯志
　　　初展〉第四節〈開始稱王〉（吉林文史出版社出版，1991年），頁60～69記載：
　　　努爾哈齊在統一建州女眞過程之中，爲興基立業，鞏固權位，暗自發展以擴
　　　展勢力，遂興建費阿拉城與開始「自中稱王」。萬曆十五年（1587）正月，努
　　　爾哈齊於此稱王的記載則爲萬曆十五年六月：「上始定國政，禁悖亂，緝盜賊，
　　　法制以立。」同時並建立一支紀律嚴明的軍隊。萬曆三十一（1603）努爾
　　　哈齊遷至赫圖阿拉，是爲「興京」。
〔註2〕《清太祖武皇帝實錄》，卷二，頁10。
〔註3〕根據閻崇年《天命汗》，頁249～250所指出：努爾哈齊發布「七大恨」祭告
　　　於天的背景，主要有三：（一）深知明神宗萬曆皇帝晚年政治更加腐敗，遼東
　　　軍備更加廢弛；（二）基本上已完成女眞統一工作（除明所支持的葉赫部以外）
　　　並建立後金政權；（三）遼東女眞地區災荒嚴重，景象悲慘，必須要解決此一
　　　問題，同時轉移大家的注意力，故而把女眞人的不滿與怨恨轉向明朝，藉對
　　　明戰爭的勝利與掠奪漢人財富以緩解女眞社會危機。
〔註4〕閻崇年《天命汗》第10章〈薩爾滸城〉第二節〈計襲撫順城〉，頁255，對此

方轉移到南方的標誌，亦是其兵鋒由統一女眞諸部轉移至公然指向明朝的里程碑；明朝遂遭到兩個半世紀以來最沉重的打擊，明末有所謂「遼事」問題，即自努爾哈齊攻陷撫順開始。〔註 5〕撫順之役歷時一周，八旗軍不僅奪佔撫順、東州、馬根單，而且騎兵橫排百里，梳掠小堡、莊屯 500 餘處，擄獲人畜 30 餘萬（多爲牲畜），編爲千戶，短短數天之內即緩和因災荒缺糧所加劇的社會矛盾。

明朝遼左失陷撫順，隕將喪師，損辱國威，舉朝震駭，群臣陷入極度緊張之狀況中，主戰聲浪壓倒一切。最初將出師日期定在萬曆四十六年（1618）六月，卻因兵餉不濟，將不出關，兵不聽調，無法如期出師，一直要拖到萬曆四十七年（1619）二月，明朝兵馬才相繼到關。楊鎬時任遼東經略，全權指揮此次戰役，分明軍、北關葉赫、與朝鮮援軍爲四路，從四個方面攻下赫圖阿拉，以期包圍後金的老巢。瀋陽一路或稱「西路」，以山海關總兵杜松爲主將，預計從撫順出關，從西面進攻赫圖阿拉。開原、鐵嶺一路，或稱「北路」，以原任總兵馬林爲主將，預計從靖安堡出擊，進攻赫圖阿拉的北面。清河一路或稱「南路」，以遼東總兵李如柏爲主將，預計從鴉鶻關出邊，進攻赫圖阿拉的南面。寬甸一路或稱「東路」，以總兵劉綎爲主將，此路從涼馬甸出發，由東面進攻赫圖阿拉。明朝軍隊採取「分進合擊」的四路出兵戰略，然而，努爾哈齊卻採取「各個擊破」的抵抗策略，「憑爾幾路來，我只一路去」，〔註 6〕此一策略的靈活運用，終於使後金以 6 萬兵力大敗明軍約 10 萬左右之兵力。〔註 7〕明軍三路喪師，一路逃走，努爾哈齊則大獲全勝，並趁勢連下開

事之經過分析甚詳：撫順城頻臨渾河，爲建州女眞與明互市的重要場所。努爾哈齊爲青年時，經常至撫順貿易，其對撫順的山川、道路、形勝、城垣瞭如指掌。時撫順游擊李永芳率兵駐守，此人早在六年前，曾與努爾哈齊在撫順教場併馬交談。此時，努爾哈齊對撫順主用智取，輔以力攻，遂於四月十四日派人至撫順，聲言有三千女眞人明日來赴市，同時命將出師，兵分兩路：令左四旗攻東州、馬根丹，親率右四旗直奔撫順。十五日寅時，假冒商人的後金先遣部隊來到撫順扣市將撫順商人與軍民誘出城外貿易，並由輸款於努爾哈齊的佟養性導軍先入，後面接踵而來的後金主力軍遂趁機突入城內，裏應外合，夾擊奪城。

〔註 5〕王在晉，《三朝遼事實錄》，卷一，收於《中國野史集成》第 24 冊，中國野史集成編委會，四川大學圖書館編，巴蜀書社出版，頁 45。

〔註 6〕傅國，《遼廣實錄》，卷上，頁 18。

〔註 7〕王崇武先生於〈論萬曆征東島山之戰及明清薩爾滸之戰〉一文中，認爲明朝軍隊自神宗籌備出征，迄三路之敗，前後不過 11 個月，倉促之間所調集兵將

原、鐵嶺，併吞葉赫。

　　努爾哈齊在薩爾滸之役整個過程中自始至終掌握戰爭主動權，尤其在明軍合圍之前，即集中優勢兵力以逐路擊破明軍，從而表現卓越的軍事才能。薩爾滸之役以後金的大勝與明軍的大敗而宣告結束，從此導致遼東形勢的改觀。戰前的 200 多年之間，明廷對女眞各部設立衛所以進行統治，並任命各部首領爲都督、都指揮、指揮使等官職以進行管理。萬曆三十六年（1608），努爾哈齊與明朝邊臣訂立邊界盟誓，承認明廷爲中國之中央王朝，他則爲明廷守衛 950 里的邊疆。〔註8〕萬曆四十七年（1619，天命四年）正月，明朝遼東經略楊鎬派遣使臣李繼學至後金和談，努爾哈齊所提和解條件，除經濟要求以外，也只求封王而已。自後金建國至薩爾滸大戰之前的四年之間，努爾哈齊從未公開使用「後金」國號，對外仍以「建州國」或「女眞國」自稱。〔註9〕薩爾滸大戰之後，努爾哈齊對明軍已無所畏懼，敢於公開揭露「後金國」的國號，正式表明在政治上割據一方，稱明廷爲「南朝」。〔註10〕雖然此舉引起明廷滿朝文武之氣憤，但卻畢竟是無法改變的既定事實。薩爾滸之戰是明金政局轉捩的關鍵性一戰，努爾哈齊已衝破兩百多年朱明政權的舊格局，而開創出新的政治局面。史學家亦不能不承認此次戰役的歷史地位，大清帝國

並不多，總額不過 9 萬人左右，實際出兵數僅 7 萬餘人，參見中央研究院史語所集刊第 17 本，民國 37 年，頁 151。關於努爾哈齊的軍力，王崇武先生分別引用朝鮮《光海君李琿日記》、王在晉《三朝遼事實錄》等資料而指出努爾哈齊的勢力膨脹至 10 萬人。李光濤則於〈記奴兒哈赤之倡亂及薩爾滸之戰〉一文裡，採納楊鎬於萬曆四十七年三月所上奏之言，認爲明朝軍隊只有 7 萬餘，而努爾哈齊的軍隊則有 10 萬。參見中央研究院史語所集刊第 12 本，頁 181。孫文良在《明清戰爭史略》第二章〈薩爾滸之戰〉一文中提出看法，認爲明軍的總數在 10 萬以下，7、8 萬以上，參見《明清戰爭史略》（遼寧人民出版社，1986 年第一版），頁 49。王在晉於《三朝遼事實錄》中指出，明朝此役除朝鮮援軍以外，主客出塞官軍共 88,550 餘名，參見該書卷一綜合以上各家之說，筆者之看法傾向於孫文良的主張，認爲明軍總數當爲 7 萬以上，10 萬以下：。至於後金的軍隊，則以戰前楊鎬所說的六萬以下爲準。

〔註 8〕《滿文老檔》，卷一，頁 6，謂努爾哈齊於申年（萬曆三十六年，1608）六月二十日，會明遼東吳副將、撫順王備禦等，刑白馬，以血、肉、土、酒各一碗，削骨而盟誓：「各方勿越帝之邊界。無論漢人、諸申，若有偷越帝之邊界者，見者殺之，若見而不殺，殃及不殺之人。明若渝盟，則明帝之廣寧都堂、總兵官、遼東道、副將、開原道、參將等六大衙門之官員，均受其殃。」遂勒碑立於沿邊諸地。

〔註 9〕《朝鮮李朝實錄、光海君日記》，卷一四二。

〔註 10〕同註 9。

的王業從此底定。〔註11〕乾隆皇帝的〈御製己未歲我太祖大破明師於薩爾滸山之戰書事碑文〉〔註12〕更是清楚說明此役之關鍵性：「嗚呼，由是一戰，而明之國事日削，我之武烈益揚，游行克遼東，王基開，帝業定，豈易乎？我大清億萬年丕基實肇乎此。」〔註13〕薩爾滸之役的重要性由此可見。

相反的，薩爾滸之役卻震憾了明朝 200 多年的統治基礎，京城內外，人心動搖，朱明政權在人民的心目中已發生嚴重的信任危機。三路喪師的消息傳到北京之後，京城人民一片慌亂，公卿子女紛紛逃離北京，軍心士氣亦為之動搖。薩爾滸戰後，明廷雖想募兵 18 萬，再次征伐建州：但是，三軍喪膽，視敵如虎，此後軍心不穩成為明軍屢戰屢敗的不治之症。將帥少而怯戰，兵器劣而不足，許多弓、刀、槍、炮為八旗軍隊在薩爾滸之役所奪，後金將粗鐵改為精鐵，使刀能斷鐵，矢能透甲，更加如虎添翼。〔註14〕

薩爾滸戰後，遼河東西的明金軍事形勢亦發生根本變化，努爾哈齊在軍事方面已取得高度主動權，明軍卻淪為守勢而居於劣勢。戰前，後金東有朝鮮，北有葉赫，西南有開原重鎮的包圍，僅有東北一角可以暢通無阻。戰後，朝鮮王朝與北關葉赫皆懾於努爾哈齊的軍事壓力，置身於明與後金之間，保持觀望的態度。因此，努爾哈齊摸清楚明軍實力之後，益發用兵頻繁，出入無常，行動自如，使明軍難以招架。〔註15〕

面對三路敗師的戰後新形勢，憂國憂民深切關懷時事的廷臣紛紛提出對於遼事的籌議。大體而言，不外乎增兵、增餉、破格拔擢人才、加強京師戒備、嚴懲經略楊鎬、拉攏藩屬朝鮮等等：其中固不乏中肯之論，但亦有許多不切實際的看法，擺脫不了空言高論的毛病。在所有的籌議之中，最值得重視的就是大家都把最大的希望寄託在半百的熊廷弼身上，殷切盼望之情，彷若大旱之望雲霓，一夕之間，熊廷弼成為明人籌議遼事之最大籌碼。此一狀況一方面反映明末封疆乏人，另一方面也的確說明熊廷弼的出類拔萃。綜觀廷臣當時所提出之奏議，大致可歸納為五大項目：下詔罪己、增兵、增餉、嚴防京師、推薦熊廷弼。茲一一說明於下，以見明朝廷臣對於遼事籌議之一斑：

〔註11〕《清高宗文皇帝實錄》，卷九九六，頁 318～324。
〔註12〕原碑藏於瀋陽故宮博物院，參考《清高宗純皇帝實錄》，第九九六卷，乾隆四十年十一月癸未，頁 318～324。
〔註13〕《清高宗文皇帝實錄》，第九九六卷，北京中華書局印行，頁 324。
〔註14〕潘汝禎，〈募兵固守以圖進勦疏〉，《籌遼碩畫》，卷六，頁 235。
〔註15〕談遷，《國榷》，卷八十三，鼎文書局印行，頁 5115。

一、下詔罪己

　　貴州等道御史董元儒等、浙江道監察御史楊鶴、吏科給事張孔教皆上奏痛陳遼左危在呼吸、京師勢切剝膚，懇乞皇上明神宗萬曆皇帝下詔罪己，立罷榷稅，以固結四方之人心。〔註 16〕

二、增　兵

　　主張增兵之廷臣，爲數甚多，包括原任戶科給事中今候補姚宗文主張亟議召募京師、山東、山西、河南、陝西之兵以備大用；〔註 17〕雲南道監察御史張至發主張召募近京之北直、山東、河南、山西之兵，以防守自山海關至薊門昌鎮之邊防；〔註 18〕福建道監察御史楊州鶴主張召募河南嵩縣少林寺僧兵二、三千以赴遼東衝鋒殺敵，並以遼人治遼不煩遠求而招懷薩爾滸戰後殘兵與遼地土著；〔註 19〕兵科給事中吳亮嗣主張勿拘資格以召募市井無賴或囹圄必死之囚徒，以期爲國家建功立業；〔註 20〕巡按直隸監察御史王象恒主張畿內募兵應爲歸併以固疆域；〔註 21〕順天巡撫劉日梧主張重虜壓境、山海阽危之際，乞速發營軍以衛近郊，發京軍數千半赴山海半衛通州；〔註 22〕浙江道御史楊鶴主張速敕李如楨召募家丁 4,000～5,000 千人以隨閱視科臣姚宗文度遼，各路精銳固守遼陽，散處開原、鐵嶺、瀋陽者，惟資犄角之勢，聞警即赴遼陽策應；〔註 23〕浙江道御史孫之益主張廣召募以銷隱憂，由於連年饑饉導致民生日蹙，宜前往齊晉燕趙召募勇敢以銷近畿狂逞之心，前往江淮豐沛之間召募驍勇以解鹽徒江賊之黨，前往河南嵩永等處召募毛兵以銷礦徒竊發之害；〔註 24〕翰林院檢討徐光啓主張就地選募海內奇才，速赴京師精加練習，爲戰守之備；〔註 25〕原任河南彰德府磁州武安縣知縣李登呈主張募遼兵，以遼人日與虜鄰，洞悉奴情，勝於遠方疲於跋涉之兵馬，更優於糧餉耗於途

〔註 16〕程開佑輯，《籌遼碩畫》，卷十七，頁 547、569；卷十八，新文豐出版公司印行，頁 581。
〔註 17〕前揭書，卷十七，頁 556。
〔註 18〕前揭書，卷十八，頁 578。
〔註 19〕前揭書，卷十八，頁 579。
〔註 20〕同註 19。
〔註 21〕前揭書，卷十八，頁 605～606。
〔註 22〕前揭書，卷十八，頁 609。
〔註 23〕前揭書，卷十八，頁 623。
〔註 24〕前揭書，卷十八，頁 627。
〔註 25〕前揭書，卷十八，頁 635。

程之轉運。〔註 26〕

三、增　餉

　　對於增餉之奏議，提出之廷臣更是在所多有，比起主張增兵者，有過之而無不及，實足以顯示此一問題之切要性與急迫性。貴州等道御史董元儒主張速發帑金數百萬，半以解發遼鎮以急佐軍兵買馬犒士賞功之需而振起初喪之士氣，半以解貯薊鎮或山海關而亟檄邊鎮都撫諸臣廣懸召募之令；〔註 27〕兵科等科給事中趙興邦主張速發內帑二百萬以支援遼餉，並爲賞功卹死之用；〔註 28〕太常寺等衙門少卿周應秋主張急發內帑百萬以給軍心資召募；〔註 29〕戶科給事中李奇珍、官應震主張亟發內帑二百萬以拯阽危以保社稷；〔註 30〕戶部尚書李汝華主張速發內帑兩百萬以保薊遼之地而衛京師；〔註 31〕山東道監察御史沈珣主張皇上大發帑金以免使巧婦不能炊無米之釜；〔註 32〕浙江道監察御史楊鶴主張大發帑金以添兵濟餉；〔註 33〕江西道監察御史唐世濟主張以省直絲絹及松江綿布暫令折價，可得十數萬金，並鼓舞納粟助邊者以有所激勵。〔註 34〕

四、嚴防京師

　　薩爾滸之役既然改變遼東之形勢，京師以距遼東不遠而格外緊急，其安全性受到極大的關切。戶科給事中官應震主張應加強皇城、五城、九門、京營之巡視；〔註 35〕翰林院提督四夷館太常寺少卿胡來朝主張簡京兵以挑其上者備戰陣，次者備防守，設援營、守外垣、防內變。〔註 36〕

五、推薦熊廷弼

　　薩爾滸之役明軍三路敗師，身爲遼東經略的楊鎬自是難辭其咎，當時的廷議不免有主張嚴懲楊鎬者，至於指責楊鎬輕率寡謀、喪師辱國者更是在所多有，

〔註 26〕前揭書，卷十八，頁 649。
〔註 27〕前揭書，卷十七，頁 546～547。
〔註 28〕前揭書，卷十七，頁 548～549。
〔註 29〕前揭書，卷十七，頁 550。
〔註 30〕前揭書，卷十七，頁 553。
〔註 31〕前揭書，卷十七，頁 558。
〔註 32〕前揭書，卷十七，頁 565。
〔註 33〕前揭書，卷十七，頁 567。
〔註 34〕前揭書，卷十七，頁 570。
〔註 35〕前揭書，卷十七，頁 551。
〔註 36〕前揭書，卷十七，頁 554。

如貴州道御史董元儒指出「楊鎬輕率寡謀，喪師辱國，至於一敗塗地不可收拾」。
〔註37〕翰林院提督四夷館太常寺少卿胡來朝則以「楊鎬之物望素乖」，對其十分
不以爲然。〔註38〕大敵當前，人心惶惶，亂世之際備思忠良，廷臣紛紛不約而
同推薦起熊廷弼。事實上早在薩爾滸之役前，巡按御史張銓即認爲楊鎬非將才，
而力薦熊廷弼擔任遼東經略，但並未被採納，薩爾滸之役後，局面則完全改觀，
群臣更是眾口交譽，先後對熊廷弼加以推薦。根據統計，當時在廷臣中即有 17
人向朝廷力薦熊廷弼，他們是兵科給事中趙興邦〔註39〕、太常寺衙門少卿周應
秋〔註40〕、浙江道監察御史楊鶴〔註41〕兵科給事中吳亮嗣〔註42〕、浙江道監察
御史劉蔚〔註43〕、工科給事中祝耀祖〔註44〕、兵部等衙門尚書黃嘉善〔註45〕、
保定巡撫韓浚〔註46〕、浙江道御史孫之益〔註47〕、湖廣道試御史劉有源〔註48〕、
河南道監察御史盧謙〔註49〕、南京兵科禮科給事中晏文輝〔註50〕、山西道御史
馮嘉會〔註51〕、南京浙江道監察御史傅宗皋〔註52〕、大學士方從哲〔註53〕、戶
科給事中官應震〔註54〕、禮科給事亓詩教〔註55〕、雲南道御史張至發等。〔註
56〕保定巡撫韓浚甚至認爲「頃者熊廷弼一用，舉國忻忻相告，以爲遼事自此庶
幾有賴。」〔註57〕又如浙江道監察御史楊鶴所言：

〔註37〕前揭書，卷十七，頁 547。
〔註38〕前揭書，卷十七，頁 554。
〔註39〕前揭書，卷十七，頁 549。
〔註40〕前揭書，卷十七，頁 550。
〔註41〕前揭書，卷十七，頁 573。
〔註42〕前揭書，卷十八，頁 584。
〔註43〕前揭書，卷十八，頁 593。
〔註44〕前揭書，卷十八，頁 598。
〔註45〕前揭書，卷十八，頁 601。
〔註46〕前揭書，卷十八，頁 625。
〔註47〕前揭書，卷十九，頁 634。
〔註48〕前揭書，卷十九，頁 659。
〔註49〕前揭書，卷二十，頁 675。
〔註50〕前揭書，卷二十，頁 678。
〔註51〕前揭書，卷二十一，頁 682。
〔註52〕前揭書，卷二十二，頁 724。
〔註53〕前揭書，卷二十二，頁 727。
〔註54〕前揭書，卷二十二，頁 730。
〔註55〕前揭書，卷二十三，頁 745。
〔註56〕前揭書，卷二十三，頁 745。
〔註57〕前揭書，卷十九，頁 625。

遼事至此大壞極敗，賊氛甚惡，恐遼陽廣寧受禍患及京師矣。今內
地空虛，人人自危。目前急保封疆，惟用人爲第一義。當遼事初
起，原任遼陽按臣熊廷弼，舉朝推崇之矣。臣讀其按遼疏牘，爭歸
疆，爭起釁，撫北關，款宰賽諸虜，言言皆爲奴酋，事事皆爲奴
酋。七、八年前，破今日之情形如措諸掌，謂遼人軍不成軍，馬不
成馬，器械不成器械，射打不成射打；謂杜松剛愎不宜用，而今果
然矣。〔註58〕

對熊廷弼之先見之明異常佩服，大力推荐。

浙江道監察御史劉蔚，亦對熊廷弼稱許有加：

舊按臣熊廷弼，逆料奴酋情形于十年之前，迄今驗之，灼如觀火。
且一片血誠，籌畫兵食不辭勞怨，凡修邊積穀，練兵買馬，無日不
爲戰計，即無日不爲守計，遼至今思之。向使早用廷弼，必無今日
之敗；即今起用，猶恨其遲。〔註59〕

連即今起用，猶恨其遲，對於廷弼的推崇可謂備至。眾廷臣大力推薦之下，
熊廷弼於萬曆四十七年（1619）三月由原任御史起陞爲大理寺左丞兼河南道
監察御史以宣慰遼東。癸酉，楊鎬免職，則被任命爲兵部右侍郎兼都察院右
僉都御史以經略遼東。同年六月，熊廷弼以眾望所歸而取代楊鎬成爲遼東經
略，〔註60〕前往遼東收拾殘局，面對艱鉅之挑戰。

薩爾滸之役爲明與後金國勢轉變之關鍵一役，明廷爲此震動，廷臣紛紛
提出下詔罪己、增兵、增餉、嚴防京師與起用熊廷弼之建議，其中以起用熊
廷弼之建議最爲具體可行，益發顯示「疾風知勁草，板蕩識忠奸」之時代意
義。

第二節　審時度勢，以守爲戰

萬曆四十七年（1619）震驚明廷的薩爾滸之役使明與後金之攻守形勢易
位，努爾哈齊在遼東取得主動之權，明已淪爲守勢，又於大敗之餘，彷若驚
弓之鳥，人心惶惶，軍心士氣更形渙散。〔註61〕熊廷弼於危急之際受命遼東

〔註58〕前揭書，卷十七，頁568。
〔註59〕前揭書，卷十八，頁594。
〔註60〕《明神宗實錄》，萬曆四十七年七月壬午朔孟秋時饗，卷五八四，總頁12994。
〔註61〕滕紹箴，《努爾哈齊評傳》（遼寧人民出版社，1985年10月第一版），頁204。

經略，在其接下重擔之前，明與後金交戰已有五次連敗之記錄：萬曆四十六年四月（1618）撫順之役、同年七月清河之役、萬曆四十七年（1619）三月薩爾滸之役、同年六月開原之役、七月鐵嶺之役。至八月時，努爾哈齊更親統數萬輕騎以討伐葉赫部。熊廷弼於八月二日受代，第二天即入遼陽，此時所面臨的對手，已非當年貪得寬甸六堡之努爾哈齊，而是積極計畫破關入邊，謀取遼瀋爲都城的一國之君。由於前任遼東經略楊鎬老朽庸弱，完全不是努爾哈齊的對手，明朝在遼東的邊防鬆弛散漫，根本難以抵擋後金軍隊的強力沖擊。一連串的戰敗，使得明朝舉國上下皆籠罩於「遼必亡」的悲觀低調氣氛之中。〔註62〕

茲將廷弼接任遼東經略之前，明軍五次連敗記錄及其影響列表如下：

時　　間	戰　役	影　　響
萬曆四十六年四月（1618）	撫順之役	撫順爲後金通往遼瀋門戶
萬曆四十六年七月（1618）	清河之役	清河爲後金通往遼瀋門戶
萬曆四十七年三月（1619）	薩爾滸之役	明朝遼東國防前線爲後金衝破
萬曆四十七年六月（1619）	開原之役	明與葉赫之聯繫爲後金切斷
萬曆四十七年七月（1619）	鐵嶺之役	明與葉赫的聯繫爲後金切斷

從上述五次連續戰敗的影響看來，明朝在遼東的形勢已經整個逆轉，攻守易位，爲明代經營遼東之大變局。面對如此惡劣形勢，熊廷弼經略遼東的第一步即是上疏神宗萬曆皇帝，闡明收復開原的必要性：

遼左爲京師肩背，欲保京師而遼鎮必不可棄，河東爲遼鎮腹心，欲保遼鎮，而河東必不可棄。開原爲河東根底，欲保河東，而開原必不可棄。今開原破矣，青陽棄矣，慶雲搶矣，鎮西圍矣，中固、鐵嶺、懿路、汎河數城婦女老幼空國而逃矣。……獨遼陽、瀋陽爲河東孤注，昨經臣揭報，瀋陽之民又逃，軍亦逃矣，而遼瀋何可守也？……今遼兵本畏賊，而破竹之後，風鶴自驚，何煩擊鼓，而遼瀋又何可守也？然而，不守遼瀋，必不能保遼鎮以保京師；不復開原，必不能保遼瀋以保遼鎮。〔註63〕

〔註62〕計六奇，《明季北略》，〈熊廷弼回籍〉，都城琉璃廠半松居士排字本，收於沈雲龍選輯，《明清史料彙編》，第四集（臺北：文海出版社），頁85～92。

〔註63〕陳子龍等選輯，《明經世文編》，卷四八〇，《熊經略集一》，〈河東諸城潰陷疏〉（北京中華書局，1962年6月第一版），頁5280。吳唅於〈影印明經世文編

開原若不收復，則遼、瀋形勢日益危急：

> 今開原一帶盡失，而外交合矣。朝鮮、北關皆陰順賊而內患除矣，
> 賊亦何所牽掣？何所顧忌？愛我遼瀋而不攻哉？夫開原，古之黃龍
> 府，而元之所謂上都也。城大而民眾，物力頗饒，賊住城中用我牛
> 馬車輛搬運金錢財貨，數日未盡，何止數百萬？向無充擺之兵，而
> 今且合兵于虜；向無副餘之糧，而今且因糧于我，但分我開原餘財
> 十數萬以餌宰卜二十四營、炒巴二十營，使之東攻遼瀋、西攻廣
> 寧。彼諸營所得，春夏兩賞于我者幾何，又何愛于我而不聽賊以攻
> 我？〔註64〕

至於熊廷弼提出收復開原的辦法，則主張從調兵、發餉、與造武器三方面著
手：

> 使皇上以京師視邊，立從臣下之請而無有中隔；使戶兵二部，以京
> 師視邊，共商兵餉，彼此通融，而勿以例爭；使兩京各錢糧衙門以
> 及邊腹撫按諸臣，皆以京師視邊，凡遇徵調、挪借、搜括、催解等
> 項，一一眞心委曲多方湊處，而勿以套應，則兵餉事事尚可立致。
> 天下事何遽不可爲也？〔註65〕

鑑於當時朝政腐敗與統治階層內部紛爭，爲避免誤事，廷弼又特地向皇帝懇
求：

序〉提及此書之價值所在，由於清乾隆時多次頒布禁燬書目，主要就是欲掩
飾清代先世與明朝的關係，以建州部族從來即是一個獨立的民族，並未受過
明朝的冊封等等。但《明經世文編》卻收入不少談論建州與明朝關係的歷史
文獻，使得被埋沒的史實重見天日。除此而外，此書是一部從歷史實際出發，
總結明朝兩百數十年統治經驗，企圖從中取得教訓，用以改變當前現實的經
世實用之書。從思宗崇禎十一年（1638）2月開始至11月，短短九個多月時
間便告完成，此書編輯之際，正是明朝內部一團混亂，流寇滋大，對外又與
建州對立極爲嚴重的時刻。當時之儒生、士大夫中大部分人對現實問題不關
心，更談不上研究，故而一批較有遠見的知識分子，爲反對有害的文風、學
風、空疏、不學，遂通過歷史實際的學習以總結前人的經驗來解決當前的問
題。主編陳子龍、徐孚遠、宋徵璧三人，均是江蘇松江人，爲幾社之成員。
選文的原則以「明治亂」、「存異同」、「詳軍事」爲主，全書範圍包括時政、
兵餉、馬政、彈劾、諫諍等各方面。材料的搜集除松江本地藏書家以外，還
通過文社關係，吳、越、閩、浙、齊、魯、燕、趙各地的儒生、士大夫都群
策群力訪求徵集，所得文集在千種之上，史料價值甚高。

〔註64〕同註63。
〔註65〕同註63。

惟是兵餉有無遲速，實係邊鎮存亡，京師安危之急務。乞皇上省覽
臣疏，亟敕廷臣會議，開原地方應否恢復？須急急處辦兵馬、器械、
錢糧、芻豆等項，勒限齊備。勿缺少以窘臣用，勿挨延挨以緩臣期，
勿中格以阻臣氣，勿旁議以掣臣肘，勿交擔於臣不相照管，而獨遺
臣以難。〔註66〕

在熊廷弼如此忠心為國的請求之下，多年不理朝政的神宗，則力圖振作，一
切允行，並賜其尚方寶劍，以重其權，使其放手整頓遼東之邊防。

　　熊廷弼剛接任遼東經略時，當時制敵之主張有「恢復」、「進剿」、與「固
守」的三步保遼之策，其目的在於「復開原以保全遼」。〔註67〕然而，當他於
萬曆四十七年（1619）八月赴遼東到任時，鐵嶺、北關葉赫已連續失守，以
致保遼之策不得不作修正：

當開原初陷時，鐵嶺、北關尚在，汎懿蒲潘未逃法，當亟復開原，
全我家當。今破者破，空者空，徒分數萬人馬各守空城，無一人民
居住，何益？似不如合兵併力以勦為先著。何也？勦固無俟於復也，
顧以此時漫談進勦之事，何敢草草？似又不如分布險要以守為穩
著。何也？守正所以為戰也。然而守何容易？……頃臣親至各邊臨
口，相度地形，籌賊之出路即可為我之入路者有四：在東路為靉陽，
南路為清河，西路為撫順，北路為柴河、三岔兒間，俱當設置重兵，
為今日防守、他日進勦之備。而鎮江南障四衛、東顧朝鮮，亦其不
可少者。此分布險要之大略也。〔註68〕

由於形勢之瞬息萬變，原先打算以收復開原來保全遼，進而保京師的計劃不
得不修正，因為一個已被攻破的開原城，早已從原先物力、民力豐饒的大
城，被努爾哈齊等以明之牛馬車輛搬運金錢財貨至一空，開原已淪為一個破
者破、空者空的空城，縱然收復開原，亦不過徒然以數萬人馬守個空城而
已，實在並無意義。反倒比不上合兵併力以勦敵為先著，但在當前惡劣形勢
之下，又怎敢草率進勦強敵，以有用之人力武器去打沒有把握的仗？如此再
進一步思考，則發現與其進勦，實又不如「分布險要」「以守為穩著」來得更
為實際。

〔註66〕同註63。
〔註67〕同註63。
〔註68〕《明經世文編》，卷四八○，《熊經略集一》，〈敬陳戰守大略疏〉，頁5281。

　　從受命遼東經略之初，主張收復開原以確保全遼的戰略，在一連串變局發生之後，鐵嶺、北關連續失守，開原也從一個物力民力豐饒的大城淪為一無所有的空城之後，此時熊廷弼面對最新形勢，修改其原定戰略，確定「分布險要」、「以守為穩著」為當前最適宜採用的戰略。戰略並非僅是一種單純固定的教條，而是一種「思想方法」（method of thought），其目的就是要整理事件，使其按照優先次序加以排列，而後再選擇最有效行動路線。所謂最有效的行動路線，乃是為適應某一種情況，即應有某一種特殊的戰略；若情況改變，則又要另行安排，始為妥當。〔註69〕換言之，廷弼做出「分布險要」、「以守為穩著」之戰略，乃是對當前最新形勢加以分析之後，深思熟慮所獲得的結論，絕非明廷許多閉門造車、昧於最新形勢的言官、朝臣所能相比。

一、分布險要，以守為穩著

　　「守」，正所以為戰，並非消極的防守敵人而已，而是經過深思熟慮仔細評估之後的穩健作法。自從萬曆四十六年（1618，天命三年）後金國與明廷關係破裂，竟從臣屬關係轉變為國對國關係之後，〔註70〕雙方在戰場上多次交手，殘酷的現實已然使得明軍對後金軍隊聞風喪膽，自縛手腳，心防盡失。熊廷弼接任遼東經略之前，明軍在整個遼東的軍事情況甚糟，實為一個難以收拾的爛攤子。

　　回顧檢視撫順之役以來的遼東形勢，萬曆四十六年（1618）四月十三日，努爾哈齊統率兩萬軍隊以「七大恨」告天，進攻撫順。四月初，明撫順游擊李永芳決定在四月十五日於撫順大開馬市，消息傳至後金，努爾哈齊召開秘密軍事會議以研究軍事形勢與攻城佈署，決定採納四貝勒皇太極的作戰方案，趁著撫順開馬市而邊備鬆弛之際，以精兵偽作商人，混入城中，再採內外夾擊方式。〔註71〕後金大軍出發前，努爾哈齊派遣二子紅把兔等前往廣寧府城，十四日夜間至遼東總兵張承蔭府邸作客，於席間談笑風生中試探張承蔭的反應，謂其父努爾哈齊若統兵南下，有何對策？張承蔭卻毫無警覺，除

〔註69〕　法・薄富爾將軍著，鈕先鍾譯，《戰略緒論》，〈導言〉（麥田出版社，民國85年出版），頁16。

〔註70〕　《滿文老檔》，《太祖》，卷六，頁 62～63；滕紹箴著，《努爾哈齊評傳》，頁123。

〔註71〕　計六奇，《明季北略》，卷一〈撫順城陷〉，收於沈雲龍選輯，《明清史料彙編》，第四集（臺北：文海出版社），頁 49～51。

自誇朝廷威德與遼邊守備堅固之外，並無任何對策。〔註72〕此次撫順之役，內外夾擊的結果，李永芳投降，官兵 590 多人被俘，軍民死傷 20,000 人，近萬人被掠走，而東州堡、馬根丹亦失守，此三城被掠走官員近千員。〔註73〕然而，明軍至此仍遲遲未動，遼東巡撫李維翰不懂軍事，只是發紅旗催促總兵官出戰，偏偏廣寧鎮守總兵官張承蔭亦素不習戰，又毫無設防，手足失措之下，勉強出戰，於撫順陷落第五天，以五路援軍並進方式前往撫順增援。明軍分三處據山守險，掘壕、布列火器，張承蔭臨戰採取三營分列的戰法，陣腳不穩，軍心不定，明軍死傷慘重，張承蔭陣亡，明殘軍被追殺 40 多里，10,000 多人軍隊得以脫身僅為十分之一、二，丟失戰馬 9,000 多匹，拋棄盔甲 7,000 多副，火器、刀、槍等損失嚴重。〔註74〕

撫順之役消息傳至北京，明廷大為震驚，京城內外一片慌亂，經過幾番調兵遣將，卻發現遼東邊關有將無兵。朝廷大臣會議，一般都是議而不決，決而不行，除人心惶惶之外，集兵籌餉之進度極其緩慢。朝廷財政空虛，不能及時籌辦軍餉，將令不行，士氣低落。從四月至七月，所征調的將領遲遲不肯出關，薊鎮的援兵到關僅有 5,000 人，又是分散防守。新募的 10,000 兵卒剛剛操練，由於軍餉不繼，幾乎散去。〔註75〕各城堡兵源不足，每當後金軍隊入境攻城奪堡時，各城堡守軍既不敢出戰亦不敢相互救援。結果開原以東城堡喪失一半，撫順以東 200 多里盡陷於後金之手。〔註76〕七月二十日，努爾哈齊率軍向清河進發，當天圍困鴉鶻關，次日，鎮守清河主將鄒儲賢閉

〔註72〕談遷，《國榷》，冊八，卷八十三，神宗萬曆四十六年，頁 5115，楊家駱主編，中國學術類編，鼎文書局出版。談遷原名以訓，字觀若，明亡以後改名遷，字孺木。海寧縣棗林人，明諸生，編纂《國榷》一○四卷，卷首四卷，共一○八卷，為明朝編年史，按年按月按日記載著者認為重大的史事，起自元天歷元年至弘光元年（1328～1645），初稿完成於 1626 年，以後陸續改訂，至 1645 年以後，續加崇禎、弘光兩朝，1653 年又帶稿子至北京家以修訂，故兒此書編纂時間前後已超過 30 年。其編纂《國榷》用意在於明代列朝實錄中有部分失實、醜正、歪曲，遂因而發憤邊纂。國亡之後，不忍國滅史亦隨滅，又訪求邸報以補述崇禎、弘光兩朝史事，寄亡國悲憤於先朝史書之編纂，自署「江左遺民」，以遺民心情重寫國史。編纂《國榷》時，則以列朝實錄與邸報為主要根據，參以諸家編年，卻並不偏信實錄，亦不側重私家著述，取材廣泛而選擇嚴謹，其史料價值甚高。

〔註73〕前揭書，頁 5115。

〔註74〕《滿文老檔》，卷六〈太祖〉，頁 62～63。

〔註75〕楊一桂，《急發彙種增選裨將疏》，《籌遼碩畫》，卷六，頁 257。

〔註76〕滕紹箴，《努爾哈齊評傳》，頁 148。

門拒守率六千多人，利用城上設置一千多座大砲以及滾木雷石等武器，據城設防。但是如此做法卻並未遵守遼東經略楊鎬的守城指令，楊鎬曾以清河城四山環抱，只有正東一路通向鴉鶻關，以守爲絕境，以戰爲奇地，故而以四個月時間認眞修築，城上布列火砲、槍等武器。當敵人來攻，應設伏於城外山徑小路或山間之地以牽制敵兵，萬萬不可擁兵城內，束手待斃。〔註 77〕22日清晨，清河城破，鄒儲賢殉國，但守城有法，無一兵一卒投降的戰鬥力卻受到後金欽佩。清河失守固然與主將鄒儲賢死守孤城、怯於野戰有關，然而明朝各路援軍退縮不前，更是此役失敗之另一因素。援遼總兵麻承恩，在努爾哈齊統兵圍攻清河城的前兩、三天即知此事，竟不積極赴援，只統帥 1,000 健卒從瀋陽進至開原即不再前進。眾將中唯有靉陽參將賀世賢率兵 5,000 及時赴援清河，中途與後金軍隊相遇，大戰一場，返回駐地時，堡中居民隨官軍四散而奔，全城逃之一空。〔註 78〕

　　萬曆四十七年（1619）三月，明軍與後金軍隊大戰於薩爾滸山，爲歷史上著名的薩爾滸之役。此役之直接導火線爲努爾哈齊攻克撫順所引起，明廷主戰聲浪高於一切，站在天朝大國立場，高估自己而低估後金乃是可以理解的現象。然而以明廷之腐敗效率低落，兩國交兵之際，努爾哈齊在軍事上取得極大的行動自由，爭取到軍事上主動地位。明軍以四路軍隊分進合擊，卻爲努爾哈齊所大敗，三路喪師，此役成爲後金興盛與明廷衰亡史上重要標幟，此後努爾哈齊對明軍無所畏懼，公開亮出「後金國」大旗，正式表示在政治上割據一方，稱明朝爲「南朝」。〔註 79〕從此衝破兩百多年以來朱明王朝舊格局，對明政權稱臣已爲歷史陳跡。戰後，遼河東西的明與後金軍事形勢發生根本變化，主客易位，努爾哈齊摸清明軍實力之後，毫無顧忌，用兵頻繁，出入無常。〔註 80〕

　　萬曆四十七年（1619，天命四年）六月初十日，努爾哈齊統率 40,000 大軍向開原進發，十五日圍攻開原，全城十多萬軍民只有 1,000 多人逃出來。開原是東北地區一座古城，人口眾多、物資雄厚，財產、玉帛多達數百萬。〔註 81〕然而開原城破之前，總兵官李如楨駐紮於瀋陽，賀世賢駐紮於虎皮驛。當開原城危急，李如楨膽怯畏戰，不肯增援。參將賀世賢急趨開原，原想率領士兵衝進

〔註 77〕 楊鎬，《并陳沿邊措置略節疏》，《籌遼碩畫》，卷十，頁 364～366。
〔註 78〕 《滿文老檔》，卷七〈太祖〉，頁 65～68。
〔註 79〕 《朝鮮李朝實錄，光海君日記》，卷一四二，頁 450～453。
〔註 80〕 談遷，《國榷》，卷八十三，明神宗萬曆皇帝四十七年，頁 5138～5139。
〔註 81〕 《明神宗實錄》，卷五八三，總頁 12990。

城去，部下卻個個怯戰，竟然一哄而散，致使開原城爲努爾哈齊從容搶掠。

　　開原城攻破之後，遼地軍民憚於努爾哈齊的兵威，瀋陽、鐵嶺等地居民紛紛逃亡，遼左眾城危在旦夕。經略楊鎬命令李如楨駐兵瀋陽，南北策應；令賀世賢駐守虎皮驛，往來應援。瀋陽距鐵嶺 120 里，虎皮驛距鐵嶺則 180里，明軍軍事意圖即在增援鐵嶺。努爾哈齊進犯鐵嶺的原因如下：從鴨綠江東南至西北一帶諸城堡，撫順、清河、永甸、新甸、長甸、大甸、靉陽、孤山、一堵牆、馬根丹、東州、鎮北等數十個城堡均爲後金所攻佔。開原是遼河以東根本重地，開原一破，河東重鎮僅剩下遼陽瀋陽、鐵嶺等地孤懸在努爾哈齊兵威以下，鐵嶺且首當其衝。〔註 82〕七月二十四日，努爾哈齊親率大軍向鐵嶺進發，鐵嶺守將游擊李克泰將消息飛報給瀋陽總兵李如楨，李卻畏首不前，二十五日寅時，鐵嶺城攻破。

　　此時明軍在關外尚有 70,000 多人，但對努爾哈齊的進攻卻阻擋不力，只要努爾哈齊統兵一出，沿邊各城軍民都望風奔潰，遼東一帶城堡相次陷落。王在晉曾經指出，明朝將官怯而無勇，緩而寡謀，爲努爾哈齊玩弄於股掌之上。〔註83〕明廷既無法從整體性的政治著手改革，只有將丟城敗陣之罪名加在邊將身上，八月二日，遂以熊廷弼出關代替楊鎬經略遼東，八月十三日，逮捕楊鎬入京問罪。廷弼自此承接下一個殘破不堪的遼東，薩爾滸之役所導致明金關係的轉折是歷史性的，開原、鐵嶺的再陷，則爲此一轉折的繼續與發展。

　　廷弼在審時度勢，決定以守爲戰之後，對於「守」亦提出其困難之處。萬曆四十七年（1619）八、九月之間，努爾哈齊率領全眾駐紮於新寨，日壓撫順，窺伺遼瀋，明軍仍然只得守在一面。由於兵分力寡，防「守」顯得十分艱難。經過廷弼親至各邊隘口相度地形，找出四處險要：〔註 84〕東路爲靉陽，南路爲清河，西路爲撫順，北路爲柴河與三岔兒之間，此四處險要，適爲敵方之出路，對明軍而言則可作爲入路，故而於此四處設置重兵，以作爲今日防守，他日進勦之備，鎮江由於南障遼南四衛—金州、復州、海州、蓋州，東顧朝鮮，亦是不可不置軍隊之要地。

　　至於各路聯絡之大要則如下：此四處險要，每路設兵 30,000 人，將 15～16 員，主帥一員，布爲前後左右中，各營如遇到敵兵，雙方對壘，則前鋒迎

〔註82〕熊廷弼，〈敕議守御收復疏〉，《籌遼碩畫》，卷二十三，頁 746～750。
〔註83〕王在晉，《三朝遼事實錄》，卷一，頁 15，總頁 52。
〔註84〕熊廷弼，〈敬陳戰守大略疏〉，《明經世文編》，卷四八〇〈熊經略集一〉，頁 5281。

戰，中軍繼之，左右橫擊之，後軍殿之，使各路自爲一分合奇正，以爲一面。如敵與一路相持在西路，則南路北路出奇以擊之，東南路悉力以搗之。在南路則東南路西路出奇以擊之，北路悉力以邀之。在鎮江則當設兵 20,000 人，將 7、8 員，副總兵一員，半箚義州，半箚鎮江，夾鴨綠江而守，如敵犯朝鮮則鎮江與朝鮮合力拒堵，而四路則分道搗巢以牽制敵與四路相持，則鎮江朝鮮合兵而西以搗之，使各路總爲一分合奇正以成全局。〔註85〕

　　兵將之任命則酌用南北：清河、撫順、三岔兒三路，山多漫坡，可步騎並進，當用西北兵，以西北大將統之；寬甸林箐險阻，可專用步兵，當用川土兵，以西南大將統之；鎮江水路之衝，當兼用南北兵，以南北將兼領之。換言之，所任命之將領以適宜地形地勢發展爲主，使人盡其才，發揮所長。〔註86〕

　　當各路將領率兵到邊地，各自畫地而防守。平日若無警訊，就操練軍隊，遇到小敵則自爲堵禦即可，若遇大敵則互相應援，以度過危機。經常各自挑選其尤爲精悍者爲遊徼以捉其哨夷，以撲擊零賊，使敵人不敢輕易出邊，並且以妨礙其耕牧之時，使其糧食產生問題，減少其作戰實力。以一路率所部直入敵境而分其三之一。設三覆以待敵，且戰且卻，遇覆則又戰，然後從容進邊，而東路未已西路復，然北路未已，南路又然。更番迭擾以疲敵於奔命，然後相機進勦，或四路並進，或三路牽制，而陰併一路。〔註87〕

　　征行居守之大略：善行師者行必結陣，止必立營，見可而進，知難而止。每行一次，必立一營，貯放糧草兼作退步。各路兵雖三萬，如深入百數十里，必須留營數所以撥兵防守，而前路迎敵兵馬必漸單薄，迳定前數，斷難減少。且兵馬既隨各帥往邊，遼城空虛，應再設兵二萬，平時駐紮遼陽以壯中堅，有事策應四路以作外援。又於海州、三岔河設兵一萬，聯絡東西以備後勁。金復設兵一萬防護海運以杜南侵。〔註88〕

　　上述計畫以部署四路分番迭擾，或併進，或陰併一路而三路張疑，然而現實上的條件卻是兵眾未集，根本無法按照預定計劃進行，亦不能使眾人坐食遼陽而受困，聽使遼東自消自盡。萬般不得已之下，只能以扼要法專守瀋路以與敵人相持，使其不敢別有遠圖，而後可保現在地方於無虞。〔註89〕熊

〔註85〕同註 84。
〔註86〕前揭書，頁 5281～5282。
〔註87〕前揭書，頁 5282。
〔註88〕同註 87。
〔註89〕同註 87。

廷弼以專守瀋陽爲北規東進之始基。

此一時期，努爾哈齊對明廷宣戰的戰略目標，乃是首先奪取遼左，進而佔據全遼。當他統兵破滅北關（葉赫部）之後，遼瀋就像囊中之物，伸手可取。他曾明確宣佈，只有奪取並佔領全遼，後金國才能生存下去。〔註90〕明廷亦感受到努爾哈齊並不會僅以據守建州爲滿足。〔註91〕然而，在後金統治集團內部，對於作戰方向取捨方面曾發生極大爭議，約有一年左右遲疑不定。同時，在戰備與糧食供應、爭取民心方面，亦存在相當多的困難。對外關係方面，東面則擔心朝鮮王國增援遼東以襲擊其後路；西面則擔心察哈爾林丹汗。喀爾喀諸部貝勒不肯協辦，因此在相當長一段時期裡尚不具備大規模向遼瀋進軍的條件。

明廷任命熊廷弼經略遼東，努爾哈齊頗爲震動，他素知廷弼老於謀算，長於軍事，因此，除了攻克北關以後，在開原、鐵嶺一帶盡力收取田野中的穀物以備軍需，〔註92〕還積極派出間諜以打探熊廷弼的動靜。

熊廷弼對於「守城」有獨特的見解，認爲在封疆上只要幹實做事，堅守禦敵，其功則足以與戚繼光鎮守薊相與媲美，一般爲大將軍者，多以善戰、善陣、殺賊爲已足，對於修邊防以資守備，則往往以膽怯視之，根本不屑於說出口。但事實上，遼邊長 2000 餘里，左灣右曲，東隔西斷，其勢最難應援。〔註93〕由於虜之去來，倏忽風雨，雖有兵馬設防，經年奔馳也不得與虜一遇，實爲地形所使然。熊廷弼對此特別有所體會：

> 無邊以爲戰，戰不勝；無邊以爲守，守不顧；無邊以爲欸，欸不久。
> 與其搗於境外，不若戰於境內；與其待虜入境而與戰，不若阻虜不
> 得入而無待於戰；與其費錢撫賞而使虜不入，不若費錢修邊，而使
> 虜自然不得入。〔註94〕

同時，遼東守軍的情況極爲不佳，雖然總兵官李如楨等專守瀋陽、以河西李

〔註90〕 李民寏，《建州聞見錄》，遼寧大學歷史系編，《清初史料叢刊》第八、九種，頁 46。

〔註91〕 范世濟，〈火速調兵遣將疏〉，《籌遼碩畫》，卷二十五，《叢書集成續編》，第243 冊（臺北：新文豐出版公司印行），頁 43～46。

〔註92〕 李民寏，《柵中日錄》，遼寧大學歷史系編，《清初史料叢刊》第八、九種，頁19。

〔註93〕 熊廷弼，〈與王振宇總戎修築邊城〉，《明經世文編》，卷四八一，《熊經略集二》，頁 5300～5301。

〔註94〕 同註 93。

光榮來協助，共有兵力近萬人，但眞能作戰的不過爲一、兩千人；總兵官賀世賢專守虎皮驛，能夠作戰的爲 2,400 多人；總兵官柴國柱專守遼陽，統兵兩、三萬人，然而盔甲、器械、戰馬奇缺，戰將不足，步伍沒有統領。〔註 95〕尤其是畏八旗軍如畏虎，〔註 96〕使得原本預定要收復開原以保全遼之策略不得不加以修正爲「厚集兵力，堅守遼陽」，換言之，就是「南顧北窺」之計：

> 遼陽、瀋陽皆河東腹心内地，自東失撫順清河，北失開原鐵嶺，而遼瀋遂爲遼陽之衝邊矣。……不意八月二十四日各營兵丁方宪營盤間，忽聞北關已陷之信，各棄鍬散去而各將不能禁也。臣聞而駭甚，亟遣開原道往鎮之，而該道以軍心洶洶不欲行；復遣分守道閻鳴泰往諭之，而該道行至虎皮驛，亦見逃軍紛紛南奔，不敢去。乃即歸而深夜述諸將言以見臣曰：「若攻瀋陽，諸將必敗，瀋陽敗，遼陽必不攻自潰。不如還守遼陽，厚集兵力、人眾壯膽，可保萬全。且瀋陽空地也，守亦無益而徒分兵力。設彼以偏師綴瀋陽而率大眾直搗遼陽，豈不兩誤？」〔註97〕

延弼對此有所獨到之見解。

二、「南顧北窺」固守遼瀋

從萬曆四十七年（1619）九月起，熊廷弼即實施「堅守遼陽」之策，採取「南顧北窺」之計，亦即南顧遼陽，坐鎮堅守；進而北窺瀋陽，伺機收復。〔註98〕其部署方式如下：於抵任之後，立即作應時布署，命令李如楨、李光榮、賀世賢三位總兵各率本部人馬向後金國的新寨進攻，耀兵於撫順邊外，以解葉赫之圍。賀世賢奉命直奔心寨，然而，努爾哈齊用兵部署嚴密，沿途各關設有精兵把守。賀世賢軍隊與金國千餘騎相遇，經過激戰，卻未能深入其境。另外兩位總兵都怯戰不進，使葉赫部孤立無援，終於導致葉赫部爲努爾哈齊所征服。〔註99〕

爲延緩努爾哈齊進軍遼瀋的速度以爭取整頓殘破遼東的時間，熊廷弼特地派出使臣赴朝鮮要求鳥銃手以助明軍守城並大張聲勢，給予努爾哈齊軍事

〔註95〕 熊廷弼，〈請發軍器疏〉，《籌遼碩畫》，卷二十八，頁 140。
〔註96〕 熊廷弼，〈催兵愈嚴虛應如故疏〉，《籌遼碩畫》，卷三十六，頁 425～428。
〔註97〕 同註 96。
〔註98〕 熊廷弼，〈催兵愈嚴虛應如故疏〉。《籌遼碩畫》，卷三十六，頁 425～426。
〔註99〕 《明神宗實錄》，卷五八五，總頁 13013。

壓力；又散播明廷將再出動三、四十萬大軍伐後金的消息，使得努爾哈齊十分著急，決定在去朝鮮王國路上由沿途各部落製作長梯，以備迎戰。〔註100〕村中老弱居民都聚集至城中，又釋放朝鮮通事何世國以緩和兩國的關係，同時探聽朝鮮之軍事行動。此一「聲東安西」之策發揮極大效果，趁著努爾哈齊積極防守朝鮮之際，熊廷弼趕緊穩定遼瀋局面，並安排防守計畫。按軍民力量而言，遼地居民還有數百萬之眾，年輕力壯而長於弓馬者勇於戰鬥者不下一、二十萬人，足以抗拒後金軍隊之進犯。然而由於明遼東官軍自從三路喪師以後，民心、軍心極為不穩，軍民逃者盈路，甚至連官軍強卒也時刻想逃，真正已至聞敵而逃、望敵而逃、先敵而逃、人人要逃、營營要逃的地步。這是熊廷弼入遼以後所遭遇到的重大挑戰，為安定民心以樹立軍威法紀，因此採取嚴申軍紀的有力措施。

第三節　整頓部伍，嚴申軍紀

　　法國二十世紀戰略家薄富爾將軍（Andre' Beaufre）曾經對傳統性軍事戰略的演進本質提出獨到見解。〔註101〕他認為傳統性軍事戰略總有一部分是配合在總體戰範圍之內，如財經因素的存在，重要外交因素的存在，重要政治因素的存在等。至於軍隊在結構之內所扮演角色，卻是常有所變化。一般而言，軍隊是傳統軍事戰略中最重要的因素，但是此一因素卻僅在最有利的時期中，才能真正具有決定性，否則只是降低到跑龍套的地位。軍隊所扮演角色的差異，與雙方指揮官的相對能力具有密切關係。在古往今來的歷史上，武裝部隊所造成決定的能力經常有巨大的變化，這與當時的作戰能力具有密切的關係，作戰能力依賴雙方的武器、裝備、戰術與補給程序等因素作決定。只有在偶然的時機中，才能對武裝部隊的作戰能力，增加適當的重量。通常這種演進的過程總會使雙方都感到驚訝，而必須在暗中摸索以尋求解決。只有在非常難得的情況中，一個真正天才軍事領袖才能確保暫時性的優勢，因為其思想程序超越對手，也就比對方更能把握當前的發展。不過，敵人不久就能學習他的榜樣以作必要的調整，於是經過這段時期，雙方又將看齊。

〔註100〕《朝鮮李朝實錄・光海君日記》，卷一四三，頁 457～460。
〔註101〕薄富爾著，鈕先鍾譯，《戰略緒論》，第二章〈傳統軍事戰略〉，頁 69～71。

　　按照薄富爾將軍的說法，軍隊的戰鬥力受到指揮官的影響極大，同樣的軍隊在不同的指揮官手中，所能發揮的戰鬥力有著極大的差距。努爾哈齊是個雄才大略的軍事天才，熊廷弼則是明之曉軍事者之巨擘，兩人棋逢對手，展開一場爲期約一年相持不下的對峙。廷弼對於整頓部伍、嚴申軍紀的作法如下：

一、遏止逃風，嚴懲貪瀆

　　萬曆四十七年（1619）八月初三日，熊廷弼剛入遼陽即立刻將鄉官知州李尙浩定以「搖惑人心」的罪名，因爲當鐵嶺失守之後，他率先要搬家逃走的緣故。〔註102〕同時又命令豪門富室各自遷回本宅，以安定動搖的人心。對於賀世賢等有功將領，則予以獎勵，以鼓舞士氣；對於逃將劉遇節、王捷、王文鼎等人，則予以處斬，以振士氣：

> 臣觀遼師所以屢敗不振者，皆由軍兵臨陣輒逃，而將官實先倡之。將官逃一次不斬，而後遂爲常逃；一將不斬，而眾遂爲常，不但不斬也，且領軍如故，陞官如故，皆得逃之之利，如之何而不逃？如之何而不敗？……查得逃陣之將有標下右翼營遊擊劉遇節、總兵坐營中軍王捷兩人，逃城之將有鐵嶺遊擊王文鼎一人，爲眾心所共憤，軍法所不容者。……遂縛出駢斬之。〔註103〕

根據廷弼的觀察，遼師之所以屢戰屢敗，士氣不振，主要關鍵即在於臨陣脫逃之惡習，尤其是將官率先脫逃最爲嚴重，由於脫逃未受處罰，遂養成習慣，三番兩次如家常便飯，眾將亦因此而相沿成風氣。臨陣脫逃不但不受罰，反而領軍如故，陞官如故，更加重臨陣脫逃的風氣。熊廷弼以「法嚴兵興」之道來整飭此臨陣脫逃之惡習，將逃陣之將劉遇節、王節捷，逃城之將王文鼎斬首示眾。此外，並親自設六壇祭奠撫順、清河、開原、鐵嶺等處陣亡官兵，以示對戰死者之紀念與尊崇。如此嚴肅而鎮定的態度，使遼瀋軍民大爲感動，以致祭壇四周軍民失聲慟哭。祭畢，即將劉遇節、王捷、王文鼎三人之首級遍獻各壇，以快死者之心，而雪生者之憤。一時居民哀感，官軍恐慄，始咸知有軍法而不敢玩忽。〔註104〕

〔註102〕熊廷弼，〈恭陳初到事宜疏〉，《籌遼碩畫》，卷二十八，頁134。
〔註103〕熊廷弼，〈遵旨斬逃將疏〉，《熊襄愍公集》，卷三，頁28。
〔註104〕熊廷弼，〈遵旨斬逃將疏〉，頁28；〈恭陳初到事宜疏〉，《籌遼碩畫》，卷二十八，頁134。

　　對於遼東長久以來之貪瀆積弊，熊廷弼最初仍期待以私下透過道鎮而諭令當事者改過則既往不咎。其標下左翼營遊擊陳倫宿有「扣盜軍餉」、「嫖賭宿娼」之傳聞，最初廷弼不欲過求，但以陳倫嫖娼婦田四兒而不理軍務，而密語道鎮諭令改過即是。〔註105〕柴國柱以廷弼之意諭令陳倫之後，陳倫惶恐向廷弼謝罪，願得自新，廷弼則嘉許而慰勉之。閻鳴泰認爲將娼婦逐出城外即此事已可告一段落。不料，將田四兒趕出城外之日，陳倫卻假借城外收營爲名，夜晚頭戴小帽，往娼戀宿，一連數夜。此事爲廷弼所偵知，派人鎖田四兒於其歇宿之處，面質陳倫，又翻查其寓居之室，得贓銀52大錠，餘多半錠，錠雖然是新燒錘區，而「溧水縣解」字樣尙在，一一皆爲兵餉，當堂驗兌共3,240兩。〔註106〕陳倫又招出，還有3,000金寄放在山海關朋友處。於是廷弼將陳倫斬於西門之外，一時闔城百姓聚觀如堵，無不歡欣暢快，感歎上天終於睜開眼睛。廷弼曾自述其斬貪將以肅軍令之心境：

> 遼左之壞，全由將官之貪；將官貪，則畏軍不敢操練，而營伍壞；營伍壞，則膽怯不敢對壘而生靈壞。年來屠城俘眾、喪師辱國，皆緣於此。……（陳）倫侵盜至3200餘兩，而且以此故，貓鼠同眠不敢操練，致營伍敝壞之極，地方屠炭之極，其禍可勝道哉？前此只緣將官包娼娶妓、溢餉剝軍，不行懲處，以致一年之間送卻數十萬生靈而禍猶未艾。若今又不處以軍法，將安底極？夫殺一倫而可爲前此數十萬生靈伸冤，後此數十萬生靈救命。臣何憚而不殺？〔註107〕

將官貪污則畏軍而不敢操練，軍隊不操練則營伍壞，營伍壞則膽怯而不敢與敵對壘，軍隊不敢與敵對壘則百姓只有受苦受難。廷弼檢討明軍近年來屠城俘眾、喪師辱國之原因，將官貪污爲病根所在。以前不加懲處，一年之間即斷送數十萬生靈於敵手，如今殺一陳倫，既可爲前此數十萬生靈伸冤，又可爲後此數十萬生靈救命，有何忌憚而不敢殺？廷弼用心之苦，可想而知。

二、罷斥總兵，整頓風紀

　　由於河東地方已失去大半，僅存遼陽、瀋陽兩城，廷弼認爲留得遼陽然後可以存遼鎮，留得瀋陽然後可以存遼陽，進一步可以東規清河、撫順，北

〔註105〕熊廷弼，〈斬貪將疏〉，《熊襄愍公集》，卷三，頁55。

〔註106〕同註105。

〔註107〕熊廷弼，〈斬貪將疏〉，《熊襄愍公集》，卷三，頁55～56。

規開原、鐵嶺，則瀋陽的地位尤爲重要。〔註108〕然而河東總兵李如楨，於駐守瀋陽時，終日兀兀，一籌莫展，將懈士離，情危勢急。李如楨的表現一向遜色，薩爾滸之役三路喪師之後，開原城破之前，李如楨先駐紮於瀋陽，當開原城危、急需待援之際，李如楨卻膽怯畏戰，先是擁兵在團山（今遼寧省義縣南團山子），又進至十方寺堡（今瀋陽市新城子區石佛寺），以天雨爲藉口而不肯增援。開原城破，遼東經略楊鎬令李如楨駐兵瀋陽，巡撫周永春再三叮嚀李如楨要注意防範後金對於鐵嶺的攻擊。當努爾哈齊兵指鐵嶺，鐵嶺守將游擊李克泰將消息飛報給李如楨，李如楨得報後，縮首不前，本來用一晝夜時間便可到達鐵嶺，卻故意在路途中徘徊不前，不肯急速增援，以致鐵嶺城破。李如楨只知率領軍卒割取鐵嶺城內外之伏屍 170 餘首級，然後慌忙溜走，其怯陣無能，成爲八旗軍隊之笑談。〔註109〕

　　廷弼以「十不堪」彈劾李如楨：〔註110〕（一）後金攻陷開原，捆載重累無所不至，然後始歸去，當此之際，李如楨卻不曾趁其懈怠而攻擊對方；（二）後金攻陷鐵嶺，東西爭殺，李如楨卻不能乘其敝而進擊；（三）虛報西人 30,000 合營，致驚嚇遼瀋軍民逃竄幾盡；（四）開原、鐵嶺城陷時，只知驅掠男婦及貴重細軟之物，遺下老幼及盔甲火器等無算，李如楨卻不敢收回，盡被西人撿拾而去；（五）忽報斬獲無數，忽又報只獲數顆首級；忽報東西合營，眾寡不敵；忽又報官兵奮勇，斬獲甚多，以致有割死人首級報功之疑慮；（六）後金以 20 騎入三岔河，李如楨即倉皇與河西總兵率領人馬奔至榆林舖才停下來。如果這是誘兵，趁此機會則直搗瀋陽，後果將不堪設想；（七）地頭撥馬妄報，墩軍烽火妄傳，李如楨卻不能責備禁止；（八）廷弼對於李如楨守瀋陽，實不放心，就在夜半馳馬赴瀋陽調度，問李如楨以何方法傳烽火，答不上來，問其以何種方法立營寨，亦答不上來；（九）防瀋官軍折毀民房而不能禁，強割田畝而不能禁，各將渙散而不能統制，軍丁所持皆斷弓、折矢、朽甲、敝戈等項而不能整頓；（十）自陳願募遼人守遼，卻不能募，李如柏所留下內丁逃去 700～800 名而不問不追。

　　熊廷弼以李如楨對人事欠通曉，對軍務之重大不得分明，希望以李懷信代替李如楨督策軍事，〔註111〕否則瀋陽必定保不住，瀋陽若保不住，則遼陽

〔註108〕熊廷弼，〈主帥不堪疏〉，《熊襄愍公集》，卷三，頁 30。
〔註109〕《滿文老檔》，太祖，卷十一，頁 102～105。
〔註110〕熊廷弼，〈主帥不堪疏〉，《熊襄愍公集》，卷三，頁 30～31。
〔註111〕前揭書，頁 32。

將隨之而亡，兵部後以李懷信守薊，李懷楨守遼。開原道僉事韓原善，初至遼陽即欲請兵 30,000 往復開原，廷弼壯其志，但以無兵可遣，不得不置其於遼陽，由於非其屬地，委用多礙，除團練 2,000 新兵以外，實無所展其才。廷弼欲委同總兵彈壓諸將共守瀋陽，招撫開原、鐵嶺逃亡，漸爲北規之地，終以非其分土，不便責成，後遂由韓原善駐瀋陽，〔註112〕督同諸將共圖瀋陽、撫順戰守事宜，一面招撫逃亡，收拾軍馬器械等項，爲恢復之備，則展布有地，使其能預爲開鐵之謀而彈壓有人，廷弼亦得少分撫順之憂。

三、精選援兵，調補將領

遼左大勢久去，戰守已無可支。廷弼指出當時遼東有四種兵：一爲「殘兵」，〔註113〕從主將趙甲逃陣，甲死而歸錢乙，又從錢乙逃陣，乙死而歸孫丙。或七、八十人，或二、三百人，身無片甲，手無寸械，隨營糜餉，裝死扮活，不肯出戰，此殘兵之形。二爲「額兵」，〔註114〕開原一道，全額已亡；遼陽道所屬清寬撫靉一帶，全額已亡；廷弼標下左右翼兩營亦并亡，至於闔鎮額軍或死於征戰、或圖厚餉逃爲新兵者，又皆亡去大半。三爲「募兵」，〔註115〕傭徒廝役、游食無賴之徒，幾能弓馬慣熟？幾能臂力過人？朝投此營領出安家月糧而暮逃彼營，暮投河東，領出安家銀兩而朝投河西。點冊有名，及派工役而忽去其半；領餉有名，及聞告警而又去其半，此募兵之形。四爲「援兵」，各鎮挑選，誰肯以強人壯馬來？誰肯以堅甲利刃來？每一過堂，弱軍羸馬、朽甲鈍戈，不堪入眼，而事急需人又不暇發回以另換其精壯，此爲援兵之形。遼東四種兵，能作戰嗎？能守嗎？

不僅如此，缺將領情況亦非常嚴重，自屢次喪敗以來，總兵以下、副參遊都守備以至中軍千把總指揮、千百戶，死者五、六百員，降者百餘員，遼將援將已是一掃淨盡。如今殘兵零碎皆無人統率，而贊畫募兵一萬數千人之中，要想找出世職爲中軍千把總分佈管領，都不可得。況且現今一、二將領皆是屢次征戰存剩之人與新糾久費之人，一聞警報，無不心驚膽喪。〔註116〕缺將領情況固然如此，軍心之不穩更是惡化，軍隊存有畏戰之心，連與敵軍

〔註112〕同註 111。
〔註113〕熊廷弼，〈遼左大勢久去疏〉《熊襄愍公集》，卷三，頁 35。
〔註114〕同註 113。
〔註115〕同註 113。
〔註116〕熊廷弼，〈遼左大勢久去疏〉，《熊襄愍公集》，卷三，頁 36。

箚營站立一小時、守城能固拒兩三日以待救援，而少挫敵軍之銳都做不到。根本就是聞風而逃，望陣而逃，懼戰而逃，一聽到北關信息而各營逃者日以百千計，如果只有一、二營或數十人而逃，熊廷弼還能以重法繩之，偏偏五、六萬人，人人要逃，營營要逃，逃風之盛已至如此，實為極為艱鉅之挑戰。〔註117〕

軍隊逃風固盛，民心向背亦復如是，瀋陽皆已逃禁，遼陽先逃者已一去而不返，現存者雖然畏於法嚴而不敢逃，但若是事急之時，誰又能擔保大家不逃？遼民傾心於後金之趨勢使其父母妻子被殺而不恨，若是明廷之公家一有差役，則遼民怨不絕口；後金派遣其做奸細，則輸心用命，公家派使守城，雖然以哭泣來感動之，亦不為所動，情況真是惡劣之至。〔註118〕

面對重重難關，廷弼認為如果當初於撫順失守之初，即為皇帝所起用，他猶有辦法處理此一局面而保全遼東；再不然，於開原、鐵嶺未淪陷之前而被起用，則仍有防禦之能力以顧全北關，〔註119〕但是事已至此，制邊保遼都陷入困境。廷弼遂從精選援兵著手，嚴飭各鎮精選，不要再以虛數搪塞，敷衍了事。初入遼陽時，凡是馬兵稍為堪戰者，盡發至瀋陽，防守虎皮驛，接應而存城。瘦弱者不及 2,000 千匹，自榆林援兵與開原道所募之兵兵至，始得馬兵 6,000 人，而皆為遠來疲乏不堪戰者。於遼陽城外分布七營，撤川兵下城以虛作聲勢。〔註120〕遼人已難以忠義相鼓舞，編派他們守城皆避匿不出，不得已之下，只有復調營兵萬人貼城守垛。遼兵亦難以派上用場，自從北關陷入後金之手，派駐在瀋陽的官軍皆哭泣埋怨，逃者踵接，而遼城則不勝其驚恐，因此之故，廷弼不得不從部道鎮將及鄉官士民之請而集兵於遼陽，一以救瀋陽二萬官軍之命，一以安定遼陽數十萬生靈之心，並且欲大集三軍、挑選精銳，假裝要進兵以使後金起疑心而不敢來進攻；縱使要來進攻，而此處兵力稍厚，待敵來攻亦可撐持。〔註121〕於是椎牛數百頭，市酒數千罈，蒸胡餅數十萬個，集合官軍至校場之上，九月初七日至初十四一連大饗，風聲頗盛。〔註122〕趁此大饗官軍之際，廷弼與監軍御史陳王庭等遍歷各營看驗盔甲、

〔註117〕前揭書，頁 37。
〔註118〕同註 117。
〔註119〕前揭書，頁 38。
〔註120〕熊廷弼，〈精選援兵疏〉，《熊襄愍公集》，卷三，頁 44～45。
〔註121〕同註 120。
〔註122〕同註 120。

馬匹、弓箭、刀槍等等，每應手而抽一弓，弓輒斷，取一箭，箭輒往往是半截，檢驗刀則刀不能割雞，檢驗棍則棍不堪擊犬，到處都是如此，一一舉以示諸將，諸將都惶恐無以應對。廷弼唯恐此一消息風聞於外而為敵方所知，遂不再抽檢，只是密囑諸將速換而已。〔註 123〕

由於已敗殘兵久屬無主，零星雜亂原不足觀，而河東總兵坐視府內 1,100 餘名逃去 480 名，旗鼓千把總李養等十數員皆竄匿廣寧，不肯出兵，所持枯竹槍多不中用，眞保薊鎮之兵僅可守城，遼陽新募之兵僅可裝營。川兵心力頗齊，而皆徒步，火器頗熟而無槍砲；榆林兵多堪戰，原來馬 2,000 匹，倒死 370 餘匹，餘皆瘦弱不堪。種種情況，每一著眼都令人氣短。〔註 124〕馬步官兵不下 8 萬，總兵柴國柱、李光榮、賀世賢分督諸將所挑選精銳堪戰者，勉強補湊為 15,000 多人而已，廷弼嫌人少，催促再挑，三位總兵都苦於無法再多挑選。然而以此兵力並集於遼陽，則未分其兵力，始不為後金所趁。

除已挑選之馬兵以外，步下壯士尚可再得萬餘，只是要馬而馬不得，要盔甲而盔甲不得，要火器而火器不得，要刀槍而刀槍不得，要弓箭而遼東弓箭已盡，差官姿督臣轉行薊鎮各營官兵挪移抽買現成弓箭亦不可得，唯有搓手頓足付之長嘆而已。〔註 125〕除目前訓練現有軍隊誡勵諸帥整頓器械張疑設伏，勉強支撐以待援兵，偏偏各鎮諸臣在此種情況之下仍不肯團結合作，凡是調一將領，皆執留不發；凡遣一兵皆留精銳以自衛，再以孱弱不堪者搪塞了事，國家養兵竟然不得其分毫之力，既以恇怯喪國家之軍威，又以虛糜重海內之隱禍。廷弼遂對後發來之人馬要求一一精選精壯，使遼東得一軍有一軍之用，得一馬有一馬之用，不致有名無實，反而加速重鎮之淪亡。〔註 126〕

關於調補急缺將領，以裨戰守方面，廷弼主張整理殘存營伍仍堪禦侮之用，地方雖失去，而員缺畢補，尚不失為存羊之意，廷弼以標下右翼營缺，以遊擊應以陽、遊擊尚志宏補缺，援遼總兵樂賀世賢下左營缺遊擊，以原任坐營都司劉恩補缺，援遼總兵柴國柱標下缺坐營，以陝西西寧衛百戶譚堯德補缺等等，如此佈局一番，則將軍隊重作規畫。〔註 127〕

〔註 123〕同註 120。
〔註 124〕熊廷弼，〈精選援兵疏〉，《熊襄愍公集》，卷三，頁 45～46。
〔註 125〕同註 124。
〔註 126〕同註 124。
〔註 127〕同註 124。

四、破格用才，起用舊將

廷弼認為自古明將起於幽囚之中者代不乏人，以當前事急需人之緊急狀況之下，不妨釋放緣事諸將使其為國家效勞。〔註128〕例如原任雲南參將張名世精工火器，四川都司張神武、永寧遊擊周敦吉、建昌行都司莊安世皆善馭苗眾。廷弼以自己不僅是仗恃弓矢於平原而已，廣野之間惟有火器為勝，而現今擅長火器者，無人比得上張名世。廷弼正委官張希清等收拾火器，欲專設兩營而無將領統領，經過再四尋求，只有張名世可當此任，因此希望寬釋立發張名世來遼，聽命於廷弼委管火器營務。至於善於駕馭土兵者如張神武等，則可以督同土官統領土兵前來，大家都可將功贖罪，有功則與眾將視為一體陞賞。〔註129〕

對於原任之老成舊將則視為心腹，與同密謀，借重其長才與經驗。如原任喜峰路副總兵郭有光久經戰陣，熟諳軍機；原任宣府總兵劉孔印曾任職於遼陽，兩人皆大著恩信，縱使曾有鼓噪之罪，亦予以寬貸而置於廷弼之轅門。〔註130〕此外，劉孔印擁有家丁300，尤其可以藉此以為征戰之助力。遼東原有納馬之例，原任援遼總兵麻承恩納馬千匹，則仍令其帶領子姪家丁立功自贖，以解決馬匹異常缺乏之困難。〔註131〕

五、清查教場，嚴格操兵

廷弼對於遼東各軍原有之操軍方式直指其弊，多年以來操練軍隊但知邊攢兵馬於一塊，搖幾下旗幟，擂幾聲鼓，放幾發砲，裝塘一衝，寅時而集合，辰時即草草了事，一切完畢。〔註132〕廷弼對此則提出嚴格要求：將軍隊分地列隊，令各隊立其位下而不得攢劇在一處。每一隊都挑出五人善射者，以一教九，如此一來，隊與隊則互相熟悉，而後再合之於總，等到總與總相熟之後，再合之於中軍大規模操練。

操練之時倣效武場馬箭之法，每隊豎三把，令軍士穿盔甲、跨弓刀，馳馬輪射，使人習於武器之使用，並與馬匹建立感情，彼此相得。〔註133〕如此作法

〔註128〕熊廷弼，〈事急需人疏〉，《熊襄愍公集》，卷三，頁53。
〔註129〕同註128。
〔註130〕同註128。
〔註131〕同註128。
〔註132〕熊廷弼，〈與麻西泉總戎・清查占種教場〉，《明經世文編》，卷四八一，《熊經略集二》，頁5294。
〔註133〕同註132。

猶有未足，再將 50 人從中分成兩部分，每部分各 25 人，一爲主一爲客，俱挽空弓，手執連鞘刀，逐於一處，使他們知道箭射向左邊時，要往右邊躲避；刀砍向右邊時則向左邊躲避。然後隊與隊逐而合之於總，總與總逐而合之於中軍。此時再度分主客而大戰，雙方奔逐於閑曠之間，倏而合，倏而分、倏而止，倏而馳，倏而傾壁直驅，倏而分軍邀擊。如此操練得緊湊之際，則唯恐尺幅之地不足以容納士兵馬匹之奔馳。所以前人設立教場，寬者周圍七、八里，五、六里，窄者亦不下一、二里，如此寬闊之教場原有深意在其中。〔註 134〕而遼將卻一無所知，認爲操練軍隊只不過搖搖旗、擂幾鼓、聲幾砲，裝塘一衝，如此便算完事；武廳前數丈之箭道已經綽綽有餘，空閑之地便可利用，種麥、種蔬、種豆，將將相傳，遂爲其世產。役使軍隊成爲種地之人，佔用場地以妨礙操軍之事，軍隊根本無從操練。難怪一旦馳不教之人以上戰場，個個披甲如同負板，控馬如捉龍，弦未引而矢先落，刀未抽而指先傷，敵未見而魂魄先飛，根本不知天之高與地之下。〔註 135〕如此光景，何能不敗？自李成梁二度起用於遼東以來，佔種教場而不操練軍隊的情況已經十年，各路軍隊都起而傚效，如此已達 10 年之久。廷弼針對此弊，痛下針砭，使戎事一振。

諸將對於秋防，由於軍不成軍，馬不成馬，器械不成器械，射打不成射打，曾不思一爲料理，而只有高坐以等待敵來，更有人認爲營伍疲敝已久，一時整頓，實難爲力。廷弼卻指出軍隊雖然弱，就中不乏精壯者，挑選之後則不可謂無軍；馬匹雖缺，而民間畜養者並不難尋，不可謂無馬；器械雖不堅不利，而製造各有所司，自可刻期取辦，未嘗收拾，不可謂器用不足用；射打技藝雖然生疏，而牛服馬乘尚可訓習，未嘗操演之前，不可謂軍隊拙不可教。前此一、二十年，不曾選練，以致始有今日之局面，今日若再不著手，又要等到何時？所以，立即著手才是正辦。〔註 136〕

廷弼對於將領帶兵之要求，提出古者將識軍心，軍識將意，不僅是知其姓名而已，還要知其年紀與面貌，熟悉其本藝強在何處，弱在何處，生疏之處爲何，熟練之處爲何，長於何事、拙於何事，一一都要牢記於心，如此一旦有事，呼叫其名而差遣，則無不立刻應允。〔註 137〕然而當下之遼東將領之中，除掉旗牌、答應、牢伴、門役的名字能夠記住之外，還能記住多少士兵

〔註 134〕同註 132。
〔註 135〕同註 132。
〔註 136〕前揭書，頁 5295。
〔註 137〕同註 136。

的姓名？又能識得幾人之年貌與本藝？不幸遇敵而急難呼救之際，被呼救者且私心慶幸主將不識自己姓名、年貌，而望望然去之，不肯掉頭一顧。廷弼於此，別有體悟，故而提出要求諸將注意於此事，才真正能建立起一枝親愛精誠的軍隊。

廷弼就在一片衰頹之中，以其超越一般遼東將領的堅定與沉穩，從遏止逃風，斬殺逃將開始著手整頓，使軍心稍定；繼而整飭貪瀆，斬殺貪將，以正軍紀；緊接著挑選精銳，調補屢次戰敗所亟需的將領，以重整佈局；又以虛張聲勢、大宴官軍以阻遏後金軍隊之進攻，稍獲喘息之時；進而更破格用人，從監獄中起用戰陣所需之人才；對於老成舊將亦視同心腹，與同密謀，以借重其長才與經驗；至於清查占種教場，嚴格規定操兵之道則是一針見血的對症下藥。遼東軍心就在如此一連串的作為之下，慢慢走向安定。

第六章　首膺經略，大展雄才（二）
（1619～1620）

第一節　充實糧秣，儲備戰力

「終明之世，邊防甚重」，[註1] 面對遼闊邊鎮的設置，需要有強大的武力為後盾，而支持龐大軍隊所需要的糧餉成為明代財政上一大課題。明代影響財政最大的，莫過於軍費的龐大支出，尤其是北方邊政的邊餉，是戶部財政最沉重的負擔。武宗嘉靖以後，戶部太倉的支出，十之八、九都是充做邊餉之用。[註2] 萬曆末年，遼東戰事發生，必得多方召募或從其他邊鎮徵調兵馬，造成軍費的驟增，在籌餉無策之窘況下，接連三次加派全國田賦，是為遼餉的加派，遼餉又名新餉，相對於邊餉的舊餉而言。[註3]

明代軍屯的設立，以及民運糧與開中等制度的出現，就是針對糧餉之解決而提出之辦法。實行軍屯的主要目的，是想以屯田的方式達到軍糧的自給自足。洪武時期，天下衛所皆事墾闢，至永樂、宣德年間，屯政最為完善，屯糧最為豐富，[註4] 這種且耕且戰的軍屯制度，在明代初期，由於受到較為嚴格的監督與管理，肥美田地多為權豪與軍曾所侵吞，士兵也常受到非法役

[註1] 《明史》，卷九十一〈兵志三〉，頁 2235。
[註2] 林美玲撰，《晚明遼餉的研究》，〈戶部太倉年例銀表〉，民國 76 年臺灣大學史學研所碩士論文，頁 20。
[註3] 中央研究院歷史語言研究所校印，《崇禎長編》，卷二十，崇禎三年 4 月戊申條，頁 29，總頁 18263。
[註4] 清水泰次，〈明代軍屯崩壞〉，《明代土地制度史研究》，東京大安社，1968 年。

使，復以天災、戰亂，造成田地荒蕪、生活窮困，只得走上逃亡之途。北方邊區氣候嚴寒，土性不佳，且邊防要塞與虜爲鄰，屯田更爲不易，從葉向高對北方邊鎮前後屯糧收入的統計，可以看出萬曆末年北方邊鎮屯糧的收入已較明初減產許多，其中又以遼東鎮減少最多。〔註5〕由於且耕且戰的軍屯制度有其侷限，尤其在北邊要塞，勢必要以其他的糧食供給系統來補助軍屯的補足，華北民運糧與開中鹽法遂因而產生。

　　負責民運軍糧的地區，以與邊鎮地理位置接近的北直隸、山東、河南、山西與陝西爲主，順天與直隸保定八府，實畿內近地；陝西、山西極臨邊境；河南、山東俱近京師。凡各邊有警，其糧草馬匹，俱藉四省八府之民攢價運供給。〔註6〕民運糧並非額外攤派，而是將起運稅糧中的一部分輸納邊區，但邊區路途遙遠，道路崎嶇，陸運是一件既費時、費力而又耗財的工作，〔註7〕民運糧乃爲接濟軍屯之不足而產生，隨著軍屯衰敗與邊區糧食需求的增多，民運糧的數額日益增加，因此才考慮到用納銀方式來代替運糧，明廷對於邊區軍餉的供給，逐漸由米糧轉爲銀兩給付，〔註8〕有些地區的民運銀改解至戶部太倉，再由太倉轉運至邊鎮，有些地區則直接解赴邊鎮，如山西、陝西。民運糧後來演變成民運銀，其中有一不分解入太倉，充做京邊年例銀，其餘由各省直接徑解邊鎮充餉。例如山東省的民運銀，主要是運往宣府鎮與遼東鎮。〔註9〕

　　除民運糧以外，開中鹽法亦是爲濟軍屯之不足，所謂開中乃是指鹽商運糧至邊區，換取鹽引，再按引支鹽，此一用法以邊陝重鎮最爲普遍，尤以東北、西北西南地區爲主。〔註10〕商人開中鹽法，糧食主要來自於江南，但自內地買米運往邊倉上納，運費既貴，旅途亦勞累，爲免運輸之苦，有些商人就在當地收買糧食上納，亦有商人以重資招民至邊地開墾，將所收穫的米穀就近上納，稱爲「商屯」，〔註11〕此一發展使得邊塞糧食充盈，軍士米糧不虞

〔註5〕　申時行，《大明會典》，卷二十八，頁36。
〔註6〕　馬文升，〈爲會集廷臣計議禦虜方略以絕大患事疏〉，《皇明經世文編》，卷六十四，頁531。
〔註7〕　《明宣宗實錄》，卷七，洪熙元年八月癸酉條，頁7。
〔註8〕　陳仁錫，《皇明世法錄》，卷三十七（臺北：學生書局，1965年出版），頁1～47。
〔註9〕　申時行，〈大明會典〉，卷二十八，頁33、34、36。
〔註10〕　李隆華，〈明代的開中法〉《中國文化研究所學報》，卷四之二，1971年。
〔註11〕　徐泓，〈明代前期的食鹽運銷制度〉，《國立臺灣大學文史哲學》，23期，1974年出版，頁239。

匱乏，既充實邊餉，更對邊區的開發與繁榮有極大貢獻。明代中葉以後，鹽引納米數量有增無減，所納的米愈來愈多而開中的商人卻愈來愈少，加上投托勢要權貴的鹽商壟斷開中，以致無勢商人常於納米之後，遲遲未能領到鹽引，鹽法流弊日深。鹽商為合理利潤及較為自由的貿易形式，紛紛請求折色納銀，因此納糧開中轉變為納銀開中，於公於私都有好處。〔註12〕改折以後，商人每引納銀三、四錢，視國初中米值加倍，政府財政收入增加，自然樂於改折。商人則可避免納米之後無法立即支鹽，支鹽後又受官吏勒索，納糧至邊時受市儈敲詐等種種流弊，故而改納銀，縱使折價較高，亦為合算。為免運銀赴邊開中為盜賊所搶劫之虞，遂有運司納銀制的出現，以免奔波之苦。如此一來，邊鎮糧餉的供給系統一旦破壞，邊區糧價的貴賤無不影響到邊區軍人之生活。在米價日益昂貴情況下，戶部不得不多輸銀兩去津貼邊鎮軍餉，從此更加重戶部財政負擔。〔註13〕

　　早在英宗正統年間，戶部已有運輸銀兩至邊鎮做為軍餉的記載，這種由戶部太倉輸送至邊鎮的銀兩稱為「年例銀」。〔註14〕由於邊區糧食的供給減少，至需求卻有增無減，於是邊境的米價日益高抬，在英宗正統年間（十五世紀中葉）以後，將近200年的期間內，米糧價格上漲9倍之多。〔註15〕戶部不得不輸送更多銀兩去接濟，此後，年例銀日益增加，成為邊餉最主要來源。萬曆中期以後，東北女真勢盛，明廷設法防範，增強近京諸鎮的防備，增兵增餉之下，年例銀自然增多，戶部太倉銀的負擔日益沉重。京邊年例銀幾乎耗去戶部太倉的全部收入，此一飽和狀態使得邊鎮軍餉的調度極為僵硬。其後糧食供應系統崩潰，遂以銀兩取而代之，邊餉供給系統進入另一階段，而晚明財政之窘困則與餉銀額的激增有絕大的關係。

　　遼東戰事起於萬曆四十六年（1618）四月撫順，九月，戶部在籌款困難情況之下，奏請全國田賦加派。全國各省之中，除貴州土地貧瘠且又有苗變，不予以加派，湖廣與南直淮安府若照土地面積來徵派「額派獨多」另行酌議以外，總計全國12省及南北直隸共派額銀200萬餘兩，第一次田賦加派遼餉

〔註12〕《明史》，卷八十〈食貨四〉，頁1939。

〔註13〕林美玲，《晚明遼餉的破究》，頁18。

〔註14〕梁材，〈議支靈州鹽課挑宏延寧邊暫疏〉，《皇明經世文編》，卷一○五，頁617。

〔註15〕全漢昇，〈明代北邊米糧價格的變動〉，《中國經濟史研究》，中冊，新亞研究所，1976年出版。

時，萬曆皇帝表示是暫時的，〔註16〕然而明師節節敗退，戰爭絲毫沒有停止的跡象，遼鎮為加強防禦，需要更充裕的軍餉，加派並不能停止。時任遼東經略的熊廷弼於《敬陳戰守大略疏》中對於兵馬之數，本折之用做出較為詳細的預估：

> 今議用兵十八萬、馬九萬匹，……每兵一名，歲計餉銀一十八兩，兵十八萬，該餉三百二十四萬兩，內每軍月給本色五斗，該糧一百八萬石，又每馬日給豆三升，九萬匹該豆九十七萬二千石；草重十五斤者，日給一束，歲除四個月青草不計外，計八個月該二千一百六十萬束，小束倍之，通共歲計船費幾何？車牛人工，各費幾何？此皆一毫裁削不得者。〔註17〕

餉銀 324 萬兩之外，米、豆價需要 100 餘萬兩，而轉運所需的人糧牛料等亦所費不貲。

由於邊情緊急，熊廷弼、等再次上奏加派。戶部衡量輕重之後，做出如下決議，田賦加派不只再加一年，且每畝也由原來的三厘五毫，增為七厘，年共增銀 400 萬，此為萬曆四十七年十二月時決議。次年三月，又在「軍興諸費不足」情況下，天下田土每畝再加派三厘。經過三次加派，一畝田地共增課九厘銀，全國增賦 520 萬兩。〔註18〕總計神宗萬曆四十六年（1618）閏四月二十五日至熹宗天啟元年（1621）十二月二十六日止，在近三年的時間內，名為遼餉發送至遼鎮充作軍費的銀數共 20,188,366 兩，〔註19〕此二千多萬兩，部分得自於九厘加派銀，亦有挪自其他邊鎮糧餉，要求諸藩王的捐助，以及請求於內帑與各部寺的庫藏。

但前線戰士急需的還是糧食，北方的米價正值騰貴之時，銀兩的價值相對降低，軍士非糧食很難賴以生存，遂有帶軍糧之舉，在 400 萬石漕糧之外，額外再加運 30 萬石米糧，並由登萊海運輸往遼東。原本這種額外加帶的情形，卻演變成為「截漕」即是「遼餉從漕船頭幫帶運盡入通州，混作漕糧以實太倉，應將尾幫漕糧抵補，此截漕之所從起也」，〔註20〕此議一起，「姦旗苦關通之遠涉、利天津之近便，故意包攬客貨，延緩過洪，營幹天津交卸，應截者在津，

〔註16〕 《明神宗實錄》，卷五七四，萬曆四十六年九月庚戌條，頁 11。
〔註17〕 熊廷弼，〈敬陳戰守大略疏〉，《皇明經世文編》，卷四八〇，頁 5282。
〔註18〕 《明神宗實錄》，卷五九二，萬曆四十八年三月庚寅條，頁 6，總頁 13052。
〔註19〕 《明熹宗實錄》，卷五，天啟元年正月乙亥條，頁 1，總頁 13200。
〔註20〕 前揭書，卷六十八，天啟六年二月乙未條，頁 24，總頁 13957。

不應截者亦在津，致歲暮守凍，太倉所入大虧舊額，此誤在京儲也。歲額既虧，倉場總督必與天津總督爭，謂守凍原係倉糧與遼餉無關，執不肯截而關餉從無所出，此誤在邊儲也。」為避免登萊海運遙遠難行，於是爭為截漕，漕船停留在天津觀望不前，「一舟攔阻、萬艘齊停」〔註21〕待年終天寒地凍，漕船凍阻不能行，於是遼米非唯達不到遼東，漕糧也進不了京通二倉。〔註22〕

　　遼餉的實際效益終究為何？以遼餉名義實行全國加派，但各地固定的免除、留用等已占去近 200 萬兩，這都是取之於遼餉的加派，卻不用在遼事上面。其他還有不時的減免，如對於舊有拖欠銀兩的免除，或因災慌而停徵其加派銀，使戶部收入減少許多。〔註23〕此外運費的消耗運費的消耗雖然未動到遼餉，但以交通不便與路途遙遠卻使運費提高許多，如萬曆四十七年（1619）閱視邊務姚宗文奏疏提及運積糧草必多置牛車，分守道閻鳴泰等議添車 37,000 輛，用牛 74,000 頭，併人糧牛料等費約銀 1,365,700 兩。〔註24〕可見運送糧草仍要付出一筆不小的開支。熊廷弼「答李孟白督餉」書信中曾經提及從潤豐運送糧食至 300 里外之山海關情形：

> 每一小車運草五十小束……給腳價二兩八錢，至典賣車驢不得歸，
>
> 後增至三兩而車戶俱逃無應者，及問此車可載米幾何？答曰三石。
>
> 〔註25〕

當時草一束的價錢只不過為四分，連同運米三石，就要用去腳價銀三兩，故而自山海關再運至遼陽，兩地相距千里，運費豈不更為可觀？

> 若自關至遼陽千里，小啟前謂每車三石止費銀五兩者，猶屬窄算，
>
> 而沿路虜賊搶奪之虞，軍民護送之苦，且勿論也。〔註26〕

陸運糧食之艱辛，由此可見。

　　運糧與用兵為終始，關於糧餉之籌措，有人建議廷弼在議通海運之同時要並設陸運以防海運之不虞。但事實上熊廷弼卻認為陸運不可行，山海關抵遼陽有千里之遙，其中自山海關至廣寧約有數百里，皆為岡嶺河湍，自廣寧至三岔河又多沮地，每小車載米三石，已盡人車之力，日僅行三、四十里，

〔註21〕前揭書，卷八十，天啟七年正月壬辰條，頁 16，總頁 14117。
〔註22〕前揭書，卷八十三，天啟七年四月丁未條，頁 7，總頁 14149。
〔註23〕《明光宗實錄》，卷三，泰昌元年三月丙午條，頁 2，總頁 13096。
〔註24〕《明光宗實錄》，卷五八九，萬曆四十七年十二月壬子條，頁 1，總頁 13030。
〔註25〕熊廷弼，〈答李盧白督嚮〉，《皇明經世文編》，卷四八二，頁 5307～5308。
〔註26〕同註25。

共計往返四十餘日。而途中開支，遼中店食價五分不得一飽，每車兩人一驢，日約費銀一錢二分，所以要五一支出而換回三石米。運糧若是取用民車、民牛，幾乎會激成大變，況且又會導致誤耕而而拋荒田地，引起遼地民怨而久久不息。自套起至遼、至瀋、至開鐵或二、三百里，或六、七百里，車牛已是累苦，何況自山海關至遼陽有千里之遠？〔註27〕

縱使歲計該糧七十餘萬石，總在蓋套起運，現在車牛已是置辦不前，還能有剩餘車牛到山海關供運乎？運輸工具除掉牛以外，駱駝亦是可用之工具，但是駱駝只有寧夏極西一、二地方出產，其他地方最難養活，不同於馬、騾遍地出產而易養活。若是買下千頭駱駝而往返萬餘里，動輒經年，況且未必就能養活；縱使養活，每頭可短運三石，若是長運、月運、歲運，則僅可一石五斗，支出並不比牛車少，所以廷弼認爲不可行。〔註28〕

運輸工具的難題之外，運糧途中被搶也是極大困擾，自關外至杏山以北一線之路，左海右邊，邊與路相去遠者十餘里，近處僅有四、五里，此一路上一路都是墩堡失守，哨探俱絕，往往後金派人假扮明朝巡路人役，截擄裔民；如今若聞知車夫騾馬在途，勢必聚眾來搶。若爲護糧，少發兵則不足以護衛，多發兵則往來奔波疲憊，以運糧 100,000 石而論，往返數百回，人馬累死者將不可勝數，此又爲陸運糧食之難處。〔註29〕

國初歲輓漕糧數百萬石，全由海運委難常恃，故而開膠萊運河爲穩久之計，然運送雖止而准登裔民買賣來往於成山嘴之間者固熟路也。廷弼認爲國初運糧自登萊、旅順、海蓋、三岔河入，循遼瀋而北，直抵開原之老米灣，此爲故道。今即不能抵開原，而三岔河則確確可到，由蓋州至遼陽 270 里，三岔河至遼陽 160 里，蓋套比三河遠，而可更言北汛口。總之，登萊糧運俱當定以蓋套收卸爲主，官運有限，民運無窮，卻聽商民自運貿易，寬其文法，允許其帶貨物一、二，此爲富遼之策。〔註30〕

遼東農作之難，實有其客觀條件之限制，遼左河東河西千里之地，僅僅傍城就近耕種，一歲所出，僅夠本地一歲之用，如果遇到小歉。便作大耗，因爲別無來路。去年收穫頗爲豐富，然而客兵一到，米價一斗值三錢，成春農作方興，忽然遭遇努爾哈齊與虎憨兩禍並來，人人逃竄，誰還敢耕種？等

〔註27〕 同註 25。
〔註28〕 同註 25。
〔註29〕 同註 25。
〔註30〕 同註 25。

到事情過去，稍稍安定下來，又苦於無雨；等到下雨，耕種已經過時，只能種種豆類與雜糧，以後天時如何則不可知，百姓的糧食種得相當辛苦。縱使民間尚有餘料，何可再刮來餵食饞軍？何況還沒餘糧呢？徵糧於民實爲不可行，亦不必行之方式。〔註31〕

陸運糧食艱辛萬分，海運亦備極辛苦，萬曆四十八年（1620）時督餉侍郎李長庚曾報稱海運之情況：

> 天津糧舡北岸于八月初三等遭風漂失二十一舡，南岸于七月初五等日漂損十舡，又于八月二十等日發舡三幫，發而狂風大起，由蓋套回空淮沙等舡漂損一十六隻，由天津裝糧重舡漂損七隻。〔註32〕

總漕王紀題稱：「改造河舡 40 隻，新造千斛 50 隻及應天、山東運舡 27 隻，于七、八月間次第由海發行，卒然颶風驟起，舟楫漂蕩，76 舡相繼化爲烏有。」〔註33〕海上風險大，船隻時常遭到巨浪吞噬，自然其中所裝載的糧食也會被虛擲至海底。畢自嚴於天啓年間督理遼餉時曾說：「自津抵解大洋危險，難保無覆沒之患，但得十抵七、八便屬運官首功。」〔註34〕難怪時人謂：「方今援遼之舉最苦累無若海運。」及「由海餉遼是以死藥而療生人者也。」〔註35〕

無論陸運或海運，耗損都很驚人，前線軍糧的補給作業是戶部財政的沉重負擔。耗損最主要有兩種原因：「虛耗」與「侵吞」。

一、虛　耗

熊廷弼明確指出兵馬數目不詳實的弊病，「兵部所調援兵俱是紙上虛數，十無二、三到遼陽者」。〔註36〕兵馬數目不詳實，除因統計上技術問題之外，冒籍領餉或逃亡頻繁是造成名實不符的主因。將領爲飽其私囊，以少報多，企圖冒領軍餉，在軍紀敗壞的晚明是十分普遍的現象。〔註37〕兵士的逃亡更是史不絕書，萬曆四十八年時，兵部奏援遼延綏將官袁大有領兵 1,000 名至昌平關支行糧料，「各兵約七、八百名脫逃」。〔註38〕此外，另有一種逃脫情形，

〔註31〕同註25。
〔註32〕王在晉，《三朝遼事實錄》，卷三，頁 381～382。
〔註33〕同註32。
〔註34〕畢自嚴，《督餉疏草》，卷一〈共襄撻伐人張聲援疏〉，頁6。
〔註35〕《明光宗實錄》，卷七，泰昌元年七月丁卯條，頁3，總頁 13127。
〔註36〕熊廷弼，《經遼疏牘》，卷一，頁99。
〔註37〕《明熹宗實錄》，卷二十一，天啓二年四月丙戌條，頁18，總頁 13411。
〔註38〕同註37。

「舊兵餉薄而新兵餉厚，故舊兵亦逃而竄入於新兵之內」。〔註39〕但逃竄的舊兵並未去除其原來名額，遂造成「新兵日增而舊額如故，則其為漏卮可勝言哉！」〔註40〕召募所費頗多，卻收不到實效，除軍隊數目不實，冒糧冒餉以外，所募之兵紀律不佳，戰鬥力弱，更虛耗不少糧餉。

二、侵　吞

　　有機會侵吞糧餉者為負責運輸糧食的運糧官、邊鎮委餉的餉司與軍隊中的將領三類人，如此的虛耗侵吞之下，直接受到影響的就是眾多士兵的生活水準，即使月餉仍然如數發給，但當時邊區物價騰貴，銀兩的購買力降低，士兵的生活困苦依舊，熊廷弼對此有所說明：

> 各邊薪米亦有貴時，而熟與遼物騰踊……一切衣食用度皆價增往日十倍，每銀一兩不當內地二錢之用，計步軍日費八分，馬軍日費一錢三分，而所得月餉那能得殼？〔註41〕

步軍日費八分，則月需二兩四錢；馬軍日費一錢三分，則月需三兩九錢，至當時普遍而言，新兵月餉在兩兩五錢至二兩之間，與其他邊兵的六、七錢相比，已經算是相當優厚。只是「援軍月餉一兩五錢，日計五分，在戶部豈不謂厚」的待遇，在百物踴貴之下，仍然左支右絀。〔註42〕

　　由於自從萬曆四十四年（1616）、四十五年（1617）、四十七年（1619）三年以來，遼東地區發生嚴重旱災與蝗災，遼地因此大饑，復以後金掠奪與招服的人口日眾，遼東地區缺糧的現象日益嚴重，社會上竟然出現「斗米一金」的嚴重情況。〔註43〕努爾哈齊遂不得不採取因糧於敵的政策，同時設法與朝鮮王國通商或通過蒙古各部從明朝境內交換糧食以供應境內軍民的需求。〔註44〕萬曆四十八年（1620）正月，遼東軍餉僅可維持一個月，邊廷倉穀空空如也，瘦軍饑馬嗷嗷待哺。〔註45〕物價一再上漲，兵士缺糧少餉被逼

〔註39〕《明熹宗實錄》，卷三十八，天啓三年九月壬辰條，頁2，總頁13627。
〔註40〕同註39。
〔註41〕熊廷弼，《經遼疏牘》，卷一，頁217。
〔註42〕前揭書，頁310。
〔註43〕黃克纘，〈建夷謀犯益工疏〉，《籌遼碩畫》，卷四十二，頁35～38，總頁600～601。
〔註44〕滕紹箴著，《努爾哈齊評傳》，頁251。
〔註45〕熊廷弼，〈錢糧缺乏至極疏〉，《籌遼碩畫》，卷三十八，頁41～48，總頁491～493。

去掠奪居民糧食、甚至賣襖售褲以維持生活。〔註 46〕朝廷雖然撥糧兩入遼，但遼地卻並無糧食可買。萬曆四十八年（1620）的三、四月間，熊廷弼面對缺糧陷入困境。由於虎皮驛一帶地荒無人，遼東三位總兵柴國柱、李懷信、賀世賢所率領軍隊顧將近十個月期間，人不得解甲，馬不得卸鞍，致使各種疾病不斷發生，加上軍餉不足，駐守三個月之後，已無法堅持「南顧北窺」之策。柴國柱、李懷信兩位總兵不得不撤回遼陽就食，只有賀世賢軍隊仍然困守在奉集堡一帶。〔註 47〕遼地原本即多年歲凶乏食，復以萬曆四十七年（1619）三月三路喪師以來，太倉空虛，海輸陸運短船少車，無法援遼。至萬曆四十八年（1620）的三、四月，糧草匱乏之苦，熊廷弼於〈糧草罄盡疏〉提及甚詳：

> 糧草罄盡至極，軍馬餓損可憐，防守兩難，且夕坐斃，泣懇嚴敕催發接濟以救急命事……遼陽五倉不滿萬斛，僅足補放二月，焉能接濟三月？職往觀之，果空空如也，因念十萬軍馬不可一日無食，即百萬金錢不能化作壹飯，初止憂車牛不足，今並愁糧草不來。眼觀此饑軍瘦馬，氣息奄奄，職恨不以身代也。〔註48〕

熊廷弼更曾經在萬般無奈之中與眾將環立，夜半哭泣，彼此不忍仰視：

> 每見諸軍自朝至暮，腹餓喉乾……心如刀割，恨不能以身代也……每見軍面土黃，馬骨山聳，枯橐奄喪，無復生理，心如刀割，恨不能以身代也。臣與各官軍自擬一出山海馬便與賊為終始，無復西還之望，見此勞苦，誰忍自逸？見此饑餓，誰忍自保？見此用度欠缺，誰忍自費？每日偕監軍道小帽短服，同軍操作，往來慰勞與甘共苦，每夜私念，輒然涕泗，枕席為濕，至終夕不寐。頃者倉卒赴瀋，裹糧不及，運饋稍遲，軍士遂有忍餓兩日者，臣慟之，自起更時哭至半夜，各將環立，皆泣下不忍仰視。〔註49〕

縱使乞求京師救援，亦湊不成 10 萬之數。〔註50〕

〔註46〕熊廷弼，〈嚴刺催發糧草疏〉，《籌遼碩畫》，卷四十一，頁 1～4，總頁 557～558。

〔註47〕熊廷弼，〈恩賚慰勞官兵疏〉，《籌遼碩畫》，卷四十四，頁 23～28，總頁 660～662。

〔註48〕熊廷弼，〈糧草罄盡疏〉，《經遼疏牘》，頁 184～185。

〔註49〕熊廷弼，〈官軍勞苦乞恩慰勞疏〉，《經遼疏牘》，頁 216～218。

〔註50〕劉尉，〈邊鎮告急帑藏空虛疏〉，《籌遼碩畫》，卷四十，頁 42～46，總頁 548～550。

　　面對如此困局，熊廷弼仍然積極部署守遼，除到處求糧以外，又擬遷升贊畫劉國縉為督軍，增補各道官員以分地防守。但萬曆皇帝不肯出內庫一金，求官不派，提升手下人員亦不允。〔註51〕為守遼之事，他更以雪片似的奏疏送往京城，卻受到「留中不發」的處置，萬曆皇帝只允許向老百姓身上加派賦稅、雜課，拼命搜刮百姓以挽救遼東殘局。〔註52〕

　　熊廷弼並未氣餒，依據遼軍實際狀況，儘量做好遼陽城與瀋陽城的修築工作。萬曆四十八年（1620）三月開始，晝夜修築遼陽城。四月以來，遼東收成不好，春天缺糧情況嚴重。〔註53〕為解決糧食問題，努爾哈齊向遼瀋用兵之心情更加急切。派兵數萬以屯駐於撫順等沿邊五城，時時以二、三千騎兵深入遼瀋近境。並將距瀋陽60里左右的沿邊墩臺予以摧毀，邊臺口堡衛卒盡行捉拿，並西連蒙口以斷河西明兵糧道，使遼瀋坐困。五月，熊廷弼見草青馬壯，唯恐努爾哈齊攻佔遼瀋，遂命令總兵官柴國柱、李懷信、賀世賢三人統率本部軍趕赴瀋陽，加緊修築瀋陽城。形成明軍堅守瀋陽、南顧遼海、北窺開鐵、東逼後金的形勢，亦即史稱「步步為營，漸近漸逼」之策。〔註54〕熊廷弼就在萬般艱難困境之下以虛張東南，死守遼瀋，與努爾哈齊相持相抗以渡過南顧北窺的艱難時期。

第二節　邊防日固，煥然一新

　　由於熊廷弼在遼東慘淡經營，縱使怨謗集於一身，亦以濟於封疆之事為重而勇於承擔，義無反顧：

> 日每裁答中外、上下各涯門書牘不下數十道，大都觸怒任怨與夫自用之狀，其大者見之章疏，而其餘略盡此牘中，蓋一部罪書也。顧又思之，不觸怒則眾不激，眾激而大家照管以應遼，怒未可少也；不任怨則眾不急，眾急而上緊幹辦以圖遼，怨未可少也；不自用則誰為余籌？誰代余往？余籌以開眾智，余往以導眾勇，而有以救遼，

〔註51〕熊廷弼，〈遼左將帥同盟文武和附疏〉，《疏遼碩畫》，卷四十三，頁 28～32，總頁 629～631。

〔註52〕滕紹箴，《努爾哈齊評傳》，頁 252。

〔註53〕薛鳳翔，〈兵逃當問馬倒有因疏〉，《籌遼碩畫》，卷四十一，頁 4～11，總頁 558～562。

〔註54〕熊廷弼，〈備述河東一帶情形疏〉，《籌遼碩畫》，卷四十六，頁 40～46，總頁 724～727。

自用未可少也。何也？以濟封疆之事也。封疆之事濟，而眾怒、眾
怨、與剛愎自用之名皆集於一身。〔註55〕

歷盡艱難、鍥而不舍的努力奮鬥之下，原來四散逃亡的遼民陸續回到家園；
各地援兵、募兵相繼抵達遼東，總計不下 13 萬；堡漸屯集，城漸設防，遼東
的守備已煥然一新，大有可觀。

　　熊廷弼在遼東與眾將官同甘共苦，與總兵、將吏宰牛歃血共立誓言，決
心同舟共濟。〈遼左將帥同盟疏〉對於將帥之同心協力說明甚詳：

遼左將帥同盟，文武和附，爲滅賊一大機會……臣公事實急，而至
其解煩苛而就簡易，則臣又似緩；臣治貪懦實嚴，而至其忘過記功，
不留嫉憤而沒南善勞，則臣以似寬；臣持大體，實一無假借，而至
其晏處商量之會，去套數而存眞率，披肝膽而略形骸，使人人厭意
而去，則臣又似有情；禮雖將官以下，舊無侍坐之例，而臣亦時時
與之共起居飲食，至親爲割鮮酌禮以相慰勞。以此，文武將吏無不
忘其急，忘其嚴，忘其顛倒嫚罵而私相歡謂，可與從遊共功名者，
莫臣若也，於是總兵與總兵盟，將官與將官盟，皆宰牛歃血，誓同
殺賊也無負朝廷，無負微臣爲約，而臣亦私察其眾心和附可用也。
於是乃敢主張守瀋以爲南顧遼海、北窺開鐵、東逼賊巢，漸進轉蹙
之計。〔註56〕

廷弼對待眾將帥雖嚴，雖急，然而處理事務卻是解煩苛而就簡易，忘其過記
其功，不留嫉憤而沒人善勞，時時與將官以下共起居飲食，甚至親爲割鮮酌
禮以相慰勞，因此形成軍隊中親愛精誠之風氣，於是總兵與總兵盟，將官與
將官盟，皆宰牛歃血以誓同殺賊，上下結爲一心。

　　爲堅守遼陽，熊廷弼曾經苦撐病軀，咬牙到底：

臣吐血數日，面如火焚，腹如鼓脹，兼復泄瀉，狼狽莫支。日每文
書，皆從床頭檢行疏草，箚檄皆口占，命人代書，但一費思索，心
跳頭暈，屋翻地轉，輒蒙被而臥；稍定，又復起床，打發事件。偶
想一緊要應商量者，兩道又皆不得至，前僅一中軍官朱萬良，又代
臣奔走於瀋陽、奉集間而月餘未歸也。朝臣太平優游，官盛任使；
皇上深居靜攝，禁不聞聲，寧知病臣之孤、之勞，一至此？臣即病

〔註55〕熊廷弼，《經遼疏牘》，頁 1，〈熊廷弼漫識〉，《明清史料彙編》，第二輯。
〔註56〕熊廷弼，〈遼左將帥同盟疏〉，《經遼疏牘》，頁 211～212。

死不惜，勞死不惜，但願冒死進一言，請問皇上要遼東否？再問朝臣要遼東否？如要遼東，則奈何以封疆存亡，國家安危之擔子獨交付一病經略臥床料理，而屢屢催補各道，竟漠然罔聞也？〔註57〕

更曾經數度抱病視事，以顧全大局為重：

陡患吐血病症，旋吐紫血成塊……越數日，所吐血色愈鮮且雜痰交下，而臣始懼矣！猶顧伏枕而思，古人在軍中，雖病而猶示無病，以安眾臣，何敢杜門不出，滋外間驚惑？勉強出堂視事，時按臣及部道鎮臣皆來看視，坐談間，數數唾血皆不忍視，念守瀋陽而不守奉集，是無瀋陽也；發兵戍寬靉而不親往相度，是斷送官軍也，復勉強往奉集堡指授諸將守禦方略。自奉集往威寧營，至發喇河而大瀉如傾矣，逼近賊穴，不敢停留，不得已，挨命前往，再三日始至寬奠。前泄不止，吐血更甚，而臣不能支矣！因差回遼陽，促張名世遇路迎治，復往鎮江，從險山回至鳳凰城，道遇名世，謂可得診脈服藥，調理半日。忽賊眾數萬犯搶瀋陽，遂不暇入堡，亟馳馬黑夜走鎮東堡，百餘里片晷即到，不復知病之在體，比入堡，竟從馬上昏暈倒下，半晌不甦，而臣幾無生矣！時從行官軍及督撫差來官承，無不人人為臣驚危而泣下者。緣自奉集東行皆山峽險阨，不能肩輿，遂將轎子發回，專一乘馬，每過陡峻，輒上山下山，同軍士步行十數里以息馬力；而伏暑本熱，又兼大雨蒸濕，每日親自執傘披毯，背腕為痛，而又時時落水墮泥，為馬所滑墜，至兩臀磨成瘡，尤痛不可言，夫以吐血泄洩久病之軀，而受諸茶苦猶不即死於道路者，真幸也。〔註58〕

此外，相度地形，見代子河水可引入遼陽城，又見貼城支流，築壩壅水可當東北面；城北地卑，築堤積水可當正北面。親率道將，從十里外分頭挑築，逐日自早至夜，沖雪忍饑，與軍士同苦。〔註59〕又督促士卒認真操練，每隊以一教五，還規定訓練要求，每日每人必須以數百矢試射。〔註60〕熊廷弼更親赴海州、蓋州去督餉，竭智盡忠，致使食不甘味，夜不成寐。〔註61〕在其

〔註57〕熊廷弼，《經遼疏牘》，頁235。

〔註58〕熊廷弼，〈病勢十分沉篤疏〉，《經遼疏牘》，頁265～266。

〔註59〕熊廷弼，〈遼左將帥同盟疏〉，《經遼疏牘》，頁213。

〔註60〕熊廷弼，〈恩賚慰勞官兵疏〉，《籌遼碩畫》，卷四十四，頁23～28，總頁660～662。

〔註61〕熊廷弼，〈糧草罄盡疏〉，《經遼疏牘》，頁184～185。

苦心經營 10 個月之後，遼東的形勢已經大變，從冰消瓦解之局面改變爲珠聯璧合之形勢。〔註62〕

　　在熊廷弼實行「步步爲營，漸近漸逼」之策的時候，努爾哈齊的兵鋒亦由遼南轉向遼瀋腹地，並且派出小股部隊頻頻襲擾明邊以掠奪糧食，有時亦派出大部隊向遼瀋衝擊，但是遼瀋在熊廷弼經營之下，官兵軍紀整肅，官將合力，人人肯於搏戰，始終堅守不屈，致使努爾哈齊不得發展。萬曆四十八年（1620）六月十二日，努爾哈齊親自統率大軍，兵分兩路：一路集結輕騎近五萬，從撫順入明境，直趨瀋陽；另一路約爲一萬多騎兵，由東州沙地沖入明境，直抵奉集堡。努爾哈齊所率領撫順路軍襲擊大小村堡 40 多所，掠獲男女數千口，直到距離瀋陽城五里才停止前進。初戰，明軍堅守瀋陽城池不出，努爾哈齊以爲招降瀋陽守軍仍如昔日般易如反掌，卻不知遼瀋在熊廷弼經營之下，早已固若金湯。總兵李懷信統兵 40,000 坐守瀋陽，總兵賀世賢提師迎戰於瀋陽東 20 里，與八旗兵戰於渾河沿岸；總兵柴國柱從奉集堡出兵與八旗兵戰於瀋陽東 30 里。努爾哈齊面對前有堅城（指瀋陽），後有追兵的不利情況下，不得不後退 15 里。而明軍又改變戰術，賀世賢與柴國柱兩軍一南一北向後努爾哈齊的大營兵首尾夾擊而來，同時，瀋陽城 40,000 萬大軍又從西邊平推逼近。努爾哈齊來不及部署，八旗兵便紛紛退卻，丟梯失牌 3,000 多副。〔註63〕熊廷弼整頓遼軍的成效由此可見，相較於薩爾滸之役後，遼軍人人要逃、處處要逃、時時要逃的心驚膽顫，如今竟能初戰而力挫八旗軍隊銳氣，甚至能從三面進逼而擺出決戰架式，真是不可同日而語。

　　熊廷弼於〈賊夷分頭入犯疏〉之中，對於此次努爾哈齊率軍入犯明軍氣勢不同，人心不同，光景不同，分析甚詳：

　　　　奴賊擁眾入犯，官軍奮勇馳援，堵回大虜，斬獲首級，奪獲達馬木梯，鉤槍挨牌事蒙批，此一役也，斬獲無多，堵截甚力，奴賊漸知內地之有兵，官兵亦漸知自身之有膽矣。〔註64〕

此役之著力之處，在於堵截努爾哈齊率眾入侵，使其漸知內地有兵，而官軍亦漸知自身有膽而漸有信心。

　　本月十二日夜，東夷達賊約有二萬餘騎，分爲兩枝：一萬餘騎自關

〔註62〕滕紹箴著，〈努爾哈齊評傳〉，頁 253。
〔註63〕熊廷弼，〈賊夷分頭入犯疏〉，《經遼疏牘》，頁 286。
〔註64〕前揭書，頁 284。

口進境，一萬餘騎從東州地方沙地衝進境，隨後聯絡不絕，約眾至
四萬有餘，深至王大人等屯，殺擄本營夜甲軍丁得功等三十名，擄
去劉芳名等馬二十四匹，擄去田千戶等六屯住民男婦共一百四十八
名口，馬九匹，牛四十二隻，驢七頭，窖二十九口，燒燬房屋十間……
賀總兵、留副將麻承宣、參將胡國灝、夏國卿等并馬步一半，弱軍
守瀋陽城，即帶領各營將官兵丁與賊衝砍二陣，賊退十五里，白官
人屯下營，至未時，賊往東退去，在陣獲斬首級一顆……鉤梯挨牌
共三千餘副，救回村人畜甚多。〔註65〕

努爾哈齊共率 40,000 餘騎，深入王大人屯，明守軍雖然小有受創，然而因平
素訓練有方，以弱軍守瀋陽，竟能帶領各營將官兵丁與對方衝砍二陣，使其
後退 15 里，並擄獲鉤梯挨牌共 3000 餘副，頗有所獲。熊廷弼對於這一點頗
為欣慰：

奴酋自清、撫、開、鐵得利以來，志驕氣滿，目中已無河東半個，
遼東人人危為孤注，而瀋陽、奉集又不必言矣……始也，擁眾成謀
以來，繼也，踉蹌無趣而返，即村屯難保其不搶掠，士馬難保其不
損傷，而賊竟不敢正眼一覷瀋奉，則諸將堵截之勞，豈可泯哉？較
之往歲，賊勢猖狂，不可嚮邇，攻克城堡，算無遺策者，氣勢大不
相同；遠近觀望，大小恇怯，聞風則逃，守瀋輒泣者，人心大不相
同；春正，猶以遼陽為金注，今且以瀋奉為常居，軍氣昌揚，人情
鼓壯，漸轉漸佳，光景亦大不相同。〔註66〕

較之往歲，如今則是氣勢大不相同，人心大不相同，光景大不相同。因為如
此，熊廷弼已經感受到「東事從此可望有定」的把握：

俟西兵續到，除東南另擬兵將防勦外，再挑精健萬餘眾，進分橫布
於瀋、奉適中之間，以撫順為戰地，以平墊股城為家當，步步為營，
漸進漸逼。彼時我中百計圖賊，固別有不戰之著，夷眾四面受敵，
豈能保安然無恙？不惟河西有長城，遼陽如鐵壁，而東事從此可望
有定局矣。〔註67〕

遼東局勢在熊廷弼步步為營之下，終使河西有長城，遼陽如鐵壁，從此可望

〔註65〕同註63。
〔註66〕前揭書，頁288。
〔註67〕同註66。

於歷經擾攘之後有所定局。

努爾哈齊雖然頻繁瀆兵衝擊遼瀋，但多半為小勝小敗，一直未有大型的軍事行動，個中關鍵即在於熊廷弼嚴守邊防，使其無隙可趁。熊廷弼的守遼規畫擬用兵十八萬，四路駐軍，各守險要，相互協同、聯絡，居行均有規定。〔註 68〕但事與願違，偏偏當援遼兵馬剛剛集中十多萬，遼東局面穩定下來，形勢漸入佳境之陳，朝廷內部對於熊廷弼的誹謗聲浪高漲，雖經熊廷弼予以辯解，但在光宗昏然失察之下，卻下令廷弼解職回鄉，以致於歷盡艱難所扭轉之局面宣告前功盡棄。

第三節　言官論劾，掛冠而去

熊廷弼以遼東經略身份與後金國大英明汗努爾哈齊在遼東較力鬥智相持一年左右。正當努爾哈齊垂涎遼瀋，積極備戰，進兵大計已經決定，卻畏於熊廷弼嚴防緊守而不得下手之際，明廷卻做出自毀長城之事，撤換熊廷弼經略之職而以袁應泰代之。

明廷內部對於遼東的戰守問題，除熊廷弼以外，並沒有切實可行的謀劃。然而，熊廷弼在朝中受到排擠，當時的政治風氣，正是豺狼當道，賄賂公行，鬻官賣爵，貪鄙聚歛，不一而足。正所謂：「以遠臣為近臣府庫，又合遠近之臣為內閣府庫，開門受賄。」〔註 69〕升官為發財捷徑，發財又為升官資本，彼此攀附權貴而同流合污，升官發財易於兼得。熊廷弼置身此世而獨異其行，昂然出人頭地，復以性剛負氣，好謾罵而不為人下，物情以故不甚相附，（廷弼傳）；尤其有觸必發，盛氣相加，朝士多厭惡之。〔註 70〕神宗皇帝對於遼東的軍事形勢及其變化，幾乎一無所知，專憑邊官疏報與樞臣指點，只是隨波逐流而毫無主見。當樞臣奏報邊官之疏，謂敵人將至，神宗則趕緊著急一陣；報告敵人已去，神宗即心安理得而不再謀畫邊關之務。涉及江山的如此重大事件，居然毫無計劃、毫無定見，大明江山之岌岌可危，也就是必然的宿命。

萬曆四十八年春天，熊廷弼剛剛將遼瀋局勢穩定下來，朝中部份大臣根本無視於遼東的軍中實情而拼命催促熊廷弼作戰。九月間，當其集兵 13 萬，

〔註 68〕熊廷弼，〈敬陳戰守大略疏〉，《明經世文編》，卷四八〇〈熊經略集一〉，頁 5282。
〔註 69〕《明史》，卷二三一〈錢一本傳〉，頁 6038。
〔註 70〕《明史》，卷二五九〈熊廷弼傳〉，頁 6699。

而全盤疏遼部署將要就緒之際，朝臣責備熊廷弼的奏疏紛紛而上。首先發難的則是吏科給事中姚宗文，他曾經請求熊廷弼代請補官而爲廷弼所拒絕，心中怨恨；當其透過其他管道補官之後，抵遼東閱視兵馬，與廷弼所議不合。〔註71〕遼東人劉國縉爲兵部主事，贊畫軍務，主張募遼東人爲兵，所募 17,000 人大半逃亡，爲熊廷弼所彈劾。姚宗文早年曾爲劉國縉門生故舊，至此，兩人相互勾結而掀起對熊廷弼彈劾之議。〔註72〕

光宗泰昌元年（1620）八月，蒲河（今瀋陽市東北）失守，姚宗文詆毀熊廷弼廢群策而雄獨智，「軍馬不訓練，將領不部署，人心不親附，刑威有時窮，工作無時止。」〔註73〕還煽動言官群起而攻之，必欲去之而後快。御史顧慥首先彈劾熊廷弼出關一年，毫無成就，荷戈之士徒供挑浚，尚方之劍逞志作威。〔註74〕當時神宗剛死不久，光宗即位不到一個月又死，熹宗初立，朝政更加混亂，「遼事」難以眞正解決。

九月十五日，御史馮三元指責熊廷弼處置遼東無謀之罪有八條，而欺君之罪則有三條（明光宗實錄泰昌元年九月條），提供迫使熊廷弼辭職的依據：

> 兩敵相持，食爲司命，而今日恣搬運以當奴，明日恣搬運以當奴，曾一騎不敢窺也，此其無謀一也；中國之長惟在火器，乃八萬之資，一朝而，曾無防閑，何其疏也？向使敵人有知，輕騎驟臨，一鼓而登發蒙振落耳，此其謀二也；北關爲奴內患，爲我外援，金白告急，道臣欲以二百萬爲之應援，而廷弼不能用也，坐使奴去腹心之蠹，我失肩背之助，此其無謀三也：健兒不以禦侮而以浚壕，行伍不以習擊而以執土工，一互有急，徒委之柴賀數千之家，此可以禦敵乎？此其無謀四也。瀋陽之犯，我主彼客，我逸彼勞，循陣誓師、藏形設伏、摧鋒制敵正在今日，乃賊來而聽其蹂踐，賊去而謬曰堵回，此其無謀五也；又所云守者據要害走集也，地在能守，人力可效，乃數十一屯數百一聚，如以蛙噉蛇，相次俱盡，此其無謀六也：遼人可用而不欲用，礦兵可用而不能用，及其失望而散，猶曰遼東無人，此其無謀七也：自古善用多者，莫如王翦，翦之六十萬，以楚千里而遙也，今之請數有

〔註71〕 前揭書，頁 6693。

〔註72〕 同註 71。

〔註73〕 前揭書，頁 6694。

〔註74〕 同註 73。

翦三分之一矣，而奴之地有楚三之一乎？其無謀八也。〔註75〕

至於欺君者三：

請兵請餉，分固應然，而動爲要挾之詞曰，要遼不要，有如我皇上試問之曰，錫爾上方，假借八百萬金錢，四方召募，此何爲者？而曰要遼不要，此其欺君一也；遼左道將亦極一時之選，而足已自賢不能用也，乃動曰遼陽止兩監軍也，此其欺君二也；兵未足而言紙上之兵，兵將足則言無用之兵。皇上試問熊廷弼，豈欲得神兵而用之乎？此其欺君者三也。〔註76〕

七天以後，御史張修德又上奏：

熊廷弼，一荆南書生、聽勘御史耳，其先世非有剖符分壞之功，又非有戚畹肺腑之親。皇祖（指神宗萬曆皇帝）因東事不靖，起之田間，不三月而授之經略，畀之司馬，是何等尊崇。天下勁兵良將，任其調取；國家正賦加派、一切金錢，任其浪費；且皇皇尚方，敕賜軍門；大將以下，任其殺戮；是何等委任！内庫蓄積，内府珍幣，大臣所不能得者，任其領受，是何等賚！吾意廷弼于此時，上之，當縛名王、擒貴人，以長纓繫奴酋之頸于關下；次則斬將搴旗，設奇制勝；又次則勵兵抹馬、選將練兵，遏門庭之寇於方張，爲國家保境安民。乃無何而村落搶矣，屯堡破矣，虜曾一人殺掠不相當矣。……未幾而伊路失矣，蒲河又見告矣。胡人飲馬瀋陽而遼陽一片土，將拱手而付之虜手矣，喪盡遼人生齒，竭盡天下財力，今顧欲遺之他人，從何處下手？〔註77〕

急請貶斥熊廷弼。廷弼受到如此天大的冤屈，心中不服，上疏辯解，申訴自己一年來堅守遼東的功績：

遼師覆沒，臣始驅羸卒數千，踉蹌出關；至杏山（錦縣西南40里）而鐵嶺又失。廷臣咸謂遼必亡！而今且地方安堵，舉朝帖席，此非不操練、不部署者所能致也。若謂擁兵十萬不能斬將擒王，誠臣之

〔註75〕徐治昌編，《昭代芳摹》，卷三十二，頁25～27，明崇禎九年序刊本，日本内閣文庫八七九七號，漢學研究中心藏書。參見漢學研究中心資料組編，《漢學研究中心景照海外佚存古籍書目初編》，漢學研究中心，民國79年3月出版，頁13。

〔註76〕同註75。

〔註77〕前揭書，卷三十二，頁29～30。

罪，然求此於今日，亦豈易言？令箭催，而張帥賀命；馬上催，而
三路喪師；臣何敢復蹈前轍？〔註78〕

然而，昏然失察的熹宗皇帝，竟然讓戶科王繼昌主持會議，一群人七嘴八舌
責備熊廷弼未能大創敵兵，斬賊擒王，又指出其有不能復遼的過錯，〔註79〕
於是下旨將熊廷弼解任回家。

　　由於廷弼數次上疏為自己辯護，而臺臣馮三元、張修德、科臣魏應嘉交
章駁之，皇帝以其相互奏擾，若不速勘則無以明罪，故而著魏應嘉等前往遼
鎮會同彼處撫按以勘明。〔註80〕對於此一安排，廷弼猶有不能已於言者（萬
曆四十八年十一月、甲戌朔）：

今同勘者有經略撫按、有部道府廳、有總兵諸將軍民，審一人有一
人口辭，勘一處有一處結狀，經一官有一官勘語，具當一一奏聞，
三公不得增損一字也。誠如是而逼真，敢不服、敢不相下。臣意氣
雖頹，經營久定，即奴酋挾眾恃強、逼處撫順，而瀋奉諸將自能應
禦，道將精神儘能照管，不至驚亂也。若謂職之功罪小，而封疆之
關係大，則又溺其旨矣。使功罪無關於封疆也，焉用勘正？惟關係
封疆，勘而是，戰守有所持循，勘而非，當事亟圖改正，勘而功則
寬臣以安眾，勘而罪則處臣以懲眾。〔註81〕

科臣楊璉卻上奏，認為勘事勿派遣言官為妥，御史吳應琦亦上奏勘官必須另
行派遣，朝廷後來則派遣朱童蒙前往勘察。朱童蒙至遼之後，遼東士民咸因
廷弼去職而傷感，所謂「人心不親附」則不攻自破。朱童蒙還奏：

臣入遼時，士民垂泣而道，謂數十萬生靈皆廷弼一人所留，其罪何
可輕議？獨是廷弼受知最深，蒲河之役，敵攻瀋陽，策馬驅救，何
其壯也。及見官兵駑弱，遽爾乞骸以歸，將置君恩何地？廷弼功在
存遼微勞，雖有可紀，罪在負君大義，實無所逃，此則罪浮於功者
矣。〔註82〕

當廷弼之遼東經略已由袁應泰接替之後，廷弼對於職務之交待格外詳盡，不

〔註78〕　《明史》，卷二五九〈熊廷弼傳〉，頁6694。
〔註79〕　計六奇，《明季北略》，卷一〈熊廷弼回籍〉，收於沈雲龍選輯，《明清史料彙
　　　　　編》，第四冊，頁85～92。
〔註80〕　徐治昌編，《昭代芳摹》，卷三十二，頁32～33。
〔註81〕　前揭書，卷三十二，頁36～37。
〔註82〕　《明史》，卷二五九〈熊廷弼傳〉，頁6695。

同於往日他人交待，止於交付印信、令旗、令牌、冊卷等項而已。因爲臺省諸臣，既要逐廷弼，又恐廷弼離去後遼東事體難料，故而廷弼將後待事情一一交待，立案明白。

有關人民之交待：去秋遼陽以北棄城而逃，今日自瀋奉以南，不但本城逃者復歸，而開鐵蒲河以南，不知日集幾許，各處客商增來幾許。〔註83〕

有關城堡之交待：清、撫、開、鐵、蒲、伊等城咸爲賊陷，瀋陽棄城也，今復守。奉集，棄城也，今復守。寬、靉、長永、寬奠皆棄城也。今復守，而遼陽無論也。〔註84〕

有關兵馬之交待：去秋，遼城止弱馬兵4,000～5,000千人，穿兵暗人，瀋陽戌兵萬餘人。今援兵募兵，計13萬，各堡漸有屯集，各城漸有設防。〔註85〕

有關錢糧之交待：自臣去年八月起，今年九月終止，通共主客官兵，科糧並公費等銀，止用過231萬餘兩，兩府廳報本色米荳，止用過100餘萬石。〔註86〕

熊廷弼對於袁應泰千叮嚀萬囑咐，就是唯恐接手工作有任何差池，以致於前功盡棄，然而此片苦心終究未能爲袁應泰所體會，遂致日後瀋陽城破，袁應泰殉國身死。

〔註83〕徐治昌編，《昭代芳摹》，卷三十二，頁37～38。
〔註84〕同註83。
〔註85〕同註83。
〔註86〕同註83。

第七章 東山再起與「三方布置策」
（1621～1622）

第一節 熊氏復出之背景

　　熊廷弼任遼東經略與後金國英明汗努爾哈齊在遼東較力鬥智相持一年左右，在重重困難之下，毫不氣餒，依據遼東軍隊實際狀況，從萬曆四十八年（1620 年，天命五年）三月開始，晝夜修築遼陽城，以加強防守實力。五月，見草青馬壯，又恐努爾哈齊攻佔遼瀋，遂命令總兵官柴國柱、李懷信、賀世賢三人統率本部軍隊趕赴瀋陽，以加緊修築瀋陽城。如此形成明軍堅守瀋陽，南顧遼陽，北窺開鐵，東逼後金的「步步爲營，漸進漸逼」之策。〔註1〕由於與眾將官同甘共苦，愛護部下，軍令雖嚴，人們卻心服口服。在歃血爲盟，共立誓言同心奮鬥之下，嚴格督促士卒認眞操練，每隊以一教五，還規定訓練要求，每日每人必須以數百矢試射。〔註2〕又親至海州、蓋州去督餉，時時以局勢爲念，甚至食不知味，夜不成眠。就在十個月的經營之下，遼東形勢已然大變，從原先冰消瓦解的局面，轉變爲珠聯璧合的形勢。熊廷弼實在是明末少數能與努爾哈齊抗衡的有政治頭腦的軍事家。

　　當熊廷弼實行「步步爲營，漸進漸逼」之策之際，努爾哈齊的兵鋒亦由遼南轉向遼瀋腹地，他以取得遼瀋爲取得遼東諸地之捷徑，故而除派出小股

〔註 1〕 熊廷弼，《備述河東一帶情形疏》，《籌遼碩畫》，卷四十六，頁 40～46，總頁 724～727。
〔註 2〕 熊廷弼，《遼左將帥同盟文武和附疏》，《經遼疏牘》，頁 211～212。

部隊頻頻襲擾明邊，掠奪糧食之外，亦派出大部隊向遼瀋衝擊。然而由於熊廷弼整頓遼軍極為有效，嚴守邊防，使努爾哈齊一直無從發動大規模軍事行動。〔註3〕正當後金垂涎遼瀋，積極備戰，已經決定進兵大計，卻畏懼熊廷弼嚴防緊守，無從著手之際，明廷卻做出自毀長城之舉，撤換熊廷弼而以袁應泰代替其職，為努爾哈齊下定決心採取行動提供有利戰機。明廷內部對於遼東戰守問題，除廷弼以外，一向即並無較為確實的謀畫。皇帝對於遼東軍事形勢及其變化，幾乎一無所知，不過是專憑邊官疏報，復以樞臣指點而已，當敵人加緊攻擊，皇帝就著急一時，敵人暫且退去，皇帝就放下心情，不再謀畫邊關之事。〔註4〕努爾哈齊多次發兵掠奪、焚毀瀋陽、懿路等周邊各堡，其目的在於孤立瀋陽。〔註5〕正當待機而動之際，熊廷弼奉旨辭歸。同時，泰昌元年（1620，天命五年）七月，萬曆皇帝、泰昌皇帝相繼在一個月內死去，天啓皇帝即位，當朝權貴利用皇位更迭機會，爭權奪利，以致連續發生「紅丸」〔註6〕與「移宮」〔註7〕案件，此兩大案件又與前此於萬曆四十三年（1615）所發生之「梃擊」〔註8〕案件為同一奸謀，連貫而下。朝臣既頻於發喪，又忙於爭權奪利，朝政混亂，明朝統治階層出現嚴重危機。努爾哈齊立即抓住天啓皇帝初登大位、政局不穩的機會，積極向遼瀋發展。

　　泰昌元年（1620，天命五年）十月十日，明廷以巡撫袁應泰為兵部右侍郎兼都察院右僉都御史，以代熊廷弼經略遼東。袁應泰曾出任臨漳知縣，河南參政等職，初以永平觀察使用熊薦代周永春，撫遼陽，駐廣寧，不諳軍事。傅國謂其起家縣令，治尚清核，崔仕屢躓，饒有傲骨，稍習天文家，自詭能

〔註3〕滕紹箴，《努爾哈齊評傳》，第五章〈遼瀋決戰的前夜〉，頁254～255。

〔註4〕前揭書，第六章〈遼瀋大決戰〉，頁256。

〔註5〕李民寏，《柵中日錄》，遼寧大學歷史系編，頁24，《清初史料叢刊》第八～九種，對此有所記載：聞瀋陽人投胡者言，瀋陽城防備嚴密云，胡兵恐其見傷，不即直薄城下，而焚蕩境內幾盡無餘，城中之勢日益孤危云。

〔註6〕「紅丸」一案，乃指明光宗常洛，於萬曆四十八年八月初一日，繼承其父神宗萬曆皇帝之位，八月二十九日服食紅丸藥，次日即死，僅僅擔任一個月皇帝而已。參見劉心學撰，《四朝大政錄》，卷上〈紅丸〉，收於沈雲龍選輯《明清史料彙編》，第三集，文海出版社，頁29～32。

〔註7〕「移宮」案則指光宗寵妃李選侍，住在天子的乾清宮之中，欲謀封皇后，以垂簾稱制。都御史楊漣、御史左光斗以李妃素來無德，又非天啓皇帝之生母，惟恐其有武則天之禍，必欲令李選侍搬出乾清宮。〈前揭書〉，頁32～36。

〔註8〕「梃擊」一案，指萬曆四十三年五月初四日，有一男子名為張差，突然闖入東宮，傷守門內侍一人，實際則是內廷紛爭，謀殺東宮太子的案件。前揭書，頁21～28。

兵。〔註9〕雖然接任之後矢心赴遼，具有視死如歸的精神，但在努爾哈齊已做好進攻遼、瀋準備之後，徒有視死如歸的精神並不足以與其相抗衡。遼陽城破之前，戶部司官傳國墜城而逃，其所撰《遼廣實錄》，對於袁應泰擔任遼東經略之種種情形記載甚詳，提及其履任謝疏大要，主要都是強調自己如諸葛孔明般以鞠躬盡瘁、死而後已自許，若有病則就醫於遼東，若死亡則葬於遼東，以示其與遼東共存亡之決心。〔註10〕

　　熊廷弼於離職之前，特地交待袁應泰有關遼東之現況，不厭其詳，一再叮嚀，完全不同於以往辦理交接者僅只交付印信、令旗、令牌、冊卷等項即算了事。對於人民方面的交待，他提及去年秋天遼陽以北棄城而逃者比比皆是，今日自瀋、奉以南，不但本城逃者復歸，開原、鐵嶺、蒲河以南，亦日集幾許，各處逃商，增來幾許。〔註11〕對於城堡方面之交待，清河、撫順、開原、鐵嶺等城，均陷入敵手，瀋陽則曾是棄城，而今復守；奉集堡棄城，今亦復守；寬靉、長永、寬奠等棄城，今復守；遼陽更是歷經信心危機、遏止逃風之後，轉危爲安；兵馬方面之交待，去秋遼陽城僅只有弱馬兵四、五千人，川兵萬人，瀋陽戍兵萬餘人。今援兵、募兵總計13萬，各堡漸有屯集，各城漸有設防。一時綱紀齜陳，局勢漸定，天時人事，亦似有爲之良機，只是將懦、將庸、兵弱、兵少，經過與各道商議，確定「用懦」、「用弱」、「用少」辦法與敵對壘相持，漸進漸逼；再別從他道搗襲以殺其勢而亂其心，以坐困敵方。〔註12〕

　　由於袁應泰上任前後，熊廷弼所募集的軍隊陸續進關，援兵、募兵將近13萬人，其中除各邊徵調來的士兵、川兵、毛兵以外，其餘10個當中挑選不出一、兩個精壯者，多數都不能參戰，僅可勉強守城、采草、放馬。眞正能征善戰的兵卒不過是各個將領的家丁，每個將領之下不過六、七百個而已。〔註13〕入遼之後，深以廷臣責備熊廷弼未能收復遼東一城一地爲殷鑒，遂懷

〔註9〕　傅國撰，《遼廣實錄》，丁丑叢編，卷上，原刻景印，叢書集成三編，藝文印
　　　　書館印行，頁12。
〔註10〕　前揭書，卷上，頁9。
〔註11〕　徐治昌編，《昭代芳摹》，卷三十二，頁37。
〔註12〕　前揭書，卷三十二，頁40。
〔註13〕　馬楚堅，〈明代的家丁〉，《明清邊政與治亂》，頁124～162，提及明代軍制，
　　　　始終以衛所制度爲唯一正規體系，雖自太宗成祖永樂以來各朝有所變化，然
　　　　終明一代在軍事體系上仍持舊慣，致使具有實質歷史地位的家丁不得不居於
　　　　軍制體系之外。家丁之名，稱謂不一，有「親兵」、「私卒」、「家人」、「家眾」、

抱進取之心。他召集遼東諸將商議，稍稍修正廷弼「以守爲主」「漸逼漸進」之策，而改以「收復撫順」爲戰略目標。〔註 14〕袁應泰的兵力部署如下；調用已經出關與尙未出關的 18 萬軍卒分駐遼東各城，將監軍道高軍出、邢愼言、總兵官賀世賢、李秉誠、陳策等升職晉級，再將尤世功、朱萬良等陞爲總兵官調用，合計有八員大將，每員各統率步騎官兵 1 萬，放在應付撫順方面。以清河監軍道牛維曜，總兵官侯世祿，並調派梁仲善、姜弼，共四人行總兵之事，每人各率步騎官兵一萬，置於清河方面。以金州、復州道胡嘉模、副總兵官劉光祚，以行總兵之事，統率步兵 9,000，騎兵 4,000，水兵 7,000，合計 20,000 兵駐守寬甸、靉陽。此外，另以 10,000 兵駐守瀋陽，10,000 兵駐守蒲河，7000 兵駐守奉集堡，並準備選一、兩萬人作爲機動兵力以備臨時調用。〔註15〕此番兵力部署已顯示出袁應泰之戰略意圖，60%的兵力置於撫順、清河方向，40%的兵力坐鎭於遼、瀋腹地，進攻撫順之意圖已經一目了然。從表面上看來，此一兵力部署與熊廷弼大體相似，但事實上卻有所不同，袁應泰的部署在伺機與後金決戰，熊廷弼卻是「漸進漸逼」，「部險守要」，使後金疲勞坐困的「守中帶攻」策略。

　　明熹宗天啓元年（1621）辛酉正月，袁應泰遂上書朝廷，提出其「收復撫順」之計畫：

> 敵發難於撫順，撫順，全遼之樞紐也。又屯兵撫順教場如坐通衢，
> 陷清河、開、鐵，延袤三百里。叛人李永芳、佟養性，日夜引導，
> 威脅朝鮮，造勾梯、採木打丁爲攻城之具，志不在小，我不逼敵，
> 敵且逼我。〔註16〕

「家卒」、「壯丁」、「健兒」、「廝養」等等名稱。家丁並非正式軍隊，其身分有三種：（一）將帥士勻私養之私家將士，謂之「家丁」、「家兵」等；（二）私蓄而報名在官支官餉之隨任部曲，謂之「隨任家丁」、「隨身家丁」等；（三）公家挑選、召募武勇之士，自成一營，以作防禦，謂之「在營家丁」、「團練家丁」。梁啓超謂家丁即是部曲，純屬一種非正式的軍隊，乃邊將於軍制之外，別募勇者，爲己腹心，以作自重者（梁啓超《中國文化史》，頁40，臺北：中華書局，民國 59 年出版）。此種私募兵，一般多爲正規軍事體系崩潰、邊備力有未逮、以及亂世時邊將招懷以爲己用，藉以成其勳業之用。家丁之招募，必選驍勇善戰、弓馬閑熟者，始收於庵下，如此精選之士，一可當百，百可當千，招選可得，不須待練，戰鬥能力極爲精悍。

〔註14〕管葛山人，《山中聞見錄》，卷三〈建州〉，頁 1。
〔註15〕前揭書，〈建州〉卷三，頁 1，總頁 224。
〔註16〕同註 15。

從表面上來看，這是積極進取的行事態度，實際上卻是陷入攻守舉棋不定之困境。面對朝廷內部之壓力，不敢公開表明採取「守勢」；面對後金強大兵力，更找不出奇謀良策去進行「攻勢」。此時此刻，朝中官吏不明白遼事實際狀況者，甚至盲目樂觀，急於進兵取勝。一見袁應泰奏報明年春天要收復撫順，竟然敬佩他頗有壯志。傅國在《遼廣實錄》中曾提及袁應泰與同事及監軍道商議進攻撫順之事：

> 其視事之三日，置酒延諸同事者，則監軍御史與監軍諸道俱在，共商城撫順也。各以其意相可否？語刺刺至丙夜不休。余獨默然無語。既出，布路諸道私問余，兄何以獨不語？余笑曰：此如秀才向人語及第後事，殊自津津，但不知何以及第？〔註17〕

次日，袁應泰單獨密召傅國，問及昨夕公議城撫順之事，何以獨無一語？他本人雖然身在遼陽城中，一片心卻早已飄然至撫順。〔註18〕傅國提出如此做要考慮兩種後果：

> 使我城撫順既竣而奴不來，則我上策也，奴亦上策也；使我城撫順未竣而奴即來，則我下策也，奴亦下策也。〔註19〕

袁應泰大為不解，傅國則加以解釋：

> 城撫順而奴不至，是我有一旦復舊疆五百里之名，一奇功也，下慰四海雲霓，舒東顧宵，非我上策乎？然必移置金錢、器械積其中而戍之重兵，奴一旦皆掩而有之矣，非奴亦上策乎？即我方城未竣而奴驟至，我無恢復之名與功，而徒有一度勞費擾擾，非我下策乎？然奴亦無所得而去，非奴亦下策乎？〔註20〕

傅國認為袁應泰不先計畫勦滅努爾哈齊之事卻討論收復撫順之事，並未抓住身任遼東經略重任之輕重緩急。

袁應泰擬將守於瀋陽的監軍邢慎言調至內地，傅國亦持反對意見，邢監軍雖然是文儒，但以生長於邊庭，跟從其父而老於此中，對於當地地形、扼塞、將才當否、虜情深淺，宜其素所耳目熟悉。對於身負遼東重任的袁應泰而言，應正如航海中之導師。〔註21〕然而袁應泰卻以其眼有微疾而將其調至

〔註17〕傅國，《遼廣實錄》，卷上，頁9。
〔註18〕前揭書，卷上，頁10。
〔註19〕同註18。
〔註20〕同註18。
〔註21〕同註18。

內地，致使傅國有盲心盲目之感歎。刑愼言調至內地，當議代者尙未到任之前，其職務由開原道崔儒秀暫爲代理其右監軍之事，派駐瀋陽監督總兵賀世賢。賀世賢自遼事以來，頗立戰功，騎射自異，微有跛扈之形，當熊廷弼任遼東經略時，對其頗爲倚重。刑監軍又與其相處頗爲融洽，對其更是禮遇。賀世賢所部軍隊 30,000 人，月餉額爲 50,000 萬，強半空名，乾沒其中，雖然大家都知道這種情況，然而專倚爲干城，並不想做淵魚之察，所以賀世賢亦習慣於此。當努爾哈齊一再迫近瀋陽城，賀世賢守城有方，往往從城上拋下矢石以使敵兵退怯。〔註 22〕瀋陽防守得當，遼東才能晏然，由此可見邢監軍駕馭賀世賢有方，功不可沒。然而由於袁應泰自謂深懂軍事，遂與賀世賢積不能相容。

賀世賢鄉人何光先爲其裨將，以質庫營貲瀋陽故爲端，漁士伍自飽有之，用兩匹馬載白鏹西寄，其家中皆爲盈橐，然而未必盡以剋餉。有一士卒對何世光心懷怨恨，持其馬與橐鳴，前往袁經略之所，袁大怒，即刻斬何光先。此一做法實無以使武臣心服，導致賀世賢悶悶不樂，而崔儒秀仍然持文法自如，與賀世賢相處不洽，如此情況之下，對於遼東危局實種下更爲不利之因素。

袁應泰收降蒙古饑民以爲他日之用，尤其帶來極大弊端，雖然反對者眾多，然而袁應泰卻深恐此股力量爲努爾哈齊所收用，一定堅持到底非要如此做不可。〔註 23〕最初，蒙古以歲饑故流入內地就食。袁應泰表示欲收用爲奇兵，傳檄守塞官劉思忠等即便於塞上招撫，平虜諸堡，每日以數百呈報，漸漸盈滿千萬，如水流之不能抵禦，連遼陽、瀋陽都人滿爲患。在遼、瀋，蒙古的饑民皆強行進入民居，強奪市物糧食，並強淫婦女，使得原居遼民不堪其擾，皆相攜轉徙以避此禍，原本衣冠之域，幾乎淪爲腥羶之地，令人慘不忍睹。〔註 24〕各道群相奉守袁經略檄文，移向擔任戶部司官（餉司）的傅國索取月餉，壯者每人發給二兩，老弱妻子每人發給五錢，並謂收降蒙古饑民乃東事一大機會，必定要優厚對待，比對待明軍還要優厚，不可吝嗇。〔註 25〕

傅國對此卻大不以爲然，謂歸降之蒙古饑民，既非東夷與明軍敵人，又以逃荒奄奄欲死之眾前往明營，並非實控弦能作難者，即使收留他們，亦不

〔註 22〕前揭書，卷上，頁 12。
〔註 23〕前揭書，卷上，頁 14。
〔註 24〕談遷，《國榷》，卷八十四，頁 5181；傅國，《遼廣實錄》，卷上，頁 13。
〔註 25〕傅國，《遼廣實錄》，卷上，頁 12。

過如秦救晉饑，彼非投降，我非收降，本與東局風馬牛不相及。縱使來者之中果有後金軍民，其心意亦不可確知，究竟是否眞心歸順明軍則無從得知，不可概而不察。若是所來皆隨意收留，無異於開門揖盜；況且東西夷（女眞、蒙古）雖然異種，其非我華夏族類則是一致的，其以逃荒而來，正如同饑鷹附人，我之抽用我兵餉而領廩給之，正如同割臂餵鷹。今民力已竭於加派，內帑亦匱於頻發，天下方鉼罍交罄，肌骨層剝，是何等時？而自己猶以養兵不足者，再去養夷，不是與刀割我兵、我民之臂以餵鷹無異嗎？。況臂之割者有限，鷹之來者無窮，勢不能遍，恐一飽未必懷恩，偶飢輒至肆攫。總之，眼前實際狀況正是瓶無升粟而開孟嘗之門，開孟嘗之門的結果卻未能進雞狗之徒以效力，而只是徒然進虎狼而已。〔註26〕

　　袁應泰收降蒙古人爲兵卒的做法，使得努爾哈齊派奸細混入明軍得到機會，在此情況之下，引起遼、瀋守軍一日數驚，有傳言謂後金努爾哈齊以部下雜入蒙古饑民中進入城內以爲內應，將來來個裏應外合。亦有傳言後金與蒙古結謀，東西夾至，約妥某日進攻遼、瀋。更有傳言爲努爾哈齊故意用此計暗中據有遼瀋，使明守軍自行弄空糧餉。〔註27〕袁應泰則認爲以堂堂天朝之尊，開孟嘗之門亦無不可。高監軍亦以收降一事，朝議不能無異，餉司傅國至今遲遲不肯給餉，蒙古饑民即將面臨譁變。傅國則表示，奉命以度支金錢養兵，未聞養夷，不敢輟軍實而齎寇仇。至此袁應泰被迫決定無復納降，然而先前所收納者已達數萬人。〔註28〕時值遼河東西赤地千里，嚴重缺乏軍糧，收編蒙古軍隊更嚴重增加邊城的負擔與風險。

　　正當袁應泰積極調兵遣將之際，努爾哈齊亦加強備戰之中。由於熊廷弼一向佈置嚴密，戰守得宜，後金雖曾多次南攻北擾，卻都沒有得手。然而努爾哈齊奪取遼瀋的決心卻一點都未曾改變。泰昌元年（1620，天命五年）十月，努爾哈齊從界藩城遷都至薩爾滸城，其西向進取之意圖亦極明顯。努爾哈齊在內部方面亦做準備，召集代善、阿敏、皇太極等諸子、侄共立盟誓，禁止在敵人面前內部互鬥，以加強內部團結。〔註29〕

　　天啓元年（1621）三月初十日，努爾哈齊親率大軍水陸並進以直取瀋陽

〔註26〕前揭書，卷上，頁13。
〔註27〕同註26。
〔註28〕同註26。
〔註29〕《大淸太祖高皇帝實錄》，卷四，臺灣華文書局總發行（華聯出版社出版，民國53年9月），頁19，總頁44。

城。12 日辰時，大軍抵達瀋陽城下，駐紮在城東七里渾河北岸。瀋陽城由總兵官賀世賢統率親兵 1,000 多人，再加上 60,000 納降兵，與副將尤世功統兵 15,000 人，總計兵力有七、八萬人。熊廷弼任經略時，已將瀋陽高不盈丈的城池重新加以修築，並在城外築圍城，比原有城牆向外闊展八丈多，外城再掘深溝一道，內插尖木樁，覆為陷井。溝內側修有內壕，壕上放置一、二十人才能抬動的大木。外壕以內再設闊五丈寬、深二丈許，澗底插尖木，澗內側每一丈五尺設置戰車一輛，戰車與戰車之間架以大砲兩門，小泡四門。各個車、砲四周並設有游動兵以為保衛，防守堪稱嚴密之至。〔註 30〕總兵官賀世賢向以勇敢善戰著稱，置身於如此防守嚴密之瀋陽城，如能堅守等待援兵，局面仍然可有作為。然而賀世賢卻為努爾哈齊誘戰出城，終以寡不敵眾而戰死。前往營救之副總兵尤世功、知州段展等亦先後戰死。〔註 31〕當城內軍民聽說城外兵敗，民心慌亂，瀋陽城遂為後金所攻克。〔註 32〕經略袁應泰、巡按大臣張銓已部署各路援兵，以為瀋陽犄角，命川、浙總兵童仲揆、陳策增援；虎皮驛、武靖營總兵朱萬良、姜弼率兵 30,000 向瀋陽增援；奉集堡總兵李秉誠亦向瀋陽集結。這些援軍卻於努爾哈齊急速發兵猛撲之下，於渾河南北之役為其所率 100,000 大軍所滅。十八日，當天八旗兵分八路向遼陽併進。遼東城堡連連失陷，軍民惶恐不安，遼陽以北軍民已逃走一空。遼陽城內亦是人心思逃，每天城內欲奪門而出者連續不斷，守門官為阻止居民外逃，一日之間竟有數十百計的逃民被斬首。〔註 33〕

形勢變化之下，袁應泰調整部署，以原來守衛遼陽的總兵劉孔胤部與剩下的川兵合營，調寬甸、靉陽總兵胡嘉棟、副總兵劉光祚的青州兵相配合，兩部合起來兩、三萬人，共守遼陽城。又撤奉集堡、威寧營兵助守。總兵官朱萬良、姜弼等人，曾經臨陣退縮，觀望不前，令其立功自贖。同時，袁應

〔註30〕 熊廷弼，〈遼左將帥同盟文武和附疏〉，《經遼疏牘》，頁 211～212；傅國在《遼廣實錄》一書中提及於萬曆四十七年冬十月一日的所見所聞，適足以印證熊廷弼奮力修築城池之舉：「余初以戶部雲南司主事，督太倉北新事，每晤朝列，多病熊咆哮不可攖，且虞失將士心，恐不辦東事。一日大雪，侍御張公至發過余，與擁爐小酌，公問余：『今日天氣寒否？』余應曰：『寒。』公曰：『知否能芝岡方督兵士築冰城，城未濟而冰中之指可掬矣。』」
〔註31〕 談遷，《國榷》，卷八十四；《明熹宗實錄》，卷三；《滿文老檔》，太祖，卷十九。
〔註32〕 管葛山人，《山中聞見錄》，〈建州〉卷三，頁 4，總頁 225。
〔註33〕 傅國，《遼廣實錄》，卷下，頁 2。

泰以家丁組成「虎旅軍」助守。然而努爾哈齊卻並未包圍遼陽城，而是揚言要進軍山海關以直犯京師，其眞正目的卻是把遼陽守軍調出遼陽，在野戰中加以殲滅，然後再取遼陽城。袁應泰爲努爾哈齊之計策所亂，胸中成局失去方寸，果然中計而致於野戰中大敗。遼陽城失陷，經略袁應泰與巡按張銓均以身殉國。〔註34〕遼陽一向爲遼東重鎮，爲明廷經略等一向駐守之地，守衛遼陽一向被視爲堅守遼東之根本。熊廷弼任職經略時，亦坐鎮遼陽，並以三名總兵官在外，以實行南顧北窺之策，挽救遼瀋危局。他曾經動員遼陽軍民，晝夜修城，鞏固已爲海風侵蝕的遼陽城。〔註35〕袁應泰繼廷弼爲遼東經略，亦坐鎮遼陽，後金只要攻下遼陽，遼河以東就全爲後金所有。現在遼河以東果然全爲後金所有。

努爾哈齊攻下遼陽之後，遼南四衛各鎮人民紛紛奔潰，後金迅速佔領河東東勝、長勝等大小七十餘城堡。〔註36〕不久，努爾哈齊與眾貝勒、大臣商議，定都遼陽。遼陽人口眾多，財貨豐厚，是明代遼東政治、經濟、文化與商業中心，亦爲遼東都司與自在州所在地。努爾哈齊以取得遼陽爲如魚得水，後金長期苦於無鹽可吃，攻下遼陽即控制遼東樞紐，〔註37〕可以控制蒙古、朝鮮與明朝之間的陸上交通要道，有利於爭取朝鮮王國，與明廷對抗，進一步奪取全遼。遼陽城雖曾經過熊廷弼等重新修築，〔註38〕但經過戰爭破壞，恐怕出師後，明軍從東部水上襲擊，又於太子河東建設東京城，命李永芳駐守遼陽城，自己則駐守新築的東京城。

遼瀋地區的兩大重鎮瀋陽、遼陽相繼易手，明朝河東14衛的廣大地區都爲後金所有。遼河以西，人心惶惶，從塔山（今遼寧省錦西縣塔山）到閭陽（今遼寧省北鎮縣南閭陽）200多里的廣大地域，人煙斷絕，遼西人民或蜂擁入關，或向朝鮮王國境內奔去，或渡海向山東的登州、萊州逃去。未渡海的許多人則寄居在海島上，不再返回家園。〔註39〕當遼東巡撫薛國用，總兵官李光榮將遼陽失守消息飛報至京，朝廷爲之大震，立刻實行全城戒嚴。廷臣商議對策，除

〔註34〕談遷，《國榷》，卷八十四，頁 5188。

〔註35〕熊廷弼，〈乞圖就近救援疏〉，《籌遼碩畫》，卷四十一，頁 17～22，總頁 565～567。

〔註36〕同註 29。

〔註37〕《滿文老檔》，太祖，卷二十一，頁 198～199。

〔註38〕談遷，《國榷》，卷八十四，頁 5188。

〔註39〕陶朗先撰，《陶中丞遺集》，卷下，附錄〈陶中丞傳〉，收於羅振玉編，《明季遼事叢刊》，四種，十四卷，鼎文書局印行，頁 5。

催促熊廷弼再次出關與倚重張鶴鳴以外，實並無任何良策，〔註40〕由於全遼形勢萬分危急，遼西存亡迫在眉睫，天啓皇帝採取應急措施，急忙調兵遣將，四月初六日，皇帝下旨升薛國用爲兵部右侍郎兼僉都，暫行經略遼東；升任王化貞爲僉都，代替薛國用巡撫廣寧。此後兩個多月，全遼形勢越發危急，滿朝文武都認爲除前經略熊廷弼以外，無人能挽救遼東危局。於是，天啓皇帝決定再次起用熊廷弼，在給廷弼的諭令中，自悔前非，謂廷弼經略遼東一年，威懾邊廷，力保遼東危城。後來卻以受到他人誹謗，而朝中大臣又未及時分析，以致於令廷弼聽勘回籍。但自己不久就感到後悔，若是廷弼守遼東，怎會出現此種情況？《明史紀事本末補遺》〈熊王功罪〉對此有所說明：

> 熊廷弼守遼一載，未有大失袁應泰一戰而敗，將祖宗百戰封疆袖手
> 與人，若不嚴核，何以警後？〔註41〕

朝廷在決定重新起用熊廷弼的同時，對於原來彈劾熊廷弼的御史馮三元、張修德，各給予降職兩級的處分，調出京城。曾去遼東閱邊的大臣姚宗文，亦以隨意羅織熊廷弼罪狀致使熊廷弼被罷斥，耽誤封疆大事，下令革職爲民，送回原籍。〔註42〕然而，御史左光斗卻獨自抗疏力爭，認爲熊廷弼才優而量不宏，昔以守遼有餘，今以復遼則不足，並且策其必敗。〔註43〕

同年六月，天啓皇帝特旨恢復熊廷弼遼東經略兼兵部右侍郎之職務。七月，熊廷弼抵北京，天啓皇帝賜給敕書與尚方寶劍，副總兵以下先斬後奏，發帑金佐軍需，賜一品服，宴於都城外，諸大臣陪餞以寵其行。更從熊廷弼之請求，復以兵部尚書王象乾出鎮薊遼，撫馭西人；命繫臣高出、胡嘉棟戴罪立功，起陞原任主事劉國縉爲登、萊招練副使，陞佟卜年爲登、萊監軍僉

〔註40〕 《明熹宗實錄》，卷三，頁21～24。

〔註41〕 《明史紀事本末補遺卷二》，〈熊王功罪〉（北京中華書局，1977年2月第一版），頁1429，傳以禮跋文如下：海昌吳壽暘，〈拜經樓藏書題跋記〉云：「舊鈔本《紀事本末補遺》二冊，不分卷，亦無細目，撰人名截去。」按是書體例全彷谷應泰《明史紀事本末》，祇篇末無論爲小異耳，觀卷中附註有詳〈流寇之亂〉、〈崇禎治亂〉等語，此兩篇乃谷書中子目，疑此書亦出其手。初爲一書，後以事關昭代龍興，恐有嫌諱，授梓時始別而出之……拜經樓舊鈔今歸陸存齋觀察，此本即從吳本傳錄，以所載皆補谷書之遺，依谷書一篇一卷之例，改題《明史紀事本末補遺》，定爲六卷。

〔註42〕 王在晉，《三朝遼事實錄》，卷四，頁121。

〔註43〕 《明史》，卷二四四，列傳第132〈左光斗傳〉，頁6331；陳鼎編，《東林列傳》上，頁6～7。

事。〔註44〕熊廷弼再度經略遼東,展開生命中的另一旅程。

第二節 「三方布置策」之內涵與其績效

明熹宗天啓元年(1621,金天命六年),由於金州、復州,蓋州,海州遼南四衛乃是糧食充裕之地,又有豐富的礦產可發展手工業,努爾哈齊視征服此處爲奪取遼瀋之後的當務之急。遼南四衛遂因而展開如火如荼的抗金活動,然則,身任明廷遼東經略的熊廷弼,面對如此熱烈的場面,對於遼東巡撫王化貞手下的毛文龍突襲鎮江,不但不積極參與,甚至於認爲鎮江之襲已破壞其精心策劃的「三方布置策」,而當時一般時論卻多以毛文龍有功,甚至以「奇功」來看待。此二人見解何以有如此鉅大差異?本文即欲對此做一番探討。

一、遼瀋城陷後之抗金風潮

熹宗天啓元年(1621,金天命六年)三月,努爾哈齊攻佔瀋陽、遼陽。當初入遼陽、瀋陽之際,雖然口頭上說過不殺遼東軍民,大家都可剃髮作農,但是此乃以不反抗後金國向全遼進軍爲主者而言,至於對待抗拒者,卻仍然實行殘酷的屠殺政策。〔註45〕三月二十三日,努爾哈齊下令於遼陽全城開始搜刮民財,規定大戶富室每人只許留下衣服九件,中等人家准許留下衣服五件,下等人家准許留下衣服三件,此外,其他的財物一律交出。遼陽城內因而室室盡空,所有搜集而來的衣物皆聚集於城內教軍場上,堆積如山,以供給金國與蒙古貴族分取。同時並驅趕遼陽官民遷往城北,將遼陽城南半部空出來讓給努爾哈齊、眾貝勒、大臣、及女眞軍戶居住。此外,又派遣騎兵手持紅旗,沿著大街小巷傳呼汗令:凡是自動剃髮的不殺,否則要砍頭。〔註46〕部份漢人乖乖剃髮而成爲順民,大多數漢人則紛紛起而反抗,寧死不肯剃髮,甚至遠走他鄉,逃出金國轄區。以免一旦剃髮,他日若官軍返回,眞假韃子難辨而一律剿滅,則不免成爲冤屈鬼。〔註47〕努爾哈齊還下令所有漢人家家要出兵,家有父子五人者出三人,有三人者出兩人,進一步激起遼東漢人的義憤,在一連串剃髮、搜刮財物、驅趕、征兵,徭役等等的沉重負荷之下,

---

〔註44〕同註41。
〔註45〕彭孫貽,《山中聞見錄》,卷三,收於《中國野史集成》,第31冊,頁227。
〔註46〕同註45。
〔註47〕同註45。

遼人終於掀起抗金活動，不久即波及全遼。

　　遼南的鐵山礦工與廣大的遼瀋人民，耳聞遼陽城內居民被殺掠，後金又頒佈剃髮令，遂紛紛豎起抗金大旗，一時震動遼南各衛。東山礦工與遼民集結於鐵山之上，凡有剃髮者來到，一律斬首勿赦。鐵山近地的復州又是後金國軍隊必爭之地，因其為遼南出海的交通要道與門戶，又有良田沃壤，是遼南倉廩之地。後金若奪取金、復、海、蓋遼南四衛，既可解決糧食之供應問題，以斷絕各個海島與明軍的糧食供應；又可利用豐富的銅、鐵、鉛、銀等礦產以發展手工業，故而奪取復州、征服鐵山軍民成為努爾哈齊奪取遼瀋之後的當務之急。〔註48〕

二、新闢遼東沿海防線另一主戰場

　　李治亭在《明清戰爭史略》一書，第九章〈遼東沿海爭奪戰〉中，指出明與後金的戰爭之中，遼東半島及其周圍島嶼係長期處於遠離戰場的後方。〔註49〕由於《明清戰爭史略》一書是國內外第一部明清戰爭史專門著作，由孫文良、李治亭、邱蓬梅三人合著，參考價值極高，見解亦甚為深入。遼陽的南大門——海州以外，尚有蓋州（蓋縣）、復州（復縣）、金州（金縣）、旅順等重鎮，直至沿海島嶼，「不被兵戈之擾」。明朝的戰略家基本上並不重視此一地區之防禦，一般均認為「即有兵亦不能守」，實際上卻是有意放棄必要的防衛。當明與後金的戰幕已經拉開，明朝防禦中心轉移至遼西以後，此處才成為雙方爭奪的另一個主要戰場。〔註50〕

　　瀋陽失守之後，明軍所有南衛兵馬盡數調援遼陽，金、復、海、蓋四衛頓時變成不設防的城市，當地士民驚慌，紛紛出逃。〔註51〕當軍事重鎮遼陽一失守，「數日間，金、復、海、蓋、州衛悉傳檄而陷」。〔註52〕努爾哈齊僅派出第十子德格類與姪兒債桑弧，率八將、兵 1,000，南下「安撫人民」。剛至海州，明留守南衛的部份官兵向金國投降，其餘大部份則「武弁青衿各攜家航海，流寓山東，不能渡者，各島間」。〔註53〕原任遼東贊畫劉國縉、監軍

〔註48〕彭孫貽，《山中聞見錄》，卷三，頁 227。

〔註49〕孫文良、李治亭、邱蓬梅合著，《明清戰爭史略》（瀋陽：遼寧人民出版社，1986 年出版），頁 302。

〔註50〕前揭書，頁 302。

〔註51〕王在晉，《三朝遼事實錄》，卷五，收於《中國野史集成》第 24 冊，頁 135。

〔註52〕前揭書，卷四，頁 121。

〔註53〕《明熹宗實錄》，卷三，頁 136～137。

道牛維曜、海蓋道康應乾等各航海至登州。〔註 54〕據山東登州海防道按察使
陶朗先所報告，遼陽失陷一個多月之後，他負責接待渡海來投的遼東難民，
其中原任監司府佐將領胡嘉棟等官員共 594 人，援遼的登州、旅順營共 3,800
百餘名，僅金、復、海、蓋、衛所官員與百姓共 34,200 餘人。〔註 55〕遼南各
地，連海邊小島居民「俱已逃空」，房屋焚毀殆盡，〔註 56〕致使明朝在遼東半
島的防禦已蕩然無存。後金國軍隊隨之南進，並未遇著明軍的抵抗，就佔領
各城鎮，並連旅順口外的一些島嶼，如廣鹿島、石城島等，都派兵駐守。〔註
57〕廣佈於渤海與黃海之中上百個島嶼也都納入後金國實際控制之下，不過僅
僅數月的時間，「河東十四衛生靈盡爲奴屬」。〔註 58〕

　　金國佔領遼東半島及其沿海島嶼，對明朝構成新的嚴重威脅。遼東半島如
一個楔子插入渤海與黃海之間，其最南端與山東登萊隔海相望，其西北可直通
天津。天津近京師，實爲一咽喉，而「旅順實登津之咽喉，南衛之門戶」。〔註
59〕旅順口外，島嶼蜿蜒，星羅棋佈，成爲溝通登萊、天津、與旅順、蓋州的天
然交通站。明朝歷來向遼東運兵轉糧，主要有兩條路線：一是出山海關，經遼
西進入遼東；一是經登、萊、或天津，從海上達於蓋州、金州、或旅順上岸。
比較而言，海運比陸運要省便許多，既免去百姓轉輸之苦，亦節省大量經費。
凡是山東甚至浙江諸省，與遼東往來多借助海運之便，而今後金佔領遼東半島，
迫使明朝罷海運，並且又於沿海設置兵力以防備後金，後金若從海上進軍，對
明朝所造成的威脅將遠勝於進攻山海關，此一顧慮使明朝感到恐慌。從蓋州至
登州，三日可到，從旅順至登州，僅半日之程。王在晉指出：

> 南衛未失之先，海，我之海也。金、復、海、蓋陷，而大海之險我
> 與賊共之。賊常覘我之往，我不能禁賊之來……彼如乘風破浪，直
> 搗津門……是爲引寇入而天津危；天津危而登萊、而江、淮、浙、
> 直俱危。河西乏食，可以立斃，山海無糧，何能久守？而京師亦

〔註 54〕同註 53。
〔註 55〕同註 53。
〔註 56〕王在晉，《三朝遼事實錄》，卷五，頁 144～145。
〔註 57〕《明史紀事本末補遺》，卷四〈毛帥東江〉（北京新華書店發行，1977 年 2 月
　　　　第一版），頁 1449～1471。
〔註 58〕所謂河東十四衛，根據《全遼志》，卷一圖考，此十四衛乃是指定遼中衛、左
　　　　衛、右衛、前衛、後衛、東寧衛、海州衛、蓋州衛、復州衛、金州衛、瀋陽
　　　　中衛、鐵嶺衛、三萬衛、遼海衛。
〔註 59〕《明史卷末補遺》，卷四〈毛帥東江〉，頁 1449～1471。

危。〔註60〕

山東巡撫趙彥則批評明朝一向重山海關而輕登萊之錯誤觀念：

> 登萊兩千里海口與酋共之，誰爲防守？今廟堂之上，止知遼左，不
> 守薊門。天津逼近奴酋，有剝膚之患，不知登萊盈盈一水，我可以
> 運糧，酋即可以窺犯，既無重關之險，又無大兵之防，其關係國家
> 安危不在山海關下也。登萊危急不啻然（同燃）眉。〔註61〕

由於金佔領遼東半島及其沿海島嶼，使明朝有識之士深感憂慮而多方籌畫海
防之事，紛紛提出各項緊急建議與應變措施。如兵部尚書崔景榮指出：

> 賊得海、蓋，則天津、登萊俱當提防，山東撫、道諸臣所當時時預
> 備。〔註62〕

湖廣道御史方震孺則提出：

> 登萊宜急設重臣，多募水兵，時時入海窺奴，時時放炮驚奴。〔註63〕

御史賈毓祥認爲：

> 登萊惟北岸旅順口實咽喉總區，誠宜得一大將，量提水陸兵駐紮，
> 以消窺視，內固藩籬，其餘水兵散沖要各島，陸兵散沿海各衛所州
> 縣操練足矣。〔註64〕

處於驚恐之中的明熹宗對於諸臣所請，無不立時准議實行。首先考慮到天津
的重要，提升太僕寺少卿畢自嚴爲都察院右僉都御史，「駐紮天津，備兵防
海」。〔註65〕

天啓元年（1621，金天命六年）五月，努爾哈齊派遣額駙、副將烏爾古
岱、李永芳等率領三千兵前往鐵山進行鎮壓。八旗兵沿著山腳向上仰攻，抗
金的人們則手持弓箭、石塊，以進行激烈的搏戰，雙方互有勝負，死傷慘重。
努爾哈齊又從遼陽調兵八千，命令每人攜帶一個月口糧，並再次圍攻鐵山。
雙方經過多次血戰，八旗士卒戰死者以千計。鎮江人民亦起而響應，努爾哈
齊遂派遣李永芳等前往鎮江彈壓。〔註66〕鎮江是遼南四衛的門戶，扼守通往
朝鮮王國的陸路咽喉，明廷欲與朝鮮王國聯絡以互爲犄角，鎮江的地位非常

〔註60〕 王在晉，《三朝遼事實錄》，卷五，頁144。
〔註61〕 前揭書，卷四，頁122。
〔註62〕 同註53。
〔註63〕 同註53。
〔註64〕 《明熹宗實錄》，卷十七，頁5，總頁13352。
〔註65〕 同註64。
〔註66〕 彭孫貽，《山中聞見錄》，卷三，頁229～230。

重要。反之，努爾哈齊爲逼迫朝鮮王國反明，必須奪取鎮江，以斷絕明廷與朝鮮呼吸相通。鎮江人民起而抗金，參與者不僅有貧苦人民，亦有社會上層、明廷官員與將領。當努爾哈齊統兵攻佔遼瀋時，鎮江的大姓繆氏兄弟五人（明廷封授的指揮一員、諸生四員），率先捐獻萬金，以結交遼南四衛眾豪傑，誓死不剃髮，立意抵抗到底，〔註67〕形成鎮江與鐵山抗金活動之相互呼應。五月五日，鎮江人民得知遼東漢人必須剃髮的命令之後，便在繆氏兄弟帶領之下抗拒努爾哈齊的命令，殺死後金國使臣，掀起抗金活動。努爾哈齊指示額駙副將烏爾古岱與李永芳送汗書，以對鎮江人民進行勸降。汗書表示，鎮江人民因爲殺了努爾哈齊派去的使臣而不敢歸順，過去是大明帝國子民，而今是金國子民，只要交出首惡四、五人，其他人一律剃髮，事情即可了結。鎮江人民卻仍然抗拒不應，於是烏爾古岱、李永芳等揮軍大肆屠殺鎮江人民，俘獲其妻室、兒女一千多人，並追殺逃民一直越過鴨綠江，進入朝鮮王國境內。〔註68〕明廷派遣一名總兵官坐鎮朝鮮王國的義州城，毛文龍則佔據海島，不斷派遣遼人以潛入遼南四衛進行策反。官軍、遼民則配合襲擊遼南各城的八旗兵，使遼南四衛成爲明與後金政權爭奪的第一線。天啓元年（1621，金天命六年）五月以後，復州守將單藎忠在毛文龍策動之下，重歸明廷。當他得知金國大軍即將攻取鎮江，便率領復州軍民五萬多人避入長山島。七月，當毛文龍奪取鎮江城以後，皇太極、棟鄂額駙何和理統兵三千向鎮江進發；二十七日，阿敏貝勒、達爾汗侍衛又統兵兩千隨後助戰，遂致血洗鎮江，迫使三萬多居民渡江避入朝鮮王國境內，一萬兩千多人爲皇太極、阿敏等部所俘虜。〔註69〕八月，努爾哈齊又派莽古爾泰貝勒、達爾汗侍衛統兵兩千以追蹤復州人民而進入長山島，屠殺軍民兩千，俘獲逃民一萬多人。〔註70〕天啓二年（1622，金天命七年）三月，後金再次發兵，逼令鎮江人民下山耕田。天啓三年（1623，金天命八年）六月，努爾哈齊決定派重兵彈壓，九日，派大貝勒代善率領兩萬大軍向復州進發，後金國軍隊將復州男子全部殺光，並把其妻子、兒女、與牛、馬、財物等掠奪一空。〔註71〕七月，明都司張盤招撫遼民4,000多人，偵知金州守兵單薄，只有八旗士卒500，遂以島民作嚮導，

〔註67〕 前揭書，頁226～228。
〔註68〕 《滿文老檔》，冊21，頁198～199。
〔註69〕 前揭書，冊24，頁224。
〔註70〕 前揭書，冊20，頁186～188。
〔註71〕 《滿文老檔》，冊54，頁505。

晝伏夜行，向金州進發。初三三更時分，抵金州城下，發炮吶喊攻城，八旗守卒遭到突襲，恐慌從金州北門逃走。張盤入城，得糧食 3000 石，火藥 500 斤，銃炮 1000 多件，並駐守金州。八月，努爾哈齊派兵奪回金州，張盤退守撫順。〔註 72〕自從天啓元年（1621，金天命六年）七月底，毛文龍退出鎮江再入海島之後，即不斷派人策動遼民抗金。天啓三年（1623，金天命八年），他不再攻擊遼瀋南部，向金東部腹地進兵，襲擊亮馬甸、牛毛寨、方山、鎮江、寬甸等地。〔註 73〕天啓四年（1624，金天命九年），毛文龍所部襲擊金的地域已達 1000 餘里，斬殺努爾哈齊臣民 700 多人。努爾哈齊命李永芳與毛文龍通信，並且優待毛文龍在後金的親屬，以求雙方的和解。〔註 74〕

　　努爾哈齊多次派兵屠殺鎮江、復州人民，並先後俘虜各地遼民多達數萬人，迫使遼民的抗金活動更爲深入。鑑於遼南沿海漢人與明朝官員有密切交往，將其遷往內地，並把河西的居民遷往河東，河東的居民遷往河西，使各處居民互換居住地或遷入女眞地區等。從天啓元年（1621，金天命六年）七月開始，展開遷移漢民的工作。由努爾哈齊派遣大貝勒代善等人率領 3000 兵，收取從遼陽城算起 720 里以外的居民共 20 萬人（包括旅順、金州、直到近海）向北遷移。〔註 75〕十一月，又遷移鳳凰城、鎮江、湯山、鎮東堡、鎮夷堡等各村屯的居民至薩爾滸城。天啓二年（1622，金天命七年）二月，又遷移右屯衛人至復州、金州。從天啓元年（1621，金天命六年）七月至天啓三年（1623，金天命八年）六月，努爾哈齊對遼地漢民進行大遷徙，被逼遷徙者除少數人採取主動之外，多數人根本不願搬遷。天啓三年（1623，金天命八年）三月十四日，紅旗嶺居民廖仁常，主動率領 350 個男丁及其家屬遷居，被授爲范河堡守堡官，此 350 個男丁皆受到優厚待遇，三年不納貢賦。〔註 76〕絕大多數不願遷徙的漢民則受到大軍的驅趕，原有房屋一律焚燬，男子不許攜帶財產，女子不許纏足，長途跋涉造成老幼死於道路、屍拋荒野的悲慘景象。有些人家的牲畜家產被奪一空，以致家破人亡而被降爲阿哈。〔註 77〕此一遷移

〔註 72〕《大清太祖高皇帝實錄》，卷九，臺灣華文書局總發行（華聯出版社出版，民國 53 年 9 月），頁 16，總頁 116。

〔註 73〕漫叟，《東江遺事》，卷下，頁 431～433。

〔註 74〕王在晉，《三朝遼事實錄》，卷十三，頁 355。

〔註 75〕《滿文老檔》，冊 25，頁 227。

〔註 76〕前揭書，冊 47，頁 437～439。

〔註 77〕《滿文老檔》，冊 54，頁 510。

政策使廣大遼民離鄉背井、傾家蕩產，以致於增加漢人的不滿與金國社會的動亂，更加重人民的貧困化，同時又嚴重打擊中小地主與明朝中下級官吏，損及其切身利益，進而觸動遼河東西各社會階層。此項政策已經從根本上否定最初在遼民中推行「各守舊業」的政策，使得正慶幸保住田園的中小地主階層與中下層的漢人官吏，因為失掉往日的一切而變成赤貧戶，紛紛相繼投入抗金之陣營中。努爾哈齊對漢官開始疑心重重，致使一部份本來就不積極做事的漢官更不肯勤於職守。有的漢官在女真官吏管轄之下，地位卑微，似同阿哈，難於生活。他們暗中與明廷相通，或找機會悄悄逃走。〔註 78〕就連鎮守金州、復州、蓋州的副將，一度效忠於努爾哈齊的劉愛塔亦離心離德，欲投靠明廷。天啓三年初（1623，金天命八年），劉愛塔曾在大貝勒代善的紅旗之下頗不得志，連乘馬、財物也被旗主貝勒奪去，受盡虐待，難以生存，因而派遣部將金應奎到登州、蓬萊私通明朝官員，願意以復州作為內應而歸順明朝。明廷派遣總兵官沈有容以舟師聯合毛文龍所部，集結於海外以等待劉愛塔起事；然而努爾哈齊已偵知明朝舟師至海外，為恐金州有失，當即採取措施遷移沿海居民於復州，使劉愛塔首次預謀獻城歸明的計劃受阻。五月，劉愛塔又派人與明官約定，將於六月二十日深夜獻出復州城，後來卻因與部下的備官──王丙不和，密謀為王丙所告發。努爾哈齊得報後，迅速調兵 30,000以包圍復州城，逮捕劉愛塔，對復州、金州進行屠城，遼南軍民紛紛避難，先後逃入朝鮮王國的難民多達十餘萬人。〔註 79〕

三、熊廷弼「三方布置策」之內涵

　　遼陽既失，熊廷弼再度承受他人所遺留下來的殘局，回首前塵，無限感慨。六月入朝，疏論東事，呼籲廷臣改變故套，語氣至為沉痛：

> 事本難，而視之愈易；勢愈急，而應之愈緩；著宜先，而布之愈後；
> 心當同，而搆之愈異。及今從難處、急處、先處、同處下手，而勢
> 已過重，時已難返，若再因循不改故套，臣有不忍逆睹者矣！〔註 80〕

為挽救時局之危急，遂提出「三方布置」之策，期以三方夾攻，首復遼陽，其策如下：

〔註 78〕《大清太宗文皇帝實錄》（二），卷四十七，民國 53 年 9 月，頁 26，總頁 807。
〔註 79〕彭孫貽，《山中聞見錄》，卷四，頁 236～237。
〔註 80〕《明史》，卷二五九〈熊廷弼傳〉，頁 6695。

> 廣寧用馬步列壘河上，以形勢格之，綴敵全力；天津、登、萊各置
> 舟師，乘虛入南衛，動搖其人心；敵必內顧，而遼陽可復。〔註81〕

上報之後獲得同意，於是將登、萊、天津三地巡撫，均置於熊廷弼節制之下，爲統一事權，並任命其爲兵部尙書兼副都御史，駐山海關以經略遼東軍務。廷弼因請尙方劍，並請調兵20餘萬，以兵馬、芻糗、器械等責成戶、兵、工三部；且將人事另行調遣佈置，期以收拾人心。七月，廷弼即將啓行，熹宗特賜麒麟服一套，彩幣四，並賜宴於郊外，命文武大臣陪餞；又選京營精銳五千以護送廷弼東行，恩寵逾恆，時人驚爲「異數」。〔註82〕

　　正當遼南四衛的抗金活動進行得如火如荼之際，身任遼東經略的熊廷弼卻絲毫未有所動，不但不以如此的抗金活動爲得計，反而因此一作爲打草驚蛇，影響其策劃多時之「三方佈置策」而不斷上疏爭辯。當時任廣寧巡撫者爲王化貞，王化貞詼譎自喜，於前此任寧前道時自任鼓鑄，任造船海運，又獻酖毒小計，皆空言無效。及至擔任巡撫，益加口出狂言。熊廷弼之「三方佈置策」乃是從全局爲出發點，當朝野上下正爲遼陽的失陷而議論紛紛之際，他則從海陸三個方面加以佈署，陸上以山海關爲大本營，「以廣寧迎擊爲正兵」，海上「以登、萊渡海爲奇兵」。〔註83〕三方實以廣寧爲重點，正面迎擊金軍，登萊爲側翼，從後面牽制後金向遼西的全面攻擊，並伺機從登萊、天津出發，經「海上督舟師乘虛入南衛，以風聲下之而動其人心，奴必返顧而亟返巢穴，則遼陽可復。」〔註84〕熊廷弼的戰略意圖乃是趁後金向遼西發動大規模進攻之際，揮軍從海上至遼東半島登陸，以其後方空虛而進入金、復、海、蓋四衛，必然吸引當地遼民的密切配合以共同抗金。

　　爲貫徹海上的戰略佈署，熊廷弼更進一步採取如下實際步驟：

　　第一、建議在山東登萊地區與天津各設巡撫，派駐重兵，多駐舟師，以備渡海。經其推薦，朝廷任命其學生陶朗先爲登萊巡撫，駐守登州，而是時天津已設巡撫，由畢自嚴擔任。陶朗先爲萬曆三十五年進士，頗具才華，受命之後，銳意規劃，僅僅三個月時間，即組成水陸師 30,000，集馬萬匹，甲

〔註81〕前揭書，卷二五九〈熊廷弼傳〉，頁 6696。

〔註82〕同註81。

〔註83〕陶朗先撰，《陶中丞遺集二卷附錄一卷》，卷下，附錄〈陶中丞傳〉，收於羅振玉編，《明季遼事叢刊四種十四卷》，鼎文書局印行，頁 5；《明熹宗實錄》，卷十一，頁 1，總頁 13278。

〔註84〕《明熹宗實錄》，卷十一，頁 1，總頁 13278。

杖、火器二百餘萬、戰船兩千餘艘，與熊廷弼戮力策應。〔註 85〕朝廷陸續增派人馬，總數達於 50,000 人。〔註 86〕接著，熊廷弼又推薦原任兵部主事劉國縉升任山東按察司副使，駐守登萊，「招集歸附之眾，操團練，以圖進取」；並提升蘷州府同知佟卜年爲山東按察司僉事；拔擢登萊監臨洮推官洪敷教爲兵部職方司，以爲軍前贊畫。〔註 87〕

　　第二、召集逃亡遼人爲兵。遼東半島不戰而失，遼人蜂擁逃亡，有的逃至近處海上列島，有的渡海至山東登萊，達 40,000 餘眾；此外還有逃至朝鮮避難者約達 20,000 餘人。〔註88〕如此眾多逃難遼民散處各地而舉目無依，日夜掙扎於死亡之邊緣。熊廷弼目睹於此，提出其看法：「欲爲遼東恢復計，必先收拾遼東之人心，而欲爲人心收拾計，必從其心之所繫望而傷情者，有以誘勸感發之。」他建議朝廷速頒詔書，攜帶銀兩，分別至沿海各島、山東登萊、及朝鮮，去救濟他們。然後「揀其精壯者，爲復仇之義兵，自相團練，以俟進取。」〔註 89〕熹宗立即予以批准，從登州不斷派出船隻至各海島接渡遼民。僅僅數月時間，登州收納遼人不下十餘萬。〔註 90〕登萊巡撫陶朗先於極短時間之內組成 30,000 餘人的水陸師，其中大部份人員即爲招募的遼民。

　　第三、聯絡與扶持抗金的遼民義軍。儘管大批遼民逃亡，卻仍有許多民眾自動組織起來，展開抗金活動。如鎮江古河屯陳大等聚集 3,000 人，「歃血共盟」以致力抗金活動；馬虎山的任九錫、頭山的金國用、馬頭山的崔天泰、卓山的王公紹等都聚眾起義，尤其是東山礦工不肯屈服，聚集數千之眾，抗金規模最大，「據山自固，足爲奴酋後患」。這些抗金隊伍都在等待明軍反攻，準備與明軍配合，收復家鄉。明廷得報，急令各地方官「曉諭四衛義士任九錫等，不問軍民遺舍，倘能乘機內應、滅賊守土，酌量功次，即五等封爵亦所不斬。」同時，又令各地官軍振甲厲兵，隨時給予應援。〔註 91〕熊廷弼又提出建議：「東山礦徒能結聚千人者，即授爲都司；500 人者，授守備之職。將一呼而應，一、二萬兵可立時而至。」熹宗立刻採納。〔註 92〕

〔註85〕 同註 83。

〔註86〕 《明熹宗實錄》，卷十一，頁 14～15，總頁 13285。

〔註87〕 同註 86。

〔註88〕 前揭書，卷十，頁 15～16，總頁 13271。

〔註89〕 同註 86。

〔註90〕 同註 86。

〔註91〕 同註 86。

〔註92〕 同註 86。

　　第四、聯絡朝鮮。熊廷弼將連絡朝鮮作爲其「三方佈置策」之戰略組成部份，他要求朝鮮發兵，以助明軍聲勢，並另外把逃至朝鮮之遼民組織起來，加以訓練，別爲一軍，與朝鮮軍合勢，與登州、萊州聲息相通，遙相呼應；〔註93〕因而形成從山東半島與朝鮮兩方面對遼南的夾擊之勢，並推薦熟悉朝鮮事務的監軍副使梁之垣執行連絡的使命。天啓二年（1622，金天命七年）三月，梁之垣率軍 4,000 餘人，乘船 60 餘艘，到達朝鮮以宣諭朝廷旨意，獲得朝鮮國王積極響應，表示「願效忠順」，爲明聲援。〔註94〕

　　熊廷弼的海上戰略部署，以總體而言，仍是防禦性質，但卻擺出「戰略進攻」的態勢，爲日後反攻作出精密的準備。根據法國戰略思想家薄富爾（Andre Beaufre）對於「戰略」的研究，他認爲戰略並非是一種單純固定的教條，而是一種「思想方法」（method of thought），其目的就是要整理事件，使其按照優先次序加以排列，然後再選擇最有效的行動路線。爲適應某一種情況，就應有某一種特殊的戰略；對於某種情況，某種戰略也許最適當，但換另一種情況，則又可能會變成最不適當。〔註95〕而戰略的目的即將所能動員的資源作最好的利用，以期達成政策所擬訂的目標。此一目標可以有不同的性質，或是攻擊性的，以征服或強迫敵方接受不利條件爲目的；或是防禦性的，如保護某種地區或利益。此一戰略的效果只有當對於敵人產生某種心理效果（psychological effect）時，才能算是達到目標，使其深信在發動或繼續抵抗都已無效。〔註96〕戰略計畫對於每一個擬議中的行動都必須計算敵方的可能反應行動，並要考慮如何加以抵制的對策。敵人的反應可能爲國際性或國家性，可能爲心理性、政治性、經濟性或軍事性。所計畫的每一個連續性行動，以及對於敵人每一個對應行動的對策，都應綜合成爲一個整體，其目的即爲確保繼續進行計畫的能力，而不受敵人抵抗的影響。如計畫是妥當的，則應受無挫的危險，使其成爲一種「不需冒險」（risk-proof）的戰略，即確保我方的行動自由。〔註97〕換言之，即是要爭取「操之在我」的主動。由於戰略是執行政策的方法，而戰術又是執行戰略的方法，故而戰略爲主而戰術爲

〔註93〕《明史》，〈熊廷弼傳〉，卷二五九，冊 22，頁 6691～6692。

〔註94〕《明熹宗實錄》，卷二十，頁 21，總頁 13401。

〔註95〕Andre Beaufre（薄富爾）著，紐先鍾譯，《戰略緒論》，〈導言〉（麥田出版社出版，民國 85 年），頁 16。

〔註96〕前揭書，頁 27～28。

〔註97〕前揭書，頁 31。

輔，戰略同時還指導戰術的演進，本末不可倒置。

此次戰略反攻目標對準遼東半島金、復、海、蓋四衛，進而重新奪回遼陽。此一計劃是「恢復全遼」總戰略的重要組成部份。崇禎朝時，廷臣不得不承認：「東江一旅，原以三方牽制爲復遼之計。」〔註98〕在遼南「無局可布」情形之下，熊廷弼創立以山東登萊爲中心，西北連天津置水陸師，東北與朝鮮連爲一體的海上防線，是當時唯一可行的戰略部署，亦是遼東半島外圍一條新防禦線，既從海上阻止後金進攻，又爲進軍遼東而加以準備。

但與熊廷弼並起的則是王化貞，他由戶部主事，歷任右參議，分守廣寧。此時西虜炒花諸部，常乘機進窺塞下，王化貞則以厚賞安撫，使其不動；虜酋則挾賞脅迫，賞額竟累達百萬，而王化貞猶自以爲得計。朱童蒙勘事歸來時，力言王化貞得西虜之心，勿輕易調動王化貞；王化貞亦謂遼事將壞，惟有發帑金賞西虜，藉以羈縻。遼陽失陷以後，王化貞守廣寧孤城，時望赫然，朝廷亦謂其才足恃，乃進右僉都御史，巡撫廣寧，以河西事務全部交付。此時由於河東盡失，經理河西，等於主管全遼事務，顯然與經略的職權相抵觸。王化貞以主管全遼事務而愈爲虛驕恣縱，自視甚高，認爲頹木可支已傾之大廈，但事實上他卻是個「騃而愎，素不知兵，輕視大敵，好漫語；文武將吏進諫，悉不入。」〔註99〕由於其既不知兵，而又輕視大敵，故對當前嚴重情勢，亦想以漫語應付。熊廷弼的「三方布置策」本爲極其堅實穩重的策略，王化貞卻要橫加阻撓，謂天津、登、萊之兵可以不設，諸鎮入衛之兵亦可停止，大言浮誇，華而不實，卻深受朝廷重視，凡所奏請，無不應允。

朝廷既以王化貞爲能，熊廷弼的遠大計畫則被擱置，廷弼見志不得行，曾經上奏「廟算無定，何以應機？」〔註100〕在七月赴任時，所需兵餉器械一無著落，王化貞又權重一時，究竟置經略於何處？廷弼曾經申明經撫職掌。經撫職掌既然不明，而經撫意見又不一致，例如四方援遼軍隊，王化貞全改稱爲「平遼軍」，因而引起遼東人民的反對，廷弼以遼人未叛，宜改爲「平東」或「征東」，以慰其心。〔註101〕

王化貞又擬以薄弱的兵力，沿三岔河分置六營，且步步設防。廷弼卻不以爲然，認爲如此則徒然足以分散兵力，有利於敵人各個擊破。反而不如集

〔註98〕中國第一歷史檔案館，《明檔》，10 號卷、四十二號卷。
〔註99〕《明史》，卷二五九〈熊廷弼傳〉，頁 6696。
〔註100〕清·查繼佐，《罪惟錄》，〈熹宗本紀〉，頁 7。
〔註101〕《明史》，卷二五九〈熊廷弼傳〉，頁 6697。

兵廣寧，力量雄厚，可以不時出擊，示敵以不測，疏云：

河窄難峙，堡小難容，今日但宜固守廣寧。若駐兵河上，分則力弱，敵輕騎潛渡，直攻一營，力必不支；一營潰則諸營俱潰，西平諸戍，亦不能守。河上止宜置遊徼兵，更番出入，示敵不測，不宜屯聚一處，爲敵所乘。自河抵廣寧止宜多置烽堆；西平諸處，止宜稍置戍兵，爲傳烽哨探；而大兵悉聚廣寧，相度城外形勢，犄角立營，深壘高柵以俟。蓋遼陽去廣寧三百六十里，非敵騎一日能到，有聲息我必預知，不宜分兵防河，先爲自弱之計也。〔註102〕

此疏極具卓見，恰巧御史方震儒出關犒師，聞王化貞之議，亦表示反對，因此上疏「防河六不足恃」，與熊廷弼意見頗爲相同：

河廣不七十步，一葦可航，非有驚濤怒浪之險，不足恃者一；兵來斬木爲排，浮以土，多人推之，如履平地，不足恃者二；河去代（太）子河不遠，兵從代子徑渡，守河之卒不滿二萬，能望其半渡而過？不足恃者三；沿河百六十里，築城則不能，列柵則無用，不足恃者四；黃泥窪、沖淺之處可修守，今地非我有，不足恃者五；轉眼冰河，遂成平地，間次置防猶得五十萬人，兵從何來？不足恃者六。我以退爲守，則守不足；我以進爲守，則守有餘。專倚三岔作家，時事偶非，榆關一線遂足鎖薊門哉？〔註103〕

此疏一上，守河之議乃予以打消。王化貞對熊廷弼更加懷恨，竟然負氣把軍事盡委予熊廷弼，而廷弼又疏請申諭王化貞「不得藉口節制，坐失機宜」，經略與巡撫二人因而不合，勢同水火。〔註104〕

八月間廷弼再上疏，謂「三方布置策」必須要連絡朝鮮，並請遣使宣慰朝鮮，使其出兵結營鴨綠江上以助明軍聲威。同時建議將避難朝鮮的遼人，招集團練，別爲一軍，使與朝鮮合勢；並派使臣駐節義州，以爲控制聯絡，俾與登萊軍聲息相連。更擬統編東山礦徒以自衛，凡能結千人者即派爲都司，

〔註102〕《明史》，卷二五九〈熊廷弼傳〉，頁6695。

〔註103〕《明史》，卷二四八〈方震儒傳〉，頁6428～6429，謂：「方震儒，字孩未，桐城人，移家壽州，萬曆四十一年進士，由沙縣知縣入爲御史。……遼陽既破，震儒一日13疏，請增巡撫，通海運，調邊兵，易司馬，日五鼓摑公卿門，籌畫痛哭而自請犒師。是時，三岔河以西400里，人煙絕，軍民盡竄，文武將吏無一騎東者，帝壯其言，發帑金20萬震儒犒師，六月，震儒出關，延見壯士，弔死扶傷，軍民大悅。」

〔註104〕《明史》，卷二五九〈熊廷弼傳〉，頁6697。

結 500 人者爲守備，如此一來將會有一、二萬人，一呼立應。議上，天啓皇
帝報可。〔註 105〕但布置尚未定，卻被所謂「鎮江奇捷」一事所岔開。所謂「鎮
江奇捷」，即王化貞遣都司毛文龍浮海探島中消息，遇降敵之中軍陳良策，僥
倖取得鎮江堡，卻向王化貞謊報軍情，王化貞以爲是奇捷，報聞於朝，廷臣
大喜。王化貞且以「文龍大將才，倚辦東事，陞文龍參軍。」〔註 106〕此次「奇
捷」的後果卻引來後金軍隊大舉來犯，立下鎮江，屠殺四衛軍民，毛文龍則
逃入朝鮮。

　　是故，廷弼指出：

　　　　三方兵力未集，文龍發之太早，致敵恨遼人，屠殺四衛軍民殆盡。
　　　　灰東山之心，寒朝鮮之膽，奪河西之氣，亂三方並進之謀，誤屬國
　　　　聯絡之算；目爲奇功，乃奇禍耳！」〔註 107〕

王化貞因毛文龍奇捷，請發登萊軍 20,000 人策應毛文龍，又云西部願助兵攻
取海州，兵部尙書張鶴鳴信以爲然，奏言「時不可失」，因此命令王化貞進軍；
等到鎮江復敗，又責令熊廷弼出關。熊廷弼因而不得已，出關駐右屯衛（在
錦縣東南 70 里，俗稱牛頭街），因此上疏：「用臣不專，事必無濟，且出關無
一兵，何從措乎？」因此以兩事向樞臣張鶴鳴決之。「一、不中制；一、同心
呼吸；一、無度逆臆以聞；一、無扶同謗。」見王化貞輕舉妄動，則又馳奏：
「海州取易守難，不宜輕舉。」〔註 108〕但當時朝廷正陶醉於「奇捷」，對王化
貞更加看重，對熊廷弼之言自不免予以輕忽。結果王化貞無功而返，至九月
間，王化貞仍然言及虎墩兔援軍 400,000 即至，請求進軍，廷弼卻疏言反對：

　　　　撫臣恃西部，欲以不戰爲戰計。西部與我進不同進；彼入北道，我
　　　　入南道，相距 200 餘里，敵分兵來應，亦須我自撐拒，臣未敢輕視
　　　　敵人，謂可不戰勝也。臣初議三方布置，必使兵馬、器械、舟車、
　　　　芻茭，無一不備，而後守學齊舉，進足戰，退亦足以守；今臨事中
　　　　亂，雖樞臣主謀於中，撫臣決策於外，卜一舉成功，而臣猶有萬一
　　　　不必然之慮也。」〔註 109〕

結果爲廷弼不幸所言中，西虜援軍竟然未至，雖然如此，但朝廷對王化貞仍

〔註 105〕同註 102。
〔註 106〕清・查繼佐，《罪惟錄》，〈熹宗本紀〉，頁 7。
〔註 107〕同註 102。
〔註 108〕同註 102。
〔註 109〕《明史》，卷二五九〈熊廷弼傳〉，頁 6699。

然言聽計從，對大局因循蹉跎，苟且偷安，對上蒙蔽。如七月間吏部即奏言「三方布置已定」，至九月，廷弼卻仍然奏稱「三方布置有名無實」。當時言官對於朝廷抑制熊廷弼而偏愛王化貞即甚爲不平。如御史江秉謙曾秉公直言：

> 陛下再起廷弼，委以重寄，曰：「疆場事不從中制」。乃數月以來，廷弼不得措手足；呼號日聞，辨駁踵至。執爲詞者曰：經撫不和，化貞主戰，廷弼主和守耳。夫廷弼非專研守謂守定而後可戰也；化貞銳意戰，即戰勝可無事守乎？萬一不勝，又將何以守？此中利害，夫人知之。乃一則無言不從，一則無策不棄，豈眞不明戰守之說，但從化貞廷弼起見耳。〔註110〕

又言：

> 朝廷起廷弼爲經略，則三方之進戰退守，皆一一當聽廷弼指揮部署。乃化貞欲進，則使廷弼隨之而進；化貞之倏進倏退，則又使廷弼進不知所以進，退不知所以退，是化貞操節制之權，而經略未嘗有節制三方之權也。而經略未嘗有節制三方之權也。故今日之事非經撫不和乃好惡經撫者不和。〔註111〕

然而此不平之鳴，卻以首輔葉向高兩可含糊，朝士多厭惡熊廷弼而致使其陷於四面楚歌，無從施展。

王化貞昧於大局，而又剛愎自用，進退完全不受熊廷弼所節制，自八月至十月之間共五度發兵，卻毫無所獲。十月間河以結冰，險阻已失，爲預防敵人渡河進犯，廷弼方嚴令沿河鎮武（廣寧東南）、閭陽、西平等堡固守。王化貞又輕信回鄉者之言，立刻發兵襲擊海州，熊廷弼甚爲激憤，上疏曰：

> 撫臣之進，及今而五矣。八、九月間屢進屢止，猶未有疏請也；若十月二十五日之役，則拜疏輒行者也。臣疾趨出關，而撫臣歸矣！西平之會，相與協心議守，犄角設營，而進兵之書，又以晦日至矣。

〔註110〕《明史》，卷二四六〈江秉謙傳〉，頁6376，謂：「江秉謙，字兆豫，歙人。萬曆三十八年進士，除鄞縣知縣，用廉能徵，擬授御史，久不得命，以葬親歸。光宗立，命始下，入臺，侃侃言事……瀋陽既失，朝士多思熊廷弼，而給事中郭鞏獨論廷弼喪師誤國，請并罪閣臣劉一，秉謙憤，力頌廷弼保守危疆功……章下廷議。會遼陽復失，廷弼旋起經略，鞏坐妄議奪官遂與秉謙爲讎，廷弼既鎮山海，議遣使宣諭朝鮮發兵箝制，副使梁之垣請行，廷弼喜，請付二十萬金爲軍貲，兵部尚書張鶴鳴不予。秉議抗疏爭，鶴鳴怒，力詆秉謙朋黨。」

〔註111〕《明史》，卷二四六〈江秉謙傳〉，頁6377。

撫臣以十一月二十日赴鎮武，臣即以次日赴杜家屯，比至中途，而
軍馬又遣還矣。初五日，撫臣又欲以輕兵襲牛莊（在海城西 40 里），
奪馬圈守之，爲明年進兵門戶；時馬圈無一敵兵，即得牛莊，我不
能守，敵何損？我何益？會將吏力持不可，撫臣亦回矣！兵屢進屢
退，敵已窺盡技倆，而臣之虛名亦以輕出而損；願陛下明諭撫臣慎
重舉止，勿爲敵人所笑。〔註112〕

王化貞見疏不悅，上疏奏辯，狂言欲「請兵 60,000，一舉蕩平……即不稱，
亦必殺傷過當。……」並謂「如臣言不行，乞罷，專任經臣，庶得一意討賊」，
〔註 113〕並主用西虜，賞抄花銀 40 萬，約五大營助戰；賞兔酇及小歹青銀亦
12,000 兩，約八大營助戰。〔註114〕由於廷弼對遼東局勢瞭若指掌，深知以王
化貞如此輕舉妄動，必壞疆事，故亦上疏：

撫臣自許 6 萬進戰，一舉蕩平，懇乞聖明急如撫臣約，乘時急進，

免使兵因不戰而怨；並亟罷臣，以正「銷戰士之氣，灰任事之心」

之罪。〔註115〕

經撫針鋒相對，勢不相下，遼事即在王化貞一意孤行之下益不可爲！非常可
惜的是熊廷弼的全盤計劃從一開始就受到遼東巡撫王化貞的阻撓而不能貫徹
下去，「以致遼西之陷，則意見參差也。」〔註116〕就連堅決貫徹其海戰方略的
陶朗先，亦被視爲「熊黨」而鋃鐺入獄，絕食而死。〔註117〕置身於遼南「無
局可布」之特定環境之下，熊廷弼對於支配戰略的各種因素加以適當分析之
後才制定出此一「三方布置」之策，然而當時明廷對於時勢加以分析者卻未
必針對當下之特殊環境與條件，往往以舊有習慣爲依據，或受到當時一般風
氣的影響，以致於不能體認「三方布置」策之時空環境下之必然性與優越性，
終致造成國勢日益難以挽回的悲劇。

四、毛文龍與鎮江大捷

　　王化貞駐廣寧時曾派出標下練兵游擊毛文龍，率兵丁 220 餘人，前往河

〔註112〕《明史》，卷二五九〈熊廷弼傳〉，頁 6701。
〔註113〕《明史鈔略》，〈顯皇帝本紀三〉，四部叢刊三編，史部，上海涵芬樓借吳縣潘
　　　　氏藏石門呂氏鈔本景印，《中國野史集成》，第 18 冊，頁 39，總頁 512。
〔註114〕清‧查繼佐，《罪惟錄》，〈熹宗本紀〉，頁 5。
〔註115〕《明史鈔略》，〈顯皇帝本紀三〉，頁 16。
〔註116〕《明史》，卷二五九〈熊廷弼〉，頁 6696。
〔註117〕陶朗先撰，《陶中丞遺集》，頁 5～7。

東地區以招致遺民，恢復疆土。〔註118〕毛文龍於天啓元年（1621，金天命六年）五月奉命去遼東，爲避開金防守嚴密的城鎮與軍事要地，只得選擇水路，率 220 餘人的隊伍從三岔河口登船，沿遼東半島西海岸南行，先至娘娘宮（復州灣長興島東與海岸之間一小島），十餘日後至皮島（金縣西 40 里海中，今仍名）上岸，再至廣鹿島（今屬長海縣）、絡店島。此兩處有數量很少的金兵與明降將據守，盡被驅逐。然後繼續沿遼東半島東海岸向東北行，至石城島擒獲金之島官何國用，再收復鹿島（鴨綠江口西，今仍名）、長山島、小長山島、色利島、章子留島、海洋島、王家島，最後到達朝鮮的彌串堡上岸，「泊龍川以據之」。〔註119〕毛文龍一行，於海上行軍近 3,000 里，所至各島，安撫百姓，「召集難民，歸者甚眾」，〔註120〕得到當地百姓與逃難的成千上萬的遼民歡迎與支持，凡有金兵駐守之處，或被消滅，或被擒獲，或被驅逐，致使一度失去的各島又回到明軍的掌握之中。

　　毛文龍率部進駐朝鮮彌串堡，即謀取鎮江，當他偵知金之城守游擊佟養眞派兵出城，至黃嘴山一帶去鎮壓民眾，致使城內空虛，遂決定襲許該城。天啓元年（1621，金天命六年）七月二十日，先派出守備蘇其民等率家丁與屯民 200 餘人堵截已出城的金兵，另派千總陳忠等率兵丁、屯民共 200 餘人乘夜渡過鴨綠江，直至城外 20 里地方上岸。事先，已說服駐守此城的中軍陳良策約爲內應，部署已定，當夜雞叫時分，東方剛剛露出魚肚白，所部悄悄進抵城腳下。千總張元祉等持槍率先登城，眾兵與屯民隨後齊聲吶喊，一擁而入。陳良策等自城內殺出，內外夾攻。守城的金兵從睡夢中驚醒，四下奔命。佟養眞率兵士與家丁七十餘人迎戰，被衝入城的明兵擊敗，當場活捉；其子佟年豐與家丁數十人在混戰中全部被殲滅。明軍收復鎮江，秋毫無犯，城內外百姓以羊與酒慰勞。鎮江既下，南衛震動，諸如寬甸、湯站、險山等堡皆降，活捉險山堡守將李世科等人。〔註121〕毛文龍向王化貞報捷，王化貞得報，飛傳北京，「報聞之日，縉紳慶於朝，庶民慶於野」，自從清河、撫順失守之後，明已費去千百萬金錢，集結十數萬兵力，卻不能擒金一人。故而

〔註118〕計六奇，《明季北略》，卷二，《中國方略叢書》第一輯，第 12 號，成文出版社印行，頁 127。
〔註119〕《光海君日記》，卷五，壬戌十四年正月庚子。
〔註120〕計六奇，《明季北略》，卷二〈毛文龍入皮島〉，收於沈雲龍選輯，《明清史料彙編》，第四輯（臺北：文海出版社），頁 123～128。
〔註121〕《清太祖武皇帝實錄》，卷三，頁 15。

毛文龍收復鎮江，舉朝均視爲一大「奇捷」，「眞爲空谷之音」。〔註122〕朝廷於狂喜之下，立授毛文龍爲廣寧都司兼副總兵，賞銀 200 兩。王化貞並應毛文龍之要求，請求朝廷速發援兵與餉銀以乘勢大舉反攻。熹宗發佈命令：登萊巡撫陶朗先發水兵先行，天津巡撫畢自嚴調浙江水兵 8000 爲後勁，或直抵鎮江，或直抵三岔河。王化貞選精兵 40,000 據三岔河，相機進兵，並令熊廷弼勒兵控扼山海，「三方協力，務收全勝」；但熊廷弼對於毛文龍襲取鎮江卻抱持著完全否定的態度，因而對此番大舉並不積極。當朝廷的命令下達之後，「經、撫各鎮觀望不進」，〔註123〕遂使此一部署化爲泡影。

毛文龍以小股部隊成功地突襲鎮江，使努爾哈齊十分震驚，不得不推進向遼西的進軍，特派八子皇太極、姪兒阿敏率 3,000 人馬趕往鎮江彈壓。一方面，明之援兵未至；另一方面，朝鮮又不敢出師支援，以致於毛文龍坐守孤城，不堪金之圍攻，遂得而復失，於鎮江城陷前兩天隻身逃往朝鮮。皇太極率軍進城，屠殺男女百姓，並遵從其父努爾哈齊的命令，遷鎮江沿海居民至內地。〔註124〕但卻仍有 30,000 餘人逃至朝鮮避難。〔註125〕同時，代善亦遵從其父努爾哈齊之命而率數千將士趕至金州，拆平城樓、垛口；並盡行燒燬明朝官員的衙門房屋、民居與鄉村民居，強制無家可歸的百姓遷至復州。〔註126〕

毛文龍退入朝鮮，金軍隨後渡江，進入朝鮮境內，「喝本國（指朝鮮），大索文龍」。〔註127〕朝鮮堅持與明朝保持友好，竭力保護毛文龍以免遭搜捕。毛文龍雖未能在朝鮮立足，仍組織避難遼人襲擊金軍，成爲努爾哈齊心腹之患，不斷秘密派人潛入朝鮮以探聽毛文龍的下落。當知悉其在朝鮮龍川，即致書朝鮮，強迫將其逮捕送交金國，否則將興兵進討。〔註128〕朝鮮處境爲難，則勸毛文龍「姑還廣寧，待時出來」，毛文龍卻無意離開朝鮮，金人搜索甚急。十二月十五日，數千金軍渡江暗渡義州以猝擊毛文龍，毛文龍則已轉移至距龍川 90 里的林畔館，「脫冠服、混兵士僅免」，脫身南行至安州。金兵

〔註122〕王在晉，《三朝遼事實錄》，卷五，頁 145～147。
〔註123〕《明熹宗實錄》，卷十三，頁 9，總頁 13306。
〔註124〕《清太祖武皇帝實錄》，卷三，頁 15。
〔註125〕王在晉，《三朝遼事實錄》，卷六，頁 152。
〔註126〕王在晉，《三朝遼事實錄》，卷六，頁 152。
〔註127〕同註 126。
〔註128〕《滿文老檔》，冊 30，頁 268～272。

進至郭山，未搜到毛文龍，「逢漢人則無論老幼皆斬之而還」，漢人男女被殺587 人。〔註 129〕擺脫追捕之後的毛文龍，著手準備組織軍隊，以建立抗金復遼之根據地；並先後於蛇浦等設柵以廣泛招收漢人，吸引許多逃難遼人與商民前來居住，蛇浦已聚集萬餘戶。天啓二年六月（1622，金天命七年），明廷爲表彰毛文龍功績，特提升其爲署都督僉事平遼總兵官。〔註 130〕十一月，毛文龍選擇皮島作爲大本營，遷居於此，接著，「遼民皆卷入島中，接屋甚盛，作一都會，南京商船，來往如織」。〔註 131〕皮島又稱稷島、南海島，毛文龍至此之後，改名爲雲從島。此島位於西朝鮮灣北部，緊鄰鐵山半島，其北部靠近鴨綠江入海口，東西長 15 里，南北寬 10 里。據朝鮮人親見，「島中形勢，回抱東、西、南三面，只開一面。北向中有一峰特立，西向，都督開營於其下，村家羅絡，谷中峰頭大約 3,000 餘戶。」〔註 132〕島上有山，多峭壁，四面環海，易守難攻。此島居於中國與朝鮮大陸之間，距遼東沿海島嶼甚近，利用海運，聯絡甚便，軍事上互爲聲援，轉餉運輸不受威脅。皮島實爲理想的據守之所，毛文龍設總兵官府邸於皮島，獲得朝廷的肯定而號稱「東江鎮」，「東江鎮」乃是皮島、旅順、與遼東沿海島嶼之合稱。皮島原是一個「荒茸無人，多蛇虎」的荒島，〔註 133〕毛文龍開府後，迅速改變皮島荒涼面貌之外觀，「遼民來投者日眾，前後數十萬口」，還分置鐵山、蛇梁等處。毛文龍在海外一番作爲，爲驚慌中的明廷帶來一線生機。就當時軍事形勢而論，金所進攻的主要目標在於奪取遼西，明朝內外爲此而憂心忡忡。彷若在黑暗中瞥見一線光明，毛文龍鎮江之捷傳來，使得朝中許多大臣對江河日下的危局開始抱存轉機的希望，紛紛認爲最重要的一著就是「欲使奴酋不來，莫若接濟毛文龍以爲牽制」。〔註 134〕孫承宗指出，「以及時練兵選將爲實著，而以用毛文龍、西蒙爲虛活之著」。〔註 135〕王在晉更認爲「有朝鮮爲聲援，有文龍以牽其尾，有西虜以掣其頭，奴必文伏歸縮」。〔註 136〕明廷爲達到牽制金的目的，必儘速發援兵，運餉銀，以接濟毛文龍於奮起之時。根據出使朝鮮的特使梁

〔註 129〕《光海君日記》，壬戌十四年正月辛丑，卷一七三，頁 544。
〔註 130〕《明熹宗實錄》，卷二十三，總頁 13424。
〔註 131〕《光海君日記》，辛酉十三年十二月乙酉，卷一七二，頁 537。
〔註 132〕《潛谷先生遺稿》，〈朝京日錄〉，卷十四，頁 115。
〔註 133〕計六奇，《明季北略》，卷二〈毛文龍入皮島〉，頁 123～128。
〔註 134〕谷應泰，《明史紀事本末補遺》，卷四〈毛帥東江〉，頁 1449～1471。
〔註 135〕同註 134。
〔註 136〕同註 134。

之垣親眼所見，截至天啓二年（1622，金天命七年）10 月爲止，毛文龍僅有新舊遼兵號稱 4,000，「多赤身徒手之殘疲」，沒有衣穿、沒有軍器、更沒有餉銀，糧食亦頗爲不足。〔註 137〕毛文龍發出呼救聲，朝中部份大臣爲之請命。早在三月間，兵部已決定從福建調水兵 3,000，渡海往援，同時並任命遼東生員王一寧爲登州府判，「與文龍參酌軍機」，但援兵遲遲未行。王在晉與天津巡撫畢自嚴分別敦請朝廷以閩兵、淮兵，渡海接濟毛文龍。拖至七月，兵部再重申前議，結果僅先發官兵 1,500 餘人。〔註 138〕毛文龍疏陳恢復遼東事宜，認爲欲收回遼東，必於遼東與山東半島各島佈置兵力。而山東半島北部海中的廟島、皇城島等爲登萊門戶，已有所部署，但旅順之險卻爲金所佔領，明軍兵船往來受阻隔，故而要在三山島、廣鹿島、長山島、石城島、小松島、鹿島、寬甸、靉陽等處駐兵設將，由毛文龍總負責，齊率眾營，各憑山險，直通遼陽城。山海關方面出兵配合以兵扼其頸，三岔河焚截其腰，東南沿海諸島齊拊其背而躡其尾。〔註 139〕

　　明廷對毛文龍的計劃視爲「滅奴則不足，牽制則有餘」，對其請兵請餉只給予象徵性的解決，熹宗准發帑銀 50,000 兩。遲至十月，才派登州通判王一寧率兵 3,000，攜銀 50,000 兩渡海授毛文龍。一個多月後，在孫承宗主持之下，批准毛文龍所推薦各島將官提升新職，令其「分布各島，各守汛地」。〔註 140〕毛文龍的布置雖在原則上獲得明廷同意，卻並未獲足夠的兵力與餉銀，致使該防線難以發揮戰略作用。從遼南的軍事形勢來看，金並未佔有優勢，毛文龍僅率軍幾百人，便把駐防島上的金兵肅清乾淨，迫其退居陸上防守。〔註 141〕天啓三年（1623，金天命八年）二月，努爾哈齊命令八旗各旗出兵 200 人，分至南海邊戍守」，規定從金州附近的望海堝至靉河的酒馬吉共 16 處之地方，一處駐兵 100，派一名游擊或備禦爲守官，〔註 142〕總計 16 處兵力爲 1,600 人。縱使在蓋州、復州、海州、金州等重鎮，駐兵也較少，多者千餘人，少者亦只有幾百人。約略計之，金在遼南及其沿海兵力，至多 10,000 左右；明軍在

〔註 137〕同註 134。
〔註 138〕同註 134。
〔註 139〕同註 134。
〔註 140〕同註 94。
〔註 141〕同註 94。
〔註 142〕《滿文老檔》，冊 46，頁 424。

數量上已達 20,000 人。〔註 143〕尤其對明軍最爲有利的條件是得到遼南及海中各島遼民的普遍支持，爲其戰守得到堅強後盾；此外還有朝鮮的協助，亦使金陷入孤立的處境。

天啓三年（1623，金天命八年）九月，毛文龍遣兵取金州，認爲「此城若得，陸扼建州，水可運糧停泊」。命部下自麻洋島出發，至深夜抵金州城南門，齊舉火把，發炮吶喊。城內金兵僅 500 多人，驚慌失措，開北門逃跑。天亮，明軍進城。〔註 144〕明軍奪金州，得到「老幼遼民助張聲勢」，因而一舉成功。努爾哈齊十分震怒，盡遷金州百姓至復州，並繼續逼遷沿海居民北移，致使「蓋州四衛已空其三，沿海四百里之地，彼盡去之而不據」。於皮島設置軍鎮以後之三、四年內，毛文龍頻繁向金出擊，甚至深入腹地，多以二、三百人，少者幾十人的小股部隊，到處襲擊，使金防不勝防，但每次襲擊都被擊退或主動撤離。其軍事行動因能發揮牽制金的作用，受到明廷重視，屢次賜賞與升職。天啓三年（1623，天命八年）二月，賜尚方劍；天啓四年（1624，天命九年）十月，加封左都督，成爲明廷海上的一員封疆大吏。〔註 145〕

五、熊廷弼「三方布置策」與毛文龍海上防線之比較

熊廷弼重視鎮江，因鎮江地勢爲兵家所必爭之地，它位在奉天府鳳凰城東南與朝鮮分界處。明人嘗言：「鎮江爲朝鮮入貢必由之路，又爲登萊之咽喉，而金復四衛之門戶也。鎮江一失，朝鮮必亡，海道必絕」。〔註 146〕兵部尚書閣鳴泰於《崇禎長編》，卷五則提及南衛之重要性：

> 遼左之勢，關門居首，東江居尾，而南衛則其脊也。蓋南衛居遼之
> 中，西接關寧，東連鴨綠，萬山盤結，河海交環，魚鹽礦稻之利，
> 向爲全遼所仰給，此樞紐之區，而腹心之處也。〔註 147〕

故而熊廷弼之「三方布置策」，即是打算趁虛入南衛之後，進據鎮江而後堅守，以爲復遼之樞紐；並以三方之兵力齊集，欲同時大舉而出其不意，以完成收復遼陽之功。然而，毛文龍鎮江一擊，倏發倏覆，致使努爾哈齊遷怒於遼民，殺掠金州、復州甚爲慘烈，而義民之不肯薙頭者，投鴨綠江而死。毛

〔註 143〕談遷，《國榷》，卷八十五（鼎文書局，民國 67 年出版），頁 5225。
〔註 144〕計六奇，《明季北略》，卷二，頁 123～128。
〔註 145〕同註 134。
〔註 146〕《明熹宗實錄》，卷一，頁 1，總頁 13321。
〔註 147〕校印本明實錄附錄之四，《崇禎長編》，卷五，總頁 18001。

文龍所謂「鎮江之捷」究竟是「奇功」或「奇禍」，實宜加以深思而後判斷。

毛文龍於天啓元年（1621，天命六年）七月二十五日夜襲鎮江，所率之兵，除原有之 220 人以外，另有薙過頭的漢人數千，以數千之兵民而槍殺數十鬚髮已白、精力衰疲之老弱滿兵。《明熹宗實錄》天啓元年九月，兵科給事中李遇知曾表示對於毛文龍夜襲鎮江以致引起鎮江百姓遭到屠殺之不以爲然：

> 毛弁潛入虎穴，恢復鎮江，圖之此其時矣。而道臣揚帆未早，朝鮮連絡未成，江淮召募未旋，水兵望洋未渡，千里孤懸，鞭難及腹。不數日，奴大屠鎮江男婦，燒燬房屋幾盡，而文龍逃朝鮮去矣。發之早，不得不應，又不能卒應，損威招釁至此。〔註148〕

登萊巡撫陶朗先亦指出毛文龍夜襲鎮江之不妥：

> 三方布置，呼吸宜通；廟堂成算，戰守宜決……今毛文龍報收復鎮江矣，此時機括已發，不可中止。臣雖立遣遼東副將韓宗功、待罪遊擊許定國各統兵一千，先後策應，而私計奴兵方勁，非二萬人急往不可。今臣欲再發一兵，兵安在乎？即有兵而餉安在乎？三岔轉盼凍，河賊且渡矣。其在鎮江者，兵單將寡，倘倐舉倐覆，不惟不足助河西牽制之勢，而徒啓賊人防備南路之謀，致殄四衛歸附之眾。其在河西者又獨當賊鋒而不能得登萊牽制之力，廟堂因急遼而遂緩登萊，不知緩登萊即所以緩遼也。〔註149〕

陶朗先認爲「三方布置」乃是整體性之戰略計畫，毛文龍的突襲鎮江以兵力單薄，並無能力保住奇襲的成果，反而因爲將注意力放在此處而致影響對登萊之經營，事實上登萊之經營才是日後復遼之基礎。

身爲遼東經略的熊廷弼則不僅對此次奇襲鎮江不以爲然，甚至認爲是「奇禍」，最初毛文龍收復鎮江，王化貞自謂發蹤其功，便欲乘機進取，然而熊廷弼的反應卻是相當激烈：

> 三方兵力未集，而文龍發之太早，致使奴恨遼人，焚戮幾盡，灰東山之心，厚南衛之毒，寒朝鮮之膽，奪西河之氣，亂三方並進之本謀，誤專遣聯絡之成算，目爲奇捷，乃奇禍耳。〔註150〕

〔註148〕《明熹宗實錄》，卷一，總頁 13321。
〔註149〕《明熹宗實錄》，卷一，總頁 13316。
〔註150〕《明熹宗實錄》，卷一，總頁 13319。

御史徐景濂，則對鎮江之捷有其看法，認為使人遺憾的不是發機太早，而是應機太遲，換言之，他是肯定毛文龍之夜襲之舉：

> 毛文龍挾孤軍，擒二叛，縱未奏膚功，獨不曰三路敗，遼瀋並墮以來，得此一鼓中國，庶有生氣耶！而議者輒咎發機之太早，乃臣獨憾應機之太遲。〔註151〕

王化貞甚至更稱「破奴可必」：

> 鎮江一動，四衛大擾。……奴兵分禦，遼陽遂空，海州止真夷二千，河上止遼兵三千，若潛兵襲之破之必矣，奴南防之兵，必狼狽而歸，吾據險以擊其惰，可大殲也。〔註152〕

當時朝議亦因為鎮江一動而謂恢復有機。天啓元年（1621，天命六年）八月甲子，以毛文龍為副總兵，賞銀 200 兩。然而鎮江之捷，卻造成努爾哈齊大屠鎮江百姓，燒燬房屋幾盡，而鎮江仍為努爾哈齊所有，反使遼南四衛永無恢復之機。由於整個明代朝廷瀰漫著濃厚姑息氣氛，內閣首輔葉向高亦不免婉轉其辭以偏袒王化貞與毛文龍，十月庚辰，當他於途中再辭黔賞，則有言於下：

> 毛文龍收復鎮江，人情踴躍，而或恐其寡弱難支，輕舉取敗，此亦老成長慮。但用兵之道，貴在出奇，班超以 36 人定西域，耿恭以百人守疏勒，皆奇功也。十二月乙卯，大學士葉向高奏……惟毛文龍鎮江之役，撫臣以為功，經臣以為罪，意見大異。臣竊謂國家費數十萬金錢，招十餘萬士卒，未嘗損奴酋分毫，而文龍以 200 人搶斬數十人，功雖難言，罪於何有？以為亂三方布置之局，則此局何時而定？以為貽遼人殺戮之禍，則前此遼人殺戮，已不勝其慘，豈盡由文龍？故文龍功罪可勿談也。〔註153〕

葉向高所言「國家費數十萬金錢，招十餘萬士卒，未嘗損奴酋分毫」，實為偏頗之言。清人查繼佐於《罪惟錄》一書中對於葉向高曲庇王化貞則有中肯之批評：

> 時邊務孔亟，向高不知兵，既以經略熊廷弼能辦關東，又曲庇撫臣王化貞，復以化貞所言毛文龍鎮江之捷足恃。〔註154〕

葉向高之所以偏袒王化貞，因其於萬曆十一年（1583）主持禮闈，錄取王化

〔註151〕《明熹宗實錄》，卷一，總頁 13324。
〔註152〕同註 151。
〔註153〕談遷，《棘林雜俎》，《中國野史集成》，冊 28，頁 416～420。
〔註154〕清・查繼佐，《罪惟錄》（下），列傳之 13，頁 2085。

貞，彼此之間有座主與門生之師生關係。〔註155〕上行下效，侍郎錢謙益甚至播之詩章，以歌頌毛文龍鎮江之功。

> 鴨綠江頭建鼓頻，間關百戰壯軍威。青天自許孤忠在，赤手親擒叛將歸。夜靜舉烽連鹿島，月明傳箭過石磯。紛紛肉食皆臣子，絕域看君握鐵衣。〔註156〕

當時士大夫並不知曉明末邊情，猶自抱著一廂情願的想法，錢謙益的想法頗能反映士大夫之見解。兵部尚書張鶴鳴更因素與熊廷弼不和而始終偏袒王化貞，認為王化貞膽略可任，凡是熊廷弼所言，一切加以阻隔，甚至部議要撤熊廷弼他用而專任王化貞以收毛文龍用命之效。據《天啓都察院實錄》二年（1629）正月甲辰張鶴鳴所言：

> 經撫既不相欲，勢必專任其一。夫以卑避尊，宜令撫臣退步，議者又謂撫臣一撤，毛文龍必不用命，廣寧之兵必潰，西虜必解體。合無因撫臣之請，特賜上方，許以便宜，廣寧之事，一以委之。若經臣威望素著，受國殊恩，不以畢其圖報之悃，是在廟堂斟酌推用，非臣部所敢擅擬也。〔註157〕

張鶴鳴書上，天啓皇帝不從，責吏部、兵部再奏。不久，努爾哈齊入犯之消息傳來，屠西平，陷廣寧之報亦相繼而至。張鶴鳴甚至以去年八月二十四日鎮江之捷而歸咎熊廷弼，認為熊廷弼不肯積極投入，致使失去鎮江大捷之機會。事實上，熊廷弼雖貴為遼東經略，事權卻甚輕，又因為與兵部尚書張鶴鳴相忤，無從施展。偏偏撫臣王化貞又是一個愚而好自用者，鎮江一動，催兵浪戰。後來封疆一案，張鶴鳴優處以去，毛文龍佩平遼大將軍印，唯獨熊廷弼於天啓五年（1625，天命十年）八月棄市，傳首九邊，〔註158〕王化貞至崇禎五年（1632）始伏誅。

　　熊廷弼的才智遠在王化貞之上，但因其剛愎之性情卻得罪許多人。王化

〔註155〕同註153。

〔註156〕錢謙益撰，《牧齋初學集》，卷二，頁71，收於沈雲龍主編《近代中國史料叢刊》，三編，第九輯，文海出版社。錢謙益（1582～1664），字受之，號牧齋，後自稱牧翁，又自稱蒙叟，絳雲老人，敬他老人，最後號「東澗遺老」，江南常熟人。明萬曆三十八年進士，官禮部右侍郎，革職後南歸。福王時，官禮部尚書，入清，官禮部右侍郎管秘書院事，充修明史副總裁，任職六個月後即告歸，康熙三年卒，年83。《牧齋初學集》為其在明代所寫詩文的總結集。

〔註157〕《天啓都察院實錄》，天啓二年正月，總頁17608。

〔註158〕《明史》，卷二五九〈熊廷弼傳〉，頁6697。

貞受任於敗軍之際，廣寧危若纍卵，隻手撐持八閱月，心力交瘁。但其人全不知兵，用間反爲間用，甚至像孫得功如此叛逆的人天天在他身邊卻毫不知情，卻敢於聲言渡河街戰，實有憂國之心而無謀國之智。至於熊廷弼的才識氣魄，睥睨一世，當其鎭遼遼存，去遼遼亡，以衛青、霍去病自許，人亦以衛青、霍去病視之。當其再起經略，入都之日，兒童走卒，羅拜焚香，喜其來而悲其晚，皇上賜劍、賜蟒玉，殊寵異數，近世所未有。無奈受困於朝廷內政治鬥爭，又與王化貞意見不合，今日拜疏，明日上揭，筆鋒舌陣，相尋不已，終致造成遼西的喪失。

　　乾隆皇帝曾說過，明人之中懂得軍事者當以熊廷弼爲巨擘，〔註159〕可證明面對薩爾滸之役後的遼東新形勢，熊廷弼所堅持的「堅守不浪戰」有其道理，其大力主張的「三方布置之策」更是全盤性的戰略布署。但令人引以爲憾恨者，當時明廷中朝臣並不知兵，在一連串的戰敗劣勢之下，亟亟抓住所謂的難得勝利，卻於不旋踵之間爲遼南四衛漢人同胞帶來悲慘的命運，更喪失所獲得之地。明人除了贏得空洞的小勝之外，以今日之眼光而言，實在是盲人騎瞎馬，夜半臨深池。熊廷弼置身於如此的時空背景之下，注定成爲悲劇人物並不令人感到意外。

第三節　經撫不合與廣寧失守

　　明代東北邊防自萬曆十年（1582）以來，迄天啓五年（1625）爲止，歷任巡撫爲李松、顧養謙、郝杰、鮑晞顏、趙耀、韓取善、李化龍、張思忠、李植、趙楫、張悌、李炳、楊鎬、張濤、郭光復、李維翰、周永春、袁應泰、薛國用、王化貞、閻鳴泰、張鳳翼、喻安性等二十三人，先後調任甚爲頻繁。〔註160〕自有「遼事」之起（1618），明廷臨時因應，在巡撫之上增設經略，至寧遠戰前爲止（1625），短短 7 年之中竟更動 10 次，先後爲楊鎬、熊廷弼、袁應泰、薛國觀、熊廷弼、解經邦、王在晉、孫承宗、高第、王之臣。〔註161〕由於「經略」職位之驟置，其與巡撫的統屬關係，權力畫分，並

〔註159〕〈清高宗御製論熊廷弼〉，《熊襄愍公集》，卷一〈上諭〉，頁 3，謂：「明之曉軍事者，當以熊廷弼爲巨擘。」
〔註160〕吳廷燮，《吳都撫年表》（北京：中華書局，1982 年出版），卷一〈遼東〉，頁67～74。
〔註161〕談遷，《國榷》，頁 5201、5203、5209、5323。

無明文規定，致有經撫不和，經略熊廷弼與巡撫王化貞因爲戰略方針不一而失和，勢同水火，致使遼西戰守無定，成爲邊防大患。

熊廷弼自從天啓元年（1621）七月離京之後，即按其原定「三方布置之策」以守爲戰，增置登州、萊州、天津軍隊，而以重兵屯置山海關，待各鎭兵馬大集，登、萊策應齊備，然後三方大舉並進。〔註162〕然而王化貞卻主戰而不言守，專意河西，欲用西虜進取，而視登、萊爲緩圖。他宣稱「不戰必不可守，不過（遼）河必不可戰」，〔註163〕兩人各持一端，互不相讓。王化貞不懂軍事卻又好說大話，自以爲得計提出一套戰略，擬以投降後金的李永芳作爲內應，外借察哈爾林丹汗兵四十萬，內外夾攻，以不戰而取全勝，並屢次遣諜招降李永芳，永芳假意奉和，許以內應，又誘使王化貞心腹部將孫得功與後金秘密來往，爲後金不戰而取廣寧埋下伏筆。至於邀林丹汗兵的計畫，雖然明朝每年賞給蒙古可觀的白銀賞金，卻並無把握使其聽命，後來事實證明，此套計畫完全落空。〔註164〕

同年（1621）七月，王化貞遣都司毛文龍，以200餘眾襲取鎭江，王化貞自謂發蹤奇功，舉朝亦視爲奇捷。兵部尚書張鶴鳴聽信王化貞的主張而催促熊廷弼出關督師，進兵赴援，熊廷弼不得已出關，駐紮於離廣寧120里的右屯衛。〔註165〕當其初議「三方布置」之策，適逢毛文龍鎭江之役，王化貞氣勢益盛，捷報獻俘俱不經過經略與聞，熊廷弼心中早已不快，復以「三方兵力未集，文龍發之太早，致敵恨遼人，屠戮四衛（金、復、海、蓋），軍民殆盡，灰東山之心，寒朝鮮之膽，奪河西之氣，亂三方並進之謀，誤屬國連絡之算，目爲奇功，乃奇禍耳。」〔註166〕致其連連對王化貞表示強烈不滿，因爲廷弼以毛文龍此舉影響三方布置策的順利實施，王化貞對此番指責則十分不滿，屢次反駁熊廷弼對其批評。熊、王二人爲此而爭論日益激烈，交詆之章日上。〔註167〕

王化貞之所以飛揚跋扈，實由於兵部尚書張鶴鳴及大學士葉向高左祖所致。張鶴鳴爲王化貞同黨，葉向高則爲王化貞座主，遇事自然偏袒王化貞而

〔註162〕《明熹宗實錄》，卷十一，天啓元年六月辛未朔條，頁13278。
〔註163〕《明熹宗實錄》，卷十一，天啓元年六月己丑條，頁13284。
〔註164〕《明史》，卷二五九，列傳第147〈熊廷弼傳〉，頁6703。
〔註165〕《前揭書》，頁6699。
〔註166〕《明史》，卷二五九，列傳第147〈熊廷弼傳〉，頁6699。
〔註167〕谷應泰撰，《明史紀事本末補遺》，頁1430。

壓抑熊廷弼；然而廷弼卻不爲所屈，時加抗辯，因而事事齟齬，不能相容。《明史》〈熊廷弼傳〉曾經提及此一狀況：

> 化貞爲人騃而愎，素不習兵，輕視大敵，好漫語，文武將吏進諫，
> 悉不入，與廷弼尤牴牾。〔註168〕

張鶴鳴之所以忌恨熊廷弼，實由於廷弼憑其剛直之氣，對事情亟言力爭，對其主張又時相辯駁，不稍寬假。天啓元年（1621）十月，張鶴鳴順王化貞之意，請敕廷弼出關，而廷弼既無兵權，又受王化貞牽制，旋出旋入，徒供擺佈，故廷弼疏責張鶴鳴：

> 權臣第知經略一出，足鎮人心，不知徒手之經略一出，其動搖人心
> 更甚。且臣駐廣寧，化貞駐何地？鶴鳴責經撫協力同心，而疏臣與
> 經臣獨不當協心同力乎？爲今日計，惟樞部俯同與臣，臣始得爲陛
> 下任東方事也。〔註169〕

時議頗以廷弼之言爲是，然而張鶴鳴卻恨之入骨。當毛文龍「鎮江大捷」的捷報傳至京師，張鶴鳴上疏鼓吹進戰，熊廷弼即刻傳令諸將，謂「敢戰渡河者斬」。〔註170〕此言一出，更加深張鶴鳴的痛恨，對於熊廷弼的用人與請示諸事，都要從中阻撓。

　　廷弼既與王化貞有隙，朝廷中偏袒王化貞者對廷弼多所詆譭，如：御大徐景濂極度稱譽王化貞而譏刺熊廷弼，又指責其所推薦監軍副使梁之垣逍遙故鄉，不稱任使：

> 近經、撫疏報，書揭遍滿長安，明明告人以牴牾之形，然則將割河
> 西、閉山海，歸報君父乎？臣先就鎮江一節論之，毛文龍挾孤軍，
> 擒二叛縱未奏膚功，獨不曰三路敗創，遼瀋並墮以來，得此一鼓中
> 國，庶有生氣耶！而議者輒咎發機之太早，乃臣獨憾應機之太遲。
> 蓋以爲復南衛，恢遼左之鎮江，則必急應以爲善揀將，奪奇捷之鎮
> 江，則自緩應以爲殘疆臂指之勞人，則應不得不急，以爲廣寧委任
> 之私人，則應又不得不緩，故梁之垣懸玉逍遙，徒榮晝錦。〔註171〕

直指熊廷弼應機之太遲，對熊廷弼相當的不滿。熊廷弼十分憤怒，抗疏力詆，

〔註168〕《明史》，卷二五九，列傳第147〈熊廷弼傳〉，頁6691。
〔註169〕《明史》，卷二五九，列傳第147〈熊廷弼傳〉，頁6691。
〔註170〕同註169。
〔註171〕《明熹宗實錄》，卷十四，天啓元年九月甲子條，總頁13324。

〔註172〕天啓皇帝無所過問。

　　由於熊廷弼推薦佟卜年爲登萊監軍僉事，張鶴鳴先上駁議，後來竟然誣陷佟卜年通敵，此事日後成爲構陷熊廷弼而造成冤獄的張本。張鶴鳴一面故栽其罪，謂佟卜年與敵將佟養眞爲同族，並與李永芳暗通；另一方面則進讒言於熹宗身旁。天啓元年（1621）九月間，熹宗忽然於講筵之間問起佟卜年是叛族，何以拔擢爲僉事？廷弼因此知道左右譖己，曾經憤慨疏辯。〔註173〕天啓二年（1622）廣寧失陷以後，張鶴鳴既懼罪又欲脫罪，則號稱「東閭杜茂招佟卜年與李永芳往來蹤跡。」給事中熊德揚曾力斥「事無妄指」，因此獲罪外遷。〔註174〕《鈔略》亦載其事：

> 天啓二年四月調刑科給事中熊德揚於外，時張鶴鳴奏獲奸細杜茂，係李永芳所使通信佟卜年者。傳旨到科，不細問名數，止云「拿杜茂等」。德揚因詰旗官：「等」之一字，包含最眾，恐承行人詭捏挪移，涉及無辜。鶴鳴挾其睚，紙爲抗違，故調。〔註175〕

但同年七月刑部再訊杜茂時，並無佟卜年通外口供。〔註176〕其實所謂「東閭」杜茂及佟卜年「通敵」情形，完全出於捏造。杜茂原本不過是一逃犯，經嚴刑逼供之後，牽連佟卜年，竟然對佟卜年加以間諜罪與通敵罪名。

　　《明史》，卷二四一〈王紀傳〉，對此案之來龍去脈亦有扼要敘述：

> 有千總杜茂者，齎登萊巡撫陶朗先千金，行募兵，金盡而兵未募，不敢歸，返薊州僧舍，爲邏者所獲，詞連佟卜年。卜年，遼陽人，舉進士，歷知南皮、河間，遷夔州同知，未行，經略熊廷弼薦爲登萊監軍僉事，邏者俘掠。茂言嘗客於卜年河間署中三月，與言謀叛，因挾其二僕往通李永芳。行邊尚書張鶴鳴以聞；鶴鳴故與廷弼有隙，欲藉卜年以甚其罪。朝士皆知卜年冤，莫敢言。及鎮撫既成獄，移刑部，紀疑之，以問諸朝郎。員外郎顧大章曰：茂既與二僕往來三千里，乃拷詢垂斃，終不知二僕姓名，其誣服何疑？卜年雖非間諜，然實佟養眞族子，流三千里可也，紀議從之。〔註177〕

〔註172〕《明熹宗實錄》，卷十四，天啓元年九月甲子條，總頁13324。
〔註173〕《明史》，卷二五九〈熊廷弼傳〉，頁6700。
〔註174〕清・查繼佐撰，《罪惟錄》，〈熹宗本紀〉，頁11。
〔註175〕《明史鈔略》，〈顯皇帝本紀〉（四），頁34，總頁533。
〔註176〕清・查繼佐撰，《罪惟錄》，〈熹宗本紀〉，頁13。
〔註177〕《明史》，卷二四一〈王紀傳〉，頁6269。

熊廷弼早就知悉此乃是一場「欲加之罪，何患無詞」的誣陷，內心中之憤怒卻無從宣洩。

廷弼一向力主堅守，從一開始就確定主守的方針，在與王化貞論爭過程之中，亦一再向朝廷申明：

> 河西之役，臣主守者也，謂修守即以修戰，而撫臣不任守則臣不得
> 完守之局。〔註178〕

他曾經召開過一次軍事會議，與會邊臣鎮將皆言「不能戰」，以支持其主守的方針，在其估計之中，「如守過今多賊不來，而我且當往為過河之戰矣。」〔註179〕又謂遼人以滿化之程度較深，在忠誠方面不可重用。〔註180〕降將李永芳不可相信，西部不可恃，廣寧城內已有不少間諜滲入，儘管熊廷弼反覆論證主守的理由，王化貞卻始終不聽，不時加以駁斥與攻擊。〔註181〕

王化貞一切大反其道，絕口不言防守，認為只要一渡遼河，河東之人必為內應，熊、王兩人終日爭戰爭守，互相彈劾，進而演變至意氣之爭。只要一方贊成，另一方必定反對；反之亦然。熊廷弼向其他官員訴說「撫臣不做實事，不說實話。」〔註182〕王化貞則矢口否認「何嘗不說實話做實事」，兩人之間的嚴重對立造成邊防將士無所適從，士卒疲於進退，諸道將沉浮於戰與不戰，守與不守之間，笑啼不敢，凡事多所牽制，經撫不和已至舉朝皆知的地步。〔註183〕

經撫之爭既起，如何處理二人之間的關係，在明廷引起激烈爭論。除兵部尚書張鶴鳴偏袒王化貞以外，內閣首輔葉向高亦一方面以座主與門生的關係，而偏袒王化貞；二方面以己身對邊事無所知悉而縱容王化貞。早在天啟元年（1621），葉向高赴京途中聞悉毛文龍收復鎮江之訊息，即告大喜，既上疏慶賀毛文龍之功，同時又反對熊廷弼不支持毛文龍的異議：

> 從邸報見毛文龍收復鎮江，人情踴躍。而或者慮其寡弱難支，輕舉
> 取敗，此說老成之長慮。但用兵之道，貴在出奇……邊事之失，似

〔註178〕《明史》，卷二五九〈熊廷弼傳〉，頁 6696～6698。

〔註179〕同註178。

〔註180〕葉高樹，《降清明將研究》，國立臺灣師範大學歷史研究所碩士論文，民國81年6月，頁8。

〔註181〕《明史》，卷二五九〈熊廷弼傳〉，頁 6696～6698。

〔註182〕《明熹宗實錄》，卷十一，頁 13283。

〔註183〕《明熹宗實錄》，卷十一，頁 13304。

亦在知正而不知奇，故糜爛決裂，一至于此……談者便以持文龍爲

失策。夫國家費百千萬金錢，集數十萬師，徒以從事與遼東，尚不

能制奴，乃欲持海外一旅之孤軍，以剪滅此一大患，即甚愚之人，

亦知其不可也。〔註184〕

對於經撫不和葉向高的立場亦顯然有所偏頗：

時談經撫不和，臣曰：「同舟遇風，胡越可爲左右，二臣共事地方，

成則同功，敗則同罪，勿論封疆利害，即身家禍福亦彼此共之，安

得不合？」其後間章疏中稍有形跡，臣亦以爲小嫌耳，何至于參商。

惟毛文龍鎭江之役，撫臣以爲功，經臣以爲罪，意見大異。臣竊謂：

國家費數十萬金錢，招十餘萬士卒，未嘗損奴酋之分毫，而文龍以

二百人擒斬數十，功雖難言，罪何有之？以爲亂三方布置之局，則

此局何時而定？以爲貽遼人殺戮之禍，則前此遼人之殺戮，已不勝

其慘，豈盡由文龍故？〔註185〕

「以爲亂三方布置之局，則此局何時而定？」葉向高此言已經道盡其對遼東

形勢之無知與偏見，熊廷弼處境之艱難已愈爲顯然。

天啓二年（1622）春，王化貞騰書中朝，狂言將以 60,000 兵蕩平遼東，

並向朝廷許下「仲秋之月可高枕而聽捷音」的諾言：

願以 60,000 兵進戰，一擧蕩平，臣不敢貪天功，但願從征將士厚加

賞頰，遼民賜復十年，海內除去加餉，而臣歸老山林，于願足矣。

即有不稱，亦必殺傷相當，敵不復振，保不爲河西擾也。稍需時日，

經臣以三路處之，殲敵必矣，臣又願與經臣約，怒蛙可式，無摧殘

士之氣，勞薪可念，無灰任事之心。但過河之後，將士有不能破敵

逃歸者，盡殺之，其軍前機宜，許臣便宜從事，若一切指揮必待報

而後行，則無幸矣。如以臣言爲不可，乞罷臣而專責經臣，庶得一

意恢復，不至爲臣所擾亂也。〔註186〕

王化貞自以爲勝卷在握，認爲只要 60,000 軍隊就能蕩平敵方。之後，因廷弼

持反對意見，趨炎附勢者流，群相歸罪廷弼。

此時主持正義擁護廷弼者，亦有人在。御史江秉謙、董翼、周邦基等，

〔註184〕葉向高，《續綸扉奏草》，卷二〈再辭敍功並陳遼事疏〉，頁 2771～2773。

〔註185〕葉向高，《續綸扉奏草》，卷二〈論經撫事情疏〉，頁 2830～2831。

〔註186〕清・谷應泰撰，《明史紀事本末補遺》（上海：古籍出版社，1994 年 10 月第
　　　　一版），頁 356～358。

均率直發言以伸張公理，江秉謙論曰：

> 朝廷之上，以意見爲憂（愛）憎，以憂（愛）憎爲低昂；又以含糊
> 爲兩可，以兩可爲責成。今日會議，非經撫不和，好惡經撫者不和
> 也；非戰守之議不和，左右戰守者之議論不和也。〔註187〕

江秉謙所言，實爲中肯，所謂經撫不和與戰守意見不合，均由門戶私見所造
成，若廷臣能拋除成見而以國事爲重，而不輕信王化貞之狂言，則不致於屏
棄廷弼的卓見於不顧，故有識者皆以責成廷弼相請。御史董翼上疏：

> 經臣奏詔轉起，每事俱當責成。……撫臣欲率兵取海州，蓋聞回鄉
> 鄭明經之言而動者。毛文龍殺後金兵二千未有的據，人皆以爲疑，
> 撫臣絕不懷，當機之勇，非經臣所能彷彿也。今日之議，舍責成二
> 字，道無由矣！〔註188〕

王化貞輕信回鄉者之言，冒然出兵，實爲不智；毛文龍一向以「殺降人難民
冒功」，〔註189〕時人之疑，絕非無據。御史周邦基疏請「省議論，專責成，出
私植，定國是，嚴進取。」五事，亦極切合時弊。科臣侯震晹痛論遼事，「經
撫兩存其禍立見」，竟然「坐與輔臣忤，外調」。〔註190〕

　　熊、王抗爭發生之後，廷臣與熹宗皇帝都試圖加以調解，甚至指責，但
是兩人的死結並未因此而解開。傅國《遼廣實錄》指出廟堂之上的矛盾：

> 乃廟堂業以兵屬王，又以尚方屬熊，王握兵而不制令，熊制令而不
> 握兵，王恥熊下，熊妒王成，一柄兩雄，權分意左，私爭之念，奪
> 其急功，憤激之惑，不慮僨事。〔註191〕

連熹宗亦無法可想，只得委託兵部召集大小廷臣，研究解決問題的辦法。天
啓二年（1622）正月十一日在中府召開會議，由張鶴鳴主持，共81人參加，
就經撫之去留加以表態。張鶴鳴將會議結果整理成書面資料，將意見相同者
歸爲一類，分別寫上贊同者姓名，呈予皇帝裁決，其中主張經撫兩臣「竭辦
遼事，功罪一體」者，有34人；主用撫臣，許以便宜行事者，有周如盤一人
贊成；主張責成兩臣各分任事者，有史弼周等10人；主張專責撫臣者，有兵
科蔡思充等九人……共有十幾種方案，意見紛出，莫衷一是。然而明確表示

〔註187〕《明史鈔略》，〈顯皇帝本紀〉（四），頁10，總頁521。
〔註188〕同註187。
〔註189〕《明史》，卷二五九〈袁崇煥傳〉，頁6714～6716。
〔註190〕《罪惟錄》，〈熹宗本紀〉，頁9。
〔註191〕傅國，《遼廣實錄》，下卷，頁175。

將王化貞與登萊巡撫互換而留下熊廷弼主持大計者，只有徐揚先一人，但是像張鶴鳴、王在晉等重要人物，都偏向王化貞而力主留王去熊，要求皇帝賜予王化貞尚方劍，加職權，以使其用命任事。〔註192〕

熊廷弼自料得不到閣部的支持，恐懼涕泣上疏：

> 臣以東西南北所欲殺之人，而適遘事機難處之會；諸臣能爲封疆容，則容之，不能爲門戶容，則去之。何必内借閣部，外借撫道以相困？經撫不和，恃有言官；言官交攻，恃有樞部；樞部佐鬥，恃有閣臣；臣今無望矣！〔註193〕

熹宗批示吏部、兵部兩部共議，於經略與巡撫中選用一人專任遼事，另一人調出別用。經過商議，內閣大學士葉向高與兵部尚書張鶴鳴等意在專任王化貞而對熊廷弼斟酌推用。葉向高上疏：

> 廷弼之與化貞，作用既殊，而使化貞受其節制，舉朝之人，皆謂難行；文龍所報擒斬，即未眞確，功罪何可言也。乞下部斟酌，如遼事可以委廷弼，則申飭將吏一聽廷弼節制。〔註194〕

張鶴鳴則謂：

> 經撫既不相容，勢必專任其一。夫以卑避尊，當令撫臣退步；撫臣一撤，毛文龍必不用命，廣寧士兵必潰，西虜必解體而去。合無因撫臣自請便宜行事，更特賜尚方劍，加卿二銜，廣寧之事，一以委之；若經臣威望素著，豈可遽退，當斟酌別用可也。〔註195〕

但是熹宗不同意撤換熊廷弼之提議，責令吏、兵二部再議。吏部對於遼事危急之時撤換經略並不贊成，主張嚴責經、撫二臣協力，功則同功，罪則同罪。〔註196〕議論未決，後金已不舉進兵入侵。

自攻下遼陽之後，努爾哈齊以將近一年時間成進攻廣寧的備戰。天啓二年（1622）正月，從春節前後就開始向海州、牛庄一帶調兵，共 50,000 人馬分作三路進兵：一自柳河、一自三岔、一自黃泥洼。聯木爲伐，乘流至狹處（太子河、渾河、遼河合流之處的三岔河渡口）渡河，此時正是隆冬季節，地面結冰，當月 20 日，努爾哈齊抵三岔河渡口，此處爲廣寧戰略要地，防守

〔註192〕《明熹宗實錄》，卷十三，頁 13314。
〔註193〕《明史》，卷二五九〈熊廷弼傳〉，頁 6701～6702。
〔註194〕《明史鈔略》，〈顯皇帝本紀〉（四），頁 16，總頁 524。
〔註195〕同註 194。
〔註196〕同註 194。

甚難。〔註197〕河寬不足70步，盈盈一水，一葦可航。柳河在三岔河之南，河西岸就是西平、鎮武諸堡，有大量明軍駐守，努爾哈齊決定欲取廣寧，即先取西平諸堡。清晨，後金拔營，推進至河邊，五萬人馬開始渡河，王化貞所部署的防河兵見情勢不妙，轉頭逃跑，後金前哨直追至西平堡爲止。〔註198〕

當後金正往遼河東岸集結兵力時，王化貞亦調兵遣將，部署兵馬，準備渡河出擊，由於錯估後金軍隊不敢渡河，擬令部將羅萬言帶哨卒過河誘敵前來，再以精銳騎兵襲擊，予以重創，此一荒謬計畫立即爲眾將所否定，始爲作罷。〔註199〕後金軍隊一渡河，就直撲兵力單弱的西平堡，由李永芳指揮攻城，50,000多人馬團團圍城，21日中午，西平堡陷落，守將羅一貫殉職，守城3,000明兵全數被殲，全城血洗一空。〔註200〕西平堡剛破，後金尚未及清理戰利品，已發現大隊明兵正向此移動，這些正是熊廷弼與王化貞派來的援兵。後金兵圍西平時，熊廷弼在右屯，聞訊，立即發令箭督促王化貞支援西平，王化貞只得令劉渠盡撤鎮武兵而前往解圍，此外又聽信心腹孫得功建議，盡發廣寧兵，以孫得功爲先鋒，與祖大壽會石守禦閭陽驛的祁秉忠所部，共30,000餘人，欲前往解西平之圍。〔註201〕

後金軍隊發現明援軍之後，努爾哈齊立即下令整隊迎戰，發起攻擊，此時，孫得功揮軍分左右翼，以劉渠上陣，自己則退至陣後高呼兵敗，策馬急馳先逃，副將鮑承先緊隨其後。明軍見主帥已逃，無心作戰，一哄而散，四面潰退，正在交戰的劉渠聽得陣後嘩然，無心戀戰，拔馬而奔，隨潰兵而逃，後金軍隊乘勢追疫，至沙嶺（廣寧南西平附近）大肆圍殲明軍，三萬餘援軍全軍覆沒。〔註202〕

努爾哈齊仍懷疑孫得功趕回廣寧以獲王化貞，將廣寧城與王化貞一起獻給後金的誠意，故而令部隊屯駐沙嶺，遣游擊哨探聽消息以靜觀廣寧之變。

〔註197〕顧祖禹，《讀史方輿紀要》（臺北：新興書局，民國56年6月一版），卷三十七〈山東〉，頁7～8，總頁767。
〔註198〕《滿文老檔》，〈太祖朝〉，卷三十三，頁304，謂：「二十日寅時，自牛莊啓行，辰時渡遼河，守渡口之明兵見我渡河之兵，即遁走，我軍追其逃兵，至沙嶺城，明兵入城。」
〔註199〕谷應泰，《明史紀事本末補遺》（上海：古籍出版社，1994年10月第一版），頁359。
〔註200〕《清太祖武皇帝實錄》，卷四，頁43。
〔註201〕計六奇，《明季北略》，卷二〈廣寧潰〉，頁105～109。
〔註202〕王在晉，《三朝遼事實錄》，卷七，頁14～15；卷八，頁1，總頁201。

孫得功逃回廣寧，公開散布謠言，益發促使人們慌亂逃亡至山中避難，許多士兵亦紛紛自城上墮下逃命，廣寧迅速成爲一座危城。孫得功封閉府庫及火藥庫，準備迎接努爾合齊進城。〔註203〕值此千鈞一髮之際，身爲巡撫的王化貞仍然蒙在鼓裏。22 日凌晨，剛起床閱覽軍書，突然參將江朝棟未經允許而擅自闖進其臥室，王化貞厲聲呵斥，江朝棟顧不得禮儀，急上前拉住王化貞而大呼情況危急，王化貞頓時嚇得不知所措，江朝棟挾起他往外走，直奔馬舍牽馬，偏偏馬亦被叛兵竊去，幸有忠心將領送來馬匹，遂匆匆逃亡出城，棄廣寧不守。遼東巡按方震儒聞悉王化貞已逃，亦連忙單騎西逃。〔註204〕

　　王化貞逃經大凌河（遼寧錦縣），正巧遇上熊廷弼。當熊廷弼聽到西平堡、沙嶺慘敗消息時，急忙引 5,000 兵馬離右屯入援，駐閭陽驛監軍許愼言曾力言救廣寧以計叛將，僉事韓初命反對此議，力阻前往廣寧，熊廷弼竟率眾退還，行至大凌河，巧遇王化貞，此情此景，王化貞一見熊廷弼，不禁痛哭失聲。熊廷弼卻冷笑一聲，「六萬眾一舉蕩平，竟何如？」〔註205〕王化貞羞愧不能答。稍後，向熊廷弼請問如何守衛寧遠及前屯，廷弼以兵潰之際無人肯於固守而拒答，但能保護百萬生命入關而不被敵人擄去亦足矣，遂將自己所率 5,000 人馬交予王化貞指揮殿後，自己則與韓初命等引領百姓入關，在撤退過程中，並下令清野，盡焚明軍與地方政府的倉儲與設施。〔註206〕

　　從王化貞棄守廣寧，至全面撤退進關，其愚昧錯誤固不待言，然而熊廷弼亦不能謂爲全然無誤。首先，未能迅赴廣寧予以堅守，當廣寧於危急之際，卻採納韓初命的意見而未去救援，以當時城內尚有 16,000 守軍而言，〔註207〕即使敵至城下，未必可攻而入，廷弼如赴援，則王化貞未必棄守廣寧。以廷弼所犯此一錯誤，似可推測出廷弼仍以與王化貞意氣之爭爲心中死結，坐看王化貞失敗將逞一時之快，更足以證明自己之軍事布局遠較王化貞高明。觀乎此，實不得廷弼無過失。其次，廷弼放棄關外，致使河西之大片土地落入後金之手，使京師東大門的山海關暴露於敵前。廣寧雖然失守，遼西仍有錦州、寧遠、中前、中後等多處要塞，彼此又相距甚近，便於互相應援，又離山海關甚近，隨時可得接應，熊廷弼慮不及此，將軍民一體撤出關外，

〔註203〕談遷，《國榷》，卷八十五，頁 5200～5201。
〔註204〕王在晉，《三朝遼事實錄》，卷七，頁 14～15，總頁 178。
〔註205〕《明史》，卷二五九〈熊廷弼傳〉，頁 6703。
〔註206〕同註 205。
〔註207〕王在晉，《三朝遼事實錄》，卷七，頁 14～15，總頁 178。

並將明於此一地區之儲積付之一炬，使朝廷遭受嚴重損失。當廣寧存在，尚可謂遼西完整，遼東恢復有望，廣寧一經失去，實際上就等於失去遼西，恢復遼東更為遙遙無期，等於斷去京師一條肩臂。廣寧失守後，改任遼東經略的王在晉指出：

> 遼東局勢，一壞於清河，撫順，再壞於開原、鐵嶺，三壞於遼陽、瀋陽，四壞於廣寧。初壞為危局，再壞為敗局，三壞為殘局，至於四壞，捐棄全遼，則全局之可布矣。逐步退縮至於山海關，此後再無一步可退。〔註208〕

明朝失去廣寧的重要性可想而知。

　　縱觀廣寧之陷，實乃由於王化貞恃西虜應援，相信李永芳將會內附，自詡 60,000 兵可蕩平遼東，結果卻證明全為空想；至於熊廷弼所建議之三方布置策，以守為戰，聯絡朝鮮，編練流民，卻因為受到王化貞的掣肘而致計不得行，甚至於連其進退亦為王化貞所左右，廣寧既失，廷弼竟至罪不可赦矣！

〔註208〕王在晉，《三朝遼事實錄》，卷八，頁 1，總頁 201。

第八章　熊氏之冤死及其評價

第一節　廣寧失守後之廷議

　　廣寧失守，遼西潰退，此一訊息震驚明廷，熊廷弼即於二月二日自山海關上奏，表示自己「辜負聖恩，已在不赦之科矣，臣回關之日，擬即檻車赴闕，以候誅戮。」然而熹宗批復「戴罪守關，立功自贖」，〔註1〕似仍願給予其一次立功贖罪的機會，熊廷弼與王化貞兩人在山海關以自贖的態度，實心任事，頗爲用力。

　　然而，朝廷內部或出於不同派別利益之考量，或出於私人之間恩怨之計較，不久之後，即紛紛追究起熊廷弼與王化貞失疆的責任來。首先發難者爲兵科都給事中蔡思允，奏請懲治熊廷弼、王化貞及高出、胡嘉棟等人罪狀：

> 封疆之臣當死封疆，乃賊甫渡河而喪師失律，賊來攻城而抱頭委棄，王化貞何辭以解？熊廷弼調度在手，功罪同域，不能貫而前，兵保危城，先去以爲民望法當興。撫臣主生，若道臣高出、胡嘉棟畚謈鼓之誅，慣作偷生之態，則又法難需待者也。得旨年來，法紀不行，邊臣偷玩，遇敵逃奔，罪在不赦，經撫姑戴罪候處，高出、胡嘉棟已經再逃，著錦衣衛挐解來京究問，其餘道將著張鶴鳴會同王象乾嚴查明白處置。〔註2〕

御史江秉謙上疏，彈劾張鶴鳴的罪狀在熊、王之上，同時還爲熊廷弼辯護：

〔註1〕《明熹宗實錄》，卷十九，頁11380。
〔註2〕《明熹宗實錄》，卷十九，頁11380。

熊廷弼受經略之寄，出關之後，於王化貞必不用命之際，當明告皇
上以如此，則廣寧能守，臣能戮力行間，不如此則廣寧必不能守，
亟爲謝事，庶無負任使，而徒因循歲月。大軍既潰，爲法受惡，廷弼
其何辭焉？王化貞專恃西虜……奴騎長驅，六萬進取之兵何以望陣
而逃？雖有百口，難逃斧鉞矣。張鶴鳴咆哮剛愎，雠視言官，力主
騎戰，困廷弼於右屯，聽化貞於三岔，廣寧失陷，中樞謂，何豈宣
捷則受賞，潰師則無罪乎？……是化貞之敗，中樞誤之……。〔註3〕

江秉謙乞亟置張鶴鳴於法，然而熹宗以張鶴鳴方行邊，不當輕詆，故而奪其
俸半歲。給事中劉弘化亦爲廷弼辯護而受到奪俸三個月的處分。〔註4〕

江秉謙雖受打擊，仍然不放棄努力，繼續上疏：

鶴鳴一入中樞，初不過鹵莽而無遠識，既乃至兇狠而動機。明知西
部間諜俱虛，戰守參差難合，乃顧自欺以欺朝廷。何處有機會？而
曰機會可乘。日渡河？而曰渡河必勝。既欲驅經略以出關，而不肯
付經略以節制；既欲置廷弼於廣寧，而未嘗移化貞於何地。破壞
封疆之罪，可置弗問哉？且化貞先棄地先逃，猶曰功罪相半。即此
一言，縱寸斬鶴鳴，不足贖其欺君誤國罪，乃猶敢，口定他人罪案
耶？〔註5〕

然而畢竟心有餘而力不足，無法撼動張鶴鳴。

廣寧兵敗，張鶴鳴畏罪，故意捏造熊廷弼所推薦爲登萊監軍僉事的佟卜
年通敵，以加重熊廷弼的罪名。爲佟卜年據理申辯者以顧大卓最爲賣力，然而
孤掌難鳴，最後卜年仍以大辟而死於獄中。〔註6〕熊廷弼的罪亦因此而加深。

太僕少卿滿朝薦則疏論王化貞之無謀與張鶴鳴「深求奸細」用意之不
當：

廣寧之變，起於王化貞之誤信西部，取餉金以啖插而不給卒伍，以
故人心離散。敵兵渡河，又不聞西部策應，遂至手足無措，抱頭鼠
竄，亦事發倉卒，未聞有何人獻送之說也，深求奸細，不過爲化貞
卸罪地耳。〔註7〕

〔註3〕《明熹宗實錄》，卷十九，頁11381。
〔註4〕《明熹宗實錄》，卷十九，頁11381。
〔註5〕《明史》，卷二四六，列傳第134〈江秉謙傳〉，頁6377。
〔註6〕陳鼎編，《東林列傳》（上），〈顧大章傳〉，頁18～19。
〔註7〕《明史》，卷二四六，列傳第134〈滿朝薦傳〉，頁6375。

二月十一日，大理寺少卿馮從吾、太常侍少卿董應舉、太僕寺少卿何喬遠三人聯名上疏，要戎逮捕熊廷弼與王化貞以申國法。〔註8〕13日，熹宗批准逮捕王化貞，卻將熊廷弼革職，回籍聽候處理。熊廷弼擔心一離開京師，若受到政敵攻擊，則罪加於己身，故而寧可留在京師以隨時辯駁種種誣陷之詞。〔註9〕由於憤恨是非顛倒，熊廷弼自請逮捕，其疏有云：

> 撫臣手蹟具在，進兵是其虛聲，且使化貞死守不逃，臣安敢不救廣寧？即化貞逃，不到閭陽，臣安敢去閭陽一步？而以倡逃殺臣，死不服。〔註10〕

四月，刑部尚書王紀、左都御史鄒元標、大理寺卿周應秋等會審熊廷弼、王化貞。熊廷弼自詣詔獄，言其「起自田間，復任經略，原議駐紮山海，無駐紮廣寧之命。廣寧失守，罪在化貞。」其辭色甚倨。王化貞則長跪痛哭，言其「苦惟自知」，袖取一揭遞上，王紀等好言安慰，熊廷弼自請下詔獄。〔註11〕

參加平議之法司共28人，其中多有寬議熊廷弼者，員外郎顧大章因為憐惜熊廷弼之才，議貰之以責後效，援引「議能議勞」例，遂主張王化貞宜誅而熊廷弼宜論戍。其謂「誅心則廷弼雖末減，論事則化貞實罪魁，兩人不當同科」時以為允。〔註12〕然而，四月七日刑部尚書王紀、左都御史鄒元標、大理寺卿周應秋等三人奏上獄辭，竟然定熊廷弼與王化貞同為死罪：

> 皇上拔化貞於監軍，起廷弼於田間，可謂非常寵遇矣。夫士為知己者死，兩人頗以豪傑自負，宜感恩圖報，同心協力，不濟則以死繼之。不虞其盛氣相加，舉河西拱手讓人，竟以一逃結局也。化貞全不知兵，用虜而反為虜用，用間而反為間用；叛逆如孫得功輩，日侍左右而不悟，惟大言自詡渡河決戰……。化貞有憂國之心，無謀國之智，事已至此，安所逃罪？宜伏上刑，以正厥辜。〔註13〕

對於王化貞之評價以其有憂國報國之志而卻無治國之才能最為結論。然而對於熊廷弼的評價卻要苛刻得多：

> 若廷弼才識氣魄，睥睨一世，往年鎮遼而遼存，去遼而遼亡，關係

〔註8〕《明熹宗實錄》，卷十九，頁11384。
〔註9〕《明熹宗實錄》，卷十九，頁11380。
〔註10〕清・查繼佐撰，《罪惟錄》，〈熹宗本紀〉，頁11。
〔註11〕清・谷應泰，《明史紀事本末補遺》，卷二，頁1434。
〔註12〕陳鼎編，《東林列傳》（上），〈顧大章傳〉，頁18～19。
〔註13〕同註11。

似亦非小。再起經略，廷略居然以衛、霍自許，人亦莫不衛、霍廷弼也。其初出春明門，即有三方控扼之旨，識者已知其無意廣寧矣。抵關以後，言我兵不宜浪戰，西虜不足盡信，語語左卷，料事之智，遠過化貞。獨剛愎性存，堅不可破。以爭毛文龍功罪一事，開釁化貞，水火之形既分。玄黃之戰遂力，而秣馬屬兵，悉置度外。……使廣寧告急之日，廷弼肯卷甲疾趨，提一劍以戡禍亂，或堅壘固守右屯，收餘燼以圖恢復，轉敗爲天，死且不朽。計不出此，先奔山海，即有蓋世之氣，亦不足以贖喪師失地之罪矣。乃會鞫之日，廷弼猶刺刺不伏，胡不引從削經略觀之也。比之楊鎬更多一逃，比之袁應泰反欠一死矣！若厚誅化貞而少寬廷弼，罪同罰異，非刑也。

宜用重典，以儆將來。〔註14〕

熹宗皇帝批准此分判決書，朝廷已將廣寧失守之責任完全推給熊廷弼與王化貞兩人，至於樞臣張鶴鳴等人處處破壞熊廷弼的戰略，不斷挑撥加劇熊、王二人間之矛盾衝突，造成嚴重之後果，則隻字不提而毫無追究，熊廷弼終究無可避免成爲政治鬥爭下的犧牲品。

第二節　魏忠賢之誣陷

宦官以「刑餘之人」供役於內廷，自古以來爲世所輕，士大夫一向不恥與相交。明代宦官組織龐大，中葉以後，司禮監的權力日增，〔註15〕外廷不

〔註14〕《前揭書》，頁 1434～1435。

〔註15〕張治安著，《明代政治制度研究》，〈宦官權勢之發展及其與內閣之關係〉（臺北：聯經初版，民國 81 年），頁 207～235，內中對於宦官權勢之發展有所介紹：明太祖初年置中書省，設左右丞相以出納帝命，助理萬機。洪武十三年，太祖藉口丞相胡惟庸謀反，廢中書，罷丞相不設，以中書之政歸於六部，中書未廢之前，百司章奏，由丞相綜合整理，分別事情輕重緩急而簽署意見，請旨施行。丞相既廢，九卿直承天子，無任何承轉機構總持其間，而國家政務一日萬機，實非君主一人所能兼顧，故需輔佐謀議之人，先後有四輔官、殿閣大學士之設置。成祖即位以後，命翰林儒臣入值文淵閣參預機務，以其授餐大內，故名內閣；仁宣之後，令內閣閣臣「凡中外奏章，許用小票墨書，貼各疏面以進，謂之條旨，中易紅書批出。」此即所謂票擬制度，其影響有二：（一）天子怠政，宴居深宮，「文書房」成爲本章出納之地。（二）造成宦官批紅之惡政，司禮監權兼君相，成爲「太上內閣」。司禮監之得以影響皇帝決定，干弄政權，乃因其能先閱章奏及票擬內容，而皇帝閱覽本章時又侍立帝側，章疏既已先作暗記，故可相機施以影響力量，尤其可以代替皇帝批紅。

論內閣與吏部，其事權之運作，每每需藉內廷大璫之力，否則內外水火，凡事必窒礙難行，此即爲以張居正之幹才猶不能不引司禮監馮保爲奧援的根本原因。〔註16〕

光宗泰昌（1620）至熹宗天啓初年（1621），東林黨的劉一燝、葉向高、韓爌相繼入閣主政，鄒元標、趙南星、高攀龍、孫愼行等東林名流或布列台諫，或身任七卿，一時「眾正盈朝」，可謂是東林聲勢最盛的黃金時代。此時由東林當政，開始進入朝廷權力中心，東林與司禮監的直接接觸增加，身爲外廷首要人物的東林領袖與內廷首璫的司禮太監相處，成爲首要之務。〔註17〕

東林與司禮太監的正式結納乃在於光宗即位以後，當時的司禮首璫是王安。王安初爲馮保名下之一名宦官，萬曆二十二年（1594）因陳矩的推薦而成爲皇長子伴讀。當時鄭貴妃謀立自己之子，頗爲不利於皇長子常浩，王安力爲調護。神宗死，光宗的順利登基，實由楊漣、左光斗與王安合力調護居於首功。故泰昌改元，王安即擢司禮監秉筆太監，光宗待其甚厚。〔註18〕

東林與王安的結交，乃由東林謀士汪文言居中促成。汪文言爲南直歙縣人，初爲縣吏，智巧任術。萬曆末年，東林黨人于玉立遣其入京刺事，輸貲爲國子監生，後以工書授中書舍人。汪文言入京以後，即廣交京中士大夫，並用計破齊、楚、浙三黨連橫之勢。王安爲東宮伴讀期間，文言知其爲人剛直持正，遂投爲王安之賓客而傾心結納。光宗即位，王安擢爲秉筆太監後，汪文言屢請王安勸光宗行善政，王安幾無不聽，其以助東林行善政而爲時論

司禮監爲明宦官 12 監中最貴者，因有批紅之權緣故，掌印太監與秉筆太監又爲最有權力者；清，谷應泰撰，《明史紀事本末補遺卷五》，〈宦官賢奸〉（台北：中華書局，1977 年 2 月第一版），頁 1595〜1596。

〔註16〕《明史》，卷三〇五，列傳第 193〈宦官二〉，〈馮保傳〉，頁 7800〜7803，謂：「馮保，深州人。嘉靖中，爲司禮秉筆太監，隆慶元年提督東廠兼掌御馬監事，時司禮掌印缺，保以次當得之，適不悦於穆宗，大學士高拱薦御用監陳洪代，保由是疾拱。及洪罷，拱復薦用孟沖，沖，故掌膳監者，例不當掌司禮，保疾拱彌甚，乃與張居正深相結，謀去之。會居正亦欲去拱專柄，兩人交益固。穆宗得疾，保密屬居正預草遺詔，爲拱所見，面責居正曰：「『我當國，奈何獨與中人具遺詔？』居正面斥謝過。」拱益惡保，思逐之。穆宗甫崩，保言於后妃，斥孟沖而奪其位，又矯遺詔令與閣臣同受顧命，及帝登極，保升立寶座旁不下，舉朝大駭。保既掌司禮，又督東廠，兼總內外，勢益張……居正固有才，其所以得委任專國柄者，由保爲之左右也。

〔註17〕 林麗月，〈「擊內」抑或「調和」？……試論東林領袖的制宦策略〉，《國立臺灣師範大學歷史學報》，第 14 期，民國 75 年 6 月出版。

〔註18〕《明史》，卷三〇五，列傳第 193〈宦官二〉，〈王安傳〉，頁 7815。

所稱，都給事中楊漣、御史左光斗尤其看重。〔註 19〕這是萬曆以來東林首次在外廷與內廷同時擁有最大的影響力。

　　光宗在位一月而崩，熹宗即位，宦官魏忠賢與熹宗乳母客氏逐漸用事，〔註 20〕王體乾爲奪王安司禮掌印之位，搆謀陷害王安，魏忠賢乃嗾使給事中霍維華劾論王安，降王安爲南海子淨軍，不久即殺之。〔註 21〕王體乾遂得司禮掌印，內廷諸璫李永貞、石元雅、涂文輔等均成爲魏忠賢羽翼，其勢日盛。此時葉向高爲首輔，韓爌爲次輔，鄒元標、趙南星、高攀龍、孫愼行等位列七卿，左光斗、魏大中、黃尊素等在科道，東林盈朝，力持清議，數論魏忠賢與客氏不法，已經使魏忠賢深恨；〔註 22〕而萬曆末年以來「挺擊」、「紅丸」、「移宮」三案之爭，與東林意見相左者，皆被目爲邪黨，當天啓初年東林勢盛之時，反東林者廢黜殆盡，遂轉而倚附魏忠賢以與東林對抗。《明史》〈閹黨傳〉云：

　　　明代閹宦之禍酷矣，然非諸黨人附麗之，羽翼之，張其勢而助之攻，
　　　虐燄不若是其烈也。〔註 23〕

此語極爲中肯，魏忠賢的勢張，除熹宗寵信之外，最大關鍵即在於反東林的士大夫倚附魏忠賢所導致的結果。由於東林堅持「君子」、「小人」之辨，楊漣等人所攻擊者非僅限於魏忠賢、客氏二人而已，亦及於魏廣微、顧秉謙、崔呈秀等附璫的士大夫。此一作法正是把東林所說的小人大力推向魏忠賢的陣營之中，反而助長魏忠賢的勢力。東林領袖如此重視士大夫的君子小人之辨，而痛惡首尾兩端的鄉愿，但仍不免主觀的好惡區別士人品類，在現實政

〔註 19〕陳鼎編，《東林列傳》（上），卷三，頁 7～8；《明史》，卷三○五，列傳第 193
　　　　〈王安傳〉，頁 7815。
〔註 20〕《明史》，卷三○五，列傳第 193〈宦官二〉，頁 7816，〈魏忠賢傳〉，謂：「魏
　　　　忠賢，肅寧人，少無賴，與群惡少博，不勝，爲所苦，恚而自宮，變姓名曰
　　　　李進忠。其後乃復姓，賜名忠賢云。忠賢自萬曆中選入宮，隸太監孫暹，
　　　　夤緣入甲字庫，又求爲皇長孫母王才人典膳，諂事魏朝，朝數稱忠賢於安，
　　　　安亦善遇之。長孫乳媼曰客氏，素私事朝，所謂對食者也。及忠賢入，又通
　　　　焉，客氏遂薄朝而愛忠賢，兩人深相結。光宗崩，長孫嗣立，是爲熹宗。忠
　　　　賢、客戶並有寵，未踰月，封客氏奉聖夫人，廕其子侯國興、弟克光先及忠
　　　　賢兄釗俱錦衣千戶。忠賢尋自惜薪司遷司禮秉筆太監兼提督寶和三殿，忠賢
　　　　不識字，例不當入司禮，以客氏故，得之。」
〔註 21〕同註 18。
〔註 22〕《明史》，卷三○五，列傳第 193〈宦官二〉，〈魏忠賢傳〉，頁 7817。
〔註 23〕《明史》，卷三○五，列傳第 194〈閹黨二〉，頁 7833。

治中務爲好同惡異，此一嚴別品類的「君子」、「小人」二分法，不僅失之過激，且使東林樹敵漸多，對於東林整體發展頗爲不利。倪元璐曾表示，東林「繩人過刻，持論太深」，〔註24〕《明史》〈魏允貞傳〉謂東林「毀者不必不賢而怒斥之，惡其與己異也。」〔註25〕皆是相當中肯的批評。

史稱魏廣微之所以恨東林，始則因趙南星常歎曰：「見泉無子」，見泉即魏廣微之父魏允貞，與趙南星爲至交，南星以廣微陰狡，不肖其父，故言「見泉無子」。既則葉向高去國，魏廣微入閣柄政，三度造訪南星，南星皆閉門不見，魏廣微以是益恨東林。〔註26〕顧秉謙則是因爲楊漣劾魏忠賢二十四大罪疏中有「門生宰相」一語刺己，因而深恨東林。〔註27〕不久連續遭受給事中

〔註24〕陳鼎編，《東林列傳》（上），卷八〈倪元璐傳〉，頁3，謂：「倪元璐，字玉汝，浙江上虞人，生而穎異，弱冠舉於鄉。天啓二年成進士，選翰林院庶吉士，尋授編修，與少詹事黃道周同名。時逆瑾魏忠賢用事，獻媚者至以忠賢享瞽宗，配食孔子。七年，元璐典試江西，獨以皜皜乎不可尚，已命題，逆瑾恚甚。會烈皇帝御極而瑾敗，故免，海內益以此重之。瑾既磔死，餘當猶據要津，欲禁錮林下諸賢，乃力攻東林，又創爲孫黨、趙黨、熊黨、鄒黨之目，以一網清流。元璐憤甚，抗章極論，首爲上別白言之，其疏曰：「臣聞持世不平則陰陽之戰起，論人失實則舉措之道乖，臣見在廷章奏，凡攻崔魏者必與東林並稱邪黨，夫以東林爲邪黨，將復以何名加諸崔魏？崔魏而既邪黨矣，向之首劾忠賢直彈呈秀者，又邪黨乎哉？夫東林，天下之才藪也，其所宗者，大都樹高明之幟，而或繩人過苛，持論太深，謂非中行則可，謂非狂狷則不可。」

〔註25〕《明史》，卷二三二〈魏允貞傳〉，頁6067。

〔註26〕陳鼎編，《東林列傳》（下），〈趙南星傳〉，頁9～10，謂：「趙南星，字夢白，直隸高邑人，九歲稱神童，21舉於鄉，25成進士，蓋萬曆二年也，授汝寧府推官，擢戶部主事。……南星之爲吏部也，屢起屢蹶，家居30年，位不過郎署，與邢部鄒元標、吏部顧憲成，海內比為三君子。熹宗即位，即家起太常少卿左通政尋轉太常卿，明年陞工部右侍郎，皆不拜奉詔，切召，乃就職。甫一月，即陞左都御史，明年佐主京察……南星以清望調兵部……魏廣微者，其父允貞，南星同好也，素以通家子畜之，不少假借，乃廣微以同姓嚴事忠賢，倖致揆地，而南星待之益峻。每歎曰：「見泉無子。」見泉者，允貞號也，他日，廣微三至求見，門者曰：「休矣！」將脫幘而寢，廣微怒曰：「屏我耶，人可，官不可也，恨刺骨，與忠賢比而囑南星。」《明史》，卷三〇六，列傳第194〈閹黨〉，〈魏廣微傳〉，頁7843～7844：魏廣微，南樂人，侍郎允貞子也，萬曆三十二年進士，由庶吉士任南京禮部侍郎。魏忠賢用事，以同鄉同姓潛結之，遂召拜禮部尚書，以原官兼東閣大學士。

〔註27〕《明史》，卷三〇五，列傳第194〈閹黨〉，〈顧秉謙〉，頁7843：顧秉謙，崑山人，萬曆二十三年進士，改庶吉士，累官禮部右侍郎，教習庶吉士。天啓元年晉禮部尚書，掌詹府詹事，二年，魏忠賢用事，言官周宗建等首劾之，忠賢於是謀結外廷諸臣，秉謙及魏廣微率先諂附，霍維華、孫杰之徒從而和之。

魏大中、御史李應昇參劾，魏廣微與顧秉謙乃「決意傾善類」，於是進「縉紳便覽」一冊，將葉向高、韓爌、繆昌期、趙南星、高攀龍、楊漣、左光斗、魏大中、黃尊素、李應昇等百餘人列爲邪黨，使魏忠賢據此爲黜陟。魏忠賢從此得內閣爲其羽翼，其勢益張。〔註28〕東林的「君子」「小人」之辨，最後走向黑白區別過甚的方向，正如同陸隴其所言，致使小人「無地自容」、「窮而思逞」。故而魏忠賢的勢盛，除熹宗寵信之外，朝臣的阿附亦是重要原因，而朝臣之所以阿附，東林對於君子與小人之分別過激，實應負起大部分責任。

天啓一朝的魏忠賢，已非萬曆、泰昌時代的內璫可比，其權勢非東林所能及，一方面與此時外廷情勢有關，另一方面亦與君權變化有關。就外廷情勢而言，天啓朝外廷官僚與魏忠賢的聯合堪稱空前，這些倚附魏忠賢的士大夫都是前此與東林相左而曾經被黜的官僚，閹黨勢力的膨脹，自然使東林聲勢逐漸不敵。〔註29〕而外廷的群附內璫，是萬曆朝所沒有的現象。明人計六奇曾指出：

> 攻東林者，當神廟時，群璫無權，未有內通者，自崔呈秀輩奉忠賢爲主，而所以媚璫者，無所不極矣。〔註30〕

這種轉變一方面固然是明末士大夫道德的墮落，另一方面卻也是東林當政期間抨擊「小人」所激成的後果。外廷情勢遍化，使東林日益孤立，陷入困境。就君權方面而言，熹宗的童昏怠政，使其所擁有的君權力量既不如在位只有一個多月的光宗，更遠不及威柄自操的神宗，所以此時兼掌司禮秉筆與東廠的衛忠賢可以大權在握，使內廷首璫權力遠在前此的王安之上。〔註31〕天啓

明年春，秉謙、廣微遂與朱國禎、朱延禧，俱入參機務。七月，晉太子太禳，改文淵閣，十一月晉少保，太子太傅，五年正月晉少俯、太子太師、吏部尚書、改建極殿，九月晉少師，其爲人庸劣無恥。「國家最重無如枚卜，忠賢一手臥定，力阻首推之孫愼行、盛以弘，更爲他詞以錮其出，豈眞欲門生宰相乎？大罪五。」

〔註28〕 《明史》，卷三〇五，列傳第193〈宦官二〉，〈魏忠賢傳〉，頁7817～7819；《明史》，卷三〇六，列傳第194〈閹黨〉，頁7844。

〔註29〕 《明史》，卷三〇六，列傳第194〈閹黨〉，頁7833～7874。

〔註30〕 計六奇，《明季北略》，〈魏忠賢混亂朝政〉，頁136～138。

〔註31〕 《御批歷代通鑑輯覽》，卷一一三，頁9：「閹豎之禍，至忠賢而最烈，然非有外廷無恥之徒，爲之羽翼，縱呈鬼魅之技，恣豹狼之心，亦不能如此肆行無忌。乃魏廣微以閣臣率先諂附，面目靦然，崔呈秀因贓罪被糾，冀作逋逃淵藪，遂甘爲義子，醜賄求容，創千古未有之局。」

初年東林雖入主內閣，但旨從中出，首輔與閣臣票擬常被改易，閣權幾已蕩然。天啓一朝的改票與中旨，其實都是魏忠賢、王體乾諸璫假借君主的名義一手爲之，魏忠賢等人所掌握的正是君權，中旨只是假借君權以行權璫之私，〔註32〕是故東林領袖葉向高終於「以時事不可爲」連上 20 餘疏乞歸而去。

　　魏忠賢於天啓三年（1623）冬，開始以司禮監秉筆太監兼掌東廠，在此之前，魏忠賢已自惜薪司遷司禮監秉筆太監兼提督寶和三店兩年之久。以魏忠賢之不識字，按例不可入司禮，其所以能破例入爲司禮秉筆，乃因熹宗乳母客氏之故。史稱客氏「淫而狠」，魏忠賢之殺王安，最初曾經猶豫不忍，客氏卻以言語激他，使魏忠賢因而下定決心。天啓初年（1621），東林論客氏者頗多，例如御史周宗建、侍郎陳邦瞻、御史馬鳴起、給事中侯震暘、倪思輝、朱欽相、王心一皆曾先後疏論客氏，然而尚未論及魏忠賢。天啓二年（1622）初，刑部主事劉宗周首劾魏忠賢，熹宗大怒，欲罪謫劉宗周，後賴大學士葉向高救免。〔註33〕天啓四年（1624），給事中傅櫆誣奏中書舍人汪文言，並及左光斗、魏大中，欲借汪文言獄大行羅織，因葉向高力救，只怪罪汪文言而已，魏忠賢的奸計並未得逞。接著李應昇、霍守典、劉廷佐、沈惟炳疏諫內操等事，皆遭受到魏忠賢矯旨詰責。於是副都御史楊漣憤甚，於六月癸未上「糾參逆璫疏」，彈劾魏忠賢二十四大罪，請誅魏忠賢。〔註34〕接著，大小九卿及南京陪都各部科道等官，皆上疏彈劾魏忠賢，凡七十餘章，其中如吏科都給事中魏大中〔註35〕、左僉都御史左光斗〔註36〕、太僕寺少卿周朝瑞〔註37〕、武庫員外郎顧大章等，〔註38〕都是攻擊魏忠賢最猛烈的人。東林

〔註32〕劉若愚，《酌中志》，卷十三〈本章經手次第〉，頁 68，謂：「每晨奏先帝覽文書時，逆賢（魏忠賢）、永貞、元雅、文輔先將應處、應點姓名、及應改票帖，俱托體乾口奏曰：「萬歲爺，某係門戶，該處，某票，某字當改，或從史先帝御筆親改。……而逆賢不識字，從來不批文書，不輪流該正，然頗有記性，只在御前贊揚附和，植黨徇私，或危言冷語，挑激聖怒。」

〔註33〕《明史》，卷三〇五，列傳第 193〈宦官二〉，〈魏忠賢傳〉，7816～7817。

〔註34〕〈前揭書〉，頁 7818。

〔註35〕陳鼎編，《東林列傳》（上冊），卷三〈魏大中傳〉，頁 11，謂：「大中與楊漣、左光斗首擊逆璫，南北各衙門交章應之。」

〔註36〕《前揭書》，卷三〈左光斗傳〉，頁 4～5，謂：「光斗與吏科魏大中尤以峭直見忌，璫魏忠賢方用事，亦心惡其不相下也……楊漣首疏忠賢二十四大罪，以示光斗，光斗力贊之，璫啣次骨。」

〔註37〕《前揭書》，卷三〈周朝瑞傳〉，頁 9，謂：「居官以清節著，在朝侃侃昌言，群小皆憚之。」

與魏忠賢的關係逐急遽惡化，而反東林者倚附魏忠賢者亦愈重，以致有「五虎」、「五彪」、「十狗」、「十孩兒」、「四十孫」之號，並紛紛獻上東林黨人名錄以取媚魏忠賢。〔註39〕楊漣之所以在天啓四年（1624）六月與魏忠賢決裂，實因當時東林主政，而客氏與魏忠賢之專擅不法日益昭顯，廷臣論者日眾，此時具疏請誅權璫，時機似乎已經成熟之緣故。

萬曆以來，朝臣爭京察及「三案」與熊廷弼廣寧失守下獄等事，本與魏忠賢無關，至此反東林黨群歸魏忠賢，而前此爭京察、爭「三案」者俱被指為「東林黨」，於是趙南星、高攀龍、楊漣、左光斗、魏大中、李邦華等先後數十人被斥逐，而魏忠賢及其黨猶未足，終於大興黨獄，血腥報復，東林遂入魏璫一網打盡之局。〔註40〕魏忠賢原本即與熊廷弼有所過節，當天啓二年（1622）二月，以廣寧失守之罪，王化貞被逮捕下獄，而熊廷弼聽勘回籍。四月，刑部尚書王紀、左都御史鄒元標、大理寺卿周應秋等，奏上獄詞，以熊廷弼與王化貞並論死罪。後當行刑，熊廷弼托汪文言為其向魏忠賢說情，並答應給予四萬兩白銀作為酬謝，事成之後，熊廷弼卻無力付出四萬兩白銀，引致魏忠賢之大恨，發誓要速斬熊廷弼。〔註41〕而今正好藉此機會利用熊廷弼來牽連楊漣、左光斗等人，刻意將熊廷弼與楊漣等人列為一黨，予以致命打擊。

魏忠賢前後掀起兩次大獄，第一次興起的大獄為因汪文言獄所逮死的楊漣、左光斗、魏大中、周朝瑞、袁化中、顧大章六人。汪文言於光宗、熹宗之際，外廷倚劉一燝，而王安居中，以次行諸善政，汪文言交關出力最多。魏忠賢既殺王安，府丞邵輔忠遂彈劾汪文言，褫其監生，既出京城，復逮下吏，得丈減，益遊公卿間，輿馬嘗填溢戶外。大學士葉向高用為內閣中書，魏大中及韓爌、趙南星、楊漣、左光斗相與往來，頗有跡可尋。會給事中阮大鋮與左光斗、魏大中有隙，遂與章允儒定計，囑咐傅櫆彈劾汪文言，並劾魏大中貌陋心險，色取行違，與左光斗、汪文言交往，肆為奸利，疏入，魏忠賢大喜，立刻下汪文言詔獄。〔註42〕

〔註38〕 《前揭書》，〈顧大章傳〉，頁 18～19，謂：「會王紀疏攻魏忠賢，璫黨謂疏出大章手，思有以陷之。」
〔註39〕 《明史》，卷三〇五，列傳第 193〈宦官二〉，頁 7821～7822。
〔註40〕 《前揭書》，〈魏忠賢傳〉，頁 7819。
〔註41〕 《明史》，卷二五九，列傳第 147〈熊廷弼傳〉，頁 6703。
〔註42〕 《明史》，卷二四四，列傳第 132〈魏大中傳〉，頁 6334。

　　天啓五年（1625）三月，魏黨梁夢環又彈劾汪文言，[註43] 初傅櫆參劾汪文言，已將汪文言逮問受杖，至是魏忠賢恨楊漣、左光斗至極，馮銓與霍維華、楊維垣、李魯生等密謀，謂魏忠賢興大獄，借汪文言口以殺楊漣、左光斗，特令梁夢環出此疏，從此緹騎遍地。[註44] 汪文言下獄之後，大理寺丞徐大化又提供意見給魏忠賢，以楊漣、左光斗等坐移宮罪，則無贓可指；若坐納楊鎬、熊廷弼賄賂，則封疆事重，殺之有名。[註45] 於是忠賢大喜，令許顯純嚴治汪文言罪，要其招認楊漣納熊弼貪贓情形。汪文言受刑不過，仰天大呼曰：「世豈有貪贓楊大洪哉！」備受五毒，終不承認。許顯純乃手作汪文言供狀，汪文言垂死，張目大呼：「爾莫妄書，異時吾當與面質。」許顯純即日斃之。楊漣、魏大中等逮至之後，無可質者，贓懸坐而已。[註46] 計許顯純捏造各人所受贓銀如下：楊漣、左光斗均為 20,000 兩白銀，魏大中 3,000 兩白銀、周朝瑞 10,000 兩白銀、袁化中 6,000 兩白銀、顧大章 40,000 兩白銀。[註47] 時為天啓五年七月二十六日。

　　當時為其掌詔獄者為田爾耕、許顯純、孫雲鶴、楊寰、崔應元等人。《明史》〈刑法制〉，對於魏忠賢時的詔獄慘況有所說明：

> 田爾耕、許顯純在熹宗時為魏忠賢義子，其黨孫雲鶴、楊寰、崔應元佐之，拷楊漣、左光斗輩坐獄，比較立根嚴督之。兩日為一限，輸金不中程者受全刑，全刑者，曰械、曰鐐、曰棍、曰拶、曰夾棍，五毒備具，呼暴聲沸然，血肉潰爛，婉轉求死不得。顯純叱叱自若，然必伺忠賢旨，忠賢所遣聽記者未至，不敢訊也。一夕，令諸囚分舍宿，於是獄卒曰：「今夕有當壁挺者！」壁挺，獄中言死也，明日漣死，光斗等次第皆鎖頭拉死。每一人死，停數日，葦席裹屍出牢戶，蟲蛆腐體，獄中事秘，其家人或不知死日。[註48]

當魏忠賢派出緹騎逮捕楊漣等人的同時，還吩咐田爾耕及東廠理刑官孫雲

[註43]　《明史》，卷三○六，列傳第 194〈梁夢環傳〉，頁 7855：梁夢環，廣東順德人，舉進士，歷官御史，父事忠賢，興汪文言獄，殺楊漣等。

[註44]　《明史》，卷三○六，列傳第 194〈閹黨〉，頁 7863～7864。

[註45]　《明史》，卷三○六，列傳第 194〈徐大化傳〉，頁 7865。

[註46]　《明史》，卷二四四〈魏大中傳〉，頁 6337。

[註47]　《明史》，卷二四四，列傳第 132〈楊漣傳〉，頁 6328；〈左光斗傳〉，頁 6332；〈魏大中傳〉，頁 6337；〈周朝瑞傳〉，頁 6339；〈袁話中傳〉，頁 6340；〈顧大章傳〉，頁 6342。

[註48]　《明史》，卷九十五，志第 71〈刑法制〉（三），頁 2338～2339。

鶴，要仔細緝查，不得讓楊漣等人放出探子，在京城「圖謀不軌」。因此之故，番役、錦衣衛紛紛出動，白天四處行走，盯著城裏來往的人；晚上則蹲在暗處以防不測。番役無意中瞥見操遼東口音的大漢投宿客棧，且與住在同一客棧的熊廷弼長子熊兆珪來往密切，並且跟監行蹤，知悉二人前往禁獄探望熊廷弼。後來此一大漢被捕，原來名叫蔣應暘，是熊廷弼在遼東時之部下，素來欽佩熊廷弼，知悉熊大公子在京城活動，便前來幫助一把，魏忠賢則以熊廷弼之子熊兆珪出入禁獄，陰謀難測，愈欲速殺熊廷弼。〔註49〕

魏黨門克新、郭興治、石三畏、卓邁等人則順承魏忠賢之意旨，請速誅熊廷弼。魏忠賢大喜，立刻傳旨行刑，以閣臣固爭，仍令俟秋後。〔註50〕適馮銓亦對熊廷弼不滿，則與顧秉謙等侍講筵，取出市刊《遼東傳》而進讒言於熹宗天啓皇帝，謂此書爲熊廷弼所作，以圖脫罪，熹宗大怒，遂以天啓五年（1625）八月將熊廷弼棄市，傳首九邊。〔註51〕熊廷弼死後，御史梁夢環謂其侵盜軍資17萬，御史劉徽謂其家資百萬，宜籍以佐軍。魏忠賢矯旨嚴追，罄貲不足，姻族家俱破。江夏知縣王爾玉責成廷弼之子交出貂裘珍玩，實在無從繳交，將要撻人，廷弼長子兆珪因此自刎而死，其母稱冤，王爾玉去其兩婢衣服而撻40下，遠近莫不羞憤。直至崇禎元年（1628），始詔免追贓，是年秋天，工部主事爲其訟冤，思宗不從。崇禎二年（1629）五月，大學士韓爌爲其伸冤，思宗始詔許其次子兆璧持廷弼之首級歸葬。〔註52〕

第三節　熊氏之冤死及其評價

熊廷弼基於現實與理智的考慮，其一生志業大體上仍以其遼東邊防的戰略思想爲中心，然後再拓展至其他層面。廷弼對於明末東北邊防的戰略思想實爲中肯切實，以其「堅守不浪戰」之主張與「三方布置策」之佈署，相較於巡撫王化貞之「輕舉妄戰」，高下之分立見。然而令人憾恨不已之處即由於此一正確戰略主張卻敵不過朝廷內部政治鬥爭，尤其敵不過傳統政治病源所在之「君主」制度。近人民張君勱曾經指出：

> 中國傳統政治之病源在於君主，以其一人巍巍在上，以一人之身，

〔註49〕《明史》，卷二五九〈熊廷弼傳〉，頁6703。
〔註50〕《明史》，卷三〇六，列傳第194〈閹黨〉，頁7859。
〔註51〕《明史》，卷二五九〈熊廷弼傳〉，頁6703。
〔註52〕《前揭書》，卷二五九〈熊廷弼傳〉，頁6703～6705。

縱有聰明才力，何能燭照天下事之是非利害？創業之際，如漢高、
光武、唐太宗、宋太祖之才略異乎尋常，用人處事各得其當。然而
後世繼體之君主爲人，力有未逮，勢必走下坡。……以君爲至上者，
其基礎狹小，限於一人之身，此一人若爲他人所制，則制度、法紀
與是非之標準，顛倒反覆，逆倫反常之事因而出現。〔註53〕

證諸晚明閹宦主掌國家大政之史實，張氏之見解實爲中肯。如魏忠賢透過熹
宗乳母客氏之關係，從甲字庫至惜薪司，再以一介文盲遷至司禮秉筆太監兼
提督寶和三廠，利用熹宗耽溺於斧鋸工藝而代擬聖批，獨揣聖意，隨心所欲
裁決一切。更有甚者，至天啓三年（1623）時，已發展至於對待皇家成員的
無情迫害。〔註54〕

　　當熹宗天啓二年（1626）二月，朝廷以廣寧失陷而逮捕王化貞時，熊廷
弼以聽勘回籍。四月，刑部尙書王紀、左都御史鄒元標、大理寺卿周應秋等，
奏上獄詞，以熊廷弼與王化貞並論死刑。後當行刑，熊廷弼托汪文言以 40,000
金賄賂內廷魏忠賢，祈求活命，然而事情過後，熊廷弼卻無法如先前約定，
贈予 40,000 金，魏忠賢因此大恨，發誓要速斬熊廷弼。〔註55〕天啓四年
（1624），給事中傅櫆誣奏中書舍人汪文言，並及左光斗、魏大中，欲以汪文
言獄大行羅織，由於葉向高力救，只怪罪汪文言而未及其他，使魏忠賢計未
得逞。隨即李應昇、霍守典、劉廷佐、沈惟炳疏諫內操等事，都遭受到魏忠
賢矯旨詰責。於是副都御史楊漣憤甚，遂於六月癸未上「糾參逆璫疏」，彈劾
魏忠賢 24 大罪，請求誅殺魏忠賢。〔註56〕魏忠賢又兼任東廠太監，深恨楊漣
上疏，切齒楚人，認爲非要以封疆之事加以羅織其罪狀不可。御史楊維垣誣
陷熊廷弼以廣寧失事，以輦金至京去行賄周朝瑞，十天之內上疏四次，顧大
章又創八議之說，又托汪文言屬楊漣、左光斗、魏大中、袁化中，各遺書求

〔註53〕張君勱，《中國專制君主政治之評議》，〈民主政治之開始〉（弘文館出版社出
　　　　版，民國 75 年 2 月），頁 465～466。

〔註54〕有關於衛忠賢對於皇家成員的無情迫害，谷應泰，《明史紀事本末》，〈宦官賢
　　　　奸〉，頁 1599，提及魏忠賢與客氏利用熹宗貪飲、好女色、病不親政的機會，
　　　　使得熹宗妃嬪蒙御幸者多不良死，裕妃以有孕傳封，矯詔勒令自盡。胡貴人
　　　　以南郊駕出之日暴卒。又欲危害母后張，授意廷臣劉志選、梁夢環等先彈外
　　　　家，微閣中調劑，中宮幾乎不免。

〔註55〕《明史》，卷二五九〈熊廷弼傳〉，頁 6703。

〔註56〕《明史》，卷三〇五〈魏忠賢傳〉，頁 7818；《明熹宗實錄》，卷四十三，頁 1，
　　　　總頁 13738。

解，遂決計殺熊廷弼以陷諸人。

因此，熊廷弼於天啓五年（1625）喪命於魏忠賢之手，由熹宗詔決於市，進而下令「傳首九邊」，〔註57〕適足以說明廷弼眞知卓見之邊防戰略被摧毀於皇權與宦權的糾結之中。根據《遼事述》對於熊廷弼之被殺經過有所說明：

> （八月）二十一日，文華殿講畢，輔臣丁紹軾，袖中出刊像《遼東傳》一冊以獻，因指爲妖書，合詞奏之。言官郭興治、門克新、石三畏等復上疏激帝怒，廷弼遂因而大辟。二十八日，五鼓有駕帖至，山東司主事張時雍聞之，以爲必斬廷弼，命獄官給之出，廷弼已覺。從容盥櫛、整衣而出，曰：「我大臣也，必當拜旨，豈得草草」？步至庭上，欲有所言。時雍迎之曰：「芝崗失陷封疆，應得一死，尚何言？」廷弼嘿然。時雍見其胸前懸一執袋，問曰何物？答曰：「此謝恩疏」。時雍曰：「公不讀李斯傳乎？囚安得上書？」廷弼張目熟視曰：「此趙高語也」。時雍詞塞，遂出斬於西市，傳首九邊。〔註58〕

《先撥志始》詳盡記載廷弼被殺的經過：

> 遼難之發，馮銓父子鼠竄南奔，書坊中有刊賣《遼東傳》者，內列〈馮布政父子奔逃〉一回，銓以爲大辱。先令卓邁上急宜斬廷弼之疏，遂於講筵袖出此傳，面奏請旨正法。閣中擬諭以進，王體乾等曰：「明係小馮欲殺熊家耳，與皇爺何與？」乃奉請御筆增入卿等面奏云云。先是忠賢語閣臣曰：「廷弼即議處決。」閣臣商度日中不決，黃立極曰：「此不過夜半片紙，即可了當矣。」從之。廷弼奉旨，從容更衣以出，腦前盛一小袋，內具辨冤疏。提牢主事張時雍問曰：「袋中何物？」熊曰：「辨冤疏也。」張曰：「君未讀李斯傳乎？囚安得上疏？」熊曰：「君未讀李斯傳耳。此趙高語也。」以疏稿授張。受刑後，傳首九邊。疏卒不果上。〔註59〕

廷弼雖然已死，但冤誣猶未停止，先是御史梁夢環謂廷弼侵盜軍資 17 萬；繼則御史劉徽謂廷弼家貲百萬，應籍沒其家以佐軍餉，魏忠賢矯旨嚴追，廷弼家產蕩盡，仍不足坐贓之數，姻戚族人因而被牽連者不在少數。江夏知縣王

〔註57〕《明熹宗實錄》，卷六十二，頁 22，總頁 13878，謂「熊廷弼棄市，命傳旨九邊示眾，仍追奪誥命，家屬人等既驅逐出境，不許潛往京師。」

〔註58〕《遼事述》，頁 41，總頁 680。

〔註59〕文秉，《先撥志始》，頁 1022～1034，《筆記小說大觀》，第 10 編，第 2 冊。

爾玉，威逼廷弼之子獻出貂裘珍玩，長子兆珪被逼迫自殺，〔註60〕死前留下血書給老母：

> 我家不知是前世冤、今世孽，父死法場，兒死縣獄，幼孤老寡，乞
> 覓無依……一贓至 17 萬，挫骨難還。我家出冊開田產以外，私囊無
> 有，只我母子方知，外人豈肯相信？況且父侵當初揭帖之時惱了同
> 鄉，至今日仇報說我家 70 萬還得起，叫上官如何不信？……一家中
> 手下人等，託在我父親身邊一場，只望著好，豈想有今日？將自己
> 身子賣銀子上贓，也是汝等主僕之誼。我死原非本意，我家事體倘
> 有明白之日，我冤當爲另訴。冤各有頭，我父子屈死即爲鬼，豈肯
> 甘心？此去當尋我父屍一堆，同爲屬鬼。我今冤氣沖天，斷不空然
> 一死，冤恨！冤恨！〔註61〕

滿腔委曲，冤氣沖天，實有不甘！

　　直至崇禎元年（1628），始免於追贓，而魏忠賢亦伏誅，此時爲熊廷弼申冤者上疏崇禎皇帝，如工部主事徐爾一於七月爲廷弼昭雪：

> 廷弼失陷封疆，至傳首陳屍，籍產追贓。而臣考當年第覺其罪無足
> 據，而勞有足矜也。廣寧兵 13 萬，糧數百萬，盡屬化貞；廷弼止援
> 遼兵 5,000 人駐右屯，距廣寧 40 里耳。化貞忽同三、四百萬潰民一
> 時盡潰；廷弼 5,000 人不同潰足矣，尚望其屹然堅壁哉！廷弼罪安
> 在？……所謂勞有足矜者：當三路同時陷沒，開、鐵、北關相繼奔
> 潰，廷弼經理不及一年，俄進築奉集、瀋陽；俄進屯虎皮驛；俄迎
> 扼敵兵於橫河上；於遼陽城下鑿河、列柵、埋砲，屹然樹金湯。令
> 得竟所施，何至舉榆口關外拱手授人？而今俱抹殺不論，乃其所由
> 必死則有故矣！其才既籠罩一時，其氣又陵屬一世，揭辯紛紛，致
> 攖眾怒，共起殺機。是則所由必殺其軀之道耳！……乞賜昭雪，爲
> 勞臣勸。〔註62〕

此疏雖然正義凜凜，理直氣壯，然而思宗卻囿於成見，不爲所動。崇禎二年（1629）四月，江西道御史饒京，請掩熊廷弼遺骸，閣臣票旨，令家屬收葬，崇禎帝不允。至閏四月，廷弼次子熊兆璧請求歸葬廷弼遺骸：

> 夫先臣有文武才幹，孤忠自許，徒以剛直不撓爲朋奸陷害。先人一

〔註60〕　《明史》，卷二五九，列傳第 147〈熊廷弼傳〉，頁 6704。
〔註61〕　《熊襄愍公全集》，卷十，頁 28～30。
〔註62〕　《明史》，卷二五九，列傳第 147〈熊廷弼傳〉，頁 6704～6705。

死而東人稱觴，天下傷之。乃賊臣梁夢環傾心附翼，猶加以身後之誅，冤贓鉅萬，凶焰一張，追比如虎，籍家百不及一，致臣兄熊兆珪刎死獄中，臣妹胡嘔血殞命，臣母陳白髮，繫辱縣庭，僮婢箠死十餘口。聖朝三百年來因事受法之臣未有如是之冤且慘者。今先臣之首，尚懸關門，殘屍久棄荒野，臣為人子，既不能同兄妹從父於九泉，又不能裹父屍而歸窀穸，安用生為？〔註63〕

一字一血淚，字字嘔心泣血，充分流露人子之一片至誠。

五月，大學士韓爌再疏為熊廷弼鳴冤：

廷弼遺骸至今不得歸葬，從來聞國法所未有，其子疏請歸葬，臣等擬票許之。……然使誅廷弼者按封疆失陷之條，偕同事諸臣一體伏法，廷弼九原目瞑。乃先以賄贓拷坐楊漣、魏大中等，作清流陷阱；既而刊書惑眾，借題曲殺。身死尚懸坐贓十七萬，辱及妻孥；長子兆珪迫極自刎，斯則廷弼死未心服，海內忠臣義士亦多憤慨竊歎者；特以封疆二字噤不敢訟陳皇上之前。……自有遼事以來，誆官營私者何算？廷弼不取一金錢，不通一饋問，焦唇弊舌，爭言大計。魏忠賢盜竊威福，士大夫靡然從風，廷弼以長繫待決之人，屈曲則生，抗違則死，乃終不改其強直自遂之性，致獨膺顯戮，慷慨赴市，耿耿剛腸，猶未盡泯。今縱不敢深言，而傳首已踰三年，收葬原無禁例，聖明必當垂仁。〔註64〕

此次鳴冤終為思宗所詔許，熊兆璧遂得以持首歸葬，為父親盡一分心力。

明朝內部對於遼東之邊防見解，除廷弼有較為完整的規畫以外，其餘則多為見樹不見林的局部考量。從神宗、光宗、至熹宗，對於遼東的軍事形勢及變化，幾乎均是一無所知，但憑邊官疏報，樞臣指點，隨波逐流而毫無主見。每當邊情危急時，則著急緊張一陣；等到時局稍緩下來，則苟且偷安，無復籌畫邊防之事。中國知識分子一向即具有強烈的批判意識，復以具有強烈的道德勇氣與社會責任意識而能夠忠於理想與維持批判性的態度。置身平常時期，是社會的良心，在非常時期則是社會的中流砥柱。廷弼內心深以岳武穆為效法之榜樣，明知直言遭禍，卻仍然以萬古綱常為重，百年社稷為憂，而置一身貧賤富貴為輕，以大忠、大孝、大義作為人生最高理想。雖然他不

〔註63〕《熊襄愍公全集》，卷10〈熊仲敬先生乞收父骨疏〉，頁33～34。
〔註64〕《明史》，卷二五九，列傳第147〈熊廷弼傳〉，頁6705～6706。

免於剛愎而急燥，以致於有時不通人情世故，常於官場上遭受挫折，然而其於〈忠奸論〉中流露個人之心聲，卻使我們感慨甚深：

> 從來忠奸並生，陰陽反覆而無常，所以振天綱、維地紀者，賴有良臣，尤賴有明主耳。……君子立身朝右，內懷忠義之心，然秉謇諤之風，惟其誠也；而小人惡其忠直、畏其耿介，於是乎結黨排擠，日事謗毀，於是乎浸淫頗僻，售其欺罔而人主不悟。……君子立身不變期介，節堅如金石，小人居心萬變，其情詞盡屬虛僞。苟人君一旦翻然悔悟，其奸狀畢露，烏可掩蓋於青天白日之下？未有欺君害賢久而無禍者矣……明於此者，君子不必憂，小人不必樂也。〔註65〕

「所以振天綱、維地紀者，賴有良臣，尤賴有明主。」廷弼內心既以良臣自許，又寄望於名主之賞識，然而偏偏事與願違，只有徒呼負負而無可奈何！

自廷弼下獄被受患難以來，江夏義民趙邦周日夜爲廷弼誦經祈福，且逢人則泣，表示欲往北京去探望廷弼以見一面。正巧廷弼鄉人李九明要至京城看望廷弼，兩人遂結伴而來。從江夏抵北京，間關 3,000 餘里，徒步行走 40 多天才到達，一到北京則僵臥不能動履；再加上一路乞化而不得飽食，身體更是衰弱之至。休息數日之後，才有辦法去探望廷弼。一見廷弼則抱其足大哭，廷弼亦痛不自禁，擦拭眼淚嘆曰：

> 咫尺間周親、密友、門生、故吏幾何人？看予者幾何人？而乃得之兩窮人於三千里之外。〔註66〕

如此情深義重，實爲人間難得之際遇。

獄中生活，苦不堪言，尤以初伏三日，酷熱異常，蒸骨流膏如探湯，置

〔註65〕 《熊襄愍公全集》，卷九，頁 8～9。

〔註66〕 《熊襄愍公全集》，卷九〈贈義民趙邦周序〉，頁 29；《前揭書》，頁 28，〈贈義民趙邦周序〉，熊廷弼對於義民趙邦周有所介紹：義民趙邦周者，陝西鞏昌府成縣民，壯也，予江夏劉仕元爲成尉。僅三月，以愛民故忤礦監意，被拘於會城中年餘，左右皆逃匿，獨邦周早夜服事不離。及劉獲免，邦周又獨送還籍，遂戀戀不忍去，閱八載，而劉病將死，囑二子曰：「邦周自患難帖身相隨，殆十年勤苦篤切，汝輩不如也，我死當厚遺遣之，畢而逝。邦周又痛哭，廬於其墓，不肯去；初則露臥於墓側，鄉人皆笑之。居數月，鄉人見其誠，爲之搭一蓆棚，偪窄而不能伸足，荒山曠野，豺虎狐魅咆嗥於其前，而邦周不以爲意也，鄉人愈義之，爲言於邑侯徐君。魯人月給穀一石，不受，後又言於邑侯樊君鍾陽，照前給穀，又不受，曰：「吾歲鋤地二畝可得麥兩三石，棉花二三十斤，而間以其暇爲人做工自足糊口，安可無功受祿？」樊君愈高之，立一坊於棚前，額曰：「義民之廬。」

身於獄中低矮屋牆之內，逼風不入，彷若炙熱的大甕一般，簡直熱不可當。廷弼中夜無法入眠，徬徨而起，黑暗中百慮轉動，偶然以一物占卜個人的吉凶，長嘆聲中氣數已定，精神恍惚之中又躺下休息。廷弼卻在此時夢見妻子床頭坐，妾捧茶侍其旁，中兒近前牽著他的手，幼兒則附耳與媽媽說著話，大家團聚如常，只有長子不在側，正在往北京的路上要到廷弼這兒來。一路上氣候炎熱，路途遙遠，又有大水，黃河、滹沱河都在泛濫，一路上衝暑、衝泥、且衝險，一步一苦一摧腸。如此與親人生離別，廷弼在沉痛之至，企盼與親人相聚在故鄉。〔註67〕

然而，故鄉仍是如此遙遠，現實卻是如此殘酷，廷弼在獄中，以〈七慟歌〉發抒內心的悲慟：

> 我慟我慟在父母，生兒一人死人手，雖有孫兒拜墓前，何如自家兒奠酒。更愁歸骨附邱墟，未審得具完軀否？倒地一號聲如吼。
>
> 我慟我慟在老姊，惟姊與我共毛裏，一妹早亡惟姊在，姊口哭我不能已，我死兒孫於老姑，安似同胞我與爾，姊無哭我姊老矣。
>
> 我慟我慟在老妻，自幼結髮白首期，前年為我發疽病，病死復活日悲啼，忽聞接兒驚魂馳，可憐雙眼無多淚，流到我邊無一絲。
>
> 我慟我慟在愛妾，為我生兒承奕胤，兩妾已死未歸土，一妾年少獨單怯，幸生一兒在身邊，日摩兒頭啼紅血，安得魂夢一相接。
>
> 我慟我慟在嬌兒，煢煢三孤將安依？大兒早已失其母，中兒季兒稚且癡，身後何知兒成立，眼前先見骨肉欺，誰念負薪寒與饑。
>
> 我慟我慟在愛女，嫡長母在幸得所，可憐兩少皆無娘，臨當出閣爺圖圖，中女僑寓尚無處，爺貴兒貴自世情，往後誰來親熱汝。
>
> 我慟我慟在本身，一具骯髒骨頭真，縱使英魂肯消滅，冤血騰空飛鬼燐，宗社有靈天有眼，天王明聖終察臣，生為忠義死為神。〔註68〕

然而像廷弼這樣的知識分子，縱然以國家興亡為己任，置個人死生於度外，終究能為明末的遼東局勢帶來何種衝擊？從君王的舉棋不定、到言官的掣肘、宦官的干政與朝廷的政爭，無一不在牽制其整體戰略。身為明末統治階層的一員，畢竟由於權力有限，其生殺予奪之權操於皇帝之手，皇帝受到矇蔽，忠臣如廷弼，也只有含恨九泉。天啟五年（1625）八月二十五日，廷弼

〔註67〕 熊廷弼，《熊襄愍公全集》，卷九《紀夢》，頁23。
〔註68〕 熊廷弼，《熊襄愍公全集》，卷十，頁23。

在獄中的絕命詞則最能表達心中之無奈：

> 可惜！復可惜！報國寸心赤。幾度事戎行，九死衽金革。甘苦同士
> 伍，朝夕紅抹額。扼固倚金湯，師行過枕席。敢爲詩書帥，勞苦著疆
> 場。雖無衛霍奇，聞風遁聲饑。掃蕩直需時，佇銘瀚海石。人事一朝
> 變，頓成芻狗脊……蒼蒼天蓋高，微忱何由格？萬憤結中懷，塞兌坐
> 焚炙。我心已死灰，我肉已枯臘，我燐騰火青，我血化水碧。月冷
> 鳥啞啞，牆危樹，孤魂倚故骸，群蠅作弔客。嗚呼，竟已矣。〔註69〕

縱然廷弼的下場如此悲壯悽慘，我們仍然不能不承認「知識分子是時代偉大
的改造者，至少是具有改造潛力的人，其所創發的觀念，往往成爲激發改造
的潛力。」〔註70〕廷弼雖然身首異處，其「援枹思鷹揚，舍我其誰適」的精
神卻與山河並壽，日月同光，永垂不朽。

　　清乾隆皇帝曾爲熊廷弼平反，並爲建立三祠，當其閱覽張廷玉新編的《明
史》以後，深爲熊廷弼所感動，因而撰有〈論熊廷弼〉一文以爲其抱不平：

> 明之曉軍事者，當以熊廷弼爲巨擘。讀其〈陛辭〉一疏，〔註71〕幾

〔註69〕　熊廷弼，《熊襄愍公全集》，卷10，頁24～25。

〔註70〕　艾森希塔，〈知識分子——開創性、改造性、及其衝擊〉，《中國歷史轉型時期
　　　　　的知識分子》（臺北：聯經書局，民國83年10月初版第三刷），頁8～9。

〔註71〕　熊廷弼，《熊襄愍公全集》，卷三〈赴邊甚急陛辭疏〉，頁16～17，其重要內容
　　　　　如下：「……頃以建人勢張，皇上從群臣之請，授臣經略，並賜臣劍，使得便
　　　　　宜行事。臣感聖恩之深，且體聖懷之急，擬於初三日恭領敕劍，而適逢惠王
　　　　　就邸，有免朝之例，只得改於初六日陛辭，初七日長行。即部議調兵一萬，
　　　　　隨臣出關，強半畫餅，而臣亦不能待矣！但臣行之後，人情不同，有不敢不
　　　　　慮者：往，撫順之敗，諸臣常急矣，及稍靜則緩，以致開原之陷；而諸臣又
　　　　　大急矣，及聞少掙，又私幸可旦系無事，此諸臣之情也。當其急，而議兵議
　　　　　餉門面豈不通融？而及其緩，則爭執如故；當其急，而議調議募，紙上之數
　　　　　豈不好看？而及其緩，則寢閣弗題。當其急而用臣，催臣相須之意豈不甚殷？
　　　　　而及其緩，則推卸不顧，此文諸臣之情也，一一無逃於皇上之鑒，臣不敢誣
　　　　　也，而非獨該臣爲然也。聞警則急，聞靜則緩，即皇上亦然，夫以邊事之洶
　　　　　湧如此，皇上豈不內急於心？特以我見急下且張皇，而姑靜鎮示以不甚緊要
　　　　　之意。諸臣見其言不聽，請不從，眞謂皇上不以爲緊要也，而亦各以不緊要
　　　　　之之，以致有今日之禍，則聽緩急於人而不能自急之效也。至今日，皇上亦
　　　　　不得不急矣！然而急之之事，亦只是遣得臣一人出關耳，其餘急者如兵馬等
　　　　　項俱係空文搪塞，何曾有一落實？只恐臣去而皇上復緩不顧臣，諸臣又緩，
　　　　　不協力以顧臣。臣之一身有何緊要？而危城以危封疆，並及急及於宗社，而
　　　　　臣之所大恐而不得不於陛辭之日籲天，預以情墾於皇上者也，臣願皇上時時
　　　　　憂邊，步步防邊，著著算邊，以邊爲急，而急下嚴旨切責內外當事諸臣，則
　　　　　諸臣不敢不急，諸臣急，而人人承肩，件件湊手，則臣自不敢不爲封疆急，

欲落淚！而以此盡忠爲國之人，首被刑典！彼其自壞長城，棄祖宗
基業而不顧者，尚得謂之有人心、具天良者乎？

夫廷弼自田間召還，日馳 200 里，待之何殷，來之何速！及入朝，
敕印不付，亦弗前席引問，若無事然，是誠何心哉？

及姚宗文騰謗於朝，劉國縉掣肘於外；而群小黨伐，議論繁滋，致
志士扼腕無能爲，而明社因之以亡，其誰之過歟？

夫天啓駿童，受制宦豎固不足論；若葉向高尚爲忠厚老臣，徒以庇
其門生王化貞而亦有憾於熊廷弼。吁！師生門戶之害人家國，如此
之甚，豈不可畏哉？且軍事豈迂闊庸流所當橫議之？橫議已不可，
又加之以曲直不分、門戶且庇，而其君復不辨其是非、示之彰揚，
因循引長，顛覆隨之。此固天厭有明，抑以其季世之君有以自取也。

夫廷弼豈非與我祖宗開創時作難者？然各爲其君，理應竭力盡心。

數百年論定之後，予且嘉之而憐其屈死，然則彼時之爲彼君者，謂
之無人心而喪天良，亦非苛論而已矣。〔註72〕

乾隆皇帝並敕湖北巡撫姚永烈起用熊廷弼五世孫熊泗光（秀才）爲襄陽教諭，
同時又在武昌省城黃龍寺街、江夏縣紙坊、廠坊嶺各建祠一所；又查證其次
子熊兆璧已遷居于金口貓兒山下，即在其家建享堂一所，共爲三祠，皆於嘉
慶年間建成。省城黃龍寺街之祠堂，人稱爲「熊大司馬祠」。〔註73〕

　　民國二十年（1931）日本發動「九一八事件」，侵入華北之後，全國各省
特別重視民族英雄，湖北省即在此一時代趨勢之下，將省城閱馬場至大東門
之一段路，命名爲「熊廷弼路」以示紀念這位民族英雄。〔註74〕

　　凡此可見天下事是非皆有公論，熊廷弼之精神可謂不死！梁啓超於其《袁
督師（崇煥）傳》內曾謂袁氏之被害爲「天下第一奇冤」，其實熊氏之被殺在
袁氏被殺之前，亦是如此。又有人謂明之殺袁崇煥是「自毀長城」，明之殺熊
又何嘗不是「自毀長城」？明帝之昏庸不明，導致其連連自毀長城，如此是
非不明、公理不彰，朝政焉得不壞？邊防焉得不壞？國家焉得不亡？由是可
知熊、袁二氏在晚明史上先後輝映，既是忠臣義士，又是愛國英雄，千古之
下猶足爲後人欽敬與憑悼。

　　豈惟爲臣一身之幸？其自宗社而下，實式賴之。」
〔註72〕熊廷弼，《熊襄愍公全集》，〈上諭〉，頁 4～5。
〔註73〕余遂生，〈武昌縣熊廷弼公園序〉，《華楚文史》半年刊，總第 8 期，頁 37。
〔註74〕余遂生，〈武昌縣熊廷弼公園序〉，《華楚文史》半年刊，總第 8 期，頁 37。

第九章 結 論

　　明朝從西元十四世紀後期（洪武元年，1368）開始，即以防禦蒙古爲戰略基點而建立其全遼政策。遼東地區爲防禦蒙古數以進出北方千里戰線之右翼，在地理上與內地接壤，又在整個防線中居於極爲重要的戰略位置，若蒙古勢力一旦控制遼東地區，將會從正面衝進長城各省；反之，明朝若控制遼東地區，則無異於從蒙古勢力之左肋插進一把刀，使其不敢南下。〔註1〕

　　明朝自設立遼東衛指揮使司至明末棄守全遼爲止（1368～1644），歷時270餘年之久，此一期間，明政府根據統治需要，從全面的戰略意圖出發，曾訂出完整的一套統治遼東政策。明之全遼政策制定約始於洪武時期，完備於永樂時期，其後隨著全國形勢與東北地區具體情況的變化而不斷發展，其政策的實施，有其成功之處，亦有失敗之處。〔註2〕最後，由於全國形勢與遼東地區形勢變化，導致全遼政策的全面破產。

　　明朝全遼政策之瀕臨破產，除努爾哈齊崛起打破均勢之外，晚明政局的激烈動盪，尤其是直接影響全遼政策之關鍵。然而，置身於如此危急存亡之際，熊廷弼以老於謀算，長於軍事之巨擘出任遼東經略，延緩努爾哈齊進軍遼瀋之兵鋒，以爭取整頓殘遼的時間，進而安排防守計畫，實施「南顧北窺」——南顧遼陽，坐鎮堅守；北窺瀋陽，以圖進取——攻守兼備，步步爲營，漸進漸逼之策略。熊廷弼漸進漸逼，布險守要之策略並非僅僅是消極性的防守而已，內中還包涵致使後金疲勞坐困的「守中有攻」、「穩中求進」的積極進攻意味。他與努爾哈齊鬥智，針鋒相對，棋逢對手，一年左右的苦心經營

〔註 1〕 李洵，〈論明朝的全遼政策〉，收於馮爾康等人所編，《鄭天挺紀念論文集》（北京：中華書局，1990 年 3 月第一版）。

〔註 2〕 請參考拙著第二章，〈明代對遼東之經營〉，《熊廷弼與遼東經略》。

之下，致使遼東形勢大變，從冰消解之局，脫胎爲珠聯璧和之勢，遼東局面大有可爲。〔註3〕努爾哈齊雖經努力備戰，定下進兵遼瀋之大計，卻以畏懼熊廷弼的嚴防緊守而不得下手。〔註4〕正在觀望斟酌之際，偏偏明廷卻以政治鬥爭與言官之彈劾將熊廷弼換下，而以袁應泰代替爲遼東經略。袁應泰以廷臣責備熊廷弼未能收復遼東一城一地爲鑒，遂修改熊廷弼以守爲主的「漸進漸逼」之策，決定以收復撫順失地爲奮鬥目標，實際上卻陷入攻守舉棋不定之局面之中，〔註5〕終於導致天啓元年（1621）三月，遼陽、瀋陽及遼河以東的大小 70 餘城堡淪入努爾哈齊之手，〔註6〕此時距熊廷弼被替換約爲半年之久（萬曆四十八年九月至天啓元年三月）。由此可見，熊廷弼的「南顧北窺」、「漸進漸逼」的「守中帶攻」策略，不但牢守遼瀋如磐石，更進而徐圖進取以謀取遼東局面之發展。繼起者袁應泰急於收復撫順，不但未能如願，反而連遼、瀋都未能守住，造成後金定都遼陽，控制蒙古、朝鮮與明朝之間的陸上交通要道，進一步奪取全遼。熊廷弼與袁應泰軍事才能之比較，高下立分。

明朝的天啓時期（1621～1627）是明朝歷史上的混亂與黑暗時期，偏偏此一時期同時又是遼東局勢發生重大變化的時期，全遼政策至此已岌岌可危，朝廷再度起用熊廷弼爲遼東經略。面對遼東殘局，他提出「三方布置」之策，陸上以山海關爲大本營，「以廣寧迎擊爲正兵」，「海上以登萊渡海爲奇兵」，三方實以廣寧爲重點，正面迎擊後金軍隊；登萊爲側翼，從後面牽制後金向遼西的全面攻擊，並伺機從登萊、天津出發，經「海上督舟師乘虛入南衛，以風聲下之而動其人心，奴必返顧而亟返巢穴，則遼陽可復。」〔註7〕熊廷弼的戰略意圖乃是趁後金向遼西發動大規模進攻之際，揮軍從海上至遼東半島登陸，以其後方空虛而進入金、復、海、蓋四衛，必然吸引當地遼民的密切配合以共同抗金。熊廷弼的海上戰略部署，以總體而言，仍是防禦性質，但卻擺出「戰略進攻」的態勢，爲日後反攻作出精密的準備。

根據法國戰略思想家薄富爾（Andre Beaufre）對於戰略的研究，認爲戰略並非是一種單純固定的教條，而是一種思想方法，其目的就是要整理事件，

〔註 3〕 熊廷弼，〈遼左將帥同盟疏〉，《籌遼碩畫》，卷四十三，頁 28～32，總頁 629～631。

〔註 4〕 熊廷弼，〈備述河東一帶情形疏〉，《籌遼碩畫》，卷四十六，頁 40～46，總頁 724～727。

〔註 5〕 傅國，《遼廣實錄》，卷上，頁 13。

〔註 6〕 談遷，《國榷》，卷八十四，頁 5188。

〔註 7〕 《明史》，卷二五九〈熊廷弼傳〉，頁 6693～6698。

使其按照優先次序加以排列，然後再選擇最有效的行動路線。為適應某一種情況，就應有某一種特殊的戰略，對於某種情況，某種戰略也許最適當；但換另一種情況，則又可能會變成最不適當，而戰略的目的即將所能動員的資源作最好的利用，以期達成政策所擬訂的目標。此一目標可以有不同的性質，或是攻擊性的，以征服或強迫敵方接受不利條件為目的；或是防禦性的，如保護某種地區或利益。此一戰略的效果，只有當對於敵人產生某種心理效果（psychological effect）時，才能算是達到目標，使其深信在發動或繼續抵抗都已無效。〔註8〕戰略計畫對於每一個擬議中的行動都必須計算敵方的可能反應行動，並要考慮如何加以抵制的對策。敵人的反應可能為國際性或國家性，可能為心理性、政治性、經濟性或軍事性。所計畫的每一個連續性行動，以及對於敵人每一個對應行動的對策，都應綜合成為一個整體，其目的即為確保繼續進行計畫的能力，而不受敵人抵抗的影響。如計畫是妥當的，則應受無挫的危險，使其成為一種「不需冒險」（risk-proof）的戰略，即確保我方的行動自由。〔註9〕換言之，即是要爭取「操之在我」的主動。由於戰略是執行政策的方法，而戰術又是執行戰略的方法，故而戰略為主而戰術為輔，戰略同時還指導戰術的演進，本末不可倒置。

此次戰略反攻目標對準遼東半島金、復、海、蓋四衛，進而重新奪回遼陽。此一計劃是「恢復全遼」總戰略的重要組成部份。崇禎朝時，廷臣不得不承認：「東江一旅，原以三方牽制為復遼之計。」〔註10〕在遼南「無局可布」情形之下，熊廷弼創立以山東登萊為中心，西北連天津置水陸師，東北與朝鮮連為一體的海上防線，是當時唯一可行的戰略部署，亦是遼東半島外圍一條新防禦線，既從海上阻止後金進攻，又為進軍遼東而加以準備。

從上述「三方布置策」看來，熊廷弼之布局將對努爾哈齊造成極大壓力，適足以印證其「老於謀算」、「長於軍事」之事實。無奈困於朝廷內部閹宦專權，與東林內閣大學士葉向高偏祖輕燥冒進之遼東巡撫王化貞，致使「三方布置之策」並未真正付諸實施。然而熊廷弼終究並不寂寞，乾隆皇帝於《上諭》曾經稱讚其軍事長才，謂「明之曉軍事者，當以熊廷弼為巨擘」，予以高度肯定，甚至進而為其平反，敕湖北巡撫姚永烈起用熊廷弼五世孫熊泗光（秀

〔註8〕 Andre Beaufre（薄富爾著），紐先鍾譯，《戰略概論》，頁27～28。
〔註9〕 前揭書，頁31。
〔註10〕 中國第一歷史檔案館，《明檔》，10號卷，42號卷。

才）爲襄陽教諭，並爲其於武昌省城黃龍寺街、江夏縣紙坊、廠坊嶺各建祠一所。〔註11〕

熊廷弼平生喜羨奇節，個性極爲鮮明，向有「性氣先生」之稱，〔註12〕雖然脾氣急燥，卻無礙於人格之高潔。他不屑爲硜硜自守的章句之儒，深深欽佩岳武穆的爲人，胸中常存有一種「以國家興亡爲己任，置個人死生於度外」的抱負，〔註13〕因此能跳出八股文的圈子，關注到種種政治與社會上的現實問題，使其以一個忠實的儒家信徒關懷國事，留心民間疾苦，深以萬古綱常爲重，百年社稷爲憂，反倒以一身貧賤富貴爲輕。此外，更以大忠、大孝、大義，作爲心目中所追求的理想，將其所見所聞、所思所想、發自肺腑，上諸當道，藉以善盡一個知識分子的言責，更進而善盡職責，以期對國家有所貢獻。〔註14〕

然而熊廷弼之所以未能展其軍事長才以挽狂瀾於既倒，一方面固然與當時明廷內部發生魏忠賢專權，由「三案」所引發的黨爭有關，閹宦勢力對東林勢力大肆迫害之際，朝廷無暇顧及遼東戰場之瞬萬變，導致廣寧失守。政治腐敗與派系鬥爭相互傾軋的結果，致使身爲全遼政策一環的遼東經略熊廷弼被冤殺，進而傳首九邊。〔註15〕另一方面，東林派亦扮演極爲重要的角色，熊廷弼與東林的關係素爲不近，當其擔任南直隸提學御史期間，曾經將東林派領袖顧憲成長子顧與淳之歲試置於末等，引起「荼毒東林」之疑慮，激起東林人士之強烈反應，自此種下雙方不解之結，甚至爲日後杖殺諸生芮永縉事件埋下伏筆。〔註16〕及至廣寧失守，熊廷弼雖以允諾魏忠賢40,000兩白銀而後因財力困難無法支付，以致於得罪魏忠賢而被其所害，〔註17〕但是東林人士中如葉向高等人對熊廷弼之不公對待亦絕不容許忽視。

章太炎於《太炎文錄續編》，卷二上〈論東林誤國事〉一文中直指葉向高等東林人士誤國：

> 葉向高以東林黨首爲相，諸名士輔之，差足以制忠賢。向高去，忠賢始橫，然東林故與熊廷弼不怡，不欲專任，故使王化貞旁掣之，

〔註11〕余遂生，〈武昌縣熊廷弼公園序〉，《荊楚文史》半年刊，總第8期，頁37。
〔註12〕熊廷弼，〈性氣先生傳〉，《熊襄愍公集》，卷八，頁4。
〔註13〕同註12。
〔註14〕同註12。
〔註15〕《明史》，卷二五九〈熊廷弼傳〉，6693～6698。
〔註16〕熊廷弼，〈性氣先生傳〉，《熊襄愍公集》，卷八。
〔註17〕《明史》，卷二五九〈熊廷弼傳〉，6693～6698。

以加河西之挫。所挫者豈獨一隅？繫明之存亡是係，任其責這非向
高則誰乎？其後論廷弼死罪者鄒元標，幾欲貰之又抗疏力爭者魏大
中，此二子皆東林之著者。向高已負誤國之罪，而二子又加屬焉！
其去周宗建、顧大章之風何遠哉？周顧非東林，故右廷弼，從其言，
廷弼可無死；其死者，大中爲之也，獄既成而爲忠賢所借，廷弼死，
大中亦與周顧偕受誣以死，事之反覆，有若此者。吾謂忠賢者爲大
中任過者也，殺其身，載其入良將之罪以自予，至今人人切齒忠賢，
未有詬大中者，爲怨半焉，爲德亦半焉。惜哉！向高之罪，非忠賢
所能代也。〔註18〕

實發人之所未發語頗中肯。

　　大陸學者冷東於《葉向高與明末政壇》一書中則直指葉向高在遼東戰事
之處理有所失誤，〔註19〕葉向高一向自稱對邊事毫無所知，〔註20〕由於其爲
王化貞座師，故而始終支持王化貞與毛文龍。〔註21〕當時經撫不合以下廷議
來解決，葉高擬將職權委以王化貞，〔註22〕但以熹宗不從而責吏部、兵部再
議，最後採取調和方式，命二人同心協辦，功罪一體。然而經撫不和，造成
遼東軍事群龍無首，自相矛盾。天啓二年（1622），後金大舉進攻，努爾哈齊
率兵渡過遼河，廣寧失守，熊廷弼與王化貞率軍退入山海關，遼東形勢之江
河日下，除去熊、王二人的個人恩怨之外，與朝中黨爭相互糾纏則更爲重
要。身爲內閣首輔的葉向高既無法平息朝中黨爭，亦無法挽救熊、王二人命
運，〔註23〕談遷曾經論此事，謂：

　　　　吳殺伍子胥，宋殺岳武穆，亡國陪敵，冤痛如新。熊氏之再鎮遼也……
　　　　天不祚明，有王化貞以角，又祖以福清（葉向高）。及事在司敗，于
　　　　廷弼意錮之，于化貞意矜之。然則殺廷弼者，獨逆璫之罪哉？福清
　　　　先其意，逆璫后其權也。〔註24〕

〔註18〕章太炎撰，《太炎文錄續編》，卷二上〈論東林誤國事〉，國學基本叢書（臺北：
　　　　新興書局，民國45年3月初版），頁9～10。
〔註19〕冷東，《葉向高與明末政壇》，第二節〈在遼東戰事上的失誤〉（汕頭大學出版
　　　　社，1996年1月出版），頁144～155。
〔註20〕葉向高，《續綸扉奏草》，卷四〈乞休第七疏〉，頁2950，天起二年四月二十日。
〔註21〕葉向高，《蘧編》，卷十一，頁321～322。
〔註22〕同註21。
〔註23〕同註21。
〔註24〕談遷，《國榷》，卷八十四，頁5197。

熊廷弼之死，遼東軍事喪失巨擘，損失極大。「廷弼死，鎮遼者益非其人，卑其辭，誕其說，爲狄爲黷，爲蕙爲餒，計必盡擲於強鄰，而社稷隨之矣。」〔註25〕

　　雖然熹宗天啓五年（1625）十二月乙亥朔所頒示天下的〈東林黨人榜〉上面，將熊廷弼列名其上，〔註26〕事實上，熊廷弼不但不是東林黨人，其個人與東林之間恩恩怨怨甚至影響到其經略遼東之邊防大計。章太炎認爲熊廷弼根本就是死於東林葉向高、魏大中之手，進而以此斷言東林之誤國。或許，我們不能斷言東林存心誤國，東林之中亦有以大局爲重而支持熊廷弼者，〔註27〕然而意氣之爭終究使其罔顧遼東局勢之發展，觀乎此，東林似乎終究不能辭其咎。

　　十七世紀的二、三十年代，明朝對全遼地區已經處於失控的局面，全遼政策所依據的軍事、政治、經濟基礎已然喪失殆盡，面對遼東地區之最後爭奪，明朝勢力節節敗退，（後金）清朝勢力則步步進逼。廣寧失守，熊廷弼去職。天啓二年（1622），朝廷任王在晉爲兵部尚書兼都察院右僉都御史，經略遼東等處軍務。因其不懂軍事，爲人偏激狹窄，上件當年即被撤職，〔註28〕改由天啓元年（1621）即任兵部侍郎的大學士孫承宗接替，擔任兵部尚書，並以原官督山海關及薊、遼、天津諸處軍務，其主要軍事策略即採用袁崇煥建議，建立一道把寧遠、錦州、山海關連爲一體的寧錦防線，堅持主守關外，主守而後戰的戰略方針，成爲後金鐵騎無法逾越的防線，挫後金於山海關外，總算支撐住遼西戰局。〔註29〕然而正當孫承宗、袁崇煥銳意恢復之際，朝中黨爭日酣，以魏忠賢爲首的閹黨完全把持朝政。天啓四年（1624），東林與閹黨的矛盾日益白熱化，楊漣上疏彈劾魏忠賢24條大罪，其中多均與遼東軍事相關。〔註30〕黨獄大興之後，東林黨人求救於孫承宗，孫承宗卻一向以性情正直而得罪魏忠賢，終致罷督師之職，回鄉養病。〔註31〕閹黨高第接替孫承宗之職，卻力主關外必不可守，決定放棄關外各地而退守山海關，袁崇煥誓死不從，堅守寧遠孤城，於天啓六年（1626）大創前來攻城之努爾哈齊，是

〔註25〕同註24。
〔註26〕陳鼎，《東林列傳》，〈逆璫衛忠賢東林黨人榜〉上面有熊廷弼列名其上。
〔註27〕如楊漣等站在國家立場爲熊廷弼辯護者，不乏其人。
〔註28〕李洵，〈論明朝的全遼政策〉，頁407。
〔註29〕《明史》，卷二五九〈袁崇煥傳〉，頁6703。
〔註30〕陳鼎，《東林人物》，卷三〈楊漣〉，頁1～3。
〔註31〕《明史》，卷二五九〈袁崇煥傳〉，頁6702～6704。

爲寧遠大捷。〔註 32〕努爾哈齊傷重而死，後金國內爭奪繼承權，又無力突破山海關防線，雙方因而呈現對峙之局。

崇禎帝即位（1628），曾力圖在遼事上有所作爲，如重用袁崇煥，並加強遼西戰場上明軍的火器裝備水準，構築錦州至寧遠的關門防禦體系，但當時全遼形勢已經大變，建立新的全遼政策與戰略的客觀條件，幾乎已經全部失去，尤其是內地流寇問題，已然大大牽制全遼政策之調整與重新布置。〔註 33〕此時明朝之全遼政策只有兩種可行性：（一）放棄全遼，以守關門，此即是袁崇煥等人所建議「守爲正著，戰爲奇著，款爲旁著」的戰略防禦，亦即「以戰求和」的策略；〔註 34〕（二）與清朝勢力講和，此即以求和爲主的全國全局戰略方針。

崇禎十二年（1639），全國形勢大變，張獻忠在谷城重整勢力，李自成則擺脫困境進入河南，勢力壯大，明朝對全國局勢開始失去控制，〔註 35〕同時明朝在遼西戰場上，由於舉措失當，錯誤連連，思宗皇帝誤信皇太極之反間計而殺袁崇煥，使遼東形勢對明朝極爲不利。〔註 36〕明廷被迫從西部戰場抽調主力洪承疇部隊來援助遼西戰場，但在崇禎十五年（1642）的松山之戰，13 萬援遼軍隊被擊垮，洪承疇降清，崇禎皇帝被迫遣使向清求和，清朝也正式接受談判。〔註 37〕由於清朝對議和條件所提甚高，難以爲明所接受，明亦難以決定放棄全遼，撤回關內，寧可拼死守住寧遠、與山海關等孤立據點，以緩衝局勢。直至崇禎十七年（1644）三月初，李自成兵臨大同，明廷才下定決心放棄寧遠，調總兵吳三桂援防京師，但爲時已晚。半個月後，李自成攻破北京，結束明朝統治，也爲明朝的全遼政策畫上句點。〔註 38〕

明朝冤殺熊廷弼與袁崇煥，從此遼東局勢江河日下，終致在受困於流寇與清朝之夾擊，兩面作戰之形勢之下，走上敗亡之路。乾隆皇帝謂明自毀長城，〔註 39〕不亦宜乎？

〔註 32〕同註 31。
〔註 33〕李光濤，〈論建州與流賊相因亡明〉，《中央研究院歷史語言研究所集刊》，第 12 本（南京：中央研究院歷史語言研究所，民國 37 年 1 月出版）。
〔註 34〕《明史》，卷二五九〈袁崇煥傳〉，頁 6702～6704。
〔註 35〕李洵，〈論明朝的全遼政策〉，《鄭天挺紀念論文集》，頁 411。
〔註 36〕《明史》，卷二五九〈袁崇煥傳〉，頁 6702～6704。
〔註 37〕同註 35。
〔註 38〕同註 35。
〔註 39〕〈清乾隆皇帝論熊廷弼御製碑〉，《熊襄愍公集》，卷一，頁 3～4。

參考書目

一、檔 案

1. 上海復旦大學圖書館，北京中華書局合作影印，嘉業堂鈔本，《清國史》，臺北：國立故宮博物院特種書刊。

2. 《乾隆朝上諭檔》，北京：中國第一歷史檔案館。

3. 《乾隆朝上諭檔》，臺北：國立故宮博物院藏。

4. 中央研究院歷史語言研究所編，《明清史料》，北京：中華書局，1987 年 10 月第一版。

5. 中國第一歷史檔案館、中國社會科學院歷史研究所譯註，《滿文老檔》，北京：中華書局，1990 年 3 月第一次印刷。

6. 李光濤編，《明清檔案存真選輯，初集》，臺北：中央研究院歷史語言研究所，民國 48 年 6 月。

7. 李光濤編，《明清檔案存真選輯，三集》，臺北：中央研究院歷史語言研究所，民國 64 年 2 月。

8. 遼寧省檔案館、遼寧社會科學院歷史研究所編，《明代遼東檔案彙編》，遼瀋書社，1985 年 6 月出版。

9. 謝國楨輯，《清開國史料考》，板橋，藝文印書館，民國 57 年 4 月初版。

10. 謝國楨輯，《明代社會經濟史料選編》，福建人民出版社，1980 年 3 月第一版。

二、官 書

1. 宋濂等，《元史》，北京：中華書局。

2. 李東陽等奉敕撰、申時行等奉敕重修，《大明會典》，臺北：新文豐出版公司，民國 65 年 10 月出版，據明萬曆十五年司禮監刊本景印。

3. 金毓黼輯，《遼海叢書》，遼寧：新華書店，1985 年 3 月第一次印刷。

4. 畢恭等修，《遼東志》，收入《遼海叢書》，遼寧：新華書店，1985 年 3 月第一次印刷。

5. 吳晗輯，《朝鮮李朝實錄中的中國史料》，北京：中華書局，1980 年 3 月第一次印刷。

6. 張廷玉等，《明史》，北京：中華書局。

7. 《明代滿蒙史料，李朝實錄抄》，東京：東京大學文學部，昭和 29～34 年。

8. 《明實錄，太祖實錄》，臺北：中央研究院歷史語言研究所校印，民國 53 年。

9. 《明實錄，太宗實錄》，臺北：中央研究院歷史語言研究所校印，民國 53 年。

10. 《明實錄，宣宗實錄》，臺北：中央研究院歷史語言研究所校印，民國 53 年。

11. 《明實錄，英宗實錄》，臺北：中央研究院歷史語言研究所校印，民國 53 年。

12. 《明實錄，憲宗實錄》，臺北：中央研究院歷史語言研究所校印，民國 53 年。

13. 《明實錄，孝宗實錄》，臺北：中央研究院歷史語言研究所校印，民國 53 年。

14. 《明實錄，武宗實錄》，臺北：中央研究院歷史語言研究所校印，民國 53 年。

15. 《明實錄，世宗實錄》，臺北：中央研究院歷史語言研究所校印，民國 53 年。

16. 《明實錄，穆宗實錄》，臺北：中央研究院歷史語言研究所校印，民國 53 年。

17. 《明實錄，神宗實錄》，臺北：中央研究院歷史語言研究所校印，民國 53 年。

18. 《明實錄，光宗實錄》，臺北：中央研究院歷史語言研究所校印，民國 53 年。

19. 《明實錄，熹宗實錄》，臺北：中央研究院歷史語言研究所校印，民國 53 年。

20. 《明實錄，崇禎實錄》，臺北：中央研究院歷史語言研究所校印，民國 53 年。

21. 《明實錄，明熹宗七年都察院實錄》，臺北：中央研究院歷史語言研究所校印，民國 53 年。

22. 《明實錄,崇禎長編》,臺北:中央研究院歷史語言研究所校印,民國53年。

23. 《清太祖武皇帝實錄》,初纂本,臺北:國立故宮博物院藏。

24. 《清太宗文皇帝實錄》,初纂本,臺北:國立故宮博物院藏。

25. 《清史列傳》,臺北:臺灣中華書局,民國51年3月臺一版。

26. 清高宗敕修,《御批歷代通鑑輯覽》,臺北:天德黌舍用書,夏學出版社,丙辰年九月出版。

三、筆記與文集

1. 于燕芳著,《勦奴議撮》,不分卷,寫本,日本宮內廳二十四號,漢學研究中心藏書。

2. 文秉撰,《定陵註略》,明季史料集珍,偉文圖書出版社。

3. 文秉撰,《先撥志始》,收於《筆記小說大觀》,第十編,第二冊,臺北:新興書局,民國70年12月出版。

4. 王夫之,《讀通鑑論》,臺北:里仁書局,民國74年2月。

5. 王在晉,《三朝遼事實錄》,收於《中國野史集》,第二十四冊,中國野史集成編委會與四川大學圖書館編,巴蜀書社出版。

6. 方孔炤,《全邊略記》,臺北:廣文書局,民國63年6月初版。

7. 伍袁萃,《林居漫紀》,臺北:偉文圖書公司,民國66年8月,據中央圖書館珍藏本景印。

8. 全祖望,《鮚埼亭集》,四部叢刊初編集部,上海:商務印書館縮印原刊本,國立中央圖書館藏書。

9. 呂坤,《呻吟語》,北京:學苑出版社,1994年2月第一次印刷。

10. 呂坤,《去偽齋文集》,明萬曆至康熙間刊本。

11. 李肯,《燃藜室記述》,收入李鴻彬等編,《清入關前史料選輯》,第一輯,北京:中國人民大學出版社,1984年11月第一次印刷。

12. 李樂,《見聞雜記》,明季史料集珍第二輯,中央圖書館館藏,民國66年9月,偉文圖書公司印行。

13. 李樂,《續見聞雜記》,明季史料集珍第二輯,中央圖書館館藏,民國66年9月,偉文圖書公司印行。

14. 李民寏,《建州聞見錄》,遼寧大學歷史系編,《清初史料叢刊第八、九種》。

15. 李遜之撰,《崇禎朝記事四卷》(三朝野記),叢書集成續編,第二七七冊,臺北:新文豐出版公司印行。

16. 李國祥主編,《明實錄類纂》,〈人物傳記卷〉,武漢出版社,1990年6月

第一版。

17. 何喬遠，《名山藏》，國立中央圖書館藏書，史部紀傳類明崇禎十三年福建巡撫沈猶龍等刊本。

18. 谷應泰撰，《明史紀事本末補遺》，北京：中華書局，1977 年 2 月第一版。

19. 汪汝淳撰，《毛大將軍海上情形》，明刊本，日本內閣文庫，二二四四號，漢學研究中心藏書。

20. 汪應蛟，《撫畿奏疏》，明刊本，日本內閣文庫，一三七五三號，漢學研究中心藏書。

21. 沈一貫撰，《敬事草略》，明刊本，日本內閣文庫，八九一六號，漢學研究中心藏書。

22. 沈德符，《敝帚軒剩語》，臺北：廣文書局，民國 58 年 9 月初版。

23. 吳應箕撰，《東林本末》，叢書集成續編，第二七七號，臺北：新文豐出版公司。

24. 吳騫輯，《東江遺事》，收入賈乃謙點校，《東江疏揭塘報節抄（外二種）》，杭州：浙江古籍出版社，1986 年 6 月第一次印刷。

25. 計六奇，《明季北略》，收於沈雲龍選輯，《明清史料彙編》，第四集，臺北：文海出版社。

26. 查繼佐，《罪惟錄》，杭州：浙江古籍出版社，1986 年 5 月第一版。

27. 胡世寧，《胡端敏公奏議》，《文淵閣四庫全集》，史部，臺北：臺灣商務印書館。

28. 茅端徵（茗上愚公），《東夷考略》，浣花居藏版，臺北：廣文書局，民國 66 年 12 月初版。

29. 范濂，《雲間據目抄》，收於《筆記小說大觀》，第二十二編，第五冊，臺北：新興書局，民國 70 年 12 月出版。

30. 海濱野史，《建州私志》，收入李鴻彬等編，《清入關前史料選輯》，第一輯，北京：中國人民大學出版社，1984 年 11 月第一次印刷。

31. 夏允彝，《幸存錄》，收入《明季史初編》，上海：上海書店；1988 年 11 月第一次印刷。

32. 粟在庭撰，《九邊破虜方略》，明萬曆十五年序刊本，日本內閣文庫，一四九八三號。

33. 徐復祚，《花當閣叢談》，《筆記小說大觀》，第十六編，第二冊，臺北：新興書局，民國 70 年 12 月出版。

34. 徐治昌編，《昭代芳摹》，明崇禎九年序刊本，日本內閣文庫，八七九七號，漢學研究中心藏書。

35. 徐鑾撰，《職方疏草》，明刊本，日本內閣文庫，一三七八八號，漢學研

究中心藏書。

36. 孫承澤，《春明夢餘錄》，臺北：大立出版社，民國 69 年 10 月初版，據光緒九年南海孔氏惜分陰館古香齋袖珍重刊景印。

37. 葉向高，《綸扉奏草》，明季史料集珍第二集，偉文圖書出版社。

38. 葉向高，《續綸扉奏草》，明季史料集珍第二集，偉文圖書出版社。

39. 葉向高，《蘧編》，明季史料集珍，偉文圖書出版社，民國 66 年 9 月出版。

40. 陸楫，《兼葭堂雜著摘抄》，收入沈節甫，《紀錄彙編》，二〇四冊，景印萬曆刻本，民國 54 年 10 月臺灣民智出版社一版。

41. 陸氏家藏刊本，《明故廩太學生小山陸君墓誌銘》，中央圖書館藏書，嘉靖四十五年刊本。

42. 陳子龍等主編，《皇明經世文編》，北京：中華書局，1962 年 6 月出版。

43. 陳鼎編，《東林列傳》，北京：中國書店，海王村古籍叢刊，1991 年 3 月第一版。

44. 傅國撰，《遼廣實錄》，收於嚴一萍選輯，《叢書集成三編》，原刻景印，藝文印書館印行。

45. 程開祐輯，《籌遼碩畫》，《叢書集成續編》，臺北：新文豐出版社。

46. 陶朗先撰，《陶中丞遺集二卷附錄一卷》，收於羅振玉編，《明季遼事叢刊四種十四卷》，臺北：鼎文書局。

47. 梅之煥，《敘麟經指月》，收於田漢雲、李廷先校點，《馮夢龍全集》，第二十冊，江蘇古籍出版社，1993 年 9 月第一版。

48. 畢自嚴，《督餉疏草》，臺北：傅斯年圖書館藏善本書。

49. 彭孫貽，《山中聞見錄》，收於《中國野史集成》，第三十一冊，中國野史集成編委會與四川大學圖書館編，巴蜀書社出版。

50. 馮夢龍編、陸國斌校點，《掛枝兒》，收於田漢雲、李廷先校點，《馮夢龍全集》，第十八冊，江蘇古籍出版社，1993 年 9 月第一版。

51. 鈕琇，《人觚一則》，收於《熊襄愍公集》，卷末。

52. 鄭元標撰，《鄒忠介公奏議》，明崇禎十四年序刊本，日本內閣文庫，一三七八二號，漢學研究中心藏書。

53. 鄒漪撰，《啓禎野乘》，《明清史料彙編》，第五集，第一冊。

54. 楊賓撰，《柳邊紀略》，叢書集成新編第九十四冊，新文豐出版公司印行。

55. 熊廷弼撰，《熊襄愍公全集》，清乾隆皇帝詔令編《熊襄愍公集》十卷，刊於乾隆四十八年（1783），後因燼於兵災戰火，清同治五年重鐫，現存湖北武昌圖書館。

56. 熊廷弼撰，《經遼疏牘》，收入沈雲龍選輯，《明清史料彙編二集》，永和：文海出版社，民國 56 年 5 月初版。

57. 漢學研究中心資料組編，《漢學研究中心景照海外佚存古籍書目初編》，漢學研究中心，民國 79 年 3 月出版。

58. 劉心學撰，《四朝大政錄》，收於沈雲龍選輯，《明清史料彙編》，臺北：文海出版社。

59. 鄭天挺、周谷城等著，《學史入門》，臺北：萬卷樓圖書有限公司，民國 83 年 12 月初版三刷。

60. 談遷，《國榷》，臺北：鼎文書局，民國 67 年 7 月初版。

61. 談遷，《棗林雜俎》，收於《中國野史集成》，冊二十八，中國野史集成編委會與四川大學圖書館編，巴蜀書社出版。

62. 錢謙益撰，《牧齋初學集》，收於沈雲龍主編，《近代中國史料叢刊》，臺北：文海出版社。

63. 謝肇淛撰，《五雜俎》，臺北：偉文圖書出版社，民國 66 年 4 月初版。

64. 顧公燮，《消夏閑記摘抄》，收於《函芬樓秘笈第二集》，上海商務印書館，1917 年影印本。

65. 顧憲成撰，《涇皋藏稿》，文淵閣四庫全書，集部，臺灣商務版，民國 72 年發行。

66. 顧憲成著，《顧端文公遺書附年譜》，光緒丁丑叢刊涇里宗祠藏版，爲東北大學寄存於國立臺灣師範大學國文系參考室之藏書。

67. 顧炎武，《日知錄》，臺北：明倫出版社，民國 59 年 10 月三版。

68. 顧炎武，《日知錄集釋》，收於王雲五主編，《國學基本叢書》，臺北：臺灣商務印書館，民國 45 年 4 月臺初版。

69. 顧炎武，《天下郡國利病書》，臺北：臺灣商務印書館。

70. 顧炎武，《顧亭林文集》，《四部叢刊集部》，上海涵芬樓景印康熙刊本，臺北：臺灣商務印書館印行。

71. 顧祖禹，《讀史方輿紀要》，光緒己卯蜀南桐華書屋薛氏家族修補校本，臺北：新興書局，民國 56 年 6 月一版。

四、方 志

1. 四邑公堤志編纂委員編，《四邑公堤》，湖北：人民出版社，1991 年 12 月第一版。

2. 清‧王庭楨修，彭崧毓纂，《江夏縣志》，《中國方志叢書》，華中地方，第三四一號，清同治八年、光緒七年重刊本影印，成文出版有限公司，民國 63 年臺一版。

3. 清‧鍾銅山修，柯逢時纂，《武昌縣志》，《中國方志叢書》，華中地方，

第三四八號，光緒十一年刊本影印，成文出版有限公司。

4. 民國・黃世芳修，陳德懿纂，《鐵嶺縣志》，《中國方志叢書》，東北地方，第五號，民國 20 年鉛印本影印。

5. 民國・趙公寅，曾有翼纂，《瀋陽縣志》，《中國方志叢書》，東北地方，第十號，民國 6 年鉛印本影印。

6. 民國・斐煥星修，白永眞纂，《鐵嶺縣志》，《中國方志叢書》，東北地方，第十二號，民國 17 年鉛印本影印。

7. 民國・李毅纂修，《開原縣志》，《中國方志叢書》，東北地方，第二十七號，民國 19 年鉛印本影印。

五、年 譜

1. 余遂生，〈熊氏源流序〉，未刊稿。

2. 余遂生，〈武昌縣熊廷弼公園序〉，收於《荊楚文史》半年刊，總第八期，湖北省文史研究館，1993 年 2 月號。

3. 徐朔方著，《馮夢龍年譜（1574～1646）》，收於田漢雲、李廷先校點，《馮夢龍全集》附錄，江蘇古籍出版社，1993 年 9 月第一版。

4. 陳政寬，〈熊廷弼生平〉，未刊稿。

六、專 書

1. 李洵等主編，《清代全史》，瀋陽：遼寧人民出版社，1993 年 6 月第一次印刷。

2. 丁易著，《明代特務政治》，天山出版社出版。

3. 于志嘉著，《明代軍戶世襲制度》，臺灣：學生書局，民國 76 年 4 月初版。

4. 王天友著，《明代國家機構研究》，北京大學出版社，1992 年 9 月第一版印刷。

5. 王春瑜、杜婉言編著，《明代宦官與經濟史料初探》，北京：中國社會科學出版社，1986 年 9 月第一版。

6. 王賢德著，《明末鄉村防衛之研究》，復文圖書出版社，民國 71 年 3 月 30 日初版。

7. 牟復禮（美），崔瑞德（英）編，張書生等譯，《劍橋中國明代史》，中國社會科學出版社，1992 年，北京出版。

8. 李光濤，《明清史論集》，臺北：臺灣商務印書館，民國 60 年 4 月初版。

9. 李光濤，《熊廷弼與遼東》，《中央研究院歷史語言研究所專刊》，八十六本，民國 65 年 8 月出版。

10. 李光濤，《明清檔案論文集》，臺北：聯經出版事業公司，民國 75 年 2 月

初版。

11. 李俊著，《中國宰相制度》，臺北：臺灣商務印書館，民國 78 年 9 月重排一版。

12. 冷東著，《葉向高與明末政壇》，汕頭大學出版社，1996 年 1 月出版。

13. 孟森著，《明清史論著集刊》，臺北：南天書局，民國 76 年 6 月台一版。

14. 孟森著，《清代史》，臺北：正中書局，民國 79 年 5 月，重排新版。

15. 吳晗，《朱元璋傳》，人民出版社，1994 年 2 月北京第三次印刷。

16. 吳智和著，《明代的儒學教官》，臺灣：學生書局，民國 80 年 3 月初版。

17. 林麗月，《明末東林運動新探》，國立臺灣師範大學歷史研究所博士論文，民國 73 年 7 月。

18. 林美玲撰，〈晚明遼餉的研究〉，民國 76 年 6 月，臺灣大學史學研究所碩士論文。

19. 金兆豐著，《清史大綱》，臺北：學海出版社，民國 69 年 9 月初版。

20. 孫文良、李治亭、邱蓮梅著，《明清戰爭史略》，瀋陽：遼寧人民出版社，1986 年。

21. 張舜徽編，《張居正集》，荊楚書社，1987 年 9 月第一版第一次印刷。

22. 陳學文著，《明清社會經濟史研究》，臺北：稻禾出版社，民國 80 年 12 月初版。

23. 陸寶千著，《中國史地綜論》，臺北：廣文書局，民國 51 年 8 月初版。

24. 傅衣凌著，《明清時代商人及商業資本》，臺北：谷風出版社，1986 年 12 月出版。

25. 葉高樹撰，《降清明將研究 1618～1683》，國立臺灣師範大學歷史研究所博士論文，民國 81 年 6 月。

26. 黃仁宇著，《資本主義與廿一世紀》，臺北：聯經出版事業公司，民國 81 年 1 月第四次印行。

27. 黃彰健著，《明清史研究叢稿》，臺北：臺灣商務印書館，民國 66 年 9 月初版。

28. 黃錫荃、蘇法崇、梅安新合編，《我國的河流》，北京：商務印書館，1982 年出版。

29. 楊樹藩著，《明代中央政治制度》，臺北：臺灣商務印書館，民國 76 年 7 月三版。

30. 楊暘，《明代遼東都司》，中州古籍出版社，河南省新華書店發行，1988 年 12 月第一次印刷。

31. 楊暘，《明代東北史綱》，臺北：臺灣學生書局，民國 82 年 1 月初版。

32. 熊十力，《十力語要》，廣文書局，民國 60 年 4 月再版。

33. 閻崇年，《清帝列傳－天命汗》，吉林文史出版社，1991 年 12 月出版。

34. 滕紹箴，《努爾哈齊評傳》，遼寧人民出版社，1985 年 10 月第一版。

35. 謝渠源著，《明代忠烈奏議論衡》，臺北：學生書局，民國 69 年 5 月初版。

36. 蕭一山著，《清代通史》，臺北：臺灣商務印書館，民國 74 年 4 月修訂本臺六版。

37. 嚴耕望著，《治史經驗談》，臺北：臺灣商務印書館，民國 82 年 6 月初版第七次印刷。

七、論　文

1. 王家儉，〈呂坤的憂患意識與經世思想〉，《國立臺灣師範大學歷史學報》，第十三期。

2. 王家儉，〈魏源的水利議——兼論晚清經世學家修法務實的精神〉，《國立臺灣師範大學歷史學報》，第十八期，民國 79 年 6 月。

3. 王家儉，〈清史研究的回顧——開國與建制〉，收於中央研究院近代史研究所編，《六十年來的中國近代史研究》，臺北：中央研究院近代史研究所，民國 77 年 6 月初版。

4. 王家儉，〈晚明實學思潮〉，《清史研究論數》，文史哲出版社，民國 83 年 7 月初版。

5. 王崇武，〈論萬曆征東島山之戰及明清薩爾滸之戰〉，《中央研究院史語所集刊》，第十七本，南京：中央研究院歷史語言研究所，民國 37 年 4 月出版。

6. 王世華，〈論明代地方監察制度的演變〉，《明史研究》，第二輯，安徽：黃山書社，1992 年 12 月出版。

7. 方志遠，〈明朝軍隊的編制與領導體制〉，《明史研究》，第三輯，安徽：黃山書社，1993 年 7 月出版。

8. 巨煥武，〈明化巡按御史與中差御史〉，《政大學報》，第三十二期，民國 64 年 12 月出版。

9. 巨煥武，〈明化巡按御史之點差與出巡〉，《政大學報》，第三十四期，民國 65 年 12 月出版。

10. 包遵彭，〈導論〉，收於《明代邊防》，臺北：臺灣學生書局，民國 57 年 4 月出版。

11. 全漢昇，〈明代北邊米糧價格的變動〉，《中國經濟史研究》，中冊，香港：新亞研究所，1976 年出版。

12. 朱倓，〈東林點將錄考異〉，《中山大學文史學研究所月刊》，第二卷第一期，民國 22 年。

13. 朱鴻，〈從南京到北京──明初定都問題的討論〉，《師大學報》，33:1-5，1988 年。

14. 艾森希塔，〈知識分子開創性、改造性、及其衝擊〉，收於《中國歷史轉型時期的知識分子》，臺北：聯經，初版第三刷。

15. 李光濤，〈清入關前之眞象〉，《中央研究院歷史語言研究所集刊》，第十二本，南京：中央研究院歷史語言研究所，民國 37 年 1 月出版。

16. 李光濤，〈論建州與流賊相因亡明〉，《中央研究院歷史語言研究所集刊》，第十二本，南京：中央研究院歷史語言研究所，民國 37 年 1 月出版。

17. 李光濤，〈記奴兒哈赤之倡亂及薩爾滸之戰〉，《中央研究院歷史語言研究所集刊》，第十二本，南京：中央研究院歷史語言研究所，民國 37 年 1 月出版。

18. 李光濤，〈洪承疇背明始末〉，《中央研究院歷史語言研究所集刊》，第十二本，南京：中央研究院歷史語言研究所，民國 37 年 1 月出版。

19. 李光濤，〈毛文龍釀亂東江本末〉，《中央研究院歷史語言研究所集刊》，第十二本，南京：中央研究院歷史語言研究所，民國 37 年 1 月出版。

20. 李龍華，〈明代的開中法〉，《中國文化研究所學報》，卷 4:2，1971 年。

21. 李國祁，〈明清兩代地方行政制度中道的功能及其演變〉，《中央研究院近代史研究所集刊》，第三期，民國 61 年 7 月 1 日出版。

22. 李洵，〈論明朝的全遼政策〉，收入馮爾康等編，《鄭天挺紀念論文集》，北京：中華書局，1990 年 3 月第一版。

23. 李濟賢，〈明代馬戶述論〉，《明史研究》，第三輯，安徽：黃山書社，1993 年 7 月出版。

24. 余英時，〈清代學術思想史觀通釋〉，收入《史學評論》，第五期，臺北：華世，民國 72 年 1 月出版。

25. 余英時，〈明清變遷時期社會與文化的轉變〉，收於《中國歷史轉型時期的知識分子》，臺北：聯經，民國 83 年 10 月初版第三刷。

26. 沙學浚，〈南渡時代與西遷時代〉，《地理學論文集》，臺北：臺灣商務印書館，民國 61 年出版。

27. 吳晗，〈明初的學校〉，《清華學報》，第十五卷第一期，1948 年。

28. 吳緝華，〈明代的海陸兼運及運河的濬通〉，《史語所集刊》，第二十九本，民國 47 年出版。

29. 吳緝華，〈明末遼餉與帶運糧〉，《大陸雜誌》，二十一卷十一期，臺北：大陸雜誌社，民國 49 年 12 月。

30. 吳緝華，〈明代海運及運河的研究〉，《史語所專刊》，第四十三本，民國 50 年出版。

31. 吳緝華，〈明仁宣時內閣制度之變與宦官僭越相權之禍〉，《明代制度史論叢》，臺北：學生書局，民國 60 年出版。

32. 吳緝華，〈論明初建都南京與江淮財賦——兼論中國史上國都遷徙與政治地理形勢的轉移〉，《政大歷史學報》，第四期，民國 75 年 3 月出版。

33. 金承藝，〈薩爾滸戰前的遼東情況——從何爾健上明神宗疏奏看當時遼東的殘破〉，《漢學研究》，三卷一期，臺北：漢學研究中心，民國 74 年 6 月出版。

34. 金澤中譯，吳金成著，〈明代湖北農村的社會變化與紳士〉，《食貨》，第十七卷第一期～第四期，民國 77 年 6 月、8 月。

35. 林麗月，〈閣部衝突與明萬曆朝的黨爭〉，《國立臺灣師範大學歷史學報》，第十期，民國 71 年 6 月，師大歷史系、所合編。

36. 林麗月，〈東林黨人省籍分布表〉，《明末東林運動新探》，臺北：國立臺灣師範大學歷史研究所博士論文，民國 73 年 6 月。

37. 林麗月，〈「擊內」抑或「調和」？……試論東林領袖的制宦策略〉，《國立臺灣師範大學歷史學報》，第十四期，民國 75 年 6 月出版。

38. 林麗月，〈晚明崇奢思想隅論〉，《國立臺灣師範大學歷史學報》，第十九期，1991 年 6 月出版。

39. 林麗月，〈陸楫崇奢思想再探——兼論近年明清經濟思想史研究的幾個問題〉，《新史學》，五卷一期，1994 年 3 月出版。

40. 林麗月，〈科場競爭與天下之公——明代科舉區域配額問題的一些考察〉，《國立臺灣師範大學歷史學報》，第二十期，民國 81 年 6 月出版。

41. 徐泓，〈明代前期的食鹽運銷制度〉，《國立臺灣大學文史哲學報》，第二十三期，1974 年出版。

42. 徐泓，〈明代社會風氣的變遷——以江浙地區為例〉，《第二屆國際漢學會議論文集，明清與近代史組》，臺北：中央研究院，1989 年 6 月出版。

43. 孫文良，〈明朝興亡所繫遼東之得失〉，收入明代史研究會、明代史論叢編集委員會主編，山根幸夫教授退休記念，《明代史論叢》，1990 年 3 月 31 日發行。

44. 孫文良，〈論明末遼東總兵李成梁〉，《明史研究》，第一輯，安徽：黃山書社，1991 年 9 月第一版。

45. 馬楚堅，〈明政由治入亂之關鍵〉，收於氏著，《明清邊政與治亂》，天津人民出版社，1994 年 8 月出版。

46. 馬楚堅，〈西洋大炮對明金態勢的改變〉，收於氏著，《明清邊政與治亂》，天津人民出版社，1994 年 8 月出版。

47. 馬楚堅，〈明代塘報之創生及其編制〉，收於氏著，《明清邊政與治亂》，

天津人民出版社，1994 年 8 月出版。

48. 馬楚堅，〈明代搪報的運作與功能〉，收於氏著，《明清邊政與治亂》，天津人民出版社，1994 年 8 月出版。

49. 馬楚堅，〈明代的家丁〉，收於氏著，《明清邊政與治亂》，天津人民出版社，1994 年 8 月出版。

50. 莊吉發，〈建州三衛的設置及其與朝鮮的關係〉，收於中華民國韓國研究學會，《中韓關係史研討會論文集》，臺北：民國 70 年 12 月。

51. 商傳，〈晚明文化商品與社會縱欲思潮〉，《明史研究》，第金輯，安徽：黃山書社，1994 年 12 月出版。

52. 郭培貴，〈論明代教官地位的卑下及其影響〉，《明史研究》，第金輯：安徽：黃山書社，1994 年 12 月出版。

53. 陳捷先，〈舊滿洲檔述略〉，《舊滿洲檔》，國立故宮博物院藏書。

54. 陳文石，〈明代前期遼東的邊防〉，《明清政治社會史論》，臺灣學生書局，民國 80 年 11 月初版。

55. 陳學文，〈明代中葉民情風尚習俗及一些社會意識的變化〉，收於《山根幸夫教授退休記念明代史論集》。

56. 陳學文，〈明代江南市鎮經濟的發展〉，《明清社會經濟史研究》，臺北：稻禾出版社，民國 80 年 12 月初版。

57. 陳樹侖，〈關於三言的纂輯者〉，《馮夢龍散論》，上海古籍出版社，1993 年 5 月第一版。

58. 陳寶良，〈晚明的尚武精神〉，《明史研究》，第一輯，安徽：黃山書社，1991 年 9 月第一版。

59. 章太炎，〈論東林誤國事〉，《太炎文錄續編》，臺北：新興書局，民國 45 年 3 月，初版。

60. 傅衣凌，〈導言〉，《明代江南市民經濟試探》，谷風出版社，1986 年 9 月出版。

61. 傅衣凌，〈明代後期江南城鎮下層士民的反封建運動〉，《明代江南市民經濟試探》，谷風出版社，1986 年 9 月出版。

62. 張金鑑，〈中國歷代地方政治制度之演進〉，《政大學報》，第十期，民國 53 年 12 月出版。

63. 張哲郎，〈明代巡撫之創立與稱呼之演變〉，《政大歷史學報》，第七期，民國 79 年 1 月出版。

64. 張治安，〈明代內閣的票擬〉，《國立政治大學學報》，第二十四期，民國 60 年 12 月出版，收錄於氏所著，《明代政治制度研究》，臺北：聯經，民國 81 年出版。

65. 張治安，〈宦官權勢之發展及其與內閣之關係〉，《明代政治制度研究》，

臺北：聯經，民國 81 年出版。

66. 張奕善，〈奪國後的明成祖與諸藩王關係考〉，國立臺灣大學文史哲學報，第三十一期，民國 71 年 12 月出版。

67. 張君勱，〈民主政治之開始〉，收於氏著，《中國專制君主政治之評議》，民國 75 年 2 月，弘文館出版社出版。

68. 張顯清，〈明末北直清流派的構成及其反閹黨鬥爭〉，《明史研究》，第三輯，安徽：黃山書社，1993 年 7 月出版。

69. 楊聯陞著、張永堂譯，〈明代地方行政〉，《食貨》，第五卷第十期，民國 65 年 1 月出版。

70. 趙中孚，〈清代東三省北部的開發與漢化〉，《中央研究院近史所集刊》，第十五期，民國 75 年 12 月。

71. 趙中孚，〈明清之際的遼東軍墾社會〉，收於中央研究院近代史所編，《近代中國初期歷史研討會論文集》，臺北：中央研究院近代史研究所，民國 78 年 4 月，初版。

72. 蔣武雄，〈論明代遼東邊牆與邊防之關係〉，《中國歷史學會史學集刊》，第十二期，臺北：中國歷史學會，民國 69 年 5 月。

73. 樊樹志，〈江南市鎮文化一瞥〉，《明清江南市鎮探微》，上海復旦大學出版社，1990 年 9 月第一版。

74. 鄭永昌，〈中日有關明代白銀史研究之回顧〉，收於《國立臺灣師範大學歷史學報》，第二十期，民國 81 年 6 月出版。

75. 劉石吉，〈明清時代江南地區的專業市鎮〉，《食貨》，八卷，六～八期。

76. 劉志琴，〈晚明城市風尚初探〉，《中國文化研究集刊》，第一輯，江蘇人民出版社，1984 年 3 月出版。

77. 暴鴻昌，〈論晚明社會的奢靡之風〉，《明史研究》，第三輯，安徽：黃山書社，1993 年 7 月出版。

78. 潘承彬，〈明代之遼東邊牆〉，《禹貢》，卷六，三～四期。

79. 謝國楨，〈萬曆時代之朝政及各黨之紛爭〉，《明清黨社運動考》，漢苑出版社，民國 64 年 6 月臺一版。

80. 薄富爾將軍（法）著，鈕先鍾譯，〈導言〉，《戰略緒論》，麥田出版社，民國 85 年出版。

81. 薄富爾將軍（法）著，鈕先鍾譯，〈傳統軍事戰略〉，《戰略緒論》，麥田出版社，民國 85 年出版。

82. 韓道誠，〈熊廷弼之經略遼東〉，收於臺北：臺灣學生書局，《明代邊防》，民國 57 年 4 月出版。

83. 蘇同炳，〈明代的邸報與其相關諸問題〉，《明史偶筆》，臺北：臺灣商務印書館，1995 年 5 月修訂版。

84. 龔鵬程，〈論熊十力論張江陵〉，《晚明思潮與社會變動》，淡江大學中文系主編，民國 76 年 12 月出版。

八、外文論著

1. 小川尚，〈明代の監察制度──地方按治について〉，收入明代史研究會、明代史論叢編集委員會主編，山根幸夫教授退休記念，《明化史論叢》，1990 年 3 月。

2. 城井隆志，〈明末の一反東林派勢力について──顧天埈──〉收入明代史研究會、明代史論叢編集委員會主編，山根幸夫教授退休記念，《明化史論叢》，1990 年 3 月 31 日發行。

3. 城井隆志，〈明末地方生員層活動と黨爭に關する──試論提學御史熊廷弼の諸生杖殺をめぐつて〉，《九州大學東洋史論集》，1982 年 3 月，第十號。

4. 奧山憲夫，〈明代の北邊における軍士の月糧について〉，收入明代史研究會、明代史論叢編集委員會主編，山根幸夫教授退休記念，《明化史論叢》，1990 年 3 月 31 日發行。

5. 樊樹志，〈明代江南市鎮經濟の發展──蘇州府の分析──〉，收入明代史研究會、明代史論叢編集委員會主編，山根幸夫教授退休記念，《明化史論叢》，1990 年 3 月 31 日發行。

6. 諸星健兒，〈明代遼東の軍屯に關する一考察──宣德景泰年間屯糧問題をめぐつて〉，收入明代史研究會、明代史論叢編集委員會主編，山根幸夫教授退休記念，《明化史論叢》，1990 年 3 月 31 日發行。

7. 稻葉岩石，〈明代以前の滿洲〉，《滿洲發達史》，東京：日本評論社，昭和九年出版。

8. Charles O. Hucker. Chinese Thought and Institutions: The Tung -- Lin Movement of the Late Ming Period (University of Chicago Press, 1957).

9. Ping-ti Ho. Studies on the Population of China 1368~1953 (Harvard University Press, Cambridge, Massachusetts, 1959).

10. Roth, Gertraude. From Ming To Ch'ing: Conquest, Region, And Continuity In Seventeenth -- Century China: The Manchu Chinese Relationship, 1618-1636, in Spence, Jonathan D, / Wills, John E., Jr. (eds.) (New Haven and London: Yale University Press, 1979.)

11. Wakeman, Frederic Jr. The Great Enterprise: The Reconstruction Of Imperial Order In seventeenth -- Century China, (Berkeley / Los Angeles: University of California Press, 1985).

附　錄　大事紀

明穆宗隆慶三年（1569 年）

　　熊廷弼（字飛白，號芝岡）出生於湖北江夏農家，境遇艱困。

　　努爾哈齊時年 11 歲。

明穆宗隆慶四年（1570 年）

　　熊廷弼 2 歲。

　　四月，李成梁爲遼東總兵官。

明穆宗隆慶五年（1571 年）

　　熊廷弼 3 歲。

　　明廷發兵討伐建州，斬汪住等六百餘人，王杲益縱掠無忌。

明穆宗隆慶六年（1572 年）

　　熊廷弼 4 歲。

　　王杲屢擾遼邊，明邊吏令其歸還所掠人口，王杲不與。

　　是年，王杲送歸人口，邊官准其入市。邊官備御賈汝翼驗馬從嚴，責備女眞首領多人，王杲等不滿，約諸首領椎牛盟誓，再犯遼邊，並要求朝廷更換邊官備禦。

明神宗萬曆元年（1573 年）

　　熊廷弼 5 歲。

　　十二月，朵顏入寇，戚繼光敗之。

明神宗萬曆二年（1574 年）

熊廷弼 6 歲，就鄉塾，聰穎強記。家益貧廢。而事樵牧、拾野穀、負列國、秦漢、三國、唐宋各演義及水滸傳，掛牛角讀之。夜則對月或燃香，逐行照看，至夜分不寐。其父喜對其母，謂廷弼必光大門楣。此後，盡脫牧兒衣，易以新服，從伯兄受業。久之伯兄迭遭大故迫於襄事，間易他師，終家貧不能具束脩，而熊廷弼精進愈自力。時高峰公春秋九十矣。謂熊廷弼之父曰：「汝勿憂，貧兒定驗吾夢，惜吾不及見耳。」迨公卒數月。

同年七月，撫順游擊裴承祖迎見王杲部下來力紅，索取逃亡女真人口，承祖不允，雙方交戰。承祖率三百騎追擊來力紅入其寨。王杲等圍攻之，並執承祖，剖其腹，慘戮而死。邊關把總劉承奕、百戶劉仲文皆被害。都御史張學顏請罷王杲市賞。

十月，總兵官李成梁率兵討伐建州，搗王杲寨，斬殺一千餘級。王杲逃脫，努爾哈齊兄弟二人被俘。時年十六歲。

明神宗萬曆三年（1575 年）

熊廷弼 7 歲。

哈達部貝勒王臺因擒獻建州左衛王杲有功，明授其為龍虎將軍。

明萬曆四年（1576 年）

熊廷弼 8 歲。

八月，遼東新築寬奠六堡竣功。

萬曆六年（1578 年）

熊廷弼 10 歲，牧牛。

萬曆十年（1582 年）

熊廷弼 14 歲。

哈達部貝勒王臺死，其姪王忠繼位。

萬曆十一年（1583 年）

熊廷弼 15 歲，讀儒書。

明軍攻陷阿臺古埒寨，叫場、他失父子被明軍所誤殺，明授努爾哈齊為建州衛指揮使。

萬曆十二年（1584 年）

　　熊廷弼 16 歲。

　　葉赫貝勒清佳努、楊吉努被明軍誘殺於開原關王廟。遼東總兵李成梁首
　　次出兵葉赫。

萬曆十四年（1586 年）

　　熊廷弼 18 歲。

　　開撫順等關，與女眞互市。

萬曆十五年（1587 年）

　　熊廷弼 19 歲，補邑弟子員。每試輒首，諸生高等。

　　正月，努爾哈齊築舊老城。

　　六月，努爾哈齊定國政。

萬曆十六年（1588 年）

　　熊廷弼 20 歲，歲連饑，人相食，其父困甚，屬其家事。熊廷弼畫則手一書，
牽牛牧豚力作，夜則躬挑糞踏車，肩踝爲穿，終不救赤槁。一火則鬻衣物、
繼田產牛畜，僕輩皆已盡，則采菱藤、榆葛、蕨、蝦螺之屬以充腹，闔室
奄奄，臥不能出門戶。兄弟親戚粒米不相通，賴太夫人姊氏李姨娘鄰居賣
油皮老，與其嫗時爲挪濟。又數有天幸，每乏絕，則遇考以異等獲優賞補
湊，遂得不死。既憤戚族不相救，又嘆其邑之縉紳先生徒慕其名、高其文、
無一仗義周其急者。而同儕又工爲涼薄於杯酒色笑間往往不堪，至罵座去
而獨市隱於陶老酒肆之中。陶老樂共與飲，不取錢，醉則闌入平康以舒傲。
平康聞先生名，皆知敬。亦又厭而不勿禮者，則不爲意。獨鷙鷙然於同儕
暨薦紳先生，絲毫必以較人，因號先生爲長狂。或曰：「先生之性氣亦多激
成於此」。

　　努爾哈齊統一建州各部，增設清河、璦琿、寬奠三處馬市。李成梁率兵
　　二征葉赫，葉赫部貝勒納林部祿之妹葉赫那拉氏與努爾哈齊成婚。

萬曆十七年（1589 年）

　　熊廷弼 21 歲，屢蹶於場屋，窮困無僕從，每入場皆其父同一老蒼頭挾送。
及甲午（萬曆二十二年，1594），其父望益急，又蹶，遂因憂成疾。語熊廷
弼曰：「吾與汝祖，皆欲生見汝富貴，今吾又不能待矣。」遂卒。初，父親

命其習儒，時或有哂其妄者，父恥之。又見從諸兄不緩急，輒忿曰：「汝欺量吾，可欺量汝弟耶？」

　　九月，明廷任命努爾哈齊爲建州衛都督僉事。

萬曆十九年（1591 年）

　　熊廷弼 23 歲。

　　葉赫等部貝勒遣臣向努爾哈齊索要土地。

萬曆二十年（1592 年）

　　熊廷弼 24 歲。

　　四月，遼東總兵官李成梁被劾，詔赴京候遣，不准辭。

萬曆二十一年（1593 年）

　　熊廷弼 25 歲。

　　十二月，努爾哈齊大敗葉赫等九部聯軍於古埒山，葉赫部貝勒布寨戰死，其子布揚古繼爲貝勒。

萬曆二十二年（1594 年）

　　熊廷弼 26 歲，父親病重，臨危猶以未及見廷弼成名爲憾，廷弼內心亦悲痛之至。數日不食，捶磕求死。母親哭而慰之，力不能卜兆，權厝於屋左，朝夕哀鳴不輟。廷弼與賀逢聖幼同社，長同朝，兩人爲諸生時，彼此齊名，同受知於督學熊尚文。由人問及二生優劣，熊尚文則表示，廷弼乃是國之干將，摧陷廓清，爲其所長，賀不如熊；逢聖則是夏瑚、商璉，柱天維地，休休有容，熊不如賀。

　　努爾哈齊征服長白山諸部。

萬曆二十三年（1595 年）

　　熊廷弼 27 歲，爲父守喪期中。

　　明封努爾哈齊爲龍虎將軍。

萬曆二十四年（1596 年）

　　熊廷弼 28 歲，爲父守喪期中。

　　葉赫貝勒布揚古將妹妹許給努爾哈齊爲妻。

萬曆二十五年（1597 年）

熊廷弼 29 歲，守父喪三年期滿，參加科舉考試而領鄉試解額，中鄉試第一人。郡大夫公宴，優人扮三元，熊廷弼痛其父不生見，泣下，郡大夫為之輟戲。時主考為太史源明、銓部蘅洲兩馮先生，因搜落卷得廷弼自喜，及見其人，偉然魁岸。源明虞其折，醮之以和，蘅洲虞其夸，醮之以矯。其墨卷出，海內傳誦，稱名解元。

萬曆二十六年（1598 年）

熊廷弼 30 歲，登進士。闔都人士爭識其面。己定擬館選有中之於同邑明籠郭公者，遂為他人得去。而尋乃知先生之為人，深悔之。念其父浮殯，請給假遷葬，歸而披荊拂莽者，數月始得兆就窆竁。惟是衣衾棺槨導從馬車之盛，一如葬大夫禮，鄉人榮之。

萬曆二十七年（1599 年）

熊廷弼 31 歲，授保定府推官。道府協路事皆得問，一應官評吏治軍實，皆應手而辦無留滯，聽斷準情法理，冤雪枉，人誦其神明，終任計所出及改矜疑者三百餘人，詳平反錄署郡篆一年有八月。北方徵耗以每兩重一錢為廉，重者至二錢以上，藉加派名任意增減，民不知有奉停十餘年猶在徵者。大戶自收自解，實官取耗去府又利於大戶壓收，以及府幕、府快下州邑橫斂解催諸為民苦者，一一釐正。作徵收則例立由票、比限、起解、銷錠諸式，請撫臺汪應蛟通行六府，著為令。諸凡驛遞、屯馬、一切利病、興除、詳署事錄。汪應蛟謂熊廷弼曰：「吾第以公為文章士，何政事精敏若此？吾不如也。」熊告以少時賤苦狀，汪應蛟益加敬焉。

時礦權閹王虎、王忠、馬堂、張華、環萃一郡，擇人而食，而王虎尤暴。熊廷弼得其爪牙，輒撻死不貸。會王虎以盜礦誣繫山民，二百餘人多斃者，而郡亦先奉上檄，繫其參隨十許人，相持愈益急。熊廷弼一日代閱邊，王虎飲熊廷弼，語及脅熊廷弼參逮。熊廷弼厲聲曰：「公肅客，不舉酒奉客而遽脅客乎？」且問公：「礦絕否？」曰：「久絕」。「當撤否？」曰：「不出二年，吾年老否？」曰：「三旬」。熊廷弼曰：「天子向聽公參逮者，意多得礦金耳，然未嘗不以被逮者為愛民。今礦既絕，有撤意，猶參有司不置。譬管租者租不能完」，徒日害佃民。告莊頭自卸其主人必厭，厭則公必危。且吾輩得公一參疏，賢於百薦牘。即參，回家住十年，必大用，而年止四旬，何官不可為耶？奈何脅我？」王虎上酒，悚謝熊

廷弼，因爲山民請王虎出之，熊廷弼即釋其參隨，乃歡。甚告熊廷弼曰：
「吾輩誠不樂久於此，但不敢言撤，若兩臺連牘急請，吾輩就中斡旋，
可得也。」如言，不數月，果撤去。張華門下有充假官肆虐者，補得論
死。張華多方求脫不得，而心益憚熊廷弼。往稅差投牒，直上府堂，公
案旁立而睨守，守莫如何。官隨韋千戶呼導拜郡守同上客。一日，張華
過郡，韋與俱掌禮者以舊例，止往拜送一下程告。熊廷弼命設盛饌、厚
儀、具戲，並各雜劇，官隨皆設酒折犒。張華大喜過望，亟命官隨叩頭，
謝韋亦在焉。而自後投牒無不堂下叩頭者，聞者皆服熊廷弼能駕馭此輩。
三月，建州女眞創制老滿文。

九月，努爾哈齊攻陷哈達城，生擒孟格布祿。建州女眞使始炒鐵，開金
銀礦。

萬曆二十八年（1600 年）

熊廷弼 32 歲，任職保定府，時逢旱災，所在地發生搶市亂事。熊廷弼尤留
心荒政，遇地方饑，則痛愴念當年身受。汪公（汪應蛟）勸民捐贈，立賞
格如鬻官，例無應者。有司多以饑而不害報。熊廷弼痛民死相望，流涕言
狀於公曰：「勸民捐賑固大善，倘民亦還詰官之爾倖爾祿，則何以應。愚謂
勸民捐，當先自官始。欲勸官捐，當先自上官始。若公倡於上，某雖貧，
猶能易袍帶、捐百金、佐美意」公見狀感泣，搜四百金，發郡爲官民倡，
一時道、府、廳、州、邑官，各捐二三百，以及士民每邑有積至數千金，
穀數千石者。遍地煮粥，熊廷弼親行查督，所全活無算。

四月，努爾爾哈赤殺孟格布祿，哈達亡。

萬曆二十九年（1601 年）

熊廷弼 33 歲，任職保定府。

三月，明命李成梁以原官掛印，再度出鎮遼東。

萬曆三十年（1602 年）

熊廷弼 34 歲，任職保定府。

萬曆三十一年（1603 年）

熊廷弼 35 歲，任職保定府，自萬曆二十六年至萬曆三十一年之六年任職保
定府，獲得三次獎勵，被評爲天下理官第一名。然而郭正域由詹事府詹事

陞爲禮部右侍郎，掌翰林院，以楚王假邸事件忤內閣首輔沈一貫，熊廷弼
倡言聲援郭正域，沈一貫等人對廷弼甚感不快。

同年十一月，「妖書」案件發生，牽連至郭正域。

正月，努爾哈齊從舊老臣遷到赫圖阿拉築城（老城）。

萬曆三十二年（1604 年）

熊廷弼 36 歲。大水，撫臺孫瑋煮粥賑給如庚子故事。初府儲空，自熊廷弼
署篆，始積穀二萬餘石。至是他郡皆無穀，獨保定賴是以濟。時新安、安
州、雄縣、高陽四邑皆已沼。熊廷弼躬督諸令，坐水床，拖行泥中三月。
心骨燈搖，手足龜折，不言苦。嘗自言：「理郡無他可稱，惟有救荒兩次，
差於素心無歉耳。」

郭正域之行船爲都督陳汝忠派兵包圍，卒之屬崔金吾乃熊廷弼部屬，感
念平日待下厚恩，拷掠稍縱，得不誣服，遂使郭正域免於被逮，而太子
亦數有表示，後郭正域獲免。回鄉後，當時道路上無人敢提「江夏」二
字（郭正域爲湖廣江夏人），親朋知友畏匿萬分。惟獨熊廷弼派遣僕役赴
京城偵信後密報郭正域，又不時送湯酒山炭以爲郭家禦寒之用，使郭正
域感歎而與廷弼結爲兒女親家，廷弼因此益爲沈一貫等所忌恨。

努爾哈齊首次攻打葉赫。

萬曆三十三年（1605 年）

熊廷弼 37 歲，因主持公道，不畏權勢，得罪朝廷當權人物沈一貫，因而被
調離保定赴京城任職，擔任工部主事，管理、發放磚瓦、木石之類的建築
材料。

蒙古喀爾喀巴約特部獻馬於努爾哈齊。李成梁棄寬甸六堡境外之地。努
爾哈齊發明人參煮晒法。

萬曆三十四年（1606 年）

熊廷弼 38 歲，任職工部主事。

萬曆三十五年（1607 年）

熊廷弼 39 歲，任職工部主事。

正月，努爾哈齊發兵三千進攻琿春蜚優城。

九月，努爾哈齊滅輝發部。

萬曆三十六年（1608 年）

熊廷弼 40 歲，改授浙江道御史，巡按遼東。從此年十一月丙申（十三日）起，至三十九年六月辛卯（二十三日）為止，共二年又七閏月。所著章疏，共二十四件，一百二十六頁，五萬四千四百三十二字。巡按趙楫與總兵李成梁，棄寬奠新疆八百里，徙邊民六萬家於內地，已論功受賞。給事中宋一韓論之。下熊廷弼覆勘，具得棄地驅民狀，劾兩人罪，及先任按臣何爾鍵、康丕揚黨庇，疏竟不下。

時有詔興屯，熊廷弼言：「邊疆以守為上，繕垣建堡，有十五利。」奏行之。在一時遼東諸多巡按之中，較早看出努爾哈齊對全遼的威脅，但並不主張動輒「搗巢」，而積極提倡「防邊以守為上」。歲大旱，行部金州，禱城隍神，約七日雨，不雨則毀其廟。及至廣寧，踰三日，大書白牌，封劍，使使往斬之，未至，風雷大作，雨如注，遼人以為神。在遼兩年又七閏月期間，杜饋遺，核軍實，按劾將吏，不事姑息，風紀大振。

二月，努爾哈齊大敗烏拉兵於烏碣岩。

六月，錦州、松山明兵因太監高淮苛虐，發生兵變，淮遁而免。蒙古科爾沁部歸降於建州女真努爾哈齊。

萬曆三十七年（1609 年）

熊廷弼 41 歲，任職遼東巡按。

二月，遼兵六萬餘人因避差逃入建州女真境內。

萬曆三十八年（1610 年）

熊廷弼 42 歲，任職遼東巡按。

十一月，努爾哈齊招服明疆渥集那木都魯等四路。

萬曆三十九年（1611 年）

熊廷弼 43 歲。

六月，改差南直隸提學御史。在遼四年，劾巡撫三、總兵三、道二、萬同知拏副參遊數人死，一時文武懍懍大法小廉。又為遼題舉人五名定額，文教丕振。而東西二邊受疆索，軍民安堵，熊廷弼威望日益。著議者即欲用為遼巡撫，力卻之。當是時，同其差出者，皆歷三差，廷弼卻仍然淹留於關外。初意，署院許記爭禮嫌，益重熊廷弼，念其勞，注北學差

以酬。而妒者慫恿冢宰孫丕揚改南，不欲其入朝。蓋自戊申冬，東林黨起，相國葉向高暨冢宰主其內，淮撫李三才主其外，撫之以秦晉及南臺省段然等，林下余玉立等盡去，故相黨而自築一門戶。熊廷弼本郭正域（明龍公）姻，段然素爲明龍所惡。明龍亟負入相望，段不利，特請爰立淮撫。余玉立故與明龍厚，既而終凶，亦同段謀搆之於葉相。葉相貌親明龍而中實益忌，益信用段然，所拔用、驅逐，無不應手如響。段然參兵科胡嘉棟劣輔，熊廷弼駁冢宰救之，益相惡。與其黨胡忻、王圖輩激冢宰，斥熊廷弼以方受神廟，知莫敢動。既而冢宰亦知熊廷弼逢人輒語曰：「此眞邊撫料也」，衆益莫得間。會南中士風囂悍，所在圍官府，焚縉紳房屋，皆目爲藍袍。大王莫敢問。其黨曰：「吾得間矣。」遂爲冢宰言：「南中人才盛，非文望莫能鑒；士風悍，非威望不能。熊科名高，有文武風，裁宜以往，冢宰立用之。」故事兩直學差，吏部會同都察院禮部選舉多總憲爲政，冢宰竟不會，而自以爲得人，不知其爲黨用也。

熊廷弼入關，衣箱一，書箱一，床箱一，清風載道。南直隸諸生聞其來，皆畏形避影，怖不敢出門戶。每試必書經論四篇，無論者一等無幫補；無經者，文雖工，置五等卷，櫃號簿不入院。一憑數行，墨自高下，請託不得入。日閱二百卷，妍媸一經目，錙珠不爽。所退皆名士，所進皆寒微；所黜皆鄉紳津要子弟，而東林子弟居多人。妄擬其有意摧東林，至此，禍不可解。

七月，努爾哈齊招服渥及集烏爾古震等二路。

萬曆四十年（1612 年）

熊廷弼 44 歲，任職南直隸提學御史。

九月，努爾哈齊親征烏拉。

萬曆四十一年（1613 年）

熊廷弼 45 歲，以南直隸提學御史任上「杖殺諸生芮永縉事件」而遭御史荊養喬以「媚人殺人」罪名彈劾，以致於聽勘回籍。家居踰年，不一出見官府。

此後鄉居歲月，則爲地方上推動修築堤防，造福地方百姓。嘉魚李光祿遙屬熊廷弼爲地方當事者，言邑南湯孫湖水泛五十里，歲溺人及迂避百里。如後石湖李馬橋一帶橋堤，鄉耆皆屬熊廷弼。言時，適直指錢公春

所在，大發鍰為地方建水利。邑父母徐公日久，敏幹能任事。熊廷弼乃出見官府，為地方請萬金，督四縣民夫築堤，闊四丈，高三丈，護柳成林，蜿蜒二百餘里如游龍。四縣民夫復業，公賦得無紲。而金沙洲與城夾裏河一道為湯孫十數湖出口，闊三十丈。每江水漲入，不數日，淹周圍二、三百里，田禾立盡。鄉耆謂：「江案有堤，而此口無閘，約其入，祗半得堤利」，然謂官錢艱。熊廷弼慨然曰：「老頭陀持一簿，敲一木魚，化出若大功德來，而吾獨不能乎？」捐募自撫、按、道、府以下及鹽木商所助，萬金不足。不得已，請府庫卒直指，彭公宗孟作愀色。熊廷弼憤然鬻產數千金濟，工猶不得完。中丞徐公兆魁聞而勞熊廷弼曰：「王陽明先生用地方金作功德，無所吝，若出囊中十五金則不能。您捐恆產累千金，誠人所難。吾為公落成之同方伯熊石門師區處三千金而工始得竣。」前後金皆入縣庫，熊廷弼不問出入。其造此閘亦有三利：（一）救田；（二）收省龍元神水為會城風水；（三）金沙洲商鹽泊湊有所望，山門舊有浮橋為江水所囓。今預置閘橋於保安門以通商賈血脈。自堤閘成，改東湖驛於紙坊，便路三十里栽引路松。而四縣百姓入省行旅，無不為熊廷弼唸佛者。熊廷弼嘗曰：「吾輩生世間，不論居官居鄉，皆有合做功德。幸叨鄉里庇蔭，自優免廩餼、坊額、輿臺、以及田業、居室，無非分資於鄉里者。若鄉里有大災難不為救，於情何安？況地方利病，小民不敢言，官府不得知。鄉紳居中間為傳送，官又不言不做。誰當言當做者？」以此一切鹽米貴賤徵派輕重，但有病於民者，熊必倡言請於官。得請乃已，即獲罪不恤。至於己事，自通籍來，一味忍受為主不欲問。鄉人嘗謂：「熊戴進賢冠極峻，獨與小帽子平處，不知已為官。親戚雖窮，猶序等輩，相敬不忘也。」甲寅居太夫人憂，哀慟數絕，日乘騾往來鄰邑山水間卜葬地。既殯，自是多鄉居。謝賓客，官府無得見其面。間回城則坐園中種樹、豢魚、與棋客手談而已。一切除目，邸報不入目者七年。

正月，努爾哈齊滅烏拉部。

萬曆四十二年（1614 年）

熊廷弼 46 歲，鄉居於家。

十一月，努爾哈齊招服明疆東海渥集部雅攬、西臨二路。

萬曆四十三年（1615 年）

熊廷弼 47 歲，鄉居於家。

努爾哈齊始定八旗制。

萬曆四十四年（1616 年）

熊廷弼 48 歲，鄉居於家。

七月，努爾哈齊招服明疆黑龍江的薩哈連部。

九月，努爾哈齊在赫圖阿拉稱汗，建國號大金（史稱後金），建元天命。

萬曆四十五年（1617 年）

熊廷弼 49 歲，鄉居於家。

二月，努爾哈齊招服明疆庫頁島等地區。

萬曆四十六年（1618 年）

熊廷弼 50 歲，鄉居於家。

四月，努爾哈齊以七大恨告天伐明，後金陷撫順，明守將李永芳降，「遼事」自此而起。

萬曆四十七年（1619 年）

熊廷弼 51 歲，楊鎬既喪師，舉朝驚駭，遼瀋洶洶。當年努爾哈齊已成後金國一國之主，破關入邊，欲奪取遼瀋為都城。廷議以廷弼熟邊事，起大理寺寺丞，兼河南道御史，宣慰遼東。旋擢兵部右侍郎，兼右僉都御史，代楊鎬經略。未出京，開原失，熊廷弼上言：「遼左，京師肩背，河東，遼鎮腹心，開原又河東根本，欲保遼東，則開原必不可棄。」疏入，悉報允，且賜上方劍，重其權。甫出關，鐵嶺復失，瀋陽及諸城堡軍民，一時盡竄。遼陽洶洶，廷弼兼程進，遇逃者諭令歸，斬逃將劉遇節、王捷、王文鼎，以祭死士。誅貪將陳倫，劾罷總兵官李如楨，以李懷信代。督軍士造戰車，治火器，瀋濠繕城。為守禦計，令嚴法行，數月守備大固。乃上方略，請集兵十八萬，分布靉陽、清河、撫順、柴河、三岔兒、鎮江諸要口，首尾相應。小警自為堵禦，大敵互為應援。更挑精悍者為游徼，乘間掠零騎，擾耕牧，更番迭出，使敵疲於奔命，然後相機進勦。疏入，帝從之。熊廷弼初抵遼，令僉事韓原善往撫瀋陽，憚不肯行。繼命僉事閻鳴泰至虎皮驛，閻慟哭而返。熊廷弼乃躬身巡歷，自虎皮驛至瀋陽。復乘雪夜赴撫順，總兵賀世賢以近敵沮之。熊廷弼曰：

「冰雪滿地，敵不料我來，鼓吹入。」數百里無人跡，廷弼祭諸死事者而哭之，遂耀兵奉集，相度形勢而還。所至招流移，繕守具，分置士馬，由是人心復固。廷弼身長七尺，有膽知兵，善左右射，自按遼，即持守邊議。至是，主守禦益堅。然性剛負氣，好謾罵，不爲人下，物情以故不甚附。

正月，努爾哈齊征葉赫，因明軍馳援而回師。後金盡收明疆東海虎爾哈部散處遺民。

四月，薩爾滸之戰，後金大敗明軍。六月，後金攻陷開原，明以熊廷弼爲遼東經略，代楊鎬。

七月，後金攻陷鐵嶺。

八月，努爾哈齊親征葉赫，克東西兩城，葉赫部滅亡。

明泰昌元年（1620 年）

熊廷弼 52 歲。

五月，後金略地花嶺。

六月，略王大人屯。

八月，略蒲河（今瀋陽市東北），蒲河失守。給事中姚宗文騰謗於朝廷，熊廷弼遂不安其位。遼東人劉國縉，先爲御史，坐大計謫官。遼事起，廷議用遼人，遂以兵部主事贊畫軍務。國縉主募遼人爲兵，所募萬七千餘人，逃亡過半。廷弼聞於朝，國縉亦怨。廷弼爲御史時，與國縉、宗文同在言路，意氣相得，並以排東林攻道學爲事。國縉輩，以故意望廷弼，廷弼不能如前，益相失。宗文故出國縉門下，兩人益相比，而傾廷弼。及宗文歸，疏陳遼土日蹙，詆廷弼廢群策，而雄獨智，且曰軍馬不訓練，將領不部署，人心不親附，刑威有時窮，工作無時止，復鼓其同類攻擊，欲必去之。御史顧慥，首劾廷弼。出關踰年，漫無定畫，蒲河失守，匿不上聞。荷戈之士，徒供挑濬，尙方之劍，逞志作威。當是時，光宗崩，熹宗初立，朝端方多事，而封疆議起。御史馮三元，劾廷弼無謀者八，欺君者三，謂不罷，遼必不保，詔下廷議。廷弼憤，抗疏極辯，且求罷。而御史張修德，復劾其破壞遼陽，廷弼益憤，再疏自明，云遼已轉危爲安，且臣之生致死，遂繳還尙方劍，力求罷斥。給事中魏應嘉復劾之，朝議允廷弼去，以袁應泰代。廷弼乃上書求勘，請馮三元、魏

應嘉、張修德三人往勘，帝從之。御史吳應奇，給事中楊漣等，力言不可，乃改命兵科給事中朱童蒙往。朱童蒙還奏，備陳廷弼功狀。末言：聽勘回籍。

十月，明廷罷熊廷弼以袁應泰應之。

明天啟元年（1621 年）

熊廷弼 53 歲。

二月，後金與明大戰遼瀋，明軍敗。袁應泰自殺。

四月，後金從薩爾滸遷都至遼陽。天啓帝因遼東巡按方震孺之薦，升寧前道右參政王化貞巡撫廣寧。

六月，熊廷弼入朝，首建三方布置之策，他認為恢復遼左，必須三方布置：（一）在廣寧駐紮步兵與騎兵，以迎擊後金主力；（二）在登、萊、天津各置舟師，乘虛而入金、復、海、蓋諸南衛，造成聲勢，以動搖其人心，後金軍隊必然返顧而歸，回到老巢，如此可復遼陽；（三）以山海關為適中之地，屯重兵，設經略，節制三方，以一事權。明再起用熊廷弼經略遼東，尋以兵部尚書兼副都御史，鎮山海關節制廣寧、登萊、天津三路。

王化貞提出的戰略策略：西邊聯絡蒙古，東邊依靠遼瀋人民作內應，繼續征調家丁及薊、昌、宣、大各鎮兵，布防於遼河沿岸。經、撫二人議論大不相同，熊廷弼主守，王化貞主戰。八月，王化貞遣都司毛文龍率二百二十餘人規取鎮江，收兵萬人，此即所謂「鎮江大捷」。然因此一動，努爾哈齊大至，損威召釁，破壞戰事之全局，熊廷弼視為奇禍。熊、王二人經撫不和，朝議姑息，不能明是非之公，毛、王二人皆蒙重賞，對熊廷弼卻是抑之挫之。縱使連葉相向高亦婉轉其辭以偏袒王化貞與毛文龍，遂至通國之人皆以毛文龍為是。侍郎錢謙益甚至播之詩章，以頌毛文龍鎮江之功。明末清議，大率如此。右王右毛最力而又影響最大者則為兵部尚書張鶴鳴，凡熊廷弼所言，一概阻隔。熊廷弼度力不能勝任，以標下兵盡付王化貞，以示不願與其同功與同罪。僅六月，廣寧路敗，與巡撫並列，熊廷弼責任雖重，事權實輕。按明律，封疆失守，「情罪深重，國法難容」。

七月，努爾哈齊在遼東頒布「計丁授田」法。十二月，援遼軍嘩變於玉

田。

明天啟二年（1622 年）

　熊廷弼 54 歲。

　正月，明與後金於廣寧大戰，明軍敗，熊廷弼革職下獄論罪。

　八月，孫承宗經略遼東。

明天啟三年（1623 年）

　熊廷弼 55 歲，下在獄中。

明天啟四年（1624 年）

　熊廷弼 56 歲，下在獄中。

　五月，毛文龍遣將攻後金，敗績。

明天啟五年（1625 年）

　熊廷弼 57 歲。八月二十五日，棄市，傳首九邊，籍產追贓。

　三月，後金從遼陽遷都瀋陽。

　十月，後金將遼東漢人編庄，每庄十三人，地百餉。

　十一月，以高第代孫承宗，因受閹黨排斥，盡撤關外守軍。

明天啟六年（1626 年）

　山東按察司僉事山海監軍袁崇煥寧遠大捷，使明得以維持大凌河以西之錦寧防衛。

　努爾哈齊以寧遠大敗而病逝靉陽堡，由皇太極繼承汗位，十年後（崇禎九年，1636）稱帝，改國號為「清」。

明天啟七年（1627 年）

　皇太極率兵衝擊明寧遠防線，復圍攻寧遠、錦州，為袁崇煥以紅夷炮所擊敗，明人稱為「錦寧大捷」。不久，袁崇煥受閹黨所劾而去職。

明思宗崇禎元年（1628 年）

　思宗力圖在遼事上有所作為，熊廷弼免於追贓，魏忠賢伏誅，然而工部主事徐爾一為熊廷弼昭雪，思宗卻不為所動。袁崇煥復任為薊遼督帥，計畫於五年內恢復遼東。

崇禎二年（1629 年）

四月，江西道御史饒京，請掩熊廷弼遺骸；閣臣票旨，令家屬收葬，崇禎皇帝不允。

閏四月，熊廷弼次子熊兆璧請求歸葬熊廷弼遺骸。

五月，大學士韓爌再疏，爲熊廷弼鳴冤，終爲思宗所允，熊兆璧得以持首歸葬，爲父盡心力。

袁崇煥殺皮島守將毛文龍，改定皮島軍制，使與登州、萊州、天津三鎮協同攻守，對皇太極形成巨大威脅，皇太極以反間計陷害袁崇煥。

崇禎三年（1630 年）

思宗將袁崇煥凌遲處死。

崇禎四年（1631 年）

金兵攻陷大凌河城，明罷孫承宗。

崇禎五年（1632 年）

王化貞被殺。

崇禎六年（1633 年）

據守登州的明守將孔有德、耿仲明，浮海降於皇太極，並引導金兵進攻旅順。

崇禎七年（1634 年）

明廣鹿島副將尙可喜，降於皇太極。至此，明海上防線幾近瓦解，紅夷大炮亦因而傳入滿洲。

崇禎九年（1636 年）

皇太極稱帝，改國號爲「清」。

崇禎十二年（1639 年）

明以洪承疇爲薊遼總督。

崇禎十四年（1641 年）

洪承野率軍十三萬往援錦州，被圍於松山。

崇禎十五年（1642 年）

洪承疇被俘而降於清，不久，錦州亦失守，松山之戰造成明錦寧防線崩

潰。

崇禎十六年（1643年）

大學士周延儒自請督師，日與幕客飲酒作樂，欲騰章奏捷，後以事發被賜死。

八月，皇太極病逝，清之侵明軍事行動暫時告一段落。

崇禎十七年（1644年）

清兵進入山海關。

清乾隆四十八年（1783年）

乾隆命皇子等編輯《明臣奏議》，以前代（明）危言讜論關係得失者為法戒，並謂神宗以後，諸臣奏疏內有因遼瀋用兵而涉及清朝處，違礙之處略為節潤而不刪改。然而由明人陳子龍、徐孚遠、宋徵璧等人所主編的《明經世文編》，其所收入之歷史文獻，正為清代先世與明朝之關係。乾隆皇帝多次頒布禁毀書目，主要就是欲粉飾建州部族受過明代冊封之史實。雖然如此，乾隆皇帝寺於熊廷弼折衝疆場、慷慨建議、愷切敷陳，仍然十分讚許，認為明朝皇帝若果能採用，則不致敗亡。以實情而論，熊廷弼為清開國者努爾哈齊之敵人，乾隆皇帝卻以人各為其主，理當盡心竭力而不以為忤，詔起熊廷弼五世孫熊泗先任襄陽訓導，又為其修建江夏修賢鄉享堂，修祠墓於紙坊廣坊嶺，詔令編《熊襄愍公集》十卷，刊於乾隆四十八年。

清同治五年（1866年）

自壬子以來，數遭兵災，祠宇一焚，《熊襄愍公集》亦燬於戰火之中。該年，地方諸賢收集各卷，遵照徐署華舊刻，略加校訂，重鐫以傳，是為重鐫本。

民國二十年（1931年）

日本發動「九一八事變」，全國各省因而特別重視民族英雄。湖北省將閱馬廠至大東門之一段路，命名為「熊廷弼路」，以紀念民族英雄熊廷弼。